Stahl – Glanz – Gold

Forschungsbeiträge zu Handwerk und Technik, 13

Herausgegeben im Auftrag
des Landschaftsverbandes Westfalen-Lippe

Westfälisches Freilichtmuseum Hagen
– Landesmuseum für Handwerk und Technik –

von Michael Dauskardt

Juri A. Miller

Stahl Glanz Gold

Zlatouster Prunk-Klingen aus der Zarenzeit

Aus dem Russischen übersetzt von Alexander Korolkow

Ardey-Verlag
Münster 2000

Ausstellung des Westfälischen Freilichtmuseums Hagen
– Landesmuseum für Handwerk und Technik –
und der Staatlichen Eremitage, St. Petersburg
29. April bis 31. Oktober 2000

Schirmherrin: Gabriele Krone-Schmalz
Ausstellungsleitung: Michael Dauskardt; Beate Olmer
Wissenschaftliche Konzeption: Juri A. Miller;
Michael Dauskardt; Beate Olmer
Leihgaben: Staatliche Eremitage, St. Petersburg;
Deutsches Klingenmuseum Solingen
Konservatorische Betreuung: Bernd Kleebaum
Ausstellungsgestaltung: Freese & Partner
Grafik-Design: Jäger Photo & Medien
Realisation der Bauten: Holger Grawunder und Gerd Janßen
als Leiter mit einem Team der Museumswerkstätten;
Freese & Partner
Werbekonzept: P.AD. Werbeagentur GmbH

Die Deutsche Bibliothek – CIP-Einheitsaufnahme
Ein Titeldatensatz für diese Publikation ist bei der
Deutschen Bibliothek erhältlich.

Redaktion: Beate Olmer
Fotos: Swetlana Suetowa, Fotolabor der Staatlichen Eremitage
Natalja Woronkowa (Grafische Gestaltung)
Bildrechte: Staatliche Eremitage, St. Petersburg

Druck: Cramer, Greven
Schwarzweißreprographie: Rhema – Tim Doherty, Münster
Farblithographie: AB Litho, Bocholt
Herstellung: Ardey-Verlag, Münster
ISBN 3-87023-166-1
Münster 2000

Inhalt

Wir danken
den Hauptsponsoren der Ausstellung

Förderkreis Westfälisches Freilichtmuseum Hagen e.V.

Westfalia®

Cordes & Simon
Internationale Spedition · Transportlogistik

IDM
Interessengemeinschaft Druck & Medien GmbH Wuppertal

Ernst Meyer-Maack Stiftung

Stadtwerke Hagen AG

StoraEnso

Dresdner Bank
Die Beraterbank

Sparkasse Hagen
www.sparkasse-hagen.de

VEW

WFG
Westfälische Ferngas-AG

Für weitere
finanzielle Unterstützung danken wir

HOESCH HOHENLIMBURG GmbH
Heinrich Böker Baumwerk GmbH Solingen
Südwestfälische Industrie- und Handelskammer zu Hagen
Collection Grund, Deutsches Klingenmuseum Solingen
Fa. düwi, Breckerfeld
Stadtmarketing Hagen e. V.
DERTOUR GmbH & Co. KG
Volksbank Hagen e. G.
Fa. Bilstein GmbH & Co. KG, Hagen
Commerzbank AG, Filiale Hagen

Wir danken

der Staatlichen Eremitage, Sankt Petersburg,
für die Leihgaben aus dem Bestand »Zlatoust«

für die Unterstützung mit weiteren Leihgaben, Rat und Tat

Deutsches Klingenmuseum Solingen

Claudia Becker, Münster
Uwe-Peter Böhm, Gaggenau
Uwe Eckardt, Stadtarchiv Wuppertal
Heinrich Theodor Grütter, Ruhrlandmuseum Essen
Anna W. Iwanov, Stadtarchiv Zlatoust
Rudolf Kahlfeld, Rheinisches Archiv- und Museumsamt
Ute Kleinmann, Kulturstiftung Ruhr
Rolf-Dieter Kohl, Märkisches Kreisarchiv Altena
Elena P. Kovina, Kreismuseum Zlatoust
Wasilij Malzev, Bürgermeister Zlatoust
Karin Müller, Landeskundliche Bibliothek
des Märkischen Kreises, Altena
Nordrhein-Westfälisches Hauptstaatsarchiv Düsseldorf
Nordrhein-Westfälisches Staatsarchiv Münster
Lev Perejelkin, Zlatoust
Alla I. Sacharow, Köln
Larisa Saizeva, Stadtverwaltung Zlatoust
Wladimir Schneider, Deutsches Kulturzentrum Zlatoust
Stephan Sensen, Museen Burg Altena
Stadtarchiv Hagen
Stadtarchiv Solingen
Konrad Vanja, Museum Europäischer Kulturen, Berlin
Volkshochschule Hagen
Marina Werschewskaja, St. Petersburg

Zum Geleit

Wie so häufig in der Geschichte begann alles mit einem Versprechen, in diesem Fall mit einem Treueeid:
»Ich, der unten Benannte, verspreche und schwöre vor Gott und dem Heiligen Evangelium, daß ich der Kaiserlichen Majestät, meinem Wahren und Hochgeschätzten, Hochgnädigsten, Großen Monarchen und Kaiser Alexander Pawlowitsch, Herrscher aller Russen und Seiner Majestät auf dem russischen Thron nachfolgendem Thronfolger nach dessen Ernennung treu und redlich diene und mich ohne Schonung meiner selbst bis zum letzten Blutstropfen in allem unterwerfe und daß ich alle von meiner Kaiserlichen Majestät heute und künftig erlassenen Gesetze und Pflichten nach bestem Wissen und mit all meiner Kraft und meinen Möglichkeiten wahren und schützen will und alle meine Bemühungen in treuer Erfüllung der Dienstpflichten gegenüber Seiner Kaiserlichen Majestät und zum Wohle des Staates einsetzen werde.

Sollte sich Seine Majestät von mir abwenden, so werde ich, um Nachteil und Schaden von ihm fernzuhalten, rechtzeitig zur Klärung beitragen, die mir Kraft meines Amtes übertragenen und bekannt gewordenen Geheimnisse bewahren, Anordnungen meiner übergeordneten Vorgesetzten und deren Anweisungen, Dienstanordnungen und Erlasse nach bestem Wissen und Gewissen erfüllen und zu meinem Vorteil gegen die mir mit dem Rang übertragene Verantwortung und den Eid nicht handeln und auf solche Weise mich benehmen und handeln, wie es sich für einen Untertan Seiner Kaiserlichen Majestät ziemet. Und wenn ich einst vor Gott und seinem letzten Gericht stehe, so wird der Herr mir beistehen.

So wahr mir Gott helfe.
Ich küsse die Bibel und das Kreuz meines Erretters.
AMEN.« [Stadtarchiv Zlatoust]

Wer diesen, aus dem russischen Originaldokument übertragenen Eid gegenüber dem russischen Zaren Alexander I. im Jahr 1815 ablegte, war kein Geringerer als der vormalige Kgl. Preußische Kriegs- und Steuerrat Friedrich August Alexander Eversmann aus Hagen in Westfalen.

Eversmann, bis zum Jahr 1809 Fabrikenkommissar in der Grafschaft Mark, entschloß sich 1810, nach Rußland zu gehen, um die Verwaltung mehrerer Hüttenwerke im Ural zu übernehmen, die sich im Besitz eines deutschen Unternehmers befanden.

Der Entschluß, nach Rußland zu gehen »um dort mein besseres Glück zu suchen«, ist Eversmann zunächst offensichtlich nicht leicht gefallen. Die Grafschaft Mark, sein Wirkungsbereich als preußischer Fabrikenkommissar, wurde 1808 im Rahmen der französischen Besetzung in das Großherzogtum Berg eingegliedert. Ein Jahr darauf, im April 1809 war er aus allen Ämtern entlassen worden und erhielt für seine Neuanstellung im Dezember des gleichen Jahres keine Bestätigung durch den französischen Kaiser Napoleon Bonaparte.

Eversmann wurde 1813 in den russischen Staatsdienst übernommen und erhielt auf seine Anregung hin vom russischen Zar den Auftrag, eine Fabrik für Hieb- und Stichwaffen in der Stadt Zlatoust im Ural zu gründen und zu diesem Zweck geeignete Fachkräfte aus seinem ehemaligen Wirkungsbereich anzuwerben.

So begann Eversmann von Hagen aus, Messermacher, Klingenschmiede, Gefäßschmiede, Härter, Eisenbieger, Schleifer, Ätzer, Werkzeugmacher, Vergolder und Kupferschmiede, aber auch Tischler, Nägelmacher und Zimmerleute für die neue Fabrik in Rußland anzuwerben.

Obwohl bislang im Zusammenhang mit der Auswanderung im frühen 19. Jahrhundert nach Rußland immer nur von Solinger Klingenschmieden die Rede war, läßt sich nun anhand von Archivalien aus dem Zlatouster Stadtarchiv nachweisen, daß Eversmann darüber hinaus in Lennep, Hamm und Hagen selbst erfolgreich war. So geht aus einer Liste über die ausländischen Meister aus Westfalen in Zlatoust hervor, daß am 23. Februar 1814 mit Isaak Löbach, am 8. März 1814 mit Peter Brinker und am 21. März 1814 mit Peter Kolfhaus in Hagen entsprechende Verträge zur Auswanderung nach Rußland geschlossen wurden. [Stadtarchiv Zlatoust, I-19, 1, Nr. 1208]

Möglicherweise hat zu dem eingeengten Blick auf Solingen der Bericht Alexander von Humboldts über seine »Reise durchs Baltikum nach Russland und Sibirien«, der 1829 veröffentlicht wurde, geführt. Er berichtet, daß »Bergrat Eversmann [...] Schmiede aus Solingen und Klingental im Auftrage der russischen Regierung zur Auswanderung in den Ural bestimmt [hatte].«

Einem Dokument über die ausländischen Fachkräfte in Zlatoust vom Januar 1842 ist ferner zu entnehmen, daß Eversmann mit den Meistern Verträge abgeschlossen hatte. Diese erwarben das Recht auf russische Staatsbürgerschaft. Da viele der Familien, die aus Westfalen kamen, in Zlatoust eintrafen, ohne in Westfalen Verwandte zurückzulassen, wurden sie nach Ablauf der fünfjährigen Vertragszeit von der russischen Regierung befragt, ob sie russische Staatsbürger werden wollten. [Stadtarchiv Zlatoust, I-19, 1, Nr. 1208]

Eversmann Abwerbetätigkeit stieß bei der hiesigen Obrigkeit keineswegs auf ungeteilte Zustimmung. So wurde der Hagener Bürgermeister Dahlenkamp mit Schreiben vom 17. Juni 1814 durch den Hagener Landrat angewiesen, »strenge darauf zu wachen, daß von dem Herrn Fabricken Commissarius Eversmann keine Arbeiter aus den Fabricken Ihres Districkts angeworben und zur Ausreise (...) nach Rußland verleitet werden.« [Stadtarchiv Hagen, Rep. Stadt Hagen bis 1930, Nr. 3606]

Offensichtlich zeigte die Tätigkeit Eversmanns Wirkung, denn bereits vier Jahre später, im August 1818 führte der Hagener Bürgermeister in einem Bericht an den westfälischen Oberpräsidenten Vincke Klage darüber, daß der Absatz nach Rußland erheblich gelitten habe, was »in Hinsicht der Eisenwaaren (...) vorzüglich durch die durch Eversmann bewirkte Verpflanzung der hiesigen Fabricken nach Rußland veranlaßt wurde, indem das rasche Fortschreiten der Russischen Fabricken die Erschwerung der Einfuhr ausländischer Waaren nach sich zog.« [Ebd.]

(Die Darstellung der historischen Hintergründe basiert auf zwei Aufsätzen von Dr. Beate Olmer in der »TKD – Zeitschrift für Handwerk und Technik«, Heft 37, Jg. 2000.)

Wie erfolgreich die deutschen Meister und anschließend die von ihnen ausgebildeten russischen Fachkräfte in der Zlatouster Klingenfabrik tatsächlich waren, zeigt der über 200 Stücke umfassende Bestand an Prunk-Klingen in der Sammlung der Staatlichen Eremitage in St. Petersburg: Sie stellt die weltweit größte Sammlung von Waffen aus Zlatoust dar.

Aus diesem Bestand werden mehr als 130 der herausragendsten Stücke in der Ausstellung: »Stahl – Glanz – Gold. Prunk-Klingen aus der Zarenzeit« im Westfälischen Freilichtmuseum Hagen – Landesmuseum für Handwerk und Technik – erstmalig präsentiert. Diese Stücke kehren sozusagen als Belege für die hohe Kunstfertigkeit ihrer Erschaffer an den Ursprungsort der Entwicklung zurück.

Neben diesem regional- und ortshistorischen Bezug qualifiziert sich das Westfälische Freilichtmuseum Hagen als Ausstellungsort für die Prunk-Klingen aus der Sammlung der Staatlichen Eremitage St. Petersburg in besonderer Weise.

Die Schmiedetechnik bildet mit den im Museum wiedererrichteten 16 Spezialschmieden und Hammerwerken einen besonderen Schwerpunkt, der die Geschichte des Freiformschmiedens weltweit in dieser Form wohl einzigartig veranschaulicht. Die im Jahr 1983 errichtete Abteilung »Deutsches Schmiedemuseum«, die 1992 gänzlich neu konzipiert wurde und in die Kultur- und Technikgeschichte des Schmiedens einführt, sowie die im Westfälischen Freilichtmuseum Hagen beheimatete »Internationale Gesellschaft für Damaszenerstahlforschung e.V.« dokumentieren nachhaltig den besonderen Stellenwert der Eisenbearbeitung in Westfalen, bzw. der ehemaligen Grafschaft Mark.

Die Ausstellung »Stahl – Glanz – Gold. Prunk-Klingen aus der Zarenzeit«, deren Bestand über 130 Klingen, Modelle und Miniaturen umfaßt, wird im Ausstellungsgebäude des Museums, im »Haus Sümmern«, präsentiert. Die ausgestellten Stücke, die die hohe Kunstfertigkeit der Klingenschmiede, Vergolder und Ätzer und anderer am Herstellungsprozeß beteiligter Handwerker eindrucksvoll dokumentieren, sind in der überwiegenden Mehrzahl »Waffen«, die ausschließlich zu Repräsentationszwecken hergestellt wurden.

Dabei werden die Exponate neben der hervorragenden Schmiedetechnik durch die kunstvoll gefertigten Scheiden, die Verwendung edler Materialien und nicht zuletzt durch die einzigartigen Verzierungen der Klingen gekennzeichnet.

Bislang konnten nur wenige Stücke dieses Sammlungsbestandes außerhalb der Staatlichen Eremitage gezeigt werden, so daß die Ausstellung in dieser umfangreichen Form erstmals und ausschließlich im Westfälischen Freilichtmuseum Hagen den Fachleuten in aller Welt und einem breiten Publikum präsentiert wird.

Neben diesen Zeugnissen herausragender handwerklicher Kunstfertigkeit deutscher und russischer Meister werden in weiteren Stationen im Freilichtmuseum die Hintergründe zur Anwerbung nach Rußland, die Motive zur Auswanderung, der Aufbau der Waffenfabrik in Zlatoust sowie die Lebens- und Arbeitsbedingungen in Rußland selbst veranschaulicht.

Dieses gemeinsame Ausstellungsprojekt zwischen der Staatlichen Eremitage St. Petersburg und dem Westfälischen Freilichtmuseum Hagen – Landesmuseum für Handwerk und Technik – stellt ein wesentliches Kooperationsmodell dar, das einerseits die traditionell engen technischen und wirtschaftlichen Verflechtungen zwischen Deutschland und Rußland im 19. Jahrhundert beleuchtet, das aber andererseits auch Hoffnung für eine zukünftige engere Zusammenarbeit zwischen Fachkollegen und Museen der Russischen Föderation und der Bundesrepublik Deutschland gibt.

Für die Möglichkeit, die Sammlung Zlatouster Waffen aus dem Bestand der Staatlichen Eremitage St. Petersburg im Westfälischen Freilichtmuseum Hagen präsentieren zu können, möchte ich mich sehr herzlich bei dem Direktor der Staatlichen Eremitage, Prof. Dr. Michail B. Piotrowski und seinem Vertreter Dr. Wladimir J. Matwejew bedanken.

Mein ganz besonderer Dank gilt in freundschaftlicher Verbundenheit, Dr. Juri A. Miller, dem Leiter des Arsenals der Staatlichen Eremitage St. Petersburg und Autor des Ausstellungskatalogs. Sein Engagement hat entscheidend dazu beigetragen, daß alle Schwierigkeiten und Unwägbarkeiten, die einem solchen Projekt anhaften, immer wieder überwunden werden konnten.

Es ist mir darüber hinaus eine besondere Freude, daß seine jahrzehntelangen Forschungsarbeiten zu den Zlatouster Prunkwaffen als Band 13 in den »Forschungsbeiträgen zu Handwerk und Technik« des Westfälischen Freilichtmuseums Hagen veröffentlicht werden konnten und nunmehr der Fachwissenschaft und einem breiten interessierten Publikum zur Verfügung stehen.

Einen wesentlichen Erfolg daran verzeichnet Herr Alexander Korolkow, der mit großem Engagement und mit umfangreichen Fachkenntnissen das Buchmanuskript vom Russischen ins Deutsche übersetzt hat.

Für die Herstellung vieler wichtiger Kontakte im Vorfeld der Ausstellung und den engagierten Einsatz bei zahlreichen organisatorischen Fragen gilt mein Dank Frau Alla I. Sacharow aus Köln.

Die umfangreichen Bestände des Stadtarchivs in Zlatoust wurden von dem ehemaligen Direktor des Wehrgeschichtlichen Museums Rastatt, Herrn Oberstleutnant a. D. Dipl.-Ing. Uwe-Peter Böhm, gesichtet und ausgewertet. Darüber hinaus hat er durch wertvolle Hinweise zum Gelingen der Ausstellung beigetragen. Für seine Mitarbeit möchte ich mich an dieser Stelle bedanken.

Für die Recherchen in deutschen Archiven gilt mein Dank Frau Dr. Claudia Becker.

Für die gelungene Gestaltung der Ausstellung zeichnet das Büro Freese & Partner aus Dortmund verantwortlich, das Werbekonzept wurde von dem stets engagierten Team der Werbeagentur P.AD. aus Meinerzhagen erarbeitet.

Bedanken möchte ich mich bei Frau Dr. Gabriele Krone-Schmalz, die als profunde Rußlandkennerin nicht nur spontan die ihr angetragene Schirmherrschaft für das Ausstellungsprojekt übernommen hat, sondern die sich darüber hinaus aktiv am Begleitprogramm für die Ausstellung beteiligen wird.

Meinen besonderen Dank möchte ich allen Mitarbeiterinnen und Mitarbeitern des Westfälischen Freilichtmuseums Hagen aussprechen, die sich um die Vorbereitung der Ausstellung verdient gemacht haben. Hier ist zunächst Frau Dr. Beate Olmer, wissenschaftliche Volontärin am Museum, zu nennen, die wesentliche Teile des inhaltlichen Konzepts erstellt hat, die Redaktion des Katalogs besorgte und umfangreiche organisatorische Arbeiten erledigte. Frau Uta Wenning-Kuschel, Leiterin der Abteilung Öffentlichkeitsarbeit des Museums, zeichnet für das Media-Konzept verantwortlich und hat sich um die Organisation des umfangreichen Begleitprogramms zur Ausstellung verdient gemacht. Die Mitarbeiter der Museumswerkstätten schließlich haben durch ihren engagierten Einsatz und ihr Können wieder einmal bewiesen, daß auch schwierige Herausforderungen mit eigenen »Bordmitteln« bewältigt werden können.

Für die Zurverfügungstellung des einzigen Exponats aus der Zlatouster Klingenproduktion, das nicht aus der Sammlung der Staatlichen Eremitage stammt, danke ich der Direktorin des Deutschen Klingenmuseums in Solingen, Frau Dr. Barbara Grotkamp-Schepers.

Auch bei dieser Ausstellung hat es sich wieder gezeigt, daß der engagierte Einsatz und die großzügige Unterstützung von zahlreichen Unternehmen und vielen privaten Persönlichkeiten zu einer berechenbaren und wertvollen Hilfe für dieses Museum geworden sind.

Dr. Michael Dauskardt
Museumsdirektor

Vorwort

Die Staatliche Eremitage Sankt Petersburg zählt zu den größten Museen der Welt. Berühmt und bekannt wurde sie durch das legendäre Skythengold, Schöpfungen der besten europäischen Maler, antike Skulpturen, erstaunliche Werke der besten Künstler aus Rußland und dem Orient und vieles andere mehr.

Existenz und Wirken der Eremitage beruhen, wie die eines jeden Museums, auf vier Funktionen – hier werden Kunstschätze verwahrt und erhalten, hier erforscht man sie und bringt sie der Allgemeinheit nahe. Dieser letzten Funktion dienen Ausstellungen im Museum selbst und außerhalb – sei es in Sankt Petersburg, im In- oder im Ausland.

Das Arsenal, eine der wissenschaftlichen Abteilungen innerhalb der Eremitage, nimmt ebenfalls diese vier Funktionen wahr. Es beherbergt Sammlungen historischer Waffen. Mehrere tausend vortreffliche Objekte unterschiedlicher geographischer und zeitlicher Provenienz künden von der Meisterschaft der Waffenschmiede vergangener Zeiten. In Schränken und Vitrinen mit Scheiben aus Sicherheitsglas liegen Schwerter der legendären Wikinger und sind Ritterrüstungen aufgereiht. In anderen Räumen befinden sich prunkvolle Säbel, Gewehre und Pistolen der kunstfertigsten russischen Meister. Ein Teil der Exposition ist ausschließlich den Werken orientalischer Waffenschmiede gewidmet. Ihre Eleganz, bizarren Formen und der prächtige Dekor spiegeln die geheimnisvolle und rätselhafte Welt der Kunst dieser riesigen Region wider.

Es fällt auf, daß in der repräsentativen Sammlung europäischer Waffen die Arbeiten deutscher Meister des 15. bis 19. Jahrhunderts überdurchschnittlich vertreten sind. Viele der vollständig erhaltenen Rüstungen im Besitz des Arsenals zieren die Zeichen und Initialen berühmter Augsburger und Nürnberger Schmiede. In die Klingen von Schwertern, Degen und Dolchen sind Solinger und Passauer Zeichen eingeschlagen, Pistolen und Gewehre tragen Dresdner und Suhler Marken.

Die Sammlungen des Arsenals werden systematisch ausgestellt. Die besten und repräsentativsten Werke bilden die umfangreiche ständige Exposition im sogenannten Rittersaal. Andere, nicht weniger bedeutsame Objekte haben einen würdigen Platz in allgemeinthematischen Expositionen der Eremitage inne und werden zum Teil auch als Leihgaben an ausländische Museen vergeben. Für die Präsentation im Ausland werden aber auch immer wieder ganze thematische Ausstellungen aus dem Fundus des Arsenals zusammengestellt. Die Bedeutung solcher Ausstellungen kann nicht hoch genug eingeschätzt werden. Sie sind nicht nur ein wichtiges und wirkungsvolles Mittel, um die Öffentlichkeit in anderen Ländern mit historisch und künstlerisch bedeutsamen Werken aus Rußland bekanntzumachen, sondern auch ein wesentlicher Bestandteil der Festigung und Entwicklung internationaler kultureller Beziehungen überhaupt.

Unter diesem Blickwinkel kann auch die Ausstellung im Westfälischen Freilichtmuseum Hagen – Landesmuseum für Handwerk und Technik – gesehen werden. Ihr wichtigstes Anliegen besteht darin, ein bislang weniger bekanntes Gebiet der Waffenschmiedekunst im alten Rußland auszuleuchten. Es handelt sich hierbei um Militär-, Prunk- und Jagdblankwaffen, die während des 19. Jahrhunderts in der kleinen Stadt Zlatoust im südlichen Teil des Uralgebirges entstanden sind.

Das Thema dieser Ausstellung wurde nicht nur deshalb gewählt, um die russische Kunst und Kultur der Vergangenheit zu popularisieren, oder weil die bisher nur selten öffentlich gezeigten Objekte insbesondere in Deutschland mit seiner reichen und ungebrochenen Tradition auf dem Gebiet des Waffenwesens und

Staatliche Eremitage Sankt Petersburg

Ansicht des Maximilian-Saals

der Waffenschmiedekunst auf Interesse und Beachtung stoßen werden. Unsere Entscheidung wurde auch maßgeblich dadurch beeinflußt, daß die im Arsenal verwahrten Stücke die Möglichkeit bieten, den interessanten Prozeß schöpferischer Wechselwirkung zwischen russischen und deutschen Waffenschmieden aufzuzeigen. Der intensive Austausch von Wissen, Ideen und Erfahrungen, der für diesen Prozeß kennzeichnend war, hat zu dem überraschenden, jedoch offenkundigen Phänomen Zlatoust geführt.

Auch die Wahl des Ausstellungsortes geschah nicht zufällig. Die Ausrichtung eines so bekannten und vielseitigen Museums, wie des Westfälischen Freilichtmuseums Hagen, ermöglicht es, die Exponate (in unserem Falle künstlerisch gestaltete, also Prunkwaffen) nicht nur als Kunstwerke zu zeigen, sondern auch den nicht weniger wichtigen technischen Gesichtspunkt zu beleuchten, indem das Augenmerk auf den Fertigungsprozeß oder die Konstruktion der einzelnen Objekte gelenkt wird.

In intensiven Gesprächen zwischen der Direktion des Westfälischen Freilichtmuseums Hagen und der Direktion der Staatlichen Eremitage Sankt Petersburg wurde die Gesamtkonzeption der Ausstellung entwickelt. Ausschlaggebend für den Erfolg dieser Gespräche und ihr positives Endergebnis waren vor allem die ungebrochen positive Haltung beider Seiten und das gegenseitige Interesse, das gesteckte Ziel zu erreichen. Dies ist das direkte Verdienst von Prof. Dr. Michail B. Piotrowski, Direktor der Staatlichen Eremitage Sankt Petersburg, und Dr. Michael Dauskardt, Direktor des Westfälischen Freilichtmuseums Hagen.

Zur Ausstellung »Zlatouster Prunk-Klingen aus der Zarenzeit« gehören mehr als 100 Objekte aus der Sammlung des Arsenals der Staatlichen Eremitage. Ihrer Bestimmung nach handelt es sich um Waffen der russischen Armee und künstlerisch gestaltete

Prunk- und Jagdwaffen, die durch eine Gruppe von Waffenminiaturen und Modellen ergänzt werden. Viele der gezeigten Werke sind besonders anspruchsvoll gearbeitet und können mit Fug und Recht als selten oder gar einzigartig bezeichnet werden. Einen zusätzlichen hohen Bildungswert erhält die Ausstellung dadurch, daß sie Objekte zeigt, die sich einst im Besitz von Persönlichkeiten der russischen Geschichte, insbesondere der kaiserlichen Familie, befanden.

Zur Abrundung der Ausstellung werden die eigentlichen Exponate durch Bildmaterial ergänzt. Dieses geschieht durch eine Reihe von Aquarellen aus dem ersten Drittel des 19. Jahrhunderts mit Ansichten von Zlatoust und seiner Umgebung, durch Zeichnungen, Pläne, Karten und Risse sowie einige Stiche und Lithografien mit Darstellungen zeitgenössischer Persönlichkeiten. Dieses Bildmaterial wurde freundlicherweise von der Abteilung für Geschichte der russischen Kultur und der Wissenschaftlichen Bibliothek der Staatlichen Eremitage zur Verfügung gestellt.

An dieser Stelle sei nochmals betont, daß mit dieser neuen Ausstellung aus der Sammlung des Arsenals eine der interessantesten Kollektionen der Staatlichen Eremitage Sankt Petersburg erstmalig im Ausland gezeigt wird.

Diese Publikation soll dem deutschen Leser helfen, seine Eindrücke von der Ausstellung und den Werken der Zlatouster Waffenschmiede und sein Wissen über die außerhalb von Rußland bislang weniger bekannte Zlatouster Waffenschmiedekunst zu vertiefen.

Das Buch behandelt die Inhalte der Ausstellung und liefert darüber hinaus ergänzende Informationen. Dem Vorwort folgt eine ausführliche Einführung, die einen geschichtlichen Abriß der Waffenschmiedekunst in Zlatoust bietet. Sie geht auf deren Be-

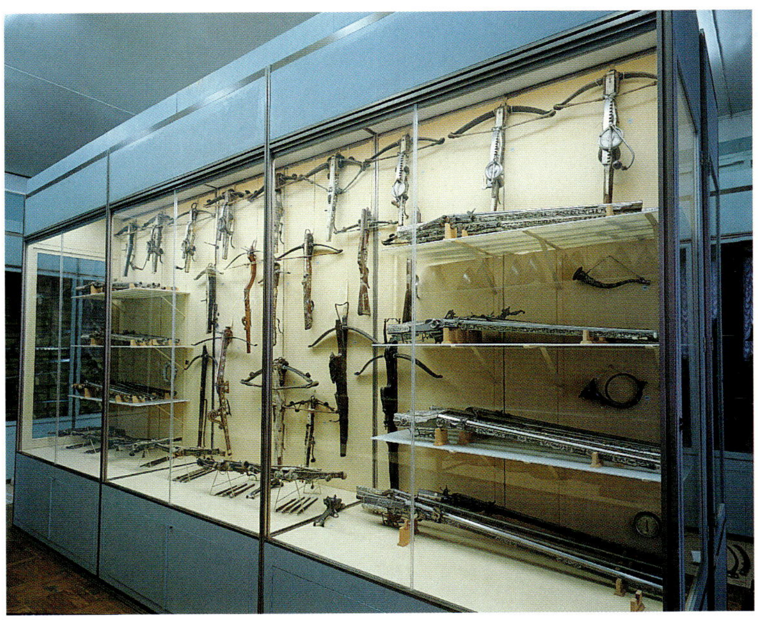

Ansicht Großer Saal

Rittersaal

sonderheiten ein, zeigt die wichtigsten zeitlichen Phasen auf und schildert das Wirken und die Werke bedeutender Meister. Der Abschnitt »Zlatouster Prunkwaffen in russischen und ausländischen Museen und in privaten Sammlungen« hat eher informativen Charakter. Er ist jedoch wichtig, um die Verbreitung beziehungsweise den Bekanntheitsgrad der Waffen aus Zlatoust im Ausland zu zeigen und gleichzeitig einen Vergleich der Sammlung der Staatlichen Eremitage mit anderen Sammlungen zu ermöglichen. Der Hauptteil des Buches ist der Beschreibung der Petersburger Sammlung Zlatouster Waffen gewidmet. Er faßt die Ergebnisse der Forschungsarbeiten zusammen, die in den letzten Jahren durchgeführt wurden. Anschließend folgt der Ausstellungskatalog, in dem die Ausstellungsstücke unter dem Blickwinkel heutiger Vorstellungen von der einstigen russischen Waffenschmiedekunst beschrieben werden. Das Register ist traditionell gestaltet und enthält ein Verzeichnis der wichtigsten Veröffentlichungen, ein Verzeichnis von Sammlungen in diversen Museen sowie ein Verzeichnis der Waffenbesitzer, Meister und Kunsthandwerker.

An der Vorbereitung der Ausstellung über Zlatouster Prunkwaffen in den Sammlungen der Staatlichen Eremitage und insbesondere an der Vorbereitung ihres fotografischen Teils war Frau Swetlana Suetowa, Fotografin im Fotolabor der Eremitage, maßgeblich beteiligt. Der Verfasser spricht ihr und Frau Natalja Woronkowa, die dabei die grafische Gestaltung übernommen hat, seinen tiefen Dank aus.

Desweiteren dankt der Verfasser ganz herzlich Herrn Dr. Dieter Schaal, ehemaliger Leiter der Rüstkammer zu Dresden, Herrn Dr. Nils Drejholt, Erster Kustos der Leibrüstkammer (Livrustkammaren) zu Stockholm, Herrn Markku Melkko, Direktor des Militärmuseums Helsinki, Herrn Marrku Palokangas, Kustos desselben Museums, Herrn Heikki Pohjoleinen, Direktor des Finnischen Waffenmuseums, sowie anderen Fachleuten für die ihm gewährte Möglichkeit, Einsicht in ausländische Museen und private Sammlungen zu nehmen, in denen sich Waffen aus Zlatoust befinden.

An dieser Stelle des kurzen Vorworts möchte sich der Verfasser ganz besonders bei der Direktion des Westfälischen Freilichtmuseums Hagen – Landesmuseum für Handwerk und Technik –, den Mitarbeitern des Museums sowie bei Frau Birgit Freese bedanken, ohne deren Engagement diese Ausstellung nicht zu realisieren gewesen wäre. Es bleibt zu hoffen, daß sie sich des Zuspruchs der deutschen Freunde historischer Waffen erfreuen wird.

Dr. Juri A. Miller

Leiter des Arsenals der Staatlichen Eremitage Sankt Petersburg

Geschichte
der Kollektion Zlatouster
Prunk-, Jagd- und Militärwaffen
aus der Sammlung der
Staatlichen Eremitage
Sankt Petersburg

Einführung

Die Waffenschmiedekunst ist eines der eindrucksvollen Kapitel der alten russischen Nationalkultur. Untrennbar mit dieser Kultur verwoben, hat sie im Laufe ihrer Entwicklung auch entscheidende Impulse von außen erhalten. Diese Synthese brachte ein vielfältiges Erscheinungsbild, originelle Formen und tiefgehende Inhalte hervor.

Schon immer wurde in Rußland bei der Herstellung der unterschiedlichsten Militär- und Jagdwaffen nicht nur deren angemessenen Kampf- und Gebrauchseigenschaften, sondern auch ihrem Erscheinungsbild große Aufmerksamkeit geschenkt. In allen Etappen der jahrhundertelangen Entwicklungsgeschichte dieser Kunst wurde daher eine Vielzahl von Waffen hergestellt, in denen sich herausragende technische Fertigung mit erlesenem und kunstvollem Dekor harmonisch vereinigen.

Nur wenige Waffen aus dem Mittelalter sind leider vom Zahn der Zeit verschont und somit erhalten geblieben. Wie die Schwerter in jener Zeit verziert wurden, läßt sich heute z. B. nur anhand von Ornamentresten auf Klingen und Griffen beurteilen. Es bedarf einiger Vorstellungskraft, um sich zu vergegenwärtigen, wie ein altrussischer Helm beschaffen gewesen sein mag, wenn von ihm nur ein Teil erhalten geblieben ist, auf dem sich Überreste silberner Auflagen befinden, die mit einem kunstvoll getriebenen Ornament verziert sind.

Etwas vollständiger sind die vorhandenen Informationen über die Waffenschmiedekunst aus der Zeit, in der sie sich nach dem Einfall und der darauffolgenden langen Herrschaft der Mongolen allmählich zu erholen begann. Und obwohl nur wenige Waffen aus der ersten Hälfte des 15. Jahrhunderts erhalten sind, zeichnen sich einige von ihnen sowohl durch hohe künstlerische Qualitäten als auch durch vortreffliche Kampfeigenschaften aus.

Vom Aufschwung des Waffenwesens im Rußland des 16. und 17. Jahrhunderts, der durch die Entstehung und Festigung des Zentralstaates begünstigt wurde und sich in der Tätigkeit der sogenannten Rüstkammer in der Hauptstadt Moskau widerspiegelt, zeugt die Vielzahl der bis in die Gegenwart erhaltenen unterschiedlichen Waffenmuster. Die ihnen zugrundeliegenden gestalterischen Ideen und deren vollkommene Umsetzung rufen auch heute noch ungeteilte Bewunderung hervor.

Für die Beurteilung des 18. Jahrhunderts stehen weitaus mehr und vielfältigere Zeugnisse zur Verfügung. Dieses Jahrhundert war für die Geschichte der Waffenschmiedekunst in Rußland von großer Bedeutung, denn nun wurde es möglich, mit den in Europa auf diesem Gebiet vorhandenen Ideen, Grundsätzen und Traditionen in enge Verbindung zu treten. Zwar veränderte sich damals die frühere Rolle Moskaus als führendes Zentrum, dies wurde jedoch durch die Entstehung und Festigung anderer, nicht weniger bedeutsamer Zentren ausgeglichen.

Großartig sind die Werke der Waffenschmiede aus Sestrorezk und Olonez, Sankt Petersburg und Tula, denn sie hatten das Beste aus eigenen und ausländischen künstlerischen Traditionen aufgenommen und somit der russischen Waffenschmiedekunst einen führenden Platz gesichert.

Der nächste bedeutsame Abschnitt der ruhmvollen Entwicklung dieser Kunst wird vor allem mit der im Uralgebirge gelegenen Stadt Zlatoust in Verbindung gebracht.

Die Gründung der Waffenfabrik Zlatoust

Gegen Ende des 18. Jahrhunderts hatte nach wie vor die Stadt Tula die führende Rolle im russischen Waffenwesen inne. In den Fabriken und privaten Werkstätten dieser Stadt wurden fast alle Waffen für den Bedarf des Militärs sowie zahlreiche Prunk- und Jagdwaffen hergestellt. Die vorhandenen Kapazitäten reichten jedoch nicht aus, um die gesamte Nachfrage zu decken. Darum entstand gegen 1811 die Idee, ein weiteres Zentrum aufzubauen, das die Herstellung bestimmter Waffen übernehmen und Tula damit zum Teil »entlasten« sollte.

Wegen des Ausbruchs des Krieges gegen Napoleon wurde dieses Vorhaben für eine gewisse Zeit aufgeschoben. Einige Jahre später kam man wieder darauf zurück. Zunächst mußte ein Standort für dieses neue Zentrum in unmittelbarer Nähe der erforderlichen Rohstoffquellen und insbesondere von Eisenerzvorkommen gefunden werden. Desweiteren benötigte man qualifiziertes Personal, ohne dieses aus Tula oder anderen Zentren der Waffenherstellung abziehen zu müssen.

Alexander I.

Die Wahl fiel auf Zlatoust, eine kleine Stadt am Berg Taganaj an den südlichen Ausläufern des alten Uralgebirges.[1] Schon lange wurde hier hochwertiges Eisenerz gewonnen und in den Eisenhütten vor Ort verarbeitet.[2] Unmittelbar nach Ende des Vaterländischen Krieges wurde auf Weisung Kaiser Alexanders I. mit dem Bau der neuen Betriebsstätte begonnen. Da in Zlatoust ausschließlich Blankwaffen hergestellt werden sollten, hielt man es für erforderlich, für den Aufbau der Produktion erfahrene Fachleute aus Europa zu gewinnen, die die entsprechende Technologie beherrschten. Die Traditionen der deutschen Waffenschmiede und deren hohe Qualifikation, Erfahrungen und Kenntnisse waren ausschlaggebend dafür, daß gerade sie für diese Zwecke angeworben wurden. Insbesondere traf dies auf Fachleute aus den traditionellen Zentren der Waffenherstellung wie Solingen, Elberfeld,

Klingenthal u. a. zu. Die diesbezüglichen Verhandlungen wurden häufig durch russische Diplomaten in Deutschland geführt. So konnte man 1818 in der Zeitung »Санкт-Петербургские ведомости« (»St. Petersburger Nachrichten«) folgende interessante Anzeige lesen: »Seiner Kaiserlichen Majestät Vizekonsul in Lübeck, Karl von Schlözer, seit mehreren Jahren mit der Beschaffung von Arbeitsleuten für im Russischen Reiche befindliche, sowohl staatseigene als auch private Fabriken befaßt, gibt hiermit den Herren bekannt, die diverse Fabriken besitzen, daß er bereit ist, diesen geschickte Meister, Gesellen und Lehrjungen aus Deutschland zu vermitteln.«[3] Man kann vermuten, daß die Vermittlung von Fachleuten, unter anderem von Waffenschmieden, für den Vizekonsul recht einträglich war. Diese Vermutung wird zur Gewißheit, denkt man an den Paradesäbel, der Karl von Schlözer zwei Jahre nach dieser Anzeige, also 1820, von den in den Ural übergesiedelten Meistern als Zeichen des Dankes für die geleisteten Vermittlungsdienste überreicht wurde. Heute befindet sich dieser Säbel im Deutschen Klingenmuseum Solingen.[4]

Zunächst sollten 35 Familien – insgesamt über 100 Personen – in Deutschland rekrutiert werden. Entsprechende Vereinbarungen wurden getroffen, deren Einhaltung dadurch gewährleistet wurde, daß man den angeworbenen Arbeitskräften erheblich höhere Löhne als den ortsansässigen russischen Arbeitern zusagte und sie somit an der neuen Arbeit interessiert waren.

Der Kreis der im Ausland angeworbenen Fachleute war groß genug, um die Organisation der wichtigsten technischen Verfahren für die Waffenherstellung sicherzustellen. Zu diesen Fachleuten gehörten Klingenschmiede und Schwertfeger, Scheiden- und Gefäßemacher, Stahl- und Bronzegießer sowie, was besonders wichtig war, Kunsthandwerker für die Verzierung von Waffen.

Blick auf Zlatoust

Darstellung der Gewinnung von Eisenerz

Das erhaltene Verzeichnis der angeworbenen Waffenschmiede, 1819 aufgesetzt, gibt eine verhältnismäßig präzise Vorstellung von der Vielfalt der erforderlichen Berufe sowie von der Herkunft der ausländischen Meister. Aus Solingen stammten der Klingenschmied Karl Wolferz mit seinen Söhnen Daniel und Abraham sowie die Stahlgießer Karl Schlitz, Brinner und Bertram, aus dem Flecken Wald bei Solingen Johann Keller und drei Söhne. Aus Elberfeld schließlich kamen Wilhelm Nikolaus Schaaf und gleichfalls drei seiner Söhne – Ludwig, Johann und Friedrich.[5]

Allen ausländischen Meistern und ihren Familien wurden Häuser zur Verfügung gestellt – ein- oder zweigeschossige Bauten, aus Holz auf steinernen Fundamenten errichtet und durch überdachte Wirtschaftshöfe ergänzt.[6] Die Häuser wurden so gebaut, daß sie einen oder mehrere Straßenzüge bildeten.[7]

Die mit den Ausländern geschlossenen Verträge sahen nicht nur deren Beschäftigung in der Produktion vor, sondern enthielten, was sehr wichtig ist, auch Bestimmungen über die Weitergabe ihrer Kenntnisse und Erfahrungen in der Herstellung von Waffen. Entsprechend dem Ausbildungsbedarf wurde einem jeden von ihnen eine bestimmte Zahl junger ortsansässiger Arbeiter als Lehrlinge zugeteilt. Als Anreiz für die Lehrmeister wurden jährlich bis zu 3000 Rubel für diejenigen als Belohnung eingeplant, »die bei der Ausbildung von Lehrlingen besondere Bemühungen an den Tag legen«.[8] Für jeden Lehrling, der über die vorgeschriebene Anzahl hinaus ausgebildet wurde, erhielt der ausländische Lehrmeister zusätzlich 500 Rubel. Diese Maßnahmen wurden nicht allein beziehungsweise nicht in erster Linie deshalb ergriffen, weil man damit die russische Waffenherstellung erhalten und vorantreiben wollte. Der Hauptgrund lag vielmehr darin, daß Anwerbung und Unterhalt der ausländischen Fachkräfte sehr teuer waren. Darum wurde die Verwaltung der im Ausbau befindlichen Produktionsstätte insbesondere dazu angehalten, »keine Mühe zu scheuen, damit die Fabrik in die Lage versetzt wird, allein mit russischen Meistern, ohne die Hilfe von Ausländern, weiße Waffen [also Blankwaffen – der Verfasser] in genügender Anzahl herzustellen«.[9]

Es muß ein verhältnismäßig großer Bedarf an solchen Waffen bestanden haben, denn die Fabrik wurde zügig errichtet und im Dezember 1815 unter der offiziellen Bezeichnung der staatseigenen »Waffenfabrik Zlatoust« eröffnet.

Die Belegschaft bestand zu diesem Zeitpunkt aus 62 ausländischen Meistern und 418 russischen Arbeitern. Die Fabrik war je nach Gewerk in einzelne Fertigungsabteilungen unterteilt, die von Ausländern geleitet wurden. Das Profil der Waffenfabrik Zlatoust war in einem kaiserlichen Erlaß von 1817 definiert worden, der festlegte, daß sie sich auf die Herstellung von reglementierten (auch ordonnanzmäßig genannten) Blankwaffen für das Militär und von nicht reglementierten, also sogenannten Extrawaffen zu spezialisieren habe. Bereits in jenem Jahr sollte die Fabrik jeweils 4000 Kürassier- und Dragonerpallasche sowie Säbel herstellen. Dazu kamen noch 18 000 Infanteriestutzsäbel, also insgesamt rund 30 000 Stück für den militärischen Bedarf. Und obwohl das Soll längst nicht immer erfüllt wurde, konnte die Fabrik schon bald eine Monopolstellung im russischen Waffenwesen beanspruchen. Mit Waffen aus dem Ural – zunächst mit Säbeln, später auch mit Schaschkas, Degen, Pallaschen und Stutzsäbeln – wurden die Husaren-, Dragoner-, Gardekavallerie- und sonstige Regimenter der russischen Armee ausgerüstet. Die Fachleute der Fabrik waren bestrebt, die Waffen so zu konstruieren, daß deren Kampfeigenschaften dem damaligen Stand der Wehrtechnik ent-

Blick auf die Große Deutsche Straße

sprachen und in dieser Hinsicht der Ausrüstung anderer Armeen in nichts nachstanden.

Mit der Zeit veränderte sich das Spektrum der Waffen, die in Zlatoust hergestellt wurden. Dies war eine Folge der allgemeinen Entwicklung des europäischen Militärwesens und wurde durch amtliche Dokumente vorgeschrieben. Es entstanden neue Modifikationen verschiedener Waffenkategorien. Aber ungeachtet der konstruktiven Änderungen blieben die traditionellen Eigenschaften der Waffen und vor allem die herausragende Qualität des wichtigsten Ausgangsmaterials, nämlich des Stahls, erhalten.

Obwohl während des gesamten 19. Jahrhunderts Waffen für den Bedarf des Militärs noch in verhältnismäßig kleinen Mengen in Tula, Sankt Petersburg und Moskau hergestellt wurden, war es bis zum Ersten Weltkrieg die Waffenfabrik Zlatoust, die die russische Armee kontinuierlich mit zuverlässigen Waffen belieferte, von denen jedes einzelne Exemplar den Namen der Stadt im Ural trug. Die Konzentration der Herstellung von Blankwaffen auf die Waffenfabrik Zlatoust war durch den kaiserlichen Erlaß von 1817 auch offiziell so vorgesehen gewesen.[10]

Stahl – Glanz – Gold: Verzierte Waffen

Obwohl in der Waffenfabrik Zlatoust hauptsächlich Waffen für den militärischen Bedarf hergestellt wurden, gab es auch andere Fertigungszweige. Nicht weniger wichtig war die Herstellung kunsthandwerklich gestalteter oder, wie man sie damals nannte, »verzierter Waffen«. Zum Teil wurden die erfahrenen ausländischen Meister gerade aus diesem Grund angeworben; darüber hinaus war bei der Eröffnung der Fabrik beabsichtigt, eine besondere »Abteilung für verzierte Waffen« einzurichten.

Natürlich war der Bedarf an solchen Waffen geringer als der Bedarf an Waffen für das Militär. Er war aber keineswegs unerheblich, vor allem in den ersten Jahrzehnten des 19. Jahrhunderts. Derartige Waffen dienten häufig als wertvolle Geschenke für Angehörige des kaiserlichen Hofes, höchste zivile und militärische Würdenträger, Höflinge, ausländische Militärs und Staatsoberhäupter. Sie dienten gleichfalls als Ehrenauszeichnung und wurden in der Regel im amtlichen Auftrag der Regierung angefertigt. Zu den »verzierten Waffen« gehörten nicht nur Prunk- oder Auszeichnungswaffen, sondern auch Jagdwaffen, für die eine Vielfalt von Modellen und Formen kennzeichnend war.

Bereits in den ersten Jahren nach der Gründung der Waffenfabrik Zlatoust machten die kunsthandwerklich gestalteten Waffen einen beträchtlichen Anteil an der Gesamtproduktion aus. Schon 1816 wurden die ersten Erzeugnisse – einige Dutzend Klingen, die von den ausländischen Meistern selbst oder unter deren direkter Aufsicht gefertigt worden waren – in die Hauptstadt an den kaiserlichen Hof versandt. Seit jener Zeit wurden fast jährlich Partien »verzierter Waffen« nach Sankt Petersburg, an das Bergbau- und Salzamt expediert, dem die Fabrik unterstand. Der Fabrikdirektor wurde angewiesen, mit jeder neuen Partie qualitativ hochwertigere Muster vorzulegen. Wie ernst die Forderungen des Bergbauamts waren, zeigt sich schon am Stil und an der Sprache der offiziellen Anweisung: »Es wird gefordert, daß eine solche Lieferung jedes Jahr erfolge, und da diese Waffen Zeugnis ablegen von den höheren oder geringeren Erfolgen der Fabrik, so besteht ihre und ihrer Obrigkeit Pflicht darin, daß eine jede Lieferung die vorhergehende stets an Vollkommenheit übertreffe.«[11]

Später dann, in den Jahren 1817 und 1818, wurden die ersten Erfolge der Fabrik vom kaiserlichen Hofe mit Aufmerksamkeit bedacht. In den folgenden Jahrzehnten kamen Zlatoust und seine Meister vor allem durch die »verzierten Waffen« zu wohlverdientem Ruhm.

Die Frage, wie die Waffen zu verzieren seien, scheint den Zlatouster Waffenschmieden von Anfang an keine größeren Schwierigkeiten bereitet zu haben. Die Gestaltungsprinzipien der Verzierungen wurden hauptsächlich von dem Stil und den Techniken bestimmt, die seit Beginn des 19. Jahrhunderts in der europäischen Waffenschmiedekunst weit verbreitet waren.

Die von den ersten Zlatouster Meistern gewählte Methode beziehungsweise Manier der Verzierung, bei der mehrere, sich gegenseitig ergänzende ornamentale Techniken zum Einsatz kamen, war für die dekorative Waffengestaltung der damaligen Zeit nichts grundsätzlich Neues. Ungefähr seit dem Ende des 18. Jahrhunderts war sie den führenden Waffenschmieden in Europa geläufig und wurde von diesen mit Erfolg eingesetzt. In Deutschland, England, Frankreich und anderen Ländern wurden auf diese Art und Weise Degen und Säbel, Gewehre und Pistolen und vieles andere verziert. Auch russische Büchsenmacher des 18. Jahrhunderts griffen häufig auf dieses Verfahren zurück. Die Meister in der Stadt Tula taten sich hierbei besonders hervor, denn sie hatten früher als andere dessen vielfältige Möglichkeiten für die Ausstattung hochwertiger Erzeugnisse erkannt. Für europäische und russische Klingen dieser Zeit ist typisch, daß bestimmte Teile, vorzugsweise am Gefäß, brüniert und mit relativ einfachen, ornamentalen oder figürlichen Gravuren, umrahmt von vergoldeten Konturen, versehen wurden. Diese Kombination von Gravierung, Brünierung und Vergoldung ergab den gewünschten künstlerischen Effekt und verlieh den Prunkwaffen ein besonders reizvolles und festliches Äußeres.

Die technische Ausführung aller drei Verfahren war durchaus arbeitsaufwendig und erforderte Ausbildung, Sorgfalt und Erfahrung. Für die Gravierung verwendete man einen dünnen Stichel oder eine besondere Nadel und achtete an erster Stelle auf die Reinheit und Klarheit der Linienführung; für die Vergoldung kam ein Amalgam aus Gold und Quecksilber zum Einsatz – bei der thermischen Behandlung verdunstete das Quecksilber, während sich das Gold auf der Oberfläche festsetzte. Die Brünierung erfolgte durch Erwärmung der Klingen in einer alkalischen Lösung oder Ölemulsion, wobei eine Oxydationsschicht entstand, die in Abhängigkeit von der Temperatur von Braunrot über ein breites Spektrum bläulicher Töne bis Violett variieren konnte.

Neben den beschriebenen Verfahren wendeten die Zlatouster Meister die im 18. Jahrhundert weniger gebräuchliche Technik der Ätzung an. Damit standen ihnen sämtliche Grundelemente für die dekorative Gestaltung ihrer Werke zur Verfügung. Die Ätzung war nicht weniger arbeitsaufwendig als die Brünierung. In alten Beschreibungen ist vermerkt, daß hierfür in Terpentin aufgelöster Zinnober verwendet wurde, womit die gewünschte Zeichnung mit einem besonderen Pinsel auf die Oberfläche der Klinge aufgetragen wurde. Nachdem die Klinge getrocknet war, wurde sie in Alkohol getaucht, in dem Alaun, Kupfervitriol und Kochsalz aufgelöst waren. Die durch den Zinnober geschützten Teile der Klingenoberfläche blieben hierbei glatt und die Zeichnung trat somit auf dem geätzten und leicht vertieften Untergrund hervor. Durch die Ätzung ließen sich beliebige Abbildungen wiedergeben. Mit ihrer Hilfe konnte man sogar Fischleder, das sogenannte Galuchat, imitieren. Hierbei entstand eine Musterung, die aus einer Vielzahl kleiner Kreise zu bestehen schien. Die Ätzung eignete sich ebenfalls, um die Struktur von Moiréstoff oder die charakteristische Musterung von Damaszenerstahl nachzuahmen. Mit dieser Technik ließ sich also ein hervorragender Untergrund für dekorative Kompositionen schaffen. Ergänzt man die beschriebenen Verfahren noch durch Polieren und Lackieren, die Verwendung glänzender oder matter Vergoldung, so läßt sich ermessen, welch reicher kunsthandwerklicher Schatz den Zlatouster Meistern zur Verfügung stand, um die anspruchsvollsten kreativen Herausforderungen anzugehen und die kühnsten Ideen umzusetzen.

Form und Inhalt der Zlatouster Waffenschmiedekunst standen zunächst völlig unter dem Einfluß des Empire, das damals Kunst und Kultur in Rußland und den anderen europäischen Ländern prägte. Dem reichen Erbe der Antike ließen sich einzelne Elemente und Motive, allegorische Figuren, Götter und Heroen für die Verzierung von Prunkwaffen entlehnen. Der häufig militärische Bezug dieser Entlehnungen verwundert nicht, bedenkt man die Bestimmung von Prunkwaffen. Auf den Klingen und nicht selten auch auf Beschlägen von Säbeln, Degen und Pallaschen brachte man zunächst verhältnismäßig einfache, später jedoch zunehmend komplizierte Bilder an. Das deutliche Übergewicht der Themen Krieg und Sieg, verkörpert durch entsprechende symbolische Darstellungen von Kriegsgerät, Fahnen, sonstigen Attributen und von antiken Heroen, war kein Zufall. Man muß die Zeit berücksichtigen, in der die »Abteilung für verzierte Waffen« der Waffenfabrik Zlatoust ihre Tätigkeit aufnahm. Das siegreiche Ende des Krieges gegen Napoleon lag erst wenige Jahre zurück. Dieses dankbare Thema mußte die Aufmerksamkeit der Künstler

Alexander II. auf der Jagd

und Kunsthandwerker auf sich ziehen, zumal das mitunter auch den Wünschen der Auftraggeber und insbesondere des kaiserlichen Hofes entsprach. Wie auch immer, es wurde zumindest für ein gutes Jahrzehnt zum bestimmenden Thema der Zlatouster Meister.

Die Dominanz der militärischen Thematik verdrängte andere Themen jedoch nicht völlig. In der Verzierung von Jagdwaffen bildete sich beispielsweise ein eigenständiger Themenkreis heraus. Hier ist es die Gestalt der antiken Göttin Diana, die häufig in Verbindung mit Szenen der Jagd auf wilde Tiere dargestellt wurde, was dem Verwendungszweck der Objekte – Hirschfänger und Dolche – durchaus entsprach. Solche Motive wurden in dieser Stilepoche in ganz Europa verwendet, um Jagdwaffen zu verzieren.

Die Meister

Es war die Berufung der Zlatouster Waffenschmiede, in filigranen Gravuren auf Stahl komplizierte dekorative und figürliche Motive sowie vielfältige Ornamente darzustellen. Hieran hatten ganz offensichtlich die ausländischen Meister und insbesondere die verschiedenen Kunsthandwerker großen Anteil.

Die ersten Ergebnisse und alsbald auch die ersten Erfolge der Zlatouster Meister sind nicht zuletzt mit dem Wirken der Familie Schaaf und ihres Oberhaupts verbunden. Seinen Namen, häufig in Verbindung mit dem Namen des ältesten Sohnes, tragen zahlreiche der erhaltenen Werke. Der aus Elberfeld stammende Wilhelm Nikolaus Schaaf kam 1815 mit drei Söhnen in den Ural, womit er den vor Jahresfrist geschlossenen Vertrag erfüllte. Zu diesem Zeitpunkt war er ungefähr 50 Jahre alt und verfügte allem Anschein nach über einen reicheren Schatz an Erfahrungen und Kenntnissen als seine Landsleute, die ebenfalls nach Zlatoust gekommen waren. Dieser Umstand mag dazu geführt haben, daß er verhältnismäßig schnell eine führende Stellung unter ihnen einnahm. Ihm und seinen Söhnen wurde die Ausführung verantwortungsvoller Aufträge übertragen, was auch die Arbeit an den ersten Mustern »verzierter Waffen« einschloß.

Die Anzahl und das Spektrum der in Museen und privaten Sammlungen erhaltenen Werke legen den Schluß nahe, daß der Schwerpunkt von Wilhelm Nikolaus Schaafs Tätigkeit auf der Verzierung von Waffen und insbesondere von Klingen lag.

Während der Jahre, die er und sein Sohn Ludwig in der Fabrik tätig waren, ist es ihnen geglückt, Werke von höchster handwerklicher Meisterschaft zu schaffen. Begonnen hatten die Schaafs damit, Klingen mit verhältnismäßig einfach strukturierten Bildern zu verzieren, deren kompositorische Anordnung ein wenig an die traditionelle Ornamentik europäischer Hieb- und Stichwaffen der zweiten Hälfte des 18. Jahrhunderts erinnert. Danach sind die Schaafs recht schnell zuerst zu komplizierteren Kompositionen und alsbald zur Darstellung ganzer Szenen übergegangen. Dieser Übergang ist schlüssig, denn die Ereignisse des Krieges gegen Napoleon mußten angemessen dargestellt werden, wofür Ornamente einfach nicht ausreichten. Es war erforderlich, sich Kompositionen und Motiven zuzuwenden, die der Zweckbestimmung der Waffen als Prunk- und Gedenkstücke gerecht wurden. Dieser Suche nach neuen Lösungen war Erfolg beschieden. So bildete sich zum Beispiel ein aus komplizierten Elementen bestehendes Dekorationssystem für die Verzierung von Degenklingen heraus. Beide Seiten wurden vom Ansatz bis zur Spitze, dem sogenannten Ort, mit geätzten Darstellungen aufeinanderfolgender Lorbeerkränze geschmückt. In diese wurden geographische Bezeichnungen eingefügt, die mit den Ereignissen des letzten Krieges und dem Europafeldzug der russischen Armee verbunden waren. Perfekte Politur und erlesene Verzierungen verliehen solchen Klingen ein außerordentlich wirkungsvolles Äußeres.

Noch erfolgreicher war die erstmals in Zlatoust angewandte Dekoration von Klingen, namentlich Säbelklingen, mit hochkomplizierten, aus zahlreichen Einzelfiguren bestehenden Bataillenszenen. Die sorgfältig ausgeführten, filigranen und meisterhaft gravierten Darstellungen, die sich deutlich vom brünierten oder vergoldeten Grund abhoben, berichteten von Schlachten und Zweikämpfen, feierlichen Truppenparaden und anderen Ereignissen aus dem facettenreichen Militärdasein.

Wilhelm Nikolaus Schaaf – ein hervorragender Waffenschmied, der alle Geheimnisse seiner Kunst kannte – war jedoch als Zeichner nicht ebenso begabt. Seinen Miniaturgravuren ist zuweilen eine gewisse Trockenheit und Befangenheit der Zeichnung eigen, vor allem auf frühen Werken, obwohl sie insgesamt durchaus professionell und in sich geschlossen wirken.

Zu den Verdiensten Wilhelm Nikolaus Schaafs zählen auch die ersten nicht reglementierten Typen oder Varianten von Blankwaffen. Anhand zahlreicher signierter Säbel in verschiedenen Sammlungen läßt sich die Suche des Meisters nach neuen dekorativen Möglichkeiten nachvollziehen. Wenn er konventionell arbeitete, also die Klingen mit Gravuren verzierte, vergoldete und brünierte, war er bestrebt, auch die Beschläge dergestalt zu schmücken, um einen harmonischen Gesamteindruck zu erzielen. So verwendete er für die Scheiden der Waffen häufig polierten Stahl, auf dem kunstvoll vergoldete Ornamente besonders eindrucksvoll wirkten. Er nahm Ebenholz und Bein für die Griffe, farbigen Samt für die Scheiden und löste so mit sicherer Hand seine wichtigste künstlerische Aufgabe, die darin bestand, ein wirklich hochwertiges Werk der Waffenschmiedekunst zu schaffen.

Natürlich lassen sich die Leistungen der »Abteilung für verzierte Waffen« von ihrer Gründung bis in die frühen zwanziger Jahre des 19. Jahrhunderts nicht allein auf Schaafs Arbeiten reduzieren. Es gab andere Meister, die allmählich an Erfahrungen und Wissen hinzugewannen. Aber die Anfangsphase der Zlatouster Kunst wurde durch seine Arbeiten bestimmt. Sie nahmen gleichsam den Übergang zur nächsten Phase vorweg, die dann schon vom Wirken und Schaffen russischer Meister geprägt wurde. Mit dieser Phase war Wilhelm Nikolaus Schaaf nicht mehr unmittelbar verbunden.

Die Laufzeit des im Juni 1814 mit ihm und seinen Söhnen geschlossenen Vertrags sollte wohl zehn Jahre betragen. Ein Streit zwischen Schaaf und der Verwaltung der Fabrik hat anscheinend eine Verlängerung unmöglich gemacht und die Abreise des Meisters aus Zlatoust beschleunigt. In der zweiten Hälfte des Jahres 1824 verließen er und seine Familie die Stadt und reisten nach Sankt Petersburg, wo sie sich niederließen. In der Hauptstadt eröffnete Wilhelm Nikolaus Schaaf eine eigene Werkstatt und begann, wie schon in Zlatoust, Prunkwaffen für Offiziere herzustellen. Sie erfreuten sich ständig einer stabilen Nachfrage. Offiziersdegen, -säbel und -pallasche von »Großvater Schaaf«, wie man ihn nannte, wurden von den Militärs hoch geschätzt. Die künstlerischen Qualitäten der meisten Stücke, die in der Petersburger Periode entstanden und als Geschenke gedacht waren, standen Schaafs Zlatouster Leistungen zwar in nichts nach, eröffneten aber auf dem Gebiet der Dekoration von Waffen keine neuen Dimensionen. Dies blieb den russischen Waffenschmieden der zwanziger und dreißiger Jahre des 19. Jahrhunderts vorbehalten.

Dieser relativ kurze Zeitraum stellt die fruchtbarste Periode in der Geschichte von Zlatoust dar. Ihr entstammen mehrere künstlerische Entwicklungsrichtungen der Zlatouster Waffenfertigung. Bot die Herstellung reglementierter Waffen für das Militär aufgrund von Vorschriften dem Kunsthandwerker nur einen begrenzten künstlerischen Spielraum, der sich in der Regel auf die Verzierung eines Teils der Klinge beschränkte, so waren bei der Anfertigung von Waffen für Prunk-, Geschenk- und Jagdzwecke seiner Schöpferkraft keine Grenzen gesetzt. Infolgedessen entstanden in diesem Bereich die vielfältigsten Waffentypen. Sie lassen zwar häufig den Einfluß orientalischer Prototypen erkennen, doch sind einige dieser Extrawaffen nicht nur bloße Nachbildungen orientalischer Vorbilder, sondern reflektieren die Auseinandersetzung mit ihnen im Sinne eigenen künstlerischen Strebens.

In dieser Zeit wird sowohl die technische Fertigung als auch die künstlerische Ausstattung der Zlatouster Waffen vervollkommnet. Besondere Aufmerksamkeit wird dem sorgfältigen Einsatz traditioneller Verfahren, insbesondere Vergoldung und Brünierung, geschenkt, die Linienführung der Miniaturgravuren wird sicherer und klarer, die Kompositionen insgesamt gewinnen an Ausgewogenheit und Harmonie.

Es war den Bemühungen Wilhelm Nikolaus Schaafs und der anderen Ausländer zu verdanken, die in Zlatoust wirkten und ihre Erfahrungen und Kenntnisse an russische Arbeiter vermittelten, daß in der Waffenfabrik eine beträchtliche Anzahl qualifizierter Waffenschmiede ausgebildet werden konnte. Die in Zlatoust gefertigten hochrangigen Kunstwerke gehen jedoch nur auf einige wenige, besonders talentierte Meister zurück.

Zu diesen gehörten auch die Gebrüder Buschujew, die sich der Herstellung »verzierter Waffen« verschrieben hatten. Beide entstammten der Familie eines Malers und Zeichners der örtlichen Eisenhütte, von dem sie ihre künstlerische Veranlagung geerbt hatten. Jefim, der jüngere von beiden, war 1807 geboren und im Alter von zehn Jahren, so wie sein älterer Bruder Iwan, zu Wilhelm Nikolaus Schaaf in die Lehre gegeben worden. Er muß beachtliches zeichnerisches Talent besessen haben, denn es ist überliefert, daß er bereits 1823 oder 1824 mit zwei Altersgenossen – P. Utkin, der später Medailleur wurde, und F. Teleshnikow – nach Sankt Petersburg an die Akademie der schönen Künste geschickt wurde, um dort eine solide künstlerische Ausbildung zu erhalten. Von seinen Lernerfolgen zeugen zwei Silbermedaillen aus dem Jahre 1825 und drei weitere aus dem Jahre 1826. Ob Jefim Buschujew, der seine akademische Ausbildung als »Landschaftsmaler« abschloß, künstlerischer Erfolg beschieden gewesen wäre, läßt sich leider nicht sagen, denn er verstarb bereits 1827 in Oranienbaum bei Sankt Petersburg an Tuberkulose.

Mit dem Namen seines älteren Bruders, Iwan Nikolajewitsch Buschujew (1800–1834), ist die Entstehung der wohl besten Stücke künstlerisch gestalteter Waffen verbunden.

Über das Leben dieses herausragenden Waffenschmieds ist verhältnismäßig wenig bekannt. Die erste urkundliche Erwähnung stammt aus den Jahren 1818/19, in denen er in den Unterlagen der Fabrik als einfacher Geselle verzeichnet ist. 1822 wird er Meister. Die letzten Informationen über ihn stammen aus dem Jahre 1833, so wie auch die erhaltenen Werke, die er mit diesem Jahr signiert hat. Es ist bekannt, daß Iwan Buschujew 1827 zusammen mit einem anderen Zlatouster Meister, Daniel Wolferz, nach Sankt Petersburg geschickt wurde, um Geschenke der Fabrik für den Thronerben zu begleiten und sich gleichzeitig als Kunsthandwerker weiterzubilden.

Iwan Buschujews erste Arbeiten, die bereits zwischen 1818 und 1820 entstanden sein müssen, sind entweder nicht erhalten geblieben oder bislang in Museen oder privaten Sammlungen nicht als solche identifiziert worden. Darum ist es gegenwärtig schwierig, den Beginn seines künstlerischen Werdegangs zu ermitteln. Es kann nur vermutet werden, daß diese frühen Arbeiten spürbar von der künstlerischen Eigenart Wilhelm Nikolaus Schaafs geprägt sind, bei dem Iwan Buschujew gelernt hat. Dies wäre auch vollkommen natürlich. Für diese Vermutung spricht die Tatsache, daß beim Vergleich einiger nicht signierter Objekte mit Schaafs Werken große stilistische Ähnlichkeiten festgestellt werden können. Die ersten Stücke, die Iwan Buschujew mit seinem Namenszug versehen hat, sind auf 1821 bis 1823 datiert. Eine von Buschujew angefertigte Serie vortrefflicher Paradesäbel trägt die Jahreszahl 1824. Ihre künstlerische Qualität ist den Arbeiten Schaafs nicht nur ebenbürtig, sondern übertrifft sie sogar erheblich.

Diese Objekte sind facettenreich und erlesen gearbeitet, wobei die typologische Ähnlichkeit mit orientalischen Varianten dieser Kategorie von Blankwaffen gewahrt bleibt, die seit dem Beginn des 19. Jahrhunderts in Europa Verbreitung gefunden hatten. Sie zeichnet sich durch eine gekrümmte, verhältnismäßig breite Klinge und ein eigenartig konfiguriertes, offenes Gefäß mit kurzem Mitteleisen aus. Dieser Variante folgte Buschujew, als er zahlreiche seiner Werke, wie man damals sagte und schrieb, »projektierte«, also entwarf, aber er bereicherte die Lösungen um eigene und originelle Züge, indem er Motive und Elemente des damals üblichen Empirestils verwendete. Das kreative Talent des Meisters schlug sich sowohl im Gesamtbild dieser Säbel als auch in der dekorativen Ausstattung bestimmter Details nieder. Es ist gleichfalls in der besonderen Wahl der Werkstoffe zu spüren, die auf Kontraste setzt, die durch die Kombination von poliertem und vergoldetem Metall, Gewebe (in der Regel farbigem Samt), geschnitztem Bein und Holz entstehen. Buschujews künstlerische Handschrift ist besonders in den prächtigen Gravuren zu spüren, die die Klingen der von ihm geschaffenen Waffen zieren.

Dank der Vervollkommnung und Erweiterung des Spektrums dekorativer Techniken konnte Iwan Buschujew sich den Herausforderungen seines Fachgebiets erfolgreich stellen. Für ihn war klar, daß die Gravierung wichtigster Bestandteil des Waffendekors bleiben würde. Also perfektionierte er das Verfahren, indem er der Vergoldung mehr Strahlung und Haltbarkeit verlieh und die übliche blaue Farbenskala der Brünierung um einige Graustufen erweiterte. Er schwärzte beispielsweise einige Teile der Klingenoberfläche, was den Kontrast zu Glanz und Helligkeit verstärkte und einen zusätzlichen künstlerischen Effekt hervorrief. Das Hauptaugenmerk bei der Fertigung von Prunk- und Gedenkwaffen galt jedoch der Auswahl der richtigen Komposition und ihrer Umsetzung. Hierbei erwies sich Iwan Buschujew als ein vielseitiger, ständig nach neuen Möglichkeiten suchender Künstler.

In vielen seiner Arbeiten griff Buschujew auf traditionelle Motive im Stil des Empire zurück und führte allegorische Figuren und Symbole, Trophäen, Fahnen, Kränze und sonstige, mit dem Thema Waffengang und Sieg verbundene Attribute in verschiedenen Kombinationen zusammen. Auch hier folgt Buschujew dem Beispiel seines Lehrmeisters Schaaf, indem er das Repertoire erweiterte und bereicherte. Er verzierte nicht nur, wie es früher üblich war, bestimmte Teile der Klinge, sondern deren gesamte Fläche. Dadurch konnte er eine Fülle ornamentaler Motive anbringen, deren einzelne Bestandteile durch stilisierte vegetabile Verzierungen zu einem harmonischen Ganzen zusammengefügt wurden.

Dem exzellenten Zeichner und Meister der Miniaturgravur Buschujew war es ein Leichtes, auf Degen- oder Säbelklingen die schon erwähnte Kranzornamentik mit den Ortsnamen des Europafeldzugs der russischen Armee wiederzugeben oder andere Kompositionen zu kreieren, in denen traditionelle Motive sich zu einem schlüssigen und vollendeten Ganzen verbanden. Die eigentliche künstlerische Begabung des Meisters lag jedoch offensichtlich in der Darstellung ganzer Szenen, die man vor allem auf Prunk- und Gedenkwaffen findet, obwohl Buschujew sie auch gerne für Jagdwaffen verwendet hat. Die handwerkliche Schwierigkeit lag hier vor allem darin, auf der außerordentlich begrenzten Oberfläche der Klinge Dreidimensionalität und Perspektive zu gewährleisten und vor allem die Dynamik, innere Spannung und Dramatik der Schlachten, die Rußland gegen Napoleon und später, Ende der zwanziger Jahre des 19. Jahrhunderts, im Orient geschlagen hat, bildhaft wiederzugeben. Nicht weniger schwierig war die Darstellung von Jagdszenen.

Bei seiner Arbeit an szenischen Sujets beschränkte sich Iwan Buschujew jedoch nicht nur auf Bataillen- oder Jagdthemen. Im Falle von Waffen, die als Ehren- oder Gedenkgeschenke überreicht werden sollten, griff er mit Erfolg ein Motiv auf, das ausschließlich in Zlatoust entwickelt worden war und auch nur hier verwendet wurde. Es handelt sich dabei um eine zahlreiche Figuren umfassende Komposition aus einzelnen Gravuren, die in Kartuschen gefaßt sind und sich über beide Seiten der Klinge verteilen. Als übergreifendes Thema stellten sie die wichtigsten Schritte der Herstellung von Blankwaffen dar, und zwar von der Suche nach Eisenerz und dessen Gewinnung bis hin zur Überreichung der fertigen Erzeugnisse. Als Hauptpersonen solcher Kompositionen figurierten kleine »Putten« der klassischen Kunst oder reale Werkleute. Dies war vor dem Hintergrund des offiziellen Prunkstils, an den sich die Waffenschmiede halten mußten, innovativ und ungewöhnlich. Es ist bemerkenswert, daß Iwan Buschujew gerade dieses Sujet für den Dekor eines Gedenksäbels gewählt hatte, den der russische Kaiser Nikolaus I. 1826 dem englischen Feldherrn Herzog Wellington überreichte, als dieser anläßlich der Ernennung zum Feldmarschall der russischen Armee in Sankt Petersburg weilte. Gegenwärtig befindet sich dieser Säbel in London, im Wellington Museum.[12]

Ein weiterer Bestandteil des Schaffens beziehungsweise des thematischen Repertoires dieses herausragenden Waffenschmiedes hängt mit den Jagdwaffen zusammen, die bei ihm in Auftrag gegeben wurden. Gewöhnlich handelte es sich um Hirschfänger, Dolche und Messer der damals allgemein üblichen Machart. Aber wenn Buschujew solche Stücke »projektierte«, bemühte er sich stets, etwas Neues hinzuzufügen, sei es die Form der Klinge oder die Gestaltung des Griffs, so daß sich seine Arbeiten von vergleichbaren Waffen abhoben. Das signifikanteste Unterscheidungsmerkmal und der Vorzug bestanden in der besonderen dekorativen Ausstattung und deren handwerklichen Ausführung. Für das Dekorieren der Klingen verwendete der Meister Miniaturgravuren, die von den dramatischen Höhepunkten der Jagd berichten. Sein erstaunliches Zeichentalent ist auch hierbei deutlich zu spüren. Ungeachtet des begrenzten Raums zeichnen sich diese Miniaturen durch hervorragende Kenntnis der Natur und durch die Fähigkeit aus, Episoden des Jagdgeschehens realistisch wiederzugeben; ihre vollendete Ausführung versetzt in Erstaunen.

Bereits bei der Betrachtung von Buschujews Gravuren auf gewöhnlichen Waffen könnte man angesichts der Abmessungen der Klingen meinen, hier sei die Obergrenze darstellerischer Möglichkeiten erreicht. Aber der berühmte Waffenschmied hat anhand anderer Stücke gezeigt, daß auch diese Schranke überschritten werden kann.

Es ist nicht auszuschließen, daß das Werden und die Blüte von Buschujews Schaffen sich schwieriger gestaltet hätten, wäre er mit seiner Begabung auf sich selbst gestellt gewesen. Er wuchs jedoch in einer Familie auf, die außer ihm noch weitere Kunsthandwerker hervorgebracht hat. In der Fabrik umgaben ihn nicht minder versierte und begabte Zunftgenossen. Es steht außer Zweifel, daß Buschujews Erfolg in erheblichem Maße durch die entsprechende Qualifikation und die Erfahrungen der Meister, die auf die einzelnen Schritte der Waffenherstellung spezialisiert waren, ihn also unmittelbar unterstützten, gefördert wurde. So taten sich Peter Utkin, Daniel Wolferz und Wassili Jushakow im Schmieden von Klingen besonders hervor, waren Gottfried Grah und David Ronshin für Politur und Schliff berühmt, fertigten Larion Lukin und E. Bittner ausgezeichnete Gefäße, während Michail Pelewin und andere nicht minder vortreffliche Griffe herstellten.

Ein würdiger Zunftgenosse des berühmten Zlatouster Kunsthandwerkers war Iwan Petrowitsch Bojarschinow. Sein großer Beitrag zur Herstellung verzierter Waffen ist offenkundig und wird durch zahlreiche herausragende Objekte belegt, die auch heute noch Museen und private Sammlungen zieren.

Das Schicksal der beiden Meister verlief ähnlich. Den erhaltenen Urkunden zufolge wurde Iwan Bojarschinow 1805 geboren und arbeitete schon im Alter von zwölf Jahren in der Waffenfabrik Zlatoust, etwas später kam er zu Wilhelm Nikolaus Schaaf in die Lehre. Allem Anschein nach waren die Fähigkeiten des jungen Mannes so bemerkenswert, daß er bereits 1819 den Rang eines »Unterschichtmeisters 1. Klasse« erhielt und 1822 Meister der »verzierten Waffen« wurde.

Innerhalb weniger Jahre, von 1824 bis 1828, wurde er für seine Leistungen »im Zeichnen, Ätzen und Vergolden von Klingen« mehrfach mit Geldprämien und einer Silbermedaille ausgezeichnet. Es ist überliefert, daß Iwan Bojarschinow in den Jahren 1832/33 nach Sankt Petersburg reiste, vermutlich, um seine Fähigkeiten zu vervollkommnen. Er starb im Jahre 1848, nachdem er über zwölf Jahre lang führender Meister der Waffenfabrik Zlatoust gewesen war.

Sein Werk mag quantitativ geringer sein als das Erbe Iwan Buschujews, seines berühmten Zeitgenossen; von der künstlerischen Bedeutung her ist es aber nicht minder wichtig und wertvoll. Iwan Buschujew übte zweifellos einen direkten Einfluß auf ihn aus. Dies zeigt sich sowohl im direkten Vergleich von Stücken beider Meister als auch an einem interessanten urkundlichen Zeugnis. In einem Abrechnungsbeleg der »Abteilung für verzierte Waffen« aus den Jahren 1826/27 ist ein »Iwan Buschujew« aufgeführt, »und bei ihm Iwan Bojarschinow. Ersterer erfand die Zeichungen und hat sie mit Letzterem auf den Klingen angebracht und diese vergoldet«.[13]

Aus Bojarschinows Anfangszeit als Waffenschmied und Kunsthandwerker sind nur wenige Stücke erhalten. Sie lassen trotz einer gewissen Unvollkommenheit der Zeichnung den zukünftigen Meister bereits erkennen. Die Werke aus den zwanziger Jahren des 19. Jahrhunderts zeichnen sich bereits in vollem Maße durch handwerklich hochwertige Ausführung, breite typologische Vielfalt und inhaltsreiche künstlerische Verarbeitung aus.

Iwan Bojarschinow, der in derselben Manier arbeitete wie Wilhelm Nikolaus Schaaf, Iwan Buschujew und die anderen Zlatouster Meister, erkannte den großen Gestaltungsspielraum, den die traditionellen dekorativen Handwerkstechniken eröffneten. Er setzte sie zur Fertigung seiner auf 1827 datierten Werke ein, die mit allegorischen Figuren und Symbolen verziert sind und so den üblichen Elementen und Motiven der Waffendekoration Tribut zollen. Möglicherweise war dies dem Umstand geschuldet, daß man in jenem Jahr das 15jährige Jubiläum des Vaterländischen Krieges beging. Jedenfalls hat er später den Rahmen seines Schaffens beträchtlich erweitert und zum Beispiel seine Vorliebe für aus zahlreichen Figuren bestehende Schlachtenszenen deutlich artikuliert. Hierin brachte er es zu wahrer Meisterschaft, wovon seine erhaltenen Arbeiten aus den dreißiger und vierziger Jahren zeugen.

Wie Iwan Buschujew beschränkte sich auch Iwan Bojarschinow in seinem Schaffen nicht nur auf die Gestaltung von Klingen. Extrawaffen und vor allem Paradesäbel boten der Phantasie und dem Erfindungsreichtum des begabten Waffenschmieds breiten Raum. Hierbei bediente er sich großzügig des reichhaltigen Erfahrungsschatzes der orientalischen Meister, deren Werke in Rußland bestens bekannt waren. Aber gleich seinem älteren Zunftgenossen Buschujew kopierte er die orientalischen Vorbilder nicht einfach, so attraktiv sie auch gewesen sein mögen. Wenn er sie nachbildete, war er immer bestrebt, Eigenes einfließen zu lassen, sei es eine ungewöhnliche Konfiguration des gesamten Stücks, sei es die Lösung einzelner Details oder Elemente des Dekors.

Umfang und Niveau dieser Nachahmungen variierten zwangsläufig. In einigen Fällen konnte die Nähe zum Prototyp beträchtlich sein; dies trifft auf einige von Bojarschinow gefertigte Säbel zu, deren Umrisse an bekannte persische Stücke jener Zeit erinnern. Möglicherweise ist ja die Vorliebe für den »Schamschir«, wie dieser persische Säbeltyp heißt, die charakteristische Besonderheit in seinem Schaffen, die ihn von Buschujew unterscheidet, der türkische Typen favorisierte.

Die Vielseitigkeit der Zlatouster Meister, die ein großes Repertoire von Waffen fertigten, war auch Iwan Bojarschinow eigen. Mit Erfolg erprobte er sich in der Herstellung von Kinderwaffen; auch einige Jagdwaffen tragen seinen Namenszug. Und schließlich hat Bojarschinow gleich seinen Lehrmeistern Zeugnisse seines Könnens in technisch aufwendigen und anspruchsvollen Objekten hinterlassen.

Die Arbeit an »verzierten Waffen« stellte zweifellos den Schwerpunkt im Schaffen des Meisters dar, schloß aber sein Interesse für andere Bereiche der darstellenden Kunst nicht aus. Von höchstem Interesse ist in dieser Hinsicht eine Serie von Werken, die gleichzeitig eine originelle dokumentarische Quelle für die Geschichte

Ansicht der Fabrik Zlatoust

der Waffenherstellung in Zlatoust darstellt. Es handelt sich hierbei um ein Album, das Iwan Bojarschinow 1827 gemeinsam mit seinem Bruder Wassili erstellt hat. Es beinhaltet Aquarelle mit Ansichten von Zlatoust und Umgebung sowie Zeichnungen, die den Herstellungsprozeß in den Werkstätten der Waffenfabrik Zlatoust in allen Einzelheiten wiedergeben. Dieses Album wird in der Wissenschaftlichen Bibliothek der Eremitage verwahrt und im Rahmen dieser Ausstellung gezeigt.

Bojarschinows Schaffen, das bis in die vierziger Jahre des 19. Jahrhunderts hineinreichte, kann als eine Art Bilanz der eindrucksvollsten Periode in der Geschichte der Waffenschmiedekunst in Zlatoust betrachtet werden. »Verzierte Waffen« wurden auch später hergestellt und erfreuten sich nach wie vor hoher Wertschätzung. Seit 1829 wurden sie regelmäßig auf nationalen und internationalen Kunst- und Gewerbeausstellungen gezeigt. Ihre Qualität und Ausführung erreichten aber nicht mehr den Stand der vorangegangenen Jahrzehnte.

Die Zlatouster Waffenschmiedekunst in der zweiten Hälfte des 19. Jahrhunderts

Der Zeitraum von der Mitte bis zum Ende des 19. Jahrhunderts stand unter dem Zeichen der Wahrung und Mehrung der Erfahrungen, die die Zlatouster Waffenschmiede gewonnen hatten. Obwohl es keine so herausragenden Meister wie Iwan Buschujew oder Iwan Bojarschinow mehr gab und die Klingen auch nicht mehr die Namen ihrer Schöpfer trugen, blieb die Qualität der Zlatouster Waffen hoch. Darüber hinaus gaben sich die Meister nicht mit dem Erreichten zufrieden, sondern suchten nach neuen Aus-

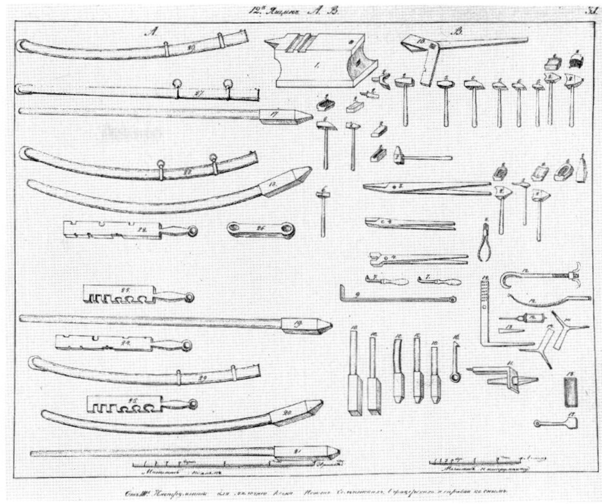

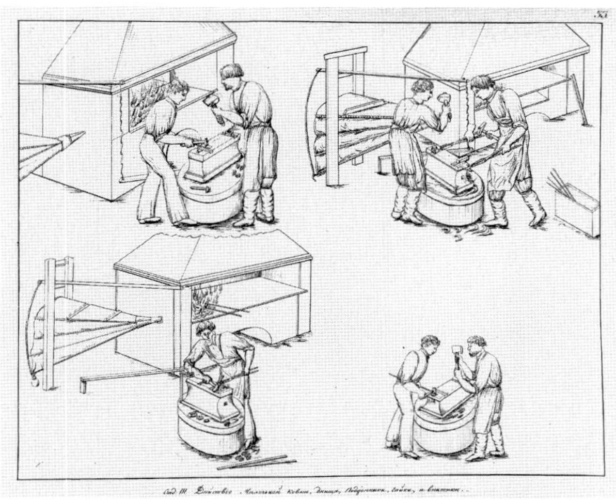

Zeichnungen aus dem Album von Iwan und Wassili Bojarschinow

drucksmitteln, indem sie neuen Waffentypen und Fertigungstechnologien Rechnung trugen sowie neue Entwicklungstendenzen in der angewandten Kunst berücksichtigen.

Durch Reformen, die die teilweise Umrüstung der russischen Armee zur Folge hatten, mußte die Waffenfabrik Zlatoust auch Schaschkas in ihre Palette aufnehmen. Diese dem kaukasischen Militärwesen bereits in der zweiten Hälfte des 18. Jahrhunderts entlehnte und später in Rußland verbreitete Waffe wurde seit dem Ende der dreißiger Jahre des 19. Jahrhunderts auch in Zlatoust hergestellt. Dabei wurden nicht nur reglementierte, also für den militärischen Gebrauch bestimmte Waffen, sondern auch Extrastücke gefertigt. Ein für die historische Region des Kaukasus typischer Dolch (der sogenannte Kindschal, der dort vorwiegend für die Jagd Verwendung fand, wurde ebenfalls in die Produktpalette der Waffenfabrik Zlatoust aufgenommen. Etwa gleichzeitig oder ein wenig früher hatte man dem türkischen Waffenarsenal gleichfalls eine Jagdwaffe entlehnt, die unter der Bezeichnung »Jatagan« bekannt ist und sich durch eine S-förmig gekrümmte Klinge auszeichnet.

Bei der Nachahmung orientalischer Vorbilder waren die Zlatouster Waffenschmiede bestrebt, die allgemeine typologische Nähe zum Original beizubehalten sowie für den Dekor vergleichbare Materialien und dekorative Handwerkstechniken zu verwenden. So sind die Klingen zahlreicher Säbel, Schaschkas, Kindschale und Jatagane aus hochwertigem Stahl geschmiedet, dessen Qualität den berühmten orientalischen Stahlsorten entspricht, die man unter der Bezeichnung »Bulat« oder »Damaszenerstahl« kennt. Dem Direktor der Waffenfabrik Zlatoust, Pawel Anossow, war es durch Forschungen und Versuche gelungen, diesen Stahl herzustellen. Das Interesse an der seinerzeit verlorengegangenen Kunst der Herstellung echten Damaszenerstahls war verständlich; aus diesem Grunde waren die Zlatouster Meister Wassili Jushakow und Karl Wolferz bereits 1835 nach Georgien gesandt worden, um in Tiflis die einschlägigen Arbeiten eines der besten georgischen Waffenschmiede jener Zeit, Kachraman Elisaraschwili, kennenzulernen.

In den frühen vierziger Jahren wurde in Zlatoust verhältnismäßig schnell ein weiteres traditionelles Verfahren der Waffenverzierung aus dem Orient übernommen – die Tauschierung in Gold und Silber. Sie wurde, wenn auch in begrenztem Umfang, hauptsächlich für die Verzierung von Beschlägen, also für Griffe und Bestandteile von Scheiden, verwendet. Auf Klingen wurden dagegen nur kurze Inschriften oder kleinere ornamentale Kompositionen angebracht. In einigen Fällen kam für die Verzierung von Beschlägen auch geschwärztes Silber zum Einsatz.

Allerdings blieb die Vorliebe für herkömmliche und bewährte Verzierungsverfahren für das Schaffen der Waffenschmiede kennzeichnend und beeinflußte spürbar das Äußere der Erzeugnisse, die in der Waffenfabrik Zlatoust von Mitte bis Ende der vierziger Jahre des 19. Jahrhunderts hergestellt wurden. Diese ahmten die typologischen Besonderheiten der Jatagane und kaukasischen Dolche (Kindschale) nach, ihre Klingen wurden von den Zlatouster Meistern mit traditionellen Kompositionen verziert, hauptsächlich mit Ornamenten, seltener mit bildlichen Darstellungen. Ätzung und Gravierung, Vergoldung und Brünierung waren hierbei die gebräuchlichen Techniken. Die Beschläge der Waffen wurden auf dieselbe Art und Weise verziert.

Wie ein grober zahlenmäßiger Vergleich zeigt, sind aus den vierziger Jahren des 19. Jahrhunderts wesentlich weniger Zlatouster »verzierte Waffen« erhalten als aus der vorangegangenen Periode. Dieses Mißverhältnis ist nicht zuletzt dadurch erklärbar, daß Regierungsaufträge für solche Waffen ungleichmäßig verteilt waren und vermutlich sogar insgesamt zurückgingen. Und wenn es sich noch mit der hohen Qualität des Zlatouster Stahls erklären läßt, daß in den späten dreißiger und frühen vierziger Jahren in den Listen der Haupterzeugnisse der Fabrik Kürassen für die Kürassierregimenter der russischen Armee aufgeführt sind, so war die Hinwendung der Kunsthandwerker zur Herstellung von Gegenständen des alltäglichen Gebrauchs in diesem Zeitraum wohl eher erzwungen. Aber selbst wenn man diesen Umstand berücksichtigt, blieb der gute Ruf der »verzierten Waffen« auch gegen Ende der vierziger Jahre erhalten.

In der zweiten Hälfte des 19. Jahrhunderts wurden künstlerisch gestaltete Waffen zwar nicht in größeren Stückzahlen gefertigt, dafür war diese Zeit durch technologische Veränderungen und insbesondere durch die Mechanisierung einiger arbeitsintensiver Fertigungsschritte gekennzeichnet. Diese Mechanisierung wiederum führte dazu, daß die ihrem Wesen nach zutiefst individuelle Herangehensweise an die Verzierung von Waffen Schritt für Schritt aufgegeben wurde. Es ist nicht auszuschließen, daß sich damit das Verschwinden signierter Stücke erklären läßt, deren Verzierungen die Züge der früheren Eigenständigkeit und Originalität zu verlieren beginnen.

All dies bedeutet nicht, daß die rein künstlerischen Qualitäten der während dieses Jahrzehnts hergestellten Waffen gesunken sind. Ganz im Gegenteil, denn gerade der technische Fortschritt machte es möglich, ehemals komplizierte Verfahren und Arbeitsschritte zu vereinfachen. Damit sind beispielsweise die Einführung des von Pawel Obuchow entwickelten Herstellungsverfahrens von sogenanntem Gußstahl, der Übergang zur fortschrittlicheren Vergoldung und Versilberung durch Galvanisierung, die Härtung der Klingen in Bleibädern und schließlich für die letzten Jahrzehnte des 19. Jahrhunderts die Verwendung von Martin-Stahl anstelle von Tiegelgußstahl sowie das Pressen von Beschlägen gemeint.

Von besonderer Bedeutung für die Zlatouster Waffenschmiedekunst der zweiten Hälfte des 19. Jahrhunderts waren Veränderungen in der dekorativen Ausstattung der Waffen, die in der Waffenfabrik hergestellt wurden. Beim Verzieren von Klingen tendierte man in den sechziger Jahren beispielsweise zur überwiegenden Verwendung polierten Stahls mit der Absicht, durch die Kombination von glatten und matten, durch Ätzung entstandenen Flächen eine künstlerische Wirkung zu erzielen. Auf diese Art und Weise wurden insbesondere die Klingen von Geschenkwaffen verziert, die aus dem Stahl von Pawel Obuchow hergestellt waren. Sein Namenszug war gleichfalls Bestandteil des ornamentalen Dekors der Klinge.

Einige Veränderungen gab es auch im Bereich der Typologie der Waffen, die in der zweiten Hälfte des 19. Jahrhunderts, genauer gesagt in den siebziger und achtziger Jahren in Zlatoust hergestellt wurden. Beim Militär zum Beispiel hatte sich die Schaschka mit ihrer typischen breiten und nur schwach gekrümmten Klinge endgültig durchgesetzt. Bei den Jagdwaffen erfreuten sich Dolche großer Beliebtheit, deren Konfiguration den wohlbekannten kaukasischen Kindschal nachahmte.

Den wichtigsten Eindruck von der neueren Zlatouster Kunst vermittelt jedoch die dekorative Gestaltung der Waffen. Wie bereits bemerkt, waren infolge der allgemeinen Entwicklung der Technik in der zweiten Hälfte des 19. Jahrhunderts zahlreiche Verfahren der Waffenherstellung verbessert worden – von der Herstellung qualitativ hochwertiger Ausgangsstoffe bis hin zur Einführung neuer Verfahren der Metallbearbeitung. Allerdings haben die technologischen Neuerungen auch die rein künstlerische Seite der Waffenherstellung berührt und den Kunsthandwerkern neue kreative Spielräume eröffnet. Die komplizierten Brünierungs- und Ätzungsverfahren der Vergangenheit wurden durch einfachere und weniger arbeitsintensive abgelöst, wodurch der kreative Prozeß effizienter wurde. Häufig wurden sie voneinander getrennt angewendet, ohne daß dadurch der gestalterische Gesamteindruck des Stücks gelitten hätte.

Der Stellenwert der Tauschierung in Gold oder Silber, einer äußerst vorteilhaften Art der Verzierung, wuchs deutlich an. Die Zlatouster Meister erkannten ihre reichhaltigen Möglichkeiten, perfektionierten sie und bereicherten sie wiederum um einige Besonderheiten. So wurden die Beschläge von Jagddolchen in den siebziger und achtziger Jahren nicht nur traditionell geätzt und poliert, sondern häufig mit einem feinen und elegant gezeichneten stilisierten Ornament aus Silberdraht auf dem mattierten Grund aus Eisen oder Stahl verziert.

Die Klingen von Offiziersschaschkas wurden grundsätzlich ähnlich gestaltet. Ornamentale, aus unterschiedlichen Elementen bestehende Kompositionen aus Gold- oder Silberdraht wurden am Ansatz der Klingen auf dunkelblau bis schwarz brüniertem Grund angebracht. Größere Gestaltungsvielfalt und künstlerischer Reichtum entstanden auch dadurch, daß für die Tauschierung häufig verschiedene, von grünlich bis rötlich reichende Goldtöne verwendet wurden.

Dieses Verfahren wurde gewöhnlich eingesetzt, um die Klingen von Offizierswaffen, meist Schaschkas, zu dekorieren. In Kombination mit Versilberung, filigranem Schnitzwerk und einigen anderen Techniken diente es gleichfalls zur Verzierung von Dolchen und Messern, die für die Jagd bestimmt waren.

Inhaltlich war in dieser Periode nach wie vor das Ornament für den Dekor der Waffen bestimmend, wobei sich jedoch die Zusammensetzung der Kompositionen ein wenig geändert hatte. Die für die Gestaltung von Schlachtenszenen verwendeten traditionellen Motive und Elemente wurden allmählich durch andere abgelöst. In den achtziger und neunziger Jahren begannen sich in der Verzierung von Klingen Motive durchzusetzen, die dem Repertoire der altrussischen Ornamentik entstammten und mit Inschriften kombiniert wurden, die in altslawischer Schrift, der sogenannten Kyrilliza, ausgeführt waren.

Bei der Dekoration von Jagdwaffen mit bildlichen Motiven blieben die Zlatouster Kunsthandwerker den gewachsenen Traditionen treu, das heißt, sie verzierten die Klingen oder Beschläge von Hirschfängern und Dolchen mit realistisch wiedergegebenen Jagdszenen. Bei der Verzierung von Gedenk- oder Geschenkstücken konnten die Motive auf Beruf oder Stand der Person hinweisen, für die das Geschenk bestimmt war. So konnte eine Waffe für jemanden, der zur See fuhr, nicht nur mit traditionellen Emblemen dieses Berufstandes, sondern auch mit Bildern von Meer und Schiffen usw. verziert werden.

Bei der Herstellung solcher und ähnlicher Stücke verwendeten die Zlatouster Meister neben traditionellen Motiven und Szenen nicht selten bildliche Darstellungen, die früher nicht vorgekommen waren. Hierbei handelte es sich zum Beispiel um die majestätischen Landschaften des Urals, seine Berge und Wälder, die mit den Mitteln der Gravierung wiedergegeben wurden. Ihre Darstellung auf der außerordentlich begrenzten Fläche der Klingen war mit enormen technischen Schwierigkeiten verbunden, aber die Kunsthandwerker wußten sich zu helfen, indem sie solche Bilder auf den Futteralen der Waffen anbrachten, die weit mehr Fläche boten. Durch die Anwendung unterschiedlicher Techniken, zu denen Gravierung und Ätzung, Vergoldung und Versilberung, Tauschierung in verschiedenen Goldtönen und vieles andere mehr gehörten, schufen die Künstler zuweilen hervorragende und realistische Bilder der heimatlichen Natur, die sie als eine Art Symbol für Zlatoust betrachteten.

Es sind nunmehr über 180 Jahre seit der Eröffnung der Waffenfabrik Zlatoust im Südural am Berg Taganaj und der Entstehung der wunderbaren Kunst der Zlatouster Meister vergangen. In diesen langen Jahren fertigten sie Tausende ausgezeichneter Waffen, die der russischen Armee so manchen Sieg beschert haben. Gleichzeitig entstanden viele Hunderte erstklassiger verzierter Waffen, von denen einige wahre Meisterwerke sind. Im Lauf der Zeit änderten sich allmählich auch die Zlatouster Erzeugnisse. Indem sie militärischen Fortschritt, Veränderungen von Geschmack und Bedürfnissen, Art und Umfang der Nachfrage, künstlerische Anschauungen und Grundsätze berücksichtigten, mußten die Meister häufig vom gewohnten Repertoire abweichen und waren gezwungen, Alltagsgegenstände herzustellen. Sie blieben dabei jedoch stets den traditionellen Verfahren und Dekorationsmethoden treu. Alle nur erdenklichen Kleingegenstände für den häuslichen Gebrauch, zum Beispiel Messer für das Aufschneiden von Büchern, wurden auch damals, an der Schwelle vom 19. zum 20. Jahrhundert, immer wenigstens mit einer kleinen Gravur auf brüniertem oder vergoldetem Grund verziert.

Die tiefgreifenden sozialen Veränderungen im Lande und die schweren Kriegsjahre konnten nicht unbemerkt an Zlatoust und seiner Kunst vorübergehen. Zeitweise lief sie Gefahr, zu einem gewöhnlichen Handwerk zu verkommen oder gar gänzlich zu erlöschen. Glücklicherweise ist das nicht eingetreten. Sie lebt auch heute noch. Die heutigen Zlatouster Meister und Künstler können auf den reichhaltigen Erfahrungen und schöpferischen Leistungen ihrer Vorgänger aufbauen. Sie suchen neue Wege, neue Formen und Typen und finden originelle Ansätze und Stilmittel für die Verzierung ihrer Werke. Nicht jeder Versuch gelingt; der Weg, den sie eingeschlagen haben, ist schwierig und dornig und verspricht keine schnellen Erfolge. Aber das, was entsteht, zeigt, daß es sich lohnt zu suchen, und dient in gewissem Maße auch als Unterpfand zukünftiger Erfolge.

Zlatouster Prunkwaffen in russischen und ausländischen Museen und in privaten Sammlungen

Die hervorragenden Kampfeigenschaften, die typologische Vielfalt und technische Güte der für den Bedarf der russischen Armee hergestellten Blankwaffen hatten Zlatoust eine führende Stellung, wenn nicht gar ein Monopol im russischen Waffenwesen des 19. Jahrhunderts gesichert. Die entlegene Stadt im Ural wurde weit über ihre eigenen Grenzen hinaus berühmt. Den guten Ruf der Waffenfabrik Zlatoust förderte auch die Fertigung beträchtlicher Mengen unterschiedlichster künstlerisch verzierter Waffen, zu denen unter anderem Prunk- und Jagdwaffen zählten. Wie bereits gesagt, wurden die Werke der Zlatouster Waffenschmiede gerne als besonders wert- und ehrenvolle Geschenke verwendet und auf Gewerbeausstellungen im In- und Ausland ausgestellt.

Allmählich wurden Sammler aufmerksam auf diese Werke, von denen viele bis heute Museen und private Kollektionen in Europa und Übersee schmücken. Natürlich sind die meisten »verzierten Waffen« aus Zlatoust in russischen Sammlungen zu finden, wo sie sowohl durch bemerkenswerte Einzelstücke als auch durch ganze Gruppen vertreten sind.

Berücksichtigt man die historische Zweckbestimmung der Rüstkammer des Moskauer Kreml als einer Verwahrungsstätte für herausragende russische Waffen, so müßte man meinen, die Werke der Zlatouster Meister seien hier zahlreich vertreten. Es ist jedoch bekannt, daß die Rüstkammer hauptsächlich Stücke aus der Zeit bis zum Ende des 18. Jahrhunderts beherbergt. Spätere Werke sind hingegen in verhältnismäßig geringer Anzahl vertreten. Hierzu gehört auch eine kleine Gruppe Waffen aus Zlatoust. In diesem Fall aber wird die geringe Quantität durch die kunsthistorische Bedeutung der Objekte ausgeglichen. Das bezieht sich insbesondere auf drei Offizierssäbel, von denen zwei zu den Waffen gehören, mit denen die leichte Kavallerie der russischen Armee in den ersten Jahrzehnten des 19. Jahrhunderts ausgerüstet war; bei dem dritten handelt es sich um eine Extrawaffe desselben Typs. Alle drei Stücke sind in der traditionellen Manier der Zlatouster Meister verziert. Besonders relevant aber ist die Tatsache, daß in den Unterlagen der Rüstkammer ihr Eingang mit Ende 1817 angegeben ist. Dieser Umstand wiederum besitzt wesentliche Bedeutung für allgemeine chronologische Fragen, die mit der Herstellung von Waffen in Zlatoust verbunden sind.[14] Ein vierter, gleichfalls in der Rüstkammer verwahrter Säbel ist eine Arbeit von Iwan Buschujew, der mit diesem Säbel ein wahrhaftig vortreffliches Werk der Waffenschmiedekunst geschaffen hat.[15]

Eine verhältnismäßig kleine, gemäß einschlägigen Veröffentlichungen aus rund 20 Objekten bestehende Gruppe befindet sich im Moskauer Historischen Museum. Ihre Vorzüge bestehen in einem verhältnismäßig breiten chronologischen Spektrum und dem Vorliegen mehrerer Arbeiten namhafter Meister.[16]

Mehrere Dutzend Degen, Säbel und Pallasche beherbergt das Zentrale Museum der Kriegsmarine zu Sankt Petersburg. Soweit bekannt ist, sind sie kunsthistorisch durchaus interessant. Da es aber keine Veröffentlichungen gibt, die der Übersicht über die Sammlung des Moskauer Historischen Museums vergleichbar wären, kann eine klarere Wertung bislang nicht getroffen werden.

Beachtung verdient die gut sortierte Gruppe Zlatouster Waffen im Militärhistorischen Museum der Artillerie, Fernmelde- und Pioniertruppe zu Sankt Petersburg. Sie umfaßt über hundertfünfzig Objekte unterschiedlicher Zweckbestimmung, zu denen auch künstlerisch verzierte Stücke gehören. Bei diesen überwiegen die Grundformen von Kavallerie- und Infanterieblankwaffen aus dem ersten Viertel des 19. Jahrhunderts. Diese Sammlung ist Gegenstand eines kleineren Katalogs.[17]

Eine vergleichbare Anzahl Zlatouster Waffen befindet sich im Museum des Sankt Petersburger Instituts für Bergbau. Ihre Anwesenheit in dieser Anstalt läßt sich dadurch erklären, daß in der Vergangenheit, wie bereits ausgeführt wurde, Zlatoust und die Unternehmen in der Stadt verwaltungsmäßig dem Bergbauamt unterstanden, in dessen Zuständigkeit auch das Institut für Bergbau fiel. Eine allgemeine Beschreibung dieser Sammlung findet sich in den Thesen zu einem Vortrag, der vor einiger Zeit anläßlich eines wissenschaftlichen Seminars über Fragen der angewandten Kunst gehalten wurde.[18]

Eine Übersicht über die russischen Sammlungen Zlatouster Waffen wäre nicht vollständig, enthielte sie nicht einen Hinweis auf den Fundus des Heimatkundemuseums in Zlatoust selbst. Die rund siebzig zur Sammlung dieses Museums zählenden Objekte sind – nebst einer ausführlichen Einleitung – in einem Katalog beschrieben, der der Zlatouster Stahlstichkunst gewidmet ist.[19] Es ist nicht auszuschließen, daß Werke Zlatouster Meister sich gleichfalls noch in anderen russischen Museen befinden, aber aufgrund fehlender Veröffentlichungen können diesbezüglich nur Vermutungen angestellt werden. Es ist jedoch bekannt, daß das Heimatkundemuseum von Nowgorod einen in Zlatoust gefertigten Säbel besitzt; ein weiterer Prunksäbel befindet sich in Nowotscherkassk im Museum für Geschichte der Donkosaken. Dieser ist von erheblichem Interesse, da bekannt ist, daß er den Namenszug von Pjotr Teleshnikow, einem Zeitgenossen beziehungsweise Kollegen von Iwan Buschujew und Iwan Bojarschinow, trägt und auf 1824 datiert ist. Es ist nicht auszuschließen, daß es sich hierbei um die einzige bekannte Arbeit dieses Meisters handelt. Einige Zlatouster Stücke, und zwar zwei Jagddolche und ein auf 1836 datierter Säbel, gehörten seinerzeit zum Interieur des »Orientalischen Salons« im sogenannten Alten Palais, das sich in Zarskoje Selo unweit von Sankt Petersburg befindet. Ihr Schicksal ist bislang ungeklärt.[20]

Es liegen Informationen über einzelne Objekte Zlatouster Provenienz in Museen vor, die sich in Staaten befinden, die vormals zur Sowjetunion gehörten. Dazu zählen zum Beispiel zwei Säbel, von denen sich einer im Heimatkundemuseum von Gomel (Weißrußland) und der andere im Museum für Geschichte und Völkerkunde zu Vilnius (Litauen) befinden.[21]

Zuweilen geschieht es, daß Waffen aus Zlatoust nicht nur in Museen oder privaten Sammlungen zu finden sind. Ein Beispiel hierfür ist eine Gruppe von Offizierssäbeln aus den dreißiger Jahren des 19. Jahrhunderts, die vor einiger Zeit in den Bühnenwerkstätten des Mariinski-Theaters in Sankt Petersburg entdeckt wurden.

Dank ihres guten Rufs sind Waffen aus Zlatoust auch in europäischen Museen vertreten, wohin sie, wie bereits gesagt, am häufigsten als Geschenke des russischen Kaiserhofes an Staatsmänner und Militärs gelangten.

Zu den ersten Beispielen, die belegen, auf welche Art und Weise die Europäer Waffen aus Zlatoust kennenlernten, muß ein bereits erwähnter Säbel gezählt werden: ein Geschenk Kaiser Nikolaus' I. an Arthur Wellesley, Herzog von Wellington. Vom Typus handelt es sich um eine bekannte Waffe, die im ersten Viertel des 19. Jahrhunderts zur Ausrüstung der Offiziere der russischen Armee gehörte. Dies bedeutet, daß Gefäß und Scheide aus poliertem Stahl gefertigt sind und keinerlei dekorative Elemente aufweisen. Dafür hat Iwan Buschujew die Klinge mit außerordentlichem Geschmack und großer Kunstfertigkeit verziert, indem er eine im Schaffen der Zlatouster Meister populäre Komposition wählte, die die einzelnen Schritte der Waffenherstellung darstellt. Der Säbel gehört zu den Beständen des Wellington-Museums.

Insgesamt drei Stücke aus Zlatoust befinden sich in der Sammlung des königlichen Schlosses Windsor und können mit Fug und Recht zu den besten Objekten dieser berühmten Sammlung gezählt werden. Zu ihnen gehören ein Hirschfänger von 1823 sowie ein prächtiger Paradesäbel von Iwan Buschujew, der auf 1824 datiert ist und von seiner Ausstattung her mit einigen Stücken aus der Sammlung der Staatlichen Eremitage vergleichbar ist. Auf 1824 ist auch der von Iwan Buschujew gefertigte Hirschfänger datiert. Seine Gestaltung läßt ebenfalls Parallelen zu Stücken aus der Sammlung der Eremitage erkennen.[22] Es ist urkundlich belegt, daß sich alle drei Objekte bereits Ende 1825 auf Windsor befunden haben.

Für die Sammlung des bekannten englischen (russischstämmigen) Militaria-Sammlers Eugen S. Mollo (London) waren die Waffen aus Zlatoust gleichfalls ein Muß. Seine Kollektion umfaßt hauptsächlich Schaschkas, Säbel sowie andere Hieb- und Stichwaffen mit Klingen aus den siebziger und achtziger Jahren des

19. Jahrhunderts, die in dem für diese Zeit typischen Stil gefertigt und verziert sind. Eugen S. Mollo hat eine Monographie über russische Hieb- und Stichwaffen (Blankwaffen) verfaßt, deren Einführung eine kurze Übersicht über Zlatouster Waffen bietet. Für diese Monographie hat der Verfasser einen Teil seiner Zlatouster Waffen als Ausgangsmaterial verwendet.[23]

Unter dem Blickwinkel der künstlerischen Qualität der Zlatouster Waffen müssen auch drei vortrefflich gestaltete russische Offizierssäbel und ein Degen genannt werden, die sich im Prager Militärhistorischen Museum (Tschechische Republik) befinden.[24] Die Säbel sind auf 1820 datiert (laut Veröffentlichung), der Degen auf 1823. Einer der Säbel trägt den Namenszug von Wilhelm Schaaf, ein anderer das Zeichen von Gottfried Grah. Die Verfasser der Veröffentlichung vermuten, daß diese zweite Waffe (genauer gesagt, ihre Klinge) von Jefim Buschujew verziert wurde. Der Degen ist von Iwan Buschujew signiert und somit eines der wenigen erhaltenen (oder, besser gesagt, bekannten) Werke dieses Meisters. Die Erlesenheit des Dekors erlaubt einen Vergleich mit den Stücken aus der Sammlung des Schlosses Windsor; sie gehören zum Besten, was Zlatoust je hervorgebracht hat.

Rund zwanzig Säbel Zlatouster Provenienz befinden sich im Bezirksheimatkundemuseum Zagreb (Kroatien).[25] Es sind aus der späteren Periode, also Ende des 19. / Anfang des 20. Jahrhunderts stammende Militärwaffen, zum Beispiel Säbel und Schaschkas, die zur Bewaffnung von Offizieren und Mannschaften gehörten. Von einigem Interesse sind hierbei ein Husarensäbel, dessen Klinge auf 1826 datiert ist, und zwei Dragonersäbel aus dem Jahre 1918. Hierdurch wird die chronologische Spannweite der Zlatouster Waffen erweitert und konkretisiert.

Es liegt auf der Hand, daß in Deutschland, wo es zahlreiche und mannigfaltige Sammlungen historischer Waffen gibt, Zlatouster Waffen sich nicht nur auf den bereits beschriebenen Säbel in der Sammlung des Deutschen Klingenmuseums Solingen beschränken. Weitere Objekte finden sich im Museum für Deutsche Geschichte Berlin (Militärwaffen aus der zweiten Hälfte des 19. Jahrhunderts) und im Historischen Museum Dresden (ein Dolch, der mit großer Wahrscheinlichkeit der Waffenfabrik Zlatoust zugeschrieben werden kann).[26] Und das Dresdener Militärhistorische Museum besitzt einen Offiziersdegen von Iwan Bojarschinow, dessen Klinge mit dem typischen Zlatouster Motiv der Waffenherstellung verziert ist.

Der Verfasser hatte das Glück, sich während einer Studienreise nach Deutschland im Jahre 1989 mit diesem Objekt eingehend beschäftigen zu können. Daß es sich um eine russische Offizierswaffe aus der ersten Hälfte des 19. Jahrhunderts handelt, läßt sich anhand des vergoldeten Gefäßes und der Scheide zweifelsfrei nachweisen, wohingegen die mit filigraner Gravierung, Brünierung und Vergoldung verzierte Klinge sofort ihre Herkunft »verkündet«. Die hervorragend gestaltete Komposition im klassischen Stil mit zierlichen Kartuschen, Palmetten, Kränzen und Girlanden aus Lorbeerzweigen weist darauf hin, daß die Klinge in der berühmten »Abteilung für verzierte Waffen« der Waffenfabrik Zlatoust angefertigt wurde. Die traditionelle Klingeninschrift »Златоустъ« (»Zlatoust«) und der durch die Jahreszahl 1838 ergänzte Namenszug von Iwan Bojarschinow machen die Zuordnung vollends glaubwürdig. Die Bedeutung dieser Klinge kann nicht hoch genug eingeschätzt werden, insbesondere weil sie das einzige bekannte Werk des Meisters aus dem Jahre 1838 ist.

Von den dänischen Museen sind die Sammlungen des Tøjhusmuseet in Kopenhagen zu erwähnen, zu dessen ständiger Exposition ein Dolch gehört, der zweifelsfrei aus Zlatoust stammt.[27] Für seine Herkunft sprechen die bekannten, für Zlatoust typischen Merkmale – die Konfiguration der Klinge und natürlich die Verzierungen. Diese Merkmale erlauben den Vergleich mit einem der Jagddolche aus dem Fundus der Eremitage. Die Entstehungszeit läßt sich anhand der auf der Klinge angebrachten Jahreszahl 1839 exakt bestimmen. Es ist nicht auszuschließen, daß es sich hierbei um eine Arbeit von Iwan Bojarschinow handelt.

In den Sammlungen des berühmten Schlosses Rosenborg befindet sich allem Anschein nach nur ein Werk aus Zlatoust, so zumindest der Stand der Veröffentlichungen. Der Rosenborger Säbel gehört zu den frühen Zlatouster Erzeugnissen und weist in seinem Äußeren, insbesondere in der Konfiguration, Ähnlichkeiten mit dem bereits erwähnten Säbel aus dem Solinger Klingenmuseum und einem weiteren aus der Sammlung der Eremitage auf.[28]

Wenden wir nun den Blick von Dänemark nach Schweden. Dort ist Zlatoust in den Blankwaffensammlungen der berühmten Livrustkammaren in Stockholm mit mindestens zwei Kosakenschaschkas sowie zwei Marineoffizierssäbeln vertreten, die um 1907/08 in der Waffenfabrik Zlatoust angefertigt wurden.[29]

Aufgrund historischer Gegebenheiten, so der Zugehörigkeit Finnlands zum Russischen Kaiserreich, läßt sich vermuten, daß Zlatouster Waffen auch in finnischen Museen und privaten Sammlungen zu finden sind. Und tatsächlich beherbergt die Kollektion des Militärmuseums Helsinki eine Gruppe russischer Offizierssäbel, die unsere Aufmerksamkeit verdient. Sie ist relativ klein und besteht nur aus rund zwei Dutzend Objekten, dafür repräsentiert sie aber den relativ großen Zeitraum vom Ende der zwanziger bis in die zweite Hälfte der neunziger Jahre des 19. Jahrhunderts.[30]

Einige Zlatouster Hirschfänger und Jagddolche aus der zweiten Hälfte des 19. Jahrhunderts finden sich im Bestand einer wertvollen Sammlung historischer Waffen, die einst H. Pohjonheimo gehörte und sich gegenwärtig in Helsinki befindet.[31] Waffen aus

Zlatoust besitzt auch das Finnische Waffenmuseum (Hyvinkää), das gerade aufgebaut wird und dessen Grundstock die kunstgeschichtlich außerordentlich bedeutsame Sammlung von Heikki Pohjoleinen bildet. Hieraus sei ein russischer Offiziersdegen aus den zwanziger Jahren des 19. Jahrhunderts erwähnt, dessen Dekor das traditionelle Zlatouster Motiv der Waffenherstellung zeigt.[32] Da die Klinge die Jahreszahl 1836 trägt, könnte sie Iwan Bojarschinow zuzuschreiben sein. Ein weiteres interessantes Stück, und zwar ein auf 1834 datierter Kürassierpallasch, fand sich bei einem Sammler in Helsinki.

Bojarschinow kann wohl auch ein kleiner Jagddolch aus der Sammlung des Königlichen Zeughauses in Turin (Italien) zugeschrieben werden, der in A. Angeluccis Katalog in knapper Form beschrieben ist.[33]

Geht man von der Vielzahl und Vielfalt historischer Waffen in den Museen und privaten Sammlungen der USA aus, so müßte man annehmen, daß sie zwangsläufig Werke der Zlatouster Meister enthalten. Leider können hierüber nur vage Vermutungen angestellt werden, da die Anzahl der einschlägigen Veröffentlichungen eher gering ist. Im New Yorker Metropolitan Museum of Art finden sich lediglich einige späte Stücke. Zu ihnen gehört unter anderem ein Dolch oder Degen mit dem traditionellen Kürzel »ЗОФ« (»ZOF«), das für »Златоустовская оружейная фабрика« (»Waffenfabrik Zlatoust«) steht.[34] Es liegen auch Informationen über Zlatouster Waffen in privaten Sammlungen des Landes vor. Zwei davon sollen hier genannt werden, und zwar Offizierssäbel, deren Klingen die Jahreszahl 1820 und den Namen der Stadt tragen. Erwähnt seien gleichfalls drei Jagddolche (Kindschale) traditioneller Machart aus den achtziger bis neunziger Jahren des 19. Jahrhunderts, also Nachbildungen des kaukasischen Typs. Sie gehören zur Kollektion des bekannten Sammlers Joseph M. Scheuner (Memphis, Tennessee).

Diese Übersicht fußt auf Veröffentlichungen verschiedener Museen oder privater Sammlungen und auf persönlichen Eindrücken des Verfassers. Aus diesem Grund erhebt er keinen Anspruch auf die Vollständigkeit der hier gegebenen Informationen über die Kunst der Herstellung verzierter Waffen in Zlatoust. Die möglichst vollständige Erfassung und Auswertung solcher Informationen ist eine Aufgabe für die Zukunft, an der sich wahrscheinlich mehrere Forscher beteiligen werden müssen. Die vorliegende Übersicht hat sich ein bescheideneres Ziel gesteckt. Sie will nicht nur den »lokalen« Wert dieser Kunst für Rußland darstellen, sondern auch aufzeigen, wie bekannt sie im Ausland ist.

Zlatouster Prunkwaffen in der Sammlung des Arsenals der Staatlichen Eremitage – Die Hagener Ausstellung

Zur Geschichte der Sammlung

Es würde seltsam anmuten, wären die großartigen Werke der Meister aus Zlatoust nicht in den Sammlungen der Staatlichen Eremitage vertreten. Dies widerspräche in erster Linie der alten Tradition der russischen Zaren und Kaiser, die stets ein Interesse an bemerkenswerten historischen Waffen und demzufolge am Sammeln und sorgfältigen Bewahren alter und zeitgenössischer Objekte hatten.

Diese Tradition wird durch zahlreiche Beispiele bestätigt. Wir wollen nur einige davon benennen. Ein reich verzierter Helm und zwei Schilde aus dem 16. Jahrhundert, also aus der Zeit Iwans IV., auch Iwan der Schreckliche genannt, die gegenwärtig die Livrustkammaren, das Kunsthistorische Museum Wien und die Staatliche Eremitage zieren, wurden in den Werkstätten der Moskauer Rüstkammer angefertigt, in denen russische, europäische und orientalische Meister alle nur erdenklichen, darunter auch verzierte Waffen schufen. Im 17. Jahrhundert wurde diese Kunst weiterentwickelt und zur Blüte gebracht, was nicht zuletzt auf die Förderung durch Zar Alexej Michailowitsch zurückzuführen ist, der ein großer Kenner und Liebhaber von Waffen war. Im ersten Viertel des folgenden Jahrhunderts trug sein Sohn Peter I., Zar und erster russischer Kaiser, eine vorzügliche Waffensammlung zusammen, zu der nicht nur künstlerisch anspruchsvolle Stücke, sondern auch technische Meisterwerke der besten europäischen Waffenschmiede jener Zeit gehörten. Es ist bekannt, daß seine Nachfolgerinnen, die Kaiserinnen Anna Iwanowna (1693–1740) und Elisabeth (1741–1761), hervorragende Jägerinnen waren. Dies setzt bekanntermaßen voraus, daß man sich mit Jagdwaffen auskennt und diese beherrscht. Belegt wird dies durch bis heute erhaltene, vorzügliche Jagdwaffengarnituren aus dem Besitz dieser Kaiserinnen. Kaiserin Katharina II. (1762–1796) war gleichfalls eine ausgewiesene Kennerin künstlerisch hochwertiger Waffen; im kaiserlichen Winterpalais in Sankt Petersburg hatte sie sogar eine persönliche Waffenkammer. Auch der Sohn Katharinas, Kaiser Paul I. (1796–1801), besaß eine durchaus ansehnliche Sammlung, und zwar sowohl was die Quantität als auch die Vielfalt der vertretenen Stücke anbelangt. Seine Kollektion befand sich in der kaiserlichen Residenz Gatschina bei Sankt Petersburg. Alexander I. (1801–1825), der ihn auf dem Thron ablöste, und dessen Nachfolger und jüngerer Bruder Nikolaus I.

(1825–1855) mußten diese Tradition nur noch fortführen, was sie auch mit Erfolg taten.

Nikolaus war in dieser Hinsicht besonders eifrig. Alle erdenklichen »Militaria«, also alles, was mit dem Kriegshandwerk in Berührung stand, wozu selbstredend Waffen zählten, interessierten den zukünftigen russischen Kaiser von klein auf. Und bereits zu Beginn des 19. Jahrhunderts begann er, damals noch als Großfürst, solche Gegenstände zu sammeln. Als Alexander I. ihm 1817 anläßlich seiner Vermählung im Stadtkern von Sankt Petersburg ein Palais zur Verfügung stellte, verlagerte Nikolaus seine Raritäten in dieses Palais und brachte sie in besonderen Räumlichkeiten unter. Später dann, schon als russischer Kaiser, ließ sein Interesse am Zusammentragen von »Militaria« nicht nach. Der Waffenanteil seiner Sammlung war beträchtlich angewachsen, und zwar in einem solchen Maße, daß für die Aufbewahrung neue und größere Räumlichkeiten erforderlich wurden. Aus diesem Grund wurde die persönliche Sammlung des Kaisers 1827 in einem zur Sommerresidenz des russischen Hofes gehörigen Palais untergebracht – in Zarskoje Selo unweit von Sankt Petersburg, wo sie während mehrerer Jahrzehnte ununterbrochen erweitert wurde. Das rapide Wachstum der Sammlung führte zum Bau eines speziell für ihre Unterbringung dienenden Gebäudes in Zarskoje Selo. 1834 folgte ein kaiserlicher Erlaß über die Errichtung des Arsenals, wo die Waffensammlungen Nikolaus' I. zuerst aufbewahrt und später dann auch ausgestellt wurden. Sehr bald wurde dieses neue Museum, in dem sich zu dieser Zeit schon eine Vielzahl kulturgeschichtlich und künstlerisch wertvoller Objekte befand, in ganz Europa berühmt. Dafür sorgten vortrefflich zusammengestellte Expositionsgruppen, die die Herstellung von Waffen in den führenden europäischen Ländern, in Rußland und im Orient veranschaulichten. Zu den ausgestellten Objekten gehörten zahlreiche ausgezeichnete Stücke, die zu Recht als Meisterwerke gelten.

Über ein halbes Jahrhundert lang, also bis in die achtziger Jahre des 19. Jahrhunderts, erfüllte das Arsenal in Zarskoje Selo seine anspruchsvolle historische Mission und zählte zu Recht zu den weltweit besten und interessantesten Museen für historische Waffen. Aber schließlich wurde es für zweckmäßig erachtet, die Sammlungen des Arsenals in das wichtigste russische Museum, die Kaiserliche Eremitage zu Sankt Petersburg, zu integrieren. Innerhalb eines verhältnismäßig kurzen Zeitraums, von 1885 bis 1888, wurden sie nahezu vollständig in die Eremitage verbracht und in die dortige Abteilung für Mittelalter und Renaissance eingegliedert. Da der Erwerb neuer Objekte für die Sammlungen ununterbrochen weitergeführt wurde, zählten sie in jener Zeit bereits mehrere tausend Stücke.

Nach 1917 wurden Sammlungen zahlreicher Museen und privater Sammler in den Bestand der Eremitage integriert. Einige hundert Stücke flossen dabei in die Sammlung historischer Waffen des Arsenals ein, darunter zahlreiche Werke, die die besten Waffenschmiede, Künstler und Kunsthandwerker der Vergangenheit gefertigt hatten. In den folgenden Jahrzehnten sind diese Waffensammlungen vielleicht nicht ganz so intensiv gewachsen, wie es früher der Fall war, dafür wurde konsequenter und systematischer an ihrer Erforschung, Aufbewahrung und natürlich auch an ihrer Ausstellung gearbeitet. Gegenwärtig umfaßt die Tätigkeit des Arsenals der Staatlichen Eremitage diese drei Schwerpunkte. Das Arsenal selbst zählt zu den weltweit repräsentativsten und wertvollsten Sammlungen historischer Waffen.

Die Entstehungsgeschichte der Zlatouster Sammlung der Eremitage entspricht im großen und ganzen den Entwicklungsetappen des Arsenals von Zarskoje Selo und später der Eremitage selbst. Da die vorhandenen urkundlichen Informationen unvollständig sind, läßt sich bislang nicht beurteilen, ob sich von Anfang an Arbeiten der Zlatouster Meister in der »Militaria«-Sammlung des Großfürsten Nikolaj Pawlowitsch, des späteren Kaisers Nikolaus I., befunden haben. Die Aufnahme solcher Werke in den Fundus des Arsenals von Zarskoje Selo ist erstmalig in einem gedruckten Katalog dieses Museums festgehalten, der 1835 bis 1840 veröffentlicht wurde.[35] Die Urkunden in den Archiven, insbesondere die am Anfang des 20. Jahrhunderts erstellte Kartei der Waffensammlungen der Kaiserlichen Eremitage, sagen aus, daß 1835 tatsächlich zwei Zlatouster Säbel zum Arsenal gehörten, zu denen bis 1840 noch vier weitere Säbel und ein für die Jagd bestimmter Wurfspieß hinzukamen. Es ist nicht auszuschließen, daß ungefähr um dieselbe Zeit, jedoch frühestens 1838, diese Objekte durch vortreffliche Blankwaffen ergänzt wurden, die dem Großfürsten Alexander Nikolajewitsch, dem Sohn Nikolaus' I. und späteren Kaiser Alexander II., auf einer Rußlandreise während

Alexander II.

Ansicht des Maximilian-Saales

des Besuchs in Zlatoust als Geschenk dargebracht wurden.[36] Jedenfalls läßt sich sagen, daß für einige der Objekte, die in der vorgenannten Kartei beschrieben sind, diese Eingangsquelle genannt wird.

Folgt man diesem zweifellos aussagekräftigen Dokument, so kann man in einigen Fällen die spätere »Bewegung« von Zlatouster Waffen in das kaiserliche Museum nachvollziehen. So kamen in den vierziger und fünfziger Jahren des 19. Jahrhunderts acht Säbel, eine Schaschka, ein Dolch und ein Jatagan hinzu, die von den Meistern der Waffenfabrik Zlatoust gefertigt worden waren. 1863 wurden dem Arsenal von Zarskoje Selo sieben Säbel übergeben, die Kaiser Alexander I. anläßlich seines Besuchs in Zlatoust im Jahre 1824 erhalten hatte. Es kann vermutet werden, daß diese Stücke vor ihrer Übergabe in der kaiserlichen Residenz, dem Winterpalais, als Gedenkgegenstände aufbewahrt wurden.

Später, in den sechziger und siebziger Jahren, also bis zum Zeitpunkt der Eingliederung des Arsenals von Zarskoje Selo in die Eremitage in Sankt Petersburg, müssen weitere Waffen aus Zlatoust hinzugekommen sein. Vermutlich ist in jener Zeit der Grundstock der heutigen Sammlung entstanden. Die einzelnen Objekte sind natürlich unterschiedlichen Ursprungs. Die meisten von ihnen, die in das Arsenal und nach 1885 in die Eremitage aufgenommen wurden, entstammten dem Besitz der kaiserlichen Familie, waren Geschenke aus Zlatoust oder kamen von in- und ausländischen Gewerbeausstellungen.

Wesentliche Bedeutung für den Aufbau der Zlatouster Sammlung der Eremitage hatte die Übernahme zahlreicher interessanter Objekte aus Petersburger Museen und privaten Kollektionen, die in die frühen zwanziger Jahre des 20. Jahrhunderts fällt. Diese Stücke, die in einigen Fällen der Konzeption der jeweiligen Museen nicht entsprachen oder in den privaten Sammlungen ohne wissenschaftliche Aufarbeitung blieben, fanden nunmehr einen würdigen Standort in einem der größten Museen der Welt. Die bereits vorhandene Gruppe wurde dadurch vielfältiger und vollständiger.

Fürst Golizyn

Zwei interessante Urkunden aus dem Archiv des Museums, die ein im Rahmen dieser Ausstellung gezeigtes Exponat betreffen, zeugen davon, inwieweit man in jener schwierigen Zeit in der Lage war, die kunstgeschichtliche Bedeutung der an die Eremitage übergebenen Kunstwerke zu bewerten und zu verstehen. Die erste dieser Urkunden, ein Ersuchen des Fürsten G. N. Golizyn vom 9. Juli 1919 an die Abteilung für den Schutz von Altertümern und Kunstschätzen des Petrograder Sowjets, enthält die Bitte »um Erteilung eines Schutzbriefes für den Degen meines Urgroßvaters, Fürst N. B. Golizyn, da dieser sowohl in künstlerischer als auch in historischer Hinsicht von hohem Werte ist. G. N. Golizyn«.[37] Die anfängliche Haltung gegenüber der geäußerten Bitte war unbestimmt, denn auf dem Ersuchen befindet sich ein kurzer Vermerk: »Vorerst kein Schutzbrief für Golizyn«. Aber noch im selben Monat siegte der gesunde Menschenverstand. Dem Besitzer wurde eine »Bescheinigung« erteilt, deren Wortlaut es verdient, vollständig wiedergegeben zu werden: »Hiermit wird gegenüber Georgi Nikolajewitsch Golizyn bescheinigt, daß der in der Wohnung Nr. 8 des Hauses Nr. 15 auf der Uferpromenade des Flusses Mojka befindliche Degen mit dem Wappen und den Initialen seines Urgroßvaters, Fürst N. Golizyn, datiert auf 1813, mit einer künstlerisch gestalteten Klinge und in diese eingeätzten Bezeichnungen russischer Siege, als Gegenstand von künstlerischen und historischen Wert bei der Regierung eingetragen ist und ihrem Schutz untersteht. Er unterliegt der Zuständigkeit der Abteilung für Schutz, Erfassung und Eintragung von Kunstschätzen und Altertümern des Kommissariats für Volksbildung und darf ohne besondere Genehmigung der vorbezeichneten Abteilung nicht verbracht oder anderweitig verfügt werden«.[38] In diese zweite Urkunde hat sich ein einziger Fehler eingeschlichen. Dieser läßt sich unschwer feststellen – der Degen konnte nicht auf ein Jahr datiert sein, in dem es in Zlatoust noch gar keine Waffenfabrik gab. Tatsächlich wurde der Degen um 1826 von Schaaf und seinen Söhnen – bereits in Sankt Petersburg – hergestellt. Eine zur Verzierung gehörende Jahreszahl wurde fälschlicherweise als Entstehungsdatum interpretiert.

So paradox es auch klingen mag, ausgerechnet die Schwierigkeiten in den Jahren nach der Revolution, als das Museumswesen im Lande und in der Eremitage wiederaufgebaut und entwickelt wurde, erschlossen eine neue und durchaus wesentliche Quelle für die Vervollständigung der Zlatouster Sammlung des Arsenals. Diese bestand aus Dutzenden von Objekten, die in diesen Jahren mitunter hastig, teils ohne Verweis auf vorhergehende Urkunden und schließlich ganz einfach ohne die erforderliche Professionalität in die Unterlagen des Museums eingetragen wurden. Erst im nachhinein, genauer gesagt in den letzten Jahrzehnten, wurde in akribischer Arbeit die Zlatouster Provenienz einiger Stücke nachgewiesen und die Sammlung so durch neue und interessante Entdeckungen vervollständigt.

Auch heute noch wird die Sammlung durch bemerkenswerte Stücke ergänzt – sei es durch Schenkungen von Privatpersonen oder durch Erwerb seitens der Beschaffungskommission der Staatlichen Eremitage.

Je umfangreicher die Zlatouster Waffensammlung wurde, um so mehr wuchs verständlicherweise auch das Interesse an den einzelnen Stücken. Der Verfasser des bereits erwähnten ersten Katalogs des Arsenals von Zarskoje Selo, Karl (Charles) Seiger, der zugleich dessen erster Kustos war, hatte es sich natürlich nicht zur Aufgabe gemacht, die einzelnen Objekte detailliert zu beschreiben; vielen widmete er nur wenige Zeilen. Dies trifft auch für die eingangs genannten vier Zlatouster Säbel zu. Dem Wortlaut des Katalogs kann leider nicht entnommen werden, ob die Stücke der Sammlung auch ausgestellt oder nur in den Magazinen verwahrt wurden, denn bei dem Katalog handelt es sich eher um ein etwas ausführlicheres Bestandsverzeichnis.

Zlatouster »Spuren« wird man auch auf den Seiten des nächsten Katalogs, des 1860 erschienenen Führers durch das Arsenal von Zarskoje Selo, vergeblich suchen.[39] Sein Verfasser und Nachfolger von Ch. Seiger, Florian Gille, hat kein einziges Werk der Zlatouster Meister in diesen Katalog aufgenommen. Eine Erklärung hierfür liegt wahrscheinlich darin, daß sie sich nicht in die Konzeption der Ausstellung des Arsenals jener Zeit »einfügten«, die in erster Linie in der Präsentation von Werken europäischer und orientalischer Meister bestand.

Diese Situation änderte sich erst, nachdem die Sammlungen des kaiserlichen Museums nach Sankt Petersburg gebracht und in die Eremitage integriert worden waren. In ihren Sälen wurden die erstaunlichen Werke der Waffenschmiede vom fernen Ural endlich der Welt präsentiert. In gedruckter Form schlug sich dieses im entsprechenden Abschnitt des umfassenden »Ausstellungsführers« nieder, den der herausragende russische Waffenkundler Eduard von Lenz, seit 1895 Kustos der Sammlung, 1908 veröffentlicht hat. Dieser Katalog ist ein seriöses wissenschaftliches Werk, das in vielen Dingen bis heute Gültigkeit besitzt. Er enthält die Beschreibung von rund 30 Objekten aus Zlatoust, hauptsächlich Prunkwaffen, die sich im sogenannten Russischen Saal, der Ausstellung historischer Waffen, befanden.[40] So muß das Jahr 1888, in dem diese Ausstellung eröffnet wurde, als Beginn der systematischen Exposition von Werken der Zlatouster Waffenschmiede in einem der besten Museen der Welt und der entsprechende Abschnitt des »Ausstellungsführers« als erster Beitrag zu ihrer wissenschaftlichen Aufarbeitung betrachtet werden.

Nach 1917 vergingen mehrere Jahrzehnte, in deren Verlauf Zlatouster Werke nur selten und allenfalls als Einzelstücke dem breiten Publikum gezeigt wurden. Meistens geschah dies im Rahmen diverser Sonderausstellungen der Staatlichen Eremitage, die zuweilen kaum thematische Bezüge zu Waffen, ihrer Herstellung und Verzierung hatten. Somit bildeten sie keinen eigenständigen Ausstellungsgegenstand, sondern fungierten gewöhnlich als Illustrationen zu den einzelnen Themenbereichen solcher Expositionen und waren damit Begleit-, aber nicht Hauptmaterial.

1966 wurde eine Übersicht über die Kollektion russischer Waffen innerhalb der Waffensammlung der Staatlichen Eremitage herausgegeben. Sie enthält eine allgemeine, wenn auch aufgrund der Spezifik dieser Veröffentlichung knapp gefaßte Beschreibung der Zlatouster Sammlung.[41] Obwohl diese Übersicht Zlatoust nur reichlich zwei Seiten widmet, sind die wesentlichen Informationen zur Geschichte des Waffenwesens in der Stadt, seinen Besonderheiten, den Typen und der dekorativen Ausstattung der dort gefertigten Waffen insgesamt richtig dargelegt.

Nach dem Erscheinen dieser Veröffentlichung vergingen über 20 Jahre, in denen detaillierte und zielgerichtete Forschungsarbeiten über die Zlatouster Waffen im Fundus des Arsenals der Staatlichen Eremitage durchgeführt wurden. Schrittweise wurden frühere, vielfach veraltete oder widersprüchliche Zuordnungen revidiert sowie neue, fundiertere und glaubwürdigere Bestimmungen vorgenommen. In der Gesamtmasse der noch nicht zugeordneten Bestände fanden sich bislang unbekannte Werke, die zum Teil von berühmten Waffenschmieden stammten. Es änderte sich auch das museale Ausstellungsprinzip oder, besser gesagt, das Herangehen an die Präsentation der Objekte. Im Vordergrund stand nunmehr die Zielsetzung, historische Waffen nicht nur unter dem Blickwinkel ihrer Funktionalität zu präsentieren, sondern auch ihren künstlerischen Gehalt hervorzuheben.

Diesem Ansatz war auch die große Ausstellung der Staatlichen Eremitage zur künstlerischen Gestaltung von Metall in Rußland verpflichtet, die 1981 eröffnet wurde.[42] In dieser Ausstellung war eine Gruppe Zlatouster Erzeugnisse vertreten. Zur selben Zeit wurden mehrere Jagdwaffen alter Zlatouster Meister in Bulgarien in der außerordentlich repräsentativen Ausstellung »Die Jagd« gezeigt, die im Rahmen der traditionsreichen Plowdiwer Messe stattfand.

Zwei Jahre darauf fand in Finnland eine Ausstellung russischer Waffen des 17. bis 19. Jahrhunderts statt. Gezeigt wurden Exponate aus dem Fundus des Arsenals, darunter auch einige Zlatouster Objekte.[43] Maßgeblicher Aspekt war auch hier wieder die Betrachtung der historischen Waffen in erster Linie als Kunstwerke.

Ein Jahr später wurden Arbeiten der Zlatouster Meister in bedeutend größerem Umfang auf einer repräsentativen Ausstellung historischer russischer Waffen in Dresden gezeigt.[44]

Über all die Jahre hinweg waren die Sammlungen des Arsenals und insbesondere die Zlatouster Gruppe stets Gegenstand wissenschaftlicher Untersuchung. Dadurch wurde es möglich, 1988 die erste Ausstellung zu eröffnen, die ausschließlich den Zlatouster Werken der Staatlichen Eremitage gewidmet war. Für diese Ausstellung wurden mehrere Dutzend vortrefflicher und besonders eindrucksvoller Objekte ausgewählt. An ihrem Beispiel ließ sich nicht nur der hohe Entwicklungsstand der Waffenschmiedekunst in Zlatoust würdigen, sondern es konnten auch die wichtigsten Etappen ihres Werdegangs nachvollzogen werden. Der zur Ausstellungseröffnung erschienene Katalog kann als Zusammenfassung der Forschungsarbeiten gelten, die während der vergangenen Jahre zur Zlatouster Sammlung unternommen worden waren.[45]

Nach zwei weiteren Jahren konnten sich polnische Fachleute und Freunde historischer Waffen mit den Prunkwaffen der Zlatouster Meister vertraut machen, als auf Schloß Malbork (Marienburg) eine repräsentative Ausstellung historischer russischer Waffen stattfand.[46]

Ein Jahr später gingen mehrere Zlatouster Objekte mit einer umfassenden Ausstellung historischer russischer Jagdwaffen aus dem Arsenal der Staatlichen Eremitage auf die Reise ins Finnische Jagdmuseum (Riihimäki).[47]

Und schließlich wurde diese Ausstellungsserie durch die Exposition mehrerer künstlerisch hochwertiger Stücke abgeschlossen, die 1996 im Dänischen Jagd- und Forstmuseum in Hørsholm gezeigt wurden. Diese Präsentation wurde durch eine besondere Veröffentlichung über die Sammlungen historischer Jagdwaffen in der Staatlichen Eremitage begleitet.[48]

Trotz ihrer Kürze zeigt diese Übersicht doch auf, inwieweit die Zlatouster Sammlung der Staatlichen Eremitage erforscht und bekannt ist.

Eingedenk dieser Übersicht und der eingangs gegebenen Informationen über Zlatouster Waffen in Museen und privaten Sammlungen mag man sich zu Recht fragen, worin die kunstgeschichtliche Bedeutung dieser Sammlung der Staatlichen Eremitage besteht und worin ihre Besonderheiten und Qualitäten liegen.

Es ist bekannt, daß die Bedeutung einer jeden Kunstsammlung durch die Anzahl und Vielfalt ihrer einzelnen Objekte bestimmt wird. Unter diesem Aspekt ist die Zlatouster Sammlung der Staatlichen Eremitage anderen um Längen voraus. Mit ihren gegenwärtig rund 200 Objekten übertrifft sie die übrigen Kollektionen und stellt somit die weltweit größte Sammlung Zlatouster Waffen dar. Da die wissenschaftliche Aufarbeitung der Bestände historischer Hieb- und Stichwaffen des Arsenals der Staatlichen Eremitage auch heute noch nicht abgeschlossen ist, kann man wohl davon ausgehen, daß sich unter den bislang nicht zugeordneten Objekten noch so manches Stück Zlatouster Provenienz finden lassen wird.

Dem quantitativen Aspekt der Zlatouster Sammlung der Staatlichen Eremitage entspricht auch ihre typologische Bandbreite. Sie umfaßt fast alle Blankwaffentypen, die in Zlatoust gefertigt und von der russischen Armee im 19. Jahrhundert verwendet wurden. Keine der gegenwärtig bekannten Sammlungen besitzt eine solch vollständige Auswahl. Durch die Materialien der Eremitage kann man zum Beispiel die direkte Abhängigkeit zwischen einigen neuentwickelten Zlatouster Säbeln und orientalischen (türkischen und persischen) Prototypen nachweisen. Gleiches trifft auf Dolche zu, die den bekannten türkischen Jatagan typologisch reproduzieren. Dies gilt ebenfalls für die berühmten Schaschkas als auch für die Dolche (Kindschale) einer anderen Machart, für die jeweils kaukasische Waffen als Vorbild dienten.

In der Zlatouster Sammlung der Staatlichen Eremitage finden sich auch Objekte, für die es in anderen Sammlungen keine Entsprechung gibt. Hierbei handelt es sich insbesondere um eine Degenklinge von besonderer Konfiguration oder, genauer gesagt, mit einem relativ ungewöhnlichen Querschnitt, die zu einer unter dem Namen »colichemarde« bekannten Kategorie gehört. Zu weiteren außerordentlichen Stücken zählen ein Wurfspieß, der – zumal im 19. Jahrhundert – wohl kaum für die Jagd verwendet wurde, und ein Dolch, der tatsächlich für die Jagd bestimmt war, obwohl seine ungewöhnlichen Maße das bezweifeln lassen.

Die an sich zwar wichtigen Kriterien der Quantität und typologischen Vielfalt ergänzen jedoch nur das entscheidende Kriterium einer jeden Sammlung – das Vorliegen erstklassiger Stücke, die von den besten Meistern geschaffen wurden, sowie von Stücken, die bekannte historische Persönlichkeiten besessen haben, also von hohem Erinnerungswert sind. Auch hierin übertrifft die Zlatouster Sammlung der Staatlichen Eremitage die anderen Kollektionen beträchtlich. In ihrem Bestand ist das Schaffen der führenden Kunsthandwerker in repräsentativer Auswahl vertreten, was letztendlich ihr Niveau und ihren Wert bestimmt. Ein weiterer eindeutiger Vorzug dieser Sammlung besteht im Besitz von Objekten, die den technischen und technologischen Entwicklungsstand der Waffenherstellung in Zlatoust veranschaulichen, der den Waffen aus dieser Stadt während ihrer gesamten, wenn auch verhältnismäßig kurzen Geschichte stets zu höchstem Ansehen verholfen hat. Im Lichte der hier aufgezählten Grundsätze stellt sich die Zlatouster Sammlung der Staatlichen Eremitage als bemerkenswert vollständiger und vielfältiger Komplex dar, ohne dessen Berücksichtigung beziehungsweise Kenntnis man sich kein qualifiziertes Urteil über das Schaffen der Zlatouster Waffenschmiede als Ganzes bilden kann.

Die ersten Klingen aus Zlatoust

Wie bereits in der allgemeinen Übersicht über die Zlatouster Sammlung der Staatlichen Eremitage bemerkt, wurden ihre Objekte gewöhnlich entweder als Einzelstücke oder in verhältnismäßig kleinen Gruppen öffentlich gezeigt. Die einzigen Ausnahmen bildeten mit 30 Objekten die Exposition historischer Waffen des Arsenals in der Kaiserlichen Eremitage (1888–1915) sowie die Ausstellung aus dem Jahre 1988, in der rund 50 solcher Exponate zu sehen waren.

In Hagen zeigt die Staatliche Eremitage nahezu drei Viertel ihrer Sammlung. Dies ist eine Premiere, und zwar nicht nur für das Ausland. Auch in Rußland hat es eine solche Ausstellung noch nicht gegeben. Der Grund für diese überaus umfangreiche Präsentation ist einerseits die zweifelsfreie Anerkennung der deutschen Handwerkstraditionen und des Beitrags, den ihre Vertreter in der Vergangenheit zur Waffenschmiedekunst in Europa geleistet haben. Gerade hier in Deutschland können die Begabung und die Kunstfertigkeit der russischen Kollegen gebührende Anerkennung finden. Das andere gewichtige Argument zugunsten dieser Ausstellung, die erstmalig außerhalb der Staatlichen Eremitage gezeigt wird, ist der Wille zur Zusammenarbeit beider Länder, der durch ein solches Unterfangen eindeutig unter Beweis gestellt wird.

Man könnte endlos darüber erzählen, was die Ausstellung im Westfälischen Freilichtmuseum Hagen bietet. Aber die Exponate sprechen für sich, sie sollten besser in natura betrachtet werden. Dies entbindet uns allerdings nicht von der Notwendigkeit, das ausgestellte Material zum besseren Verständnis mit einigen Erläuterungen zu versehen. So lassen Sie uns im Geiste durch das Gebäude wandeln, unter dessen Dach die Ausstellung der Staatlichen Eremitage Platz gefunden hat, und unser Auge darauf richten, was sie bietet.

Den Beginn der Ausstellung bilden Klingen unterschiedlicher Form und dementsprechend unterschiedlicher Zweckbestimmung. Die einen sind stark, andere weniger gekrümmt, die dritten sind gerade; alle sind unterschiedlich breit und besitzen unterschiedliche Querschnitte. Vom Typ her handelt es sich um Säbel, Pallasche und Degen, die in den ersten zwei Jahrzehnten des 19. Jahrhunderts zur Bewaffnung der russischen Armee gehörten. Ihre dekorative Ausstattung ist verhältnismäßig schlicht und baut auf der Kombination von Gravierung, Brünierung und zum Teil auch Vergoldung auf. Der Ornamentierung liegen sich wiederholende Darstellungen militärischer Attribute in Form einzelner Waffen, seltener auch Waffengruppen, zugrunde. Daneben kommen auch andere Darstellungen vor – antike Leuchter, Fackeln, Musikinstrumente, die mit Eichen- und Lorbeerzweigen alternieren. Die Klingen tragen in der Regel keine Zeichen oder Signaturen, der Dekor ist beidseitig im oberen Teil angebracht. Seine handwerkliche Ausführung kann nicht gerade als beeindruckend bezeichnet werden. Die Linienführung ist nicht immer sicher, die Figuren sind nicht immer gut auf der Fläche angeordnet, die Kompositionen scheinen mitunter etwas flüchtig ausgeführt zu sein. Man könnte diese »anonyme« Gruppe aufgrund einer gewissen Ähnlichkeit einzelner Details des Dekors mit analogen Motiven anderer, exakt bestimmter Objekte den Zlatouster Erzeugnissen zuordnen. Allerdings weisen einige Klingen aus dieser Gruppe in ihrem Dekor interessante Einzelheiten auf, die mit der eigentlichen Verzierung nur bedingt zusammenhängen. Ein Teil der Klingen ist nämlich fortlaufend numeriert. Auf ihren Ansätzen findet man die sauber mit einer Nadel eingravierten Nummern 9 bis 17; eine Klinge ist nicht numeriert, sondern trägt nur den traditionellen Buchstaben »N«.

Auf einigen anderen Klingen befinden sich neben den genannten Verzierungselementen längsseitig angebrachte, kursiv ausgeführte russische Inschriften. Diese sind graviert und vergoldet und heben sich deutlich vom brünierten Grund ab. Inschriften wie »Лейб-Гвардии Кирасирского полка« (»Leibgarde-Kürassierregiment«), »Лейб-Гвардии Уланского полка« (»Leibgarde-Ulanenregiment«) nebst den Bezeichnungen anderer Regimenter der russischen Garde auf weiteren Klingen lassen die Zugehörigkeit beziehungsweise Zweckbestimmung dieser Stücke erkennen.

Es liegt auf der Hand, daß sowohl die Inschriften als auch die Nummern kein Zufallsprodukt sind und durch ganz bestimmte Umstände erklärt werden können. Diese wurden im Einführungsteil dieses Buches kurz gestreift, als es um die Fertigung der ersten Erzeugnisse in der Waffenfabrik Zlatoust ging. Erinnert man sich, daß der erste Posten Waffen einige Monate nach der offiziellen Eröffnung der Fabrik im Jahr 1816 nach Sankt Petersburg verschickt wurde, so liegt die Vermutung nahe, daß die Objekte, mit denen unsere Ausstellung eröffnet wird, zu diesem Posten gehört haben können. In den entsprechenden Beschreibungen im Katalogteil dieses Buches ist vermerkt, daß die Lücken in der Numerierung dadurch zu erklären sind, daß nicht der gesamte Posten vollständig erhalten ist. Für diese Zuordnung spricht ein weiteres gewichtiges Argument, nämlich die Inschriften mit den Regimentsbezeichnungen; diese lassen sich nur damit erklären, daß zumindest ein Teil der Waffen für »Erprobungszwecke« bestimmt war.

Auch die an manchen Stellen mangelhafte handwerkliche Ausführung des Klingendekors und seine relative Schlichtheit lassen sich hinreichend dadurch erklären, daß diese Waffen zunächst einmal erprobt werden sollten. Die Fachleute, die sich in ihren wissenschaftlichen Arbeiten über Zlatoust nur auf das ihnen zugängliche, wenig ergiebige Material aus verschiedenen Museen stützen mußten, ohne die Objekte der Staatlichen Eremitage zu kennen, haben früher die besagten Mängel damit erklärt, daß die im Ausland angeworbenen Handwerker unzureichend qualifiziert waren und das verhältnismäßig niedrige künstlerische Niveau ihrer Arbeiten zwangsläufig zur Anfangsphase der Waffenherstellung in Zlatoust gehörte. Solche Behauptungen könnte man gelten lassen, spräche nicht ein Umstand dagegen. Für Zlatoust waren keine Anfänger angeworben worden, sondern erfahrene und qualifizierte Fachleute, zu deren Pflichten nicht nur die Fertigung künstlerisch hochwertiger Waffen gehörte, sondern auch die Ausbildung junger russischer Arbeiter. Letzteres hatte vielleicht sogar Vorrang. Die verhältnismäßige Schlichtheit und Unvollkommenheit der ersten Waffen aus Zlatoust resultierten womöglich aus dem Zeitdruck, unter dem die Handwerker standen. Aus den bereits zitierten Urkunden geht hervor, daß die kaiserliche Verwaltung der Fabrik für die Vorlage der ersten Waffenmuster recht enge Fristen gesetzt hatte. Und unter diesen Umständen trat die handwerkliche Sorgfalt hinter den termingerechten Versand der Waffen in die Hauptstadt zurück.

Bislang konnte noch nicht restlos geklärt werden, zu welcher Zeit und unter welchen Umständen die beschriebene Waffengruppe in die Eremitage gelangte. Es kann nicht ausgeschlossen werden, daß die Klingen, nachdem sie durch den Kaiser und seine Verwaltung geprüft und für gut befunden worden waren, in das Arsenal von Zarskoje Selo verbracht und später an die Kaiserliche Eremitage übergeben wurden. Sie wurden niemals ausgestellt oder in der Literatur erwähnt, haben auch niemals das Interesse von Fachleuten geweckt. Ihr Los bestand darin, über viele Jahre in den Magazinen der Eremitage dahinzudämmern. In den letzten Jahren wurden sie schließlich doch noch entdeckt und untersucht und bildeten somit eine – wenngleich auch nicht übermäßig ergiebige – Quelle, denn in ihrer Eigenschaft als erste Erzeugnisse bringen sie Licht in die Geschichte der ersten Periode der Waffenherstellung in Zlatoust.

Wilhelm Nikolaus Schaaf und Ludwig Schaaf

Der nächste Teil der Ausstellung ist zugleich auch der inhaltlich vielfältigste und interessanteste. Chronologisch umfaßt er die Zeitspanne ab dem Ende des ersten Jahrzehnts bzw. der Mitte der zwanziger Jahre bis Mitte / Ende der dreißiger Jahre des 19. Jahrhunderts. Die Bedeutung der zu diesem Teil gehörenden Objekte liegt darin, daß sie, wie bereits gesagt, meist im Auftrag der Regierung gefertigt wurden und sich durch ein besonders hohes künstlerisches und technisches Niveau auszeichnen. Hierin übertreffen sie die Objekte anderer Sammlungen deutlich.

Dieser Teil ist hauptsächlich den Arbeiten des berühmten Wilhelm Nikolaus Schaaf und seiner nicht minder berühmten Schüler, an erster Stelle Iwan Buschujew und Iwan Bojarschinow, gewidmet. Eine allgemeine Darstellung des Lebens und Werks von Wilhelm Nikolaus Schaaf befindet sich in der Einleitung zu diesem Buch und soll daher an dieser Stelle nicht wiederholt werden. Durch die Betrachtung seiner Werke, die heute zum Bestand der Staatlichen Eremitage gehören, gewinnt man allerdings ein vollständigeres und interessanteres Bild von seinem Schaffen.

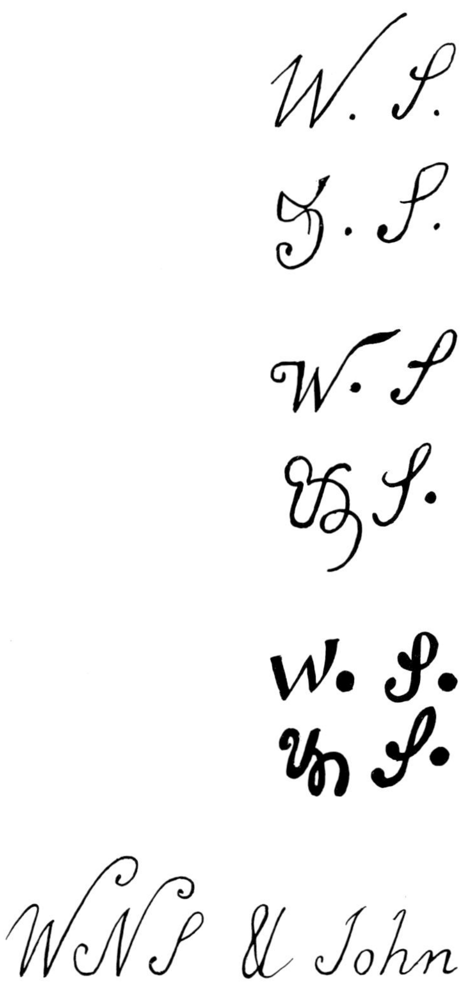

Signaturen von Schaaf

Wie bereits in der Übersicht zum vorigen Teil der Ausstellung gesagt wurde, sind die ausgestellten »Probe-« oder »Musterklingen« sowie andere Waffen nicht von ihren Urhebern signiert, sieht man von den Initialen der Klingenschmiede oder Schwertfeger ab. Das macht es natürlich nicht einfach, diese Werke der »Hand« Wilhelm Nikolaus Schaafs zuzuschreiben; schließlich war er nicht der einzige nach Zlatoust gekommene Kunsthandwerker. Insofern läßt sich in diesem Falle seine Urheberschaft eher vermuten als behaupten.

Als früheste Werke Schaafs in der Sammlung der Staatlichen Eremitage müssen wahrscheinlich zwei Säbelklingen und eine Degenklinge gelten, die gleichfalls ausgestellt sind. Sie tragen bereits die Initialen »W. S.« und »L. S.«, die für den Namen des Meisters und seines Sohnes Ludwig stehen. Diese Initialen sind mit einer Nadel in den Ansatz des Klingenrückens graviert, jedoch nicht besonders sorgfältig, wodurch sie an die Ornamentierung der »Musterserie« erinnern. Handwerklich etwas besser gestaltet sind die Flächen, die militärische Attribute, das russische Staatswappen, also den Doppeladler, das Monogramm Kaiser

Alexanders I. sowie Fackeln und andere unverzichtbare Motive im Empirestil aufweisen.

Auch das nächste Exponat trägt Initialen von vergleichbarer Ausführung. Es ist ein Säbel, dessen Klinge von beiden Seiten mit Darstellungen der Siegesgöttin Nike verziert ist und dessen Gefäß gleichfalls das Monogramm Kaiser Alexanders I. trägt. Sein Verwendungszweck als Offizierswaffe der leichten russischen Kavallerie in den ersten Jahrzehnten des 19. Jahrhunderts, die insbesondere von Offizieren der Husarenregimenter getragen wurde, bestimmt die Schlichtheit des Dekors. Allerdings sind die kunsthandwerkliche Gestaltung und besonders die stilistische Wiedergabe der geflügelten Göttin von erheblich höherem Niveau als die Verzierungen der »Muster«-Serie. Der Dekor des Säbels gehört schon zur nächsthöheren Kategorie der von Wilhelm Nikolaus Schaaf und seinem Sohn geschaffenen Zlatouster Erzeugnisse, die ebenfalls als »Probe« gedacht, aber bereits aufwendiger gestaltet waren.

Die Vermutung, daß Wilhelm Nikolaus und Ludwig Schaaf zeitgleich oder zeitnah Waffen für unterschiedliche Verwendungszwecke fertigten, findet Gewißheit, wenn man sich dem nächsten Exponat der Ausstellung, diesmal einem Paradesäbel, zuwendet. Es steht fest, daß er in der zweiten Hälfte des Jahres 1816 hergestellt wurde.[49] Die Nähe zum vorhergehenden Exponat ergibt sich daraus, daß es sich um denselben Blankwaffentyp, also einen Offizierssäbel der leichten Kavallerie, handelt, und daß das Hauptmotiv des Klingendekors ebenfalls die Göttin Nike darstellt. Aber Wilhelm Nikolaus Schaaf nutzt den Waffentyp und den ihm entsprechenden Dekor nur als Ausgangspunkt. Die Verzierung des Säbels gestaltet er wesentlich aufwendiger und hebt so seine Funktion als Prunkwaffe deutlich hervor. Es ist interessant, daß der Meister in diesem Falle bewußt auf die üblichen Initialen seines Namens und des seines Sohnes verzichtet hat, die gewöhnlich am Klingenansatz angebracht wurden. Er hat seine individuelle Urheberschaft bewußt unterstrichen, indem er eine entsprechende Inschrift anbrachte – »W. Schaaf in Slatoust«.[50]

Fürst Wolkonski

Der Säbel, den der Meister für Fürst Grigori Wolkonski angefertigt hat, krönt die Gruppe der frühesten Arbeiten Wilhelm Nikolaus Schaafs und seines Sohnes. Ihre unterschiedliche künstlerische Qualität läßt sich nicht durch eine etwaige künstlerische Weiterentwicklung des alten Waffenschmieds erklären, sondern ist dem Verwendungszweck der einzelnen Waffen geschuldet.

Direkt neben diesem Säbel findet sich noch eine frühe Arbeit von Wilhelm Nikolaus und Ludwig Schaaf, ebenfalls ein Paradesäbel. Die Details des Klingendekors bedürfen wohl einiger Erklärungen, aber die in ihren Ansatz eingravierte Inschrift »W. Schaaf u. Sohn« bestätigt die Urheberschaft der beiden Meister. Interessanterweise wurde dieser Säbel lange Zeit einem unbekannten Waffenschmied zugeschrieben, doch vor kurzem fand man beim Restaurieren der Waffe unter dem Mitteleisen des Gefäßes sowohl die gravierte Signatur der Schaafs als auch den Namen von Gottfried Grah, einem bekannten Schwertfeger. Alle typologischen und dekorativen Merkmale rücken diesen Säbel in die Nähe der bereits beschriebenen Objekte, die in der zweiten Hälfte des Jahres 1816 entstanden sind.

Eine Vorstellung vom Schaffen Wilhelm Nikolaus Schaafs und seines Sohnes während der nächsten Jahre vermitteln andere Exponate dieser Ausstellung. Ihr wissenschaftlicher Wert besteht schon alleine darin, daß sie in der Regel exakt datiert sind und somit als Orientierungshilfen für den Schaffensprozeß der beiden Waffenschmiede dienen. Sie gestatten gleichfalls ein Urteil über die Vielfalt der Ausdrucksmittel, derer sich die Meister bedienten, um ihrer Kunst Glanz und Wirkung zu verleihen. Beispielhaft in diesem Sinne ist ein auf 1818 datierter Offiziersparadedegen. Der Dekor seiner Klinge besteht aus den bereits bekannten Empiremotiven, aber jedes Element ist technisch höchst sorgfältig umgesetzt. Die Linienführung ist klar, die einzelnen Elemente der Komposition verbindet ein Ornament, was ihr die erforderliche Geschlossenheit verleiht. Die Kartusche mit dem Namen der Stadt und die dekorative Girlande auf der Fehlschärfe ist wohl die erste oder zumindest eine der ersten ihrer Art auf Zlatouster Waffen. Später wurden sowohl Kartusche als auch Girlande zu einer Art »Firmenzeichen« für Erzeugnisse der »Abteilung für verzierte Waffen« der Waffenfabrik Zlatoust.

Eine weitere Waffengruppe dieser Ausstellung verdeutlicht das Schaffen der beiden Schaafs in den Jahren 1820 bis 1825 und läßt ihr Bestreben erkennen, künstlerische Spielräume zu erweitern und mit neuem Inhalt zu füllen. Man gewinnt den Eindruck, daß den beiden Meistern ihre bisherigen Ausdrucksmittel und ihr Repertoire an Motiven und Bildern nun nicht mehr ausreichten. Dabei blieb die inhaltliche Zielsetzung gleich – die Schaafs sollten die Geschehnisse des jüngsten Krieges gegen Napoleon in allegorischer Form darstellen und dabei die außerordentliche Rolle Kaiser Alexanders I. als Staatsmann und Feldherr aufzeigen.

Ohne gänzlich von der Tradition abzuweichen, haben beide Meister, in erster Linie Wilhelm Nikolaus Schaaf, einige neue und ungewöhnliche gestalterische Ansätze entwickelt. So entstand die ornamental-dekorative Komposition, die einen auf 1822 datierten Offiziersdegen ziert. Die Klinge dieses Degens ist beidseitig mit Kränzen bedeckt. Sie enthalten Jahreszahlen und Ortsnamen, die mit dem Europafeldzug der russischen Armee von 1813/14, also dem Ende des Krieges gegen Napoleon, verbunden sind. Die geätzte und anschließend polierte Komposition wirkt außerordentlich effektvoll und unterstreicht die Bestimmung dieser Prunkwaffe.

In dieser verhältnismäßig kurzen Schaffensperiode tritt in den Arbeiten der Schaafs ein neues Stilmittel auf – die Verbindung traditioneller allegorischer Sujets mit bildlichen Darstellungen. Dies veranschaulicht der Dekor einer Säbelklinge aus dem Jahre 1822; neben der Darstellung eines antiken Kriegers finden sich hier ein Porträt Alexanders I. im Profil in altrussischer Wehr, militärische Trophäen, Lorbeerkränze und das russische Staatswappen in Form von Doppeladlern.

Ein weiteres neues Element im Schaffen der Schaafs bestand in der Hinwendung zu rein szenischen Sujets, für die sie realistische Ausdrucksmittel einsetzten. Ein besonders gelungenes Beispiel hierfür stellt ein Säbel von 1822/23 dar, den eine solche Komposition ziert. Zum einen besteht sie aus traditionellen Putten, Trophäen, Girlanden, Kränzen und ähnlichen Motiven, die auch auf früheren Waffen anzutreffen sind. Ihr wesentlichster Bestandteil jedoch ist eine hervorragend gestaltete Reiterschlacht, die wahrscheinlich eine Episode aus dem vergangenen Krieg gegen Napoleon darstellt.

Solche Kompositionen waren für die Schaafs nicht nur deshalb interessant, weil sich dadurch das rein militärische Thema in der Verzierung der Waffen gut umsetzen ließ. Es kann vermutet werden, daß die ungewöhnliche Darstellung des kompletten Fertigungsprozesses von Blankwaffen ebenfalls auf die Schaafs zurückzuführen ist. Bei der Ausführung dieser Komposition nutzten beide Meister Form und Oberfläche der Klinge optimal und brachten darauf eine Serie von Bildern an, die alle Stufen der Waffenfertigung von der Suche nach Eisenerz über das Verpacken der fertigen Erzeugnisse bis zur Verladung auf Schiffe zwecks weiterem Versand darstellen.

Bei der Beurteilung des Schaffens von Wilhelm Nikolaus Schaaf konzentrieren sich die Kunsthistoriker in der Regel auf die Zlatouster Periode. Dagegen ist grundsätzlich nichts einzuwenden, weil die besten und eindrucksvollsten Werke des Meisters in jener Zeit, also bis 1824, entstanden sind. Schaafs Schaffen endete aber nicht in diesem Jahr, sondern zu diesem Zeitpunkt erfolgte nur der Übergang von der Zlatouster zur Petersburger Periode.

Allem Anschein nach fiel es dem alten Meister und seinem Sohn Ludwig verhältnismäßig leicht, in der Hauptstadt Fuß zu fassen, eine Werkstatt zu eröffnen und alsbald die ersten Prunkwaffen im gewohnten Sortiment anzufertigen. Von diesen sind jedoch nur wenige erhalten geblieben, darum läßt sich die Petersburger Periode nicht so umfassend beurteilen wie die Zlatouster. Um so interessanter sind einzelne Stücke des Meisters, die bei den Vorbereitungsarbeiten zur Hagener Ausstellung im Fundus des Arsenals entdeckt wurden. Sie runden nun den Teil der Ausstellung ab, der dem Schaffen dieses herausragenden deutschen (sollte man nicht besser deutsch-russischen sagen?) Waffenschmieds gewidmet ist.

Auch an der neuen Wirkungsstätte blieb Wilhelm Schaaf seiner alten und bewährten Handschrift der Waffendekoration treu, wovon zum Beispiel der Paradedegen des Fürsten N. B. Golizyn zeugt. Diese Waffe wurde spätestens 1826 angefertigt; ihre Klinge ziert die bereits aus Zlatoust bekannte Komposition aus Kränzen

Nikolaus I.

mit Jahreszahlen und Ortsnamen des Europafeldzugs der russischen Armee von 1813/14.[51]

Auch ein anderes Ausstellungsstück zeigt, wie Wilhelm Nikolaus Schaaf seine Erfahrungen und ästhetischen Grundsätze im neuen Wirkungskreis einsetzte. Es handelt sich hierbei um einen Paradesäbel, den der Meister und sein Sohn anläßlich der Krönung Nikolaus' I. im Jahre 1825 anfertigten. Der Dekor dieses Werks entspricht seiner Zweckbestimmung. Er ist betont üppig und weist die üblichen Motive im Empirestil auf, der dem feierlichen Ereignis und der Bedeutung des Besitzers angemessen ist. Gleichzeitig hat der Säbel einige Besonderheiten, die ihn von den eigentlichen Zlatouster Waffen unterscheiden. So erscheint die Ornamentierung eher zweidimensional, weil der Grund sehr hell brüniert ist. Auf Zlatouster Waffen hingegen treten die vergoldeten Verzierungen deutlich und nahezu dreidimensional hervor, da der Grund eine tiefe dunkelblaue Färbung aufweist, insbesondere bei Paradedegen. Im Falle des Petersburger Säbels überwiegt die Vergoldung, die sowohl für die Verzierung des größten Teils der Klinge als auch der Scheidenbeschläge verwendet wurde, die gleichfalls ungewöhnlich konturiert sind.

Einige Details des Dekors dieser Säbelklinge sind in einem anderen Stil ausgeführt als bei den meisten Zlatouster Waffen. Es ist schwer zu sagen, ob solche, nicht besonders auffällige Details einen weiteren Versuch der Schaafs darstellen, ihren künstlerischen Spielraum zu erweitern, oder ob sie als Zufall zu werten sind. Hierfür wäre zusätzliches Vergleichsmaterial erforderlich.

Am Ende des Teils der Ausstellung, der Wilhelm Nikolaus Schaaf, seinem Sohn Ludwig und ihren Nachfahren gewidmet ist, werden Objekte aus den nächsten Jahrzehnten des 19. Jahrhunderts vorgestellt. Sie repräsentieren verschiedene Waffentypen und weisen daher unterschiedliche Konfigurationen und Verzierungen auf. Auch hatten sie unterschiedliche Besitzer, was durch deren Monogramme oder Wappen belegt wird. Ihnen ist jedoch ein wichtiger Umstand gemeinsam, und zwar die unverändert hohe technische Güte und anspruchsvolle kunsthandwerkliche Gestaltung. Hier kann man zu Recht von einer Kontinuität der Traditionen in dieser berühmten Familie von Waffenschmieden sprechen, in der das Handwerk vom Vater auf die Söhne überging.

Die Schaafs waren auch weiterhin recht erfolgreich. Sie hatten zunächst mit einer relativ kleinen Werkstatt begonnen, dann jedoch ihr Unternehmen vergrößert. So konnten sie schließlich in einer der Petersburger Hauptstraßen ein eigenes Geschäft eröffnen und in einem anderen Stadtteil von Sankt Petersburg Lagerräume erwerben.[52] Die Werkstatt selbst wuchs zu einer Fabrik heran, wovon folgender Eintrag in das Jahrbuch »Весь Петербург« (»Ganz Petersburg«) für 1912 zeugt: »St. Petersburger Mechanische und Waffenfabrik SCHAAF Söhne. Gegründet 1824. Fertigung: Wassiljewski Ostrow. 14 Linie, Haus Nr. 3. Verkauf: Wosnessenski prospekt, Haus Nr. 5«.[53]

Der Schwerpunkt der Firma bestand nach wie vor in der Fertigung von künstlerisch hochwertigen Blankwaffen für Offiziere der russischen Armee. Während mehrerer Jahrzehnte stand die Klingeninschrift »Шаафъ и сыновья« (»Schaaf und Söhne«) für ausgezeichnete Säbel, Schaschkas, Degen und Pallasche, und zwar bis zum Beginn des Ersten Weltkriegs, als die Firma ihre Tätigkeit einstellte.

Das Schaffen Wilhelm Nikolaus Schaafs, eines vortrefflichen Waffenschmieds, der zuerst im Ural und später in Sankt Petersburg wirkte, erstreckt sich über einen Zeitraum von fast 50 Jahren. Sein Name steht zu Recht für den Beginn der Fertigung von »verzierten Waffen« in der Stadt Zlatoust, die fast ein Jahrhundert lang innerhalb des russischen Waffenwesens eine führende Stellung innehatte. Aber Wilhelm Nikolaus Schaaf stellte nicht nur Waffen her, sondern unterwies in dieser Kunst auch andere und hinterließ nicht nur eine beträchtliche Anzahl vortrefflicher und außerordentlicher Werke, sondern auch bestens ausgebildete russische Schüler, die seine Leistungen gemehrt haben.

Die Objekte aus der Sammlung der Staatlichen Eremitage, unter anderem die Exponate der Hagener Ausstellung, die bis in die jüngste Vergangenheit nur wenig bekannt und kaum wissenschaftlich aufgearbeitet waren, erlauben es, die früheren, oft fehlerhaften und unsachlichen Beurteilungen von Schaafs Wirken zu revidieren. Andererseits darf man aber auch nicht davon ausgehen, daß über Wilhelm Nikolaus Schaaf bereits alles bekannt und wissenschaftlich ausgewertet ist. Vieles liegt noch im Verborgenen. Und in diesem Sinne bietet die Zlatouster Sammlung der Staatlichen Eremitage genügend Stoff für weiterführende Forschungen. Dies betrifft sowohl die Zuordnung bislang nicht bestimmter Objekte als auch die vergleichende Untersuchung der Signaturen Wilhelm Nikolaus Schaafs und seines Sohnes und vieles andere mehr. Es ist nicht auszuschließen, daß durch die zielgerichtete Auswertung der Unterlagen aus verschiedenen Archiven, von amtlichen Urkunden und Memoiren einige neue Nuancen im Schaffen des Meisters zutage treten werden. Und das wird die Frage, inwieweit sich die russische und die deutsche Kunst und Kultur im 19. Jahrhundert gegenseitig befruchtet haben, um neue und interessante Aspekte bereichern.

Die Gebrüder Buschujew

Das Schaffen der deutschen Meister in Zlatoust und insbesondere von Wilhelm Nikolaus Schaaf, das sich in den Exponaten der Hagener Ausstellung verkörpert, ermöglicht einen Vergleich mit den Leistungen ihrer Schüler, von denen an erster Stelle stets die Gebrüder Buschujew genannt werden. Dies ist kein Zufall, denn sie haben sich offensichtlich während der Lehre durch besondere Fähigkeiten vor den anderen Lehrlingen hervorgetan und diese an Begabung übertroffen. Aufgrund ihrer Leistungen haben sie das Privileg erhalten, ihre Werke zu signieren. Zumindest sind sie unter den Zlatouster Lehrlingen die einzigen, deren Arbeiten in die Eremitage oder in andere Sammlungen gelangten.

Das bereits in der Einführung zu diesem Buch geschilderte kurze Leben von Jefim Buschujew, dem jüngeren der beiden Brüder, erklärt, wieso es nur sehr wenige Objekte gibt, die er selbst signiert hat oder die ihm zugeschrieben werden. Um so mehr schätzt sich die Staatliche Eremitage glücklich, eine solche Arbeit zu besitzen und sie in dieser Ausstellung zu präsentieren.

Es handelt sich hierbei um die Klinge eines Paradesäbels, was bereits ihre für Extrawaffen charakteristische Konfiguration erkennen läßt. Besonders unterstrichen wird dies durch den Dekor, der in der bekannten Manier ausgeführt ist, also auf der Verwendung von Gravierung, Vergoldung und Brünierung aufbaut. Mittels dieses Verfahrens wurden beide Seiten der Klinge mit einer geflügelten Nike, Kriegern in antiker Wehr, einem Schwert, einer Fackel und einem Lorbeerzweig verziert. Diese Komposition besticht durch Vollendung und Eleganz sowie durch sichere und klare Linienführung. Ihr Sinn erschließt sich ohne Schwierigkeiten aus den Einzelmotiven – es handelt sich um den allegorisch verarbeiteten Sieg über Napoleon. Der Klingenansatz trägt auf einer Seite die mit einer Nadel eingravierte Inschrift »Е. Бушуевъ Златоустъ« (»J. Buschujew Zlatoust«) und auf der anderen Seite die Jahreszahl »1818«. Sie sind sowohl zusammen als auch einzeln betrachtet von besonderem Interesse. Die Inschrift weist zweifelsfrei Jefim Buschujew als Urheber dieser Waffe aus.

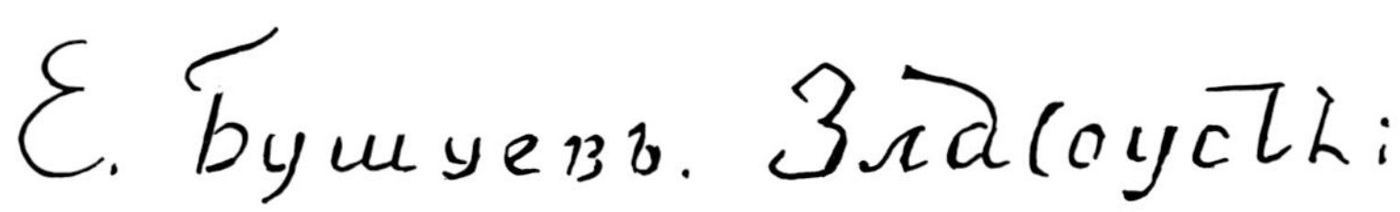

Das allein kann schon als bemerkenswert gelten, denn außer diesem Stück ist nur noch eine weitere Klinge bekannt, und zwar in der Sammlung des Zlatouster Museums. Sie wird gleichfalls diesem Meister zugeschrieben, da sie die Buchstaben »Е.Б.« (»J. B.«), also »Jefim Buschujew«, trägt. Es muß noch hinzugefügt werden, daß diese Klinge auch von den Schaafs signiert ist.[54]

Nicht weniger bedeutsam ist die auf der Klinge angebrachte Jahreszahl. Durch sie gehört diese Klinge zusammen mit dem bereits beschriebenen Degen von Wilhelm Nikolaus Schaaf aus demselben Jahr sowie einem Jagddolch aus der Sammlung des Moskauer Historischen Museums zu den frühesten exakt datierten Zlatouster Waffen, die gegenwärtig bekannt sind. Zudem erlaubt die Kombination von persönlicher Signatur und Jahreszahl ein Urteil über die seltene Begabung und das frühzeitig entwickelte Talent des jungen Meisters, wenn man berücksichtigt, daß er 1818 gerade elf Jahre zählte. Man kann nur Vermutungen darüber anstellen, welche Leistungen er in einem längeren Leben hätte vollbringen können.

Bis in die jüngste Vergangenheit ging man davon aus, daß sich die Zahl der erhaltenen Werke Jefim Buschujews auf die beiden soeben genannten beschränkt. Deren Vergleich mit der Klinge eines hervorragenden Säbels aus der Sammlung des Prager Militärhistorischen Museums zeigt aber Ähnlichkeiten in der Gestaltung. Somit kann man, wie auch in der entsprechenden Veröffentlichung erwähnt, die Urheberschaft des Zlatouster Meisters vermuten.[55] In der Sammlung des Petersburger Artilleriemuseums findet man eine weitere Klinge, deren Verzierung in Sujet und Komposition den beschriebenen Stücken nicht nur ähnelt, sondern mit ihnen nahezu identisch ist, wodurch sie gleichfalls zu den von Jefim Buschujew gefertigten Werken gezählt werden kann.[56]

Aus verständlichen Gründen ist das Werk des älteren Bruders Iwan erheblich umfangreicher repräsentiert, da eine wesentlich größere Anzahl von Stücken bis in die Gegenwart erhalten geblieben ist. Dies belegen die entsprechenden Objekte in zahlreichen Museen und privaten Sammlungen. Die Staatliche Eremitage nimmt hierbei eine führende Stellung ein, was sich im nächsten Teil der Ausstellung widerspiegelt.

Chronologisch fallen die an dieser Stelle gezeigten Stücke in eine verhältnismäßig kurze, jedoch überaus reichhaltige Schaffensperiode des Meisters, und zwar in die Jahre 1824 bis 1830. Aus künstlerischer Sicht gehören sie zum Besten, was dieser herausragende russische Waffenschmied geschaffen hat.

In diesem Teil der Ausstellung verdient eine Gruppe Paradesäbel besondere Beachtung. Wir wissen über diese Gruppe, daß sie zu jenem Dutzend gehörte, das in der Waffenfabrik als Geschenk für Kaiser Alexander I. anläßlich seines Besuchs in Zlatoust im Jahre 1824 angefertigt wurde. Diese Säbel sind nicht einfach beliebige Prunkwaffen. Ihr ungewöhnliches, höchst luxuriöses Äußeres läßt sich dadurch erklären, daß sie als besonderes Ehrengeschenk für die erste Person im Reich gedacht waren und ihre Fertigung darum dem besten Waffenschmied und Künstler anvertraut wurde.

Das erste Objekt dieser Gruppe ist ein Säbel, dessen Klinge mit allegorischen Figuren geschmückt ist. Hier finden sich Mars in der Gestalt eines Kriegers in antiker Rüstung nebst einer Figur der Siegesgöttin, Hephäst (Hephaistos) als Waffenschmied, Girlanden aus Kränzen sowie Trophäen. Diese Komposition ist wohl dem Verlauf und siegreichen Ende des Krieges von 1812 bis 1814 gewidmet. Kompositionen dieser Art wurden, wie zahlreiche Objekte unserer Ausstellung belegen, in den zwanziger und dreißiger Jahren in Zlatoust sehr häufig für die Verzierung von Prunkwaffen verwendet. Dem entspricht auch der von Iwan Buschujew gewählte Dekor für Scheide und Gefäß, der sich durch betonte Üppigkeit und Vielfalt auszeichnet. Nicht ganz alltäglich ist gleichfalls die Konfiguration von Klinge und Gefäß. Hier hat der Meister der türkischen Variante dieses Blankwaffentyps eine persönliche künstlerische Note verliehen.

Der Dekor dieses Säbels ist von vorzüglicher kunsthandwerklicher Qualität, was sich insbesondere in der Klarheit und Sicherheit der Linienführung äußert. Dieses für Iwan Buschujew insgesamt typische Merkmal tritt in noch größerem Maße im Dekor des nächsten Geschenks für den Kaiser zutage. Es handelt sich hierbei wiederum um einen im Stil der Zeit verzierten Säbel, der mit allegorischen Häuptern antiker Krieger, mit Kränzen und Trophäen geschmückt ist. In diesem Fall zeichnen sich die eingravierten Miniaturen durch handwerkliche Vollkommenheit aus, was gleichfalls auf die dem Meister hervorragend gelungene Kongruenz des Dekors von Klinge und Beschlägen zutrifft.

Die dekorative Ausstattung des dritten Säbels steht den beiden ersten sehr nahe und ist wie diese Buschujews Streben untergeordnet, ein besonders bedeutsames Werk zu schaffen. Zu diesem Zweck setzte er mehrere wirkungsvolle Verfahren und Werkstoffe ein. Aber im Gegensatz zu den ersten beiden Waffen hat Buschujew die Klinge dieser Waffe nicht mehr mit den bekannten Motiven und Gestalten aus der Antike verziert, sondern auf ein anderes, nicht minder bekanntes Motiv zurückgegriffen, das seinen Ursprung aber ausschließlich im Wirken und Schaffen der Zlatouster Waffenschmiede hatte. Es handelt sich hierbei um ein Motiv, das in einer Serie von Miniaturen die einzelnen Arbeitsschritte der Waffenherstellung darstellt. Vergleicht man diese winzigen Gravuren mit ähnlichen Darstellungen, so stellt man zweifelsfrei fest, daß Iwan Buschujew seinen Zeitgenossen und Kollegen deutlich überlegen war.

Diese Stücke führen uns zum nächsten Exponat, das wohl als das vollkommenste Werk dieses berühmten Zlatouster Waffenschmieds gelten kann. Als Iwan Buschujew diesen Säbel für die besagte Geschenkgruppe fertigte, war er bestrebt, sein gesamtes Können aufzubieten, indem er alle Möglichkeiten auslotete und von eingefahrenen Wegen abwich. Zwar trägt die Klinge auch Darstellungen aus dem traditionellen Repertoire des Empirestils, also das russische Staatswappen in Form des Doppeladlers, Bänder, Kränze und das Monogramm Kaiser Alexanders I. Aber daneben findet man über die gesamte Länge der Klinge hinweg aus vielen Einzelfiguren zusammengesetzte Bataillenszenen, in denen man unschwer eine Schlacht zwischen russischen und französischen Truppen erkennen kann. Ungewöhnlich ist schon die Wahl dieses Themas, das den Krieg auferstehen läßt, an dessen zehnjähriges Jubiläum auf solch ungewöhnliche Art und Weise erinnert wurde. Die größte Herausforderung bestand aber darin, den Ausgang des schwierigen Krieges und die Verklärung des Sieges mit künstlerischen Mitteln wiederzugeben. Buschujew hat sie glänzend gemeistert, indem er dem Gefäß aus getriebener und vergoldeter Bronze die Gestalt des Doppeladlers und der Göttin Nike mit dem Siegerkranz verlieh und am oberen Teil der Scheide einen geflügelten Drachen anbrachte, der den besiegten Gegner Rußlands verkörpert. Die prächtige und künstlerisch meisterhafte Wiedergabe der einzelnen Details vervollständigt den Gesamteindruck, den dieses vortreffliche Werk der Waffenschmiedekunst des ersten Drittels des 19. Jahrhunderts hinterläßt, und macht es zu einer überaus bedeutsamen künstlerischen Leistung Iwan Buschujews.

Es wurde bereits gesagt, daß die Geschenkserie für Kaiser Alexander I. aus zwölf Stücken bestand. Das Schicksal einiger Waffen ist bislang unbekannt. Es existieren Objekte, die mit einer gewissen Wahrscheinlichkeit zu dieser Serie gerechnet werden können. So schreiben einige Kunsthistoriker, daß zur besagten Serie ein Säbel gehörte, dessen Klinge mit einer symbolischen Darstellung von Napoleons Flucht aus Rußland verziert war.[57] In unserer Ausstellung wird eine leider nicht signierte Klinge gezeigt, die neben den traditionellen Attributen im Empirestil die realistische Darstellung eines Schlittens mit einem Insassen im Dreispitz ziert, der durch die stürmische und verschneite Nacht jagt. Das Thema des Sieges über Napoleon hat der unbekannte Meister (oder doch Iwan Buschujew?) auf konventionelle Art mit allegorischen Gestalten gelöst, aber Niederlage und Flucht der Großen Armee vermittelt eine symbolische Gestalt, die durchaus Assoziationen mit der Gestalt des Kaisers der Franzosen weckt. Gehört dieses Objekt zu der Serie, die für Kaiser Alexander I. gefertigt wurde?

Eine ähnliche Frage stellt sich auch im Zusammenhang mit einem weiteren Ausstellungsstück. Es handelt sich hierbei um einen Paradesäbel von Iwan Buschujew, der gleich den vorhergehenden auf 1824 datiert ist. Seine künstlerische Gestaltung steht den Verzierungen der Prunkserie eigentlich in nichts nach, sie ist, wie es dem Meister eigen war, prächtig und abwechslungsreich und weist zwar nicht sämtliche, aber doch die meisten der für Zlatoust traditionellen dekorativen Techniken auf. Es kann davon ausgegangen werden, daß diese Waffe erstmalig in einer Ausstellung gezeigt wird. Aufgrund seines Dekors wurde dieser Säbel stets den bedeutenden Werken Buschujews gleichgestellt. In den handschriftlichen Katalogen des Arsenals von Zarskoje Selo und später dann der Kaiserlichen Eremitage findet sich eine recht ausführliche Beschreibung dieser Waffe, die sich im gegenwärtigen Inventar der Sammlung des Arsenals der Staatlichen Eremitage in ihren Grundzügen wiederholt. Allerdings sucht man in allen vorliegenden Beschreibungen eine interessante technische Besonderheit vergeblich, da diese bis in die jüngste Vergangenheit unbemerkt geblieben ist. Sie wurde erst neulich entdeckt, als man den Säbel im Zuge der Vorbereitung zur Hagener Ausstellung eingehend untersuchte. Im Unterschied zu anderen Objekten ist die reich verzierte Klinge dieser Waffe nicht deren einzige. Unter dem Mitteleisen des Gefäßes befindet sich der Knopf eines Federverschlusses. Betätigt man diesen, so läßt sich die an das Mitteleisen sorgfältig angepaßte und hohle Klinge verhältnismäßig leicht verschieben. Dabei wird sichtbar, daß sie eine Art Futteral für eine andere, die »Hauptklinge«, darstellt, die gleichfalls verziert ist und Buschujews Namen, Herstellungsjahr und -ort trägt.

Diese Doppelung der Funktionen erklärt sich wahrscheinlich aus dem Verwendungszweck des Säbels als Prunkwaffe, was seinen aktiven Einsatz ausschloß. Im Rahmen einer Prunkwaffenserie war er also bestens geeignet, neben den künstlerischen Qualitäten der anderen Werke gleichfalls die technische Meisterschaft dieses herausragenden russischen Waffenschmieds unter Beweis zu stellen.

Es ist denkbar, daß Iwan Buschujew bei der Fertigung dieses ungewöhnlichen Stücks auf den Erfahrungsschatz seines Lehrers zurückgriff, da die Sammlung des Moskauer Historischen Museums einen ähnlich konstruierten Säbel beherbergt, den Wilhelm Nikolaus Schaaf ein Jahr zuvor hergestellt hat.[58] Ergänzend lassen sich ein kleiner Dolch europäischer Herkunft aus dem 19. Jahrhundert mit einer abnehmbaren, als Futteral dienenden Klinge sowie ein höchst beeindruckender persischer Dolch aus der ersten Hälfte desselben Jahrhunderts anführen, der aus drei ineinandergefügten Klingen besteht. Beide Waffen befinden sich im Arsenal der Staatlichen Eremitage.

Die Serie der Paradesäbel aus dem Jahre 1824 stellt unter künstlerischen Gesichtspunkten zweifelsfrei den Höhepunkt in Buschujews Schaffen dar. Die daneben ausgestellten Objekte, deren Dekor nicht ganz so anspruchsvoll ist, belegen aber, daß der Meister auch mit Waffen anderer Zweckbestimmung erfolgreich umzugehen wußte. Zu den Beispielen dieser Art gehört ein kleines Jagdmesser aus dem Jahre 1825 oder ein Kindersäbel aus dem Jahre 1827, den der Waffenschmied für den russischen Thronerben Großfürst Alexander Nikolajewitsch, den späteren Kaiser Alexander II., angefertigt hat.

Einen Gegensatz zu diesen Stücken und insbesondere zu den Säbeln der Prunkserie bilden einige andere ausgestellte Objekte, die etwas merkwürdig aussehen, aber zumindest teilweise ebenfalls vom besten Zlatouster Meister stammen.

Anders als viele andere Stücke, die während der letzten Jahre durch Ausstellungen oder Veröffentlichungen schon einen gewissen Bekanntheitsgrad erlangt haben, wurde diese Gruppe im Fundus des Arsenals aufgefunden, ohne eine Zuordnung zu besitzen. Dementsprechend gering war das Interesse für diese Objekte. Die besagte Gruppe besteht aus verkleinerten Werkstücken und fast fertiggestellten Modellen diverser Blankwaffen, mit denen die russische Armee im ersten Drittel des 19. Jahrhunderts ausgerüstet war – Säbel, Degen, Pallasche, Stutzsäbel u. a. m. Ihr Äußeres weist augenscheinliche Unterschiede auf. Einige Stücke sind im wahrsten Sinne des Wortes Rohlinge in Form von Stäben aus Eisen und Stahl, deren zukünftige Form nur angedeutet ist. Andere wiederum zeichnen sich bereits durch eine klarere Bearbeitung der einzelnen Komponenten aus. Einige sind nahezu fertig bearbeitet. Daß sie über lange Zeit unbeachtet blieben, läßt sich durch ihren Erhaltungszustand erklären. Fast alle Objekte dieser Gruppe sind stark korrodiert, mit Zunder bedeckt und zum Teil deformiert; von den ursprünglich aus Messing, Bronze oder Silber gefertigten Gefäßen sind nur wenige Fragmente erhalten. Es steht fest, daß diese Objekte durch starke Feuereinwirkung beschädigt wurden.

Ihre ähnlichen Abmessungen sowie die bestimmte Reihenfolge der Bearbeitung, die von der Grundstufe bis hin zu komplexen Fertigungsschritten reicht, ließen vermuten, daß sie eine ganze Serie bilden, obwohl ihre Bestimmung noch im Unklaren blieb. Als Ergebnis der Suche nach typologischen Entsprechungen fand man ein analoges Objekt, und zwar eine sehr exakte verkleinerte Kopie eines Offizierssäbels, die Iwan Buschujew 1827 gefertigt hatte. Dieses Stück steht den fast fertig bearbeiteten Exemplaren der fraglichen Serie durch vollständige typologische Identität und

Alexander II. auf der Jagd

insbesondere durch Inhalt und Technik des Dekors zweifellos nahe.

Die Kunstfertigkeit, mit der die Zlatouster Meister ihre Klingen mit ornamentalen oder szenischen Kompositionen schmückten, ruft beim Betrachter auch heute noch Begeisterung und Erstaunen hervor. Noch größer ist das Erstaunen beim Anblick der extrem kleinen, aber getreuen Wiedergaben traditioneller Empiremotive auf den Klingen der Modelle! Zudem findet man auf den Ansätzen dieser kleinen Kopien die bekannte, in sauberer Kursivschrift ausgeführte Signatur – »Златоустъ. И. Бушуевъ, 1827 год« (»Zlatoust. I. Buschujew, 1827«).

Diese interessante Modellgruppe erschließt eine weitere, bislang unbekannte Seite im Schaffen dieses herausragenden Waffenschmieds, der damit gezeigt hat, daß er nicht nur ein begabter Kunsthandwerker war, sondern auch über beachtliche technische Fähigkeiten verfügte.

Gegenwärtig ist nichts darüber bekannt, woher, wann und auf welchem Wege diese Miniaturen in die Eremitage gelangt sind. Aber der schon erwähnte Aufsatz von Maria Denissowa enthält einige interessante Angaben über ihre mögliche Geschichte, die Urkunden aus dem Zlatouster Gebietsarchiv entnommen sind.[59] Diesen Angaben zufolge verschickte die Waffenfabrik Zlatoust 1827 ein sogenanntes »Technisches Kabinett« nach Sankt Petersburg, das als Geschenk für den Thronerben, Großfürst Alexander Nikolajewitsch, bestimmt war. Dabei handelte es sich um eine in der Fabrik gefertigte Modellsammlung von Blankwaffen und Werkzeugen. Iwan Buschujew und der bekannte Zlatouster Klingenschmied Daniel Wolferz wurden beauftragt, die Sendung zu begleiten. Im Herbst 1827 erreichte das »Technische Kabinett« wohlbehalten die Hauptstadt und wurde Kaiser Nikolaus I. sowie dem Thronerben vorgeführt, die sich dazu außerordentlich lobend äußerten. Der Fabrikdirektor Olivier, Iwan Buschujew und Daniel Wolferz wurden für diese Leistung mit Brillantringen belohnt. Durch ein tiefergehendes Studium der Urkunden zur Geschichte des »Kabinetts« könnten diese Objekte aus der Eremitage sicher eindeutig identifiziert werden, aber bereits jetzt besteht kein Zweifel, daß es sich dabei um den größten Teil dieser Modellsammlung handelt, die für didaktische Zwecke hergestellt wurde.

Ihre Beschreibung wäre unvollständig, suchte man nicht auch Antwort auf die Frage, wann und wodurch die Feuerschäden an zahlreichen Objekten verursacht wurden. Die bislang einzige Erklärung bietet der Großbrand in der kaiserlichen Residenz, dem Winterpalais, von 1837, der einen Großteil der Inneneinrichtung vernichtet und wohl auch einen Teil der Wohngemächer der Großfürsten in Mitleidenschaft gezogen hat, in denen sich das »Technische Kabinett« befunden haben kann.

Die kleinen Modelle sind angebrannt und durch die starke Hitze zum Teil verformt; nur zwei von ihnen, winzige Kopien von Offizierssäbeln, sind wie durch ein Wunder unversehrt geblieben.

Einer dieser Säbel ziert nach wie vor die Zlatouster Sammlung des Arsenals und wurde auch in diese Ausstellung aufgenommen. Der andere aber hatte »Pech« – er wurde vor über 50 Jahren während einer Ausstellung außerhalb der Staatlichen Eremitage gestohlen.

Die Mannigfaltigkeit des Materials in diesem Teil der Ausstellung, der den Gebrüdern Jefim und Iwan Buschujew gewidmet ist, hinterläßt einen deutlichen Eindruck vom Schaffen beider Meister und ihrem großen Beitrag zur Waffenherstellung in Zlatoust. Daß dieser Beitrag von unschätzbarem Wert war, läßt sich ermessen, wenn man die Ausstellungsstücke eingehend betrachtet, und besonders, wenn man sie mit anderen Exponaten vergleicht.

Eine Besonderheit der hier präsentierten Arbeiten ist auffällig – von einigen wenigen Ausnahmen abgesehen, tragen die Klingen in ihrem Dekor stets die Meisternamen und genaue Datumsangaben. Darf man daraus schließen, daß Werke, bei denen sowohl das eine als auch das andere fehlt, nicht von den Buschujews stammen können? Wie es aussieht, ist dies nicht der Fall. Man findet solche Werke sowohl in der Ausstellung als auch in den im Arsenal verbliebenen Beständen. Sie warten darauf, daß man sie eines Tages durch sorgfältigen Vergleich mit den signierten Arbeiten in den Kreis der Buschujewschen Werke aufnehmen wird.

Iwan Bojarschinow

Die zu Beginn dieses Buchs gegebene detaillierte Beschreibung des Lebens und Schaffens von Iwan Bojarschinow, eines Weggefährten von Iwan Buschujew, macht eine Wiederholung an dieser Stelle überflüssig. Somit können wir uns auf die Analyse seiner Werke konzentrieren, die im Arsenal der Staatlichen Eremitage verwahrt und in dieser Ausstellung gezeigt werden.

Schon bei der Bewertung des kurzen Schaffens von Jefim Buschujew wurde auf ein erstaunliches Phänomen hingewiesen, nämlich die frühzeitige Ausprägung seiner Begabung im Alter von rund zehn Jahren. Sieht man sich die wichtigsten Abschnitte in Iwan Bojarschinows Leben an, so wird man feststellen, daß er als Kunsthandwerker ungefähr im selben Alter Anerkennung fand.

Dieser wahrlich vortreffliche Meister, der das Werk seines Zeitgenossen und Kollegen Iwan Buschujew würdig fortgesetzt hat, ist in der Staatlichen Eremitage hauptsächlich durch eine Serie signierter Arbeiten vertreten. Besonders bemerkenswert sind die frühesten davon, die in das Jahr 1827 fallen und wahrscheinlich aus Anlaß des 15. Jahrestages des Vaterländischen Krieges von 1812 entstanden sind. Zu ihnen gehört beispielsweise ein Kindersäbel, der aller Wahrscheinlichkeit nach für den Thronerben Großfürst Alexander Nikolajewitsch angefertigt wurde. Für die Verzierung der Klinge dieses Säbels hat Iwan Bojarschinow konventionelle Motive verwendet, indem er auf ihrer Fläche geflügelte Figuren und Streitwagen sowie die Inschrift »За Веру и Отечество« (»Für Gott und Vaterland«) anbrachte. Dieses kleine Werk belegt, daß der Meister bereits über entsprechende Fertigkeiten verfügte und den typischen Zlatouster Stil der zwanziger Jahre verinnerlicht hatte.

Anhand der Objekte aus dem Besitz der Staatlichen Eremitage läßt sich nur schwer feststellen, wie lange der junge Meister dem traditionellen Zlatouster Stil der Waffendekoration verpflichtet blieb. Aber die zeitlich nachfolgenden Werke, die in der Ausstellung gezeigt werden, zeigen eine weitere Richtung seiner künstlerischen Interessen auf. Als Beispiel hierfür kann ein auf 1828 datierter Kavalleriesäbel dienen, dessen Klinge ein Husarenregiment in berittener Formation und die Inschrift »Его Императорскому Высочеству Шефу Лейб-Гвардии Гусарского полка« (»Seiner Kaiserlichen Hoheit, dem Chef des Leibgarde-Husarenregiments«) zeigt. Diese Arbeit von Iwan Bojarschinow war, wie der Inschrift zu entnehmen ist, als Geschenk für einen der Großfürsten, und zwar für Alexander Nikolajewitsch, gedacht, der von 1818 bis 1881 Chef dieses Regiments war. Sie fällt durch die anspruchsvoll gravierte Miniatur mit einer Szene aus dem militärischen Alltag auf. Hier haben wir es ganz offensichtlich mit dem unübertroffenen Meister dieser Darstellungsart zu tun. Seine Vorliebe für militärische Themen in der Miniatur belegt auch das nächste Ausstellungsstück.

Es handelt sich gleichfalls um einen Säbel, den Iwan Bojarschinow im Jahre 1834 vollendete. Im Gegensatz zum vorigen Objekt ist dies eine Prunkwaffe, worauf das Gefäß und die Beschläge der Scheide hinweisen. Bei der Gestaltung der Klinge hat der Meister den Traditionen der Vergangenheit Tribut gezollt, indem er auf einer Seite die geflügelte Nike und Trophäen und auf der anderen Seite die Darstellung einer Schlacht anbrachte. Er hat hierzu fast die gesamte Fläche einer Klingenseite genutzt und mit den Mitteln der Miniaturgravur die dramatischen Höhepunkte einer großen Schlacht lebendig und ausdrucksvoll wiedergegeben, wobei er weder kleinste Details noch die Komposition als Ganzes aus dem Blick verlor.

Zwei Jahre liegen zwischen diesem und dem nächsten Säbel, der als eindrucksvoller Beleg für die künstlerische Suche des Meisters dienen kann. Er wollte nicht nur den besten Traditionen der jüngeren Vergangenheit treu bleiben, sondern auch neue Ausdrucksmittel finden. Typologisch weist dieser Säbel große Ähnlichkeiten mit einer damals sehr populären persischen Waffe auf, für die Bojarschinow anscheinend überhaupt starkes Interesse zeigte. Gleichzeitig jedoch hat der Meister die Beschläge aus getriebener und vergoldeter Bronze mit einem reliefartigen Ornament europäischen Stils verziert. Und schließlich unterscheidet sich der Klingendekor von den üblichen Zlatouster Arbeiten – die bekannten ornamentalen Kompositionen, für die Gravierung,

Brünierung und Vergoldung zum Einsatz kamen, sind durch ein klares vergoldetes Ornament ersetzt worden, das mit der großartig polierten Oberfläche des Stahls harmoniert.

Es wäre wohl keine besonders dankbare Aufgabe, die Arbeiten Wilhelm Nikolaus Schaafs und seiner besten russischen Schüler Punkt für Punkt miteinander zu vergleichen und so die Meriten der Meister gegeneinander abzuwägen. Ein jeder von ihnen hat nach Maßgabe der eigenen Kräfte und Möglichkeiten seinen Beitrag zur Schatzkammer der russischen Waffenschmiedekunst geleistet. Durch den fachlichen Austausch von Ideen, Meinungen und technischen Kniffen haben sich die besten Zlatouster Meister zweifellos gegenseitig bereichert. Das Ergebnis waren vortreffliche Werke, die man so schnell nicht vergißt.

Den Mittelpunkt der Ausstellung von Arbeiten der Gebrüder Buschujew bildet die bereits erwähnte Paradesäbelserie. Im Mittelpunkt dieses Teils, der den Werken von Iwan Bojarschinow gewidmet ist, steht gleichfalls ein Paradesäbel. Wie schon erwähnt, verfügte dieser Meister über eine reiche Palette an Handwerkszeug zur Verwirklichung seiner künstlerischen Ideen. Sicher setzte er das gesamte Spektrum dekorativer Techniken ein.

Die gewöhnliche Gravierung auf poliertem oder mattem Grund, Tief- oder Hochätzung, das breite Farbspektrum der Brünierung und die Verwendung optimaler Werkstoffe eröffneten dem Meister große Möglichkeiten zur Umsetzung seiner Pläne und Ideen. Er beherrschte die Kunst der Ornamentik und war ein vorzüglicher Zeichner, wovon der 1843 vollendete Säbel zeugt, für den er sein ganzes Können und seine ganze Begabung in die Waagschale geworfen hat. Interessant ist, daß es sich hierbei wohl um die letzte Arbeit von Iwan Bojarschinow handelt, die heute noch erhalten ist. Der Säbel aus der Sammlung des Moskauer Historischen Museums ist auf 1833 datiert, der Säbel im Petersburger Artilleriemuseum stammt von 1836, und der Degen und die Säbelklinge im Zlatouster Museum tragen die Jahreszahl 1837. Der Meister selbst verstarb im Jahre 1848.

Die Arbeiten Bojarschinows in dem ihm gewidmeten Ausstellungsteil zeugen auch von seiner Vorliebe für ungewöhnliche technische Lösungen. Diese teilte er übrigens mit Iwan Buschujew, wie dessen bereits 1824 angefertigter Paradesäbel mit der »Doppelklinge« beweist. Diese Seite von Bojarschinows Schaffen wird an einem Säbel sichtbar. Es handelt sich hierbei um eine gewöhnliche Militärwaffe, die keinerlei Dekor aufweist. Dafür besitzt sie eine abnehmbare Klinge, unter der sich eine weitere, die Hauptklinge, befindet. Außer dieser Waffe zeigt die Ausstellung eine weitere, von Bojarschinow signierte Klinge mit gleicher Funktion. Leider ist der dazugehörige Säbel nicht erhalten.

Wie auch Wilhelm Nikolaus Schaaf und Iwan Buschujew hat Iwan Bojarschinow Waffen angefertigt, die er nicht signierte. Dazu gehören vermutlich drei ausgestellte Jagddolche. Zwei dieser Dolche ähneln in ihren Verzierungen dem Paradesäbel von 1843.

Der dritte, auf 1836 datierte, aber nicht signierte Dolch kann Bojarschinow zugeordnet werden, weil ihn weder Wilhelm Nikolaus Schaaf, der Zlatoust zwölf Jahre zuvor verlassen hat, noch Iwan Buschujew, der 1834 verstarb, gefertigt haben können. Es ist nicht auszuschließen, daß im Zuge weiterer wissenschaftlicher Arbeiten über diesen bemerkenswerten Waffenschmied auch andere Waffen aus dem Fundus der Staatlichen Eremitage in den Kreis seiner bekannten Werke aufgenommen werden.

Blankwaffen aus der zweiten Hälfte des 19. Jahrhunderts

Angesichts der reichhaltigen Auswahl an künstlerisch hochwertigen Waffen, geschaffen von den besten Zlatouster Waffenschmieden, mag es wie ein Bruch erscheinen, wenn man in der Ausstellung auch gewöhnliche Waffen der russischen Armee und Marine aus der ersten Hälfte des 19. Jahrhunderts sieht. Ihre einzige Verzierung stellen saubere, kursiv ausgeführte Inschriften am Klingenansatz dar, die aus dem Namen der Stadt Zlatoust und den entsprechenden Datumsangaben bestehen. Auch diese sind in dieser Ausstellung vertreten, da die Hauptaufgabe der Waffenfabrik darin bestand, verschiedene Waffen in hoher Qualität für den Bedarf des Militärs zu produzieren.

Eine weitere Ausstellungsabteilung zeigt Exponate, die die Veränderung der Waffenherstellung in Zlatoust in der zweiten Hälfte des 19. Jahrhunderts veranschaulichen. Unter den hier gezeigten Objekten verdient eine Serie Schaschkas unsere Aufmerksamkeit. Es handelt sich hierbei um jeweils einige Militär- und Extramuster. Diese Blankwaffen waren etwa seit den späten dreißiger Jahren des 19. Jahrhunderts in Rußland im Einsatz und ergänzten die bereits vorhandenen Waffentypen, also Degen, Säbel und Pallasche. Die ausgestellten Schaschkas lassen erkennen, daß man einerseits den Typ und die Konstruktion der bekanntlich aus dem Kaukasus stammenden Originalwaffe beibehalten hat, während andererseits bei der Verzierung der Beschläge und besonders der Griffe großer Formenreichtum entwickelt wurde. Der Klingendekor ist in dieser Hinsicht weniger auffällig.

Die Exponate dieses Ausstellungsteils zeigen gleichfalls den interessanten Prozeß der Übernahme einiger anderer orientalischer Blankwaffen als Vorlage für Jagdwaffen. Es handelt sich hierbei um kaukasische Dolche (Kindschale) und türkische Jatagane, die sich durch eine eigenartige Konfiguration und Verzierung auszeichnen. In Zlatoust wußte man die praktischen Eigenschaften dieser Waffentypen zu schätzen und übernahm sie auch, während die künstlerische Gestaltung eigenständigen ästhetischen Ansichten folgte. Als Beispiel hierfür mögen der prachtvolle Jatagan von 1839 mit Beschlägen aus vergoldetem Silber und Amethysten und der riesige Jagddolch von 1898 dienen, der mit kunstvoll gravierten Jagdszenen verziert ist.

Vom Interesse gegenüber bestimmten orientalischen Blankwaffen und deren hoher Wertschätzung, die das Wirken der Zlatouster Waffenschmiede in der Mitte und in der zweiten Hälfte des 19. Jahrhunderts prägten, zeugt eine Serie von Objekten, für deren Herstellung Damaszenerstahl verwendet wurde. Die besonderen Eigenschaften dieses Stahls, und zwar Biegsamkeit, Härte und lange Haltbarkeit des Schliffs, haben jahrhundertelang die Waffenschmiede vieler Länder begeistert. Den Erfolg des bekannten russischen Metallurgen Pawel Anossow, dem es gelungen war, das längst verlorengegangene Geheimnis der Herstellung von Damaszenerstahl neu zu entdecken, verkörpern die Schaschkas, Jatagane und Dolche in diesem Teil der Ausstellung. Aber daneben werden auch Waffen aus sogenanntem Gußstahl gezeigt, dessen Herstellungsverfahren auf einen anderen Fachmann, nämlich Pawel Obuchow, zurückgeht. Die »Anossowschen« Klingen aus der Sammlung der Staatlichen Eremitage, die aus bestem Damaszenerstahl geschmiedet sind und deren Oberfläche die charakteristische Musterung aus verschlungenen dunklen und hellen Linien aufweist, deuten darauf hin, daß eine weitergehende Verzierung mit den üblichen Techniken, also Ätzung, Vergoldung oder Gravierung, gar nicht vorgesehen war, da sie durch die natürliche Musterung bereits perfekt geschmückt waren.

Alexander III.

Prunkwaffen historischer Persönlichkeiten

Wer sich für historische Waffen interessiert, tut dies natürlich vorwiegend aufgrund ihrer künstlerischen Qualitäten. Interesse kann aber auch durch andere Umstände geweckt werden, beispielsweise durch die Herkunft einer Waffe oder durch die Tatsache, daß sie früher einer historischen Persönlichkeit gehörte. Die Besonderheit der Zlatouster Sammlung der Staatlichen Eremitage besteht gerade darin, daß sie als Kollektion künstlerisch anspruchsvoller Objekte historisch gewachsen ist, die in der Regel als Geschenke für Personen von hohem sozialem Rang gedacht waren. Nachstehend soll unter diesem Blickwinkel eine Übersicht über die Ausstellungsstücke gegeben werden, um zu verdeutlichen, wie viele solcher Objekte hier vertreten sind.

Es fällt auf, daß ein beträchtlicher Teil der Stücke, die sich in den ersten Teilen der Ausstellung befinden, mit der Person Kaiser Alexanders I. verbunden ist. Dies spiegelt sich in ihrem Dekor wider, der stets das Monogramm, Attribute oder sogar Porträts des Kaisers enthält. Der Grund für diese überreichlichen Ehrbezeigungen wird nachvollziehbar, wenn man sich die Ereignisse jener Zeit vor Augen ruft – den Krieg gegen Napoleon, sein siegreiches Ende und die Rolle, die Kaiser Alexander I. dabei spielte. Doch kann man diese Gegenstände nicht als Teil seines ganz persönlichen Besitzes betrachten, da sie für den täglichen Gebrauch weder gedacht noch geeignet waren. Vielmehr sind sie als Stücke

Nikolaus II.

anzusehen, die dem Kaiser zugeeignet waren, nicht mehr und nicht weniger. Eher als persönlicher Besitz Kaiser Alexanders I. ist sein Degen zu betrachten, den er mindestens seit 1822 und bis zu seinem Tode im Jahre 1825 in seinem Arbeitszimmer im Winterpalais in Sankt Petersburg aufbewahrte.

Während für Alexander I. große Mengen Prunkwaffen angefertigt wurden, war seinem Nachfolger, Nikolaus I., nur ein Säbel gewidmet, den er anläßlich seiner Krönung erhielt. Aus diesem Grund ist die Waffe besonders reich verziert. Das Monogramm Kaiser Nikolaus I. findet sich auch auf den Beschlägen eines Paradesäbels von Iwan Bojarschinow. Zu den Ehrenwaffen, die zweifellos als Geschenk für den Kaiser bestimmt waren, muß man auch einen Säbel zählen, dessen Dekor den Friedensschluß zwischen Rußland und Persien thematisiert.

Auf Kaiser Alexander II., den Sohn Nikolaus' I., beziehen sich mehrere Waffen, insbesondere Schaschkas. Zwar tragen sie keine kaiserlichen Monogramme, dafür sind sie exakt datiert, und zwar auf den 8. Juni 1837. Diese Genauigkeit ist nicht zufällig, denn an diesem Tag hat der Thronerbe, Großfürst Alexander Nikolajewitsch, der Waffenfabrik einen Besuch abgestattet. Aus diesem Anlaß wurden ihm die besten Stücke der Zlatouster Meister überreicht. Urkunden zufolge wurde ein Teil der Geschenke auf Anordnung des Großfürsten im darauffolgenden Jahr an das Arsenal von Zarskoje Selo übergeben.

Großfürst Konstantin

Einige Exponate sind mit dem Monogramm Kaiser Alexanders III. verziert. Dies ist ein Indiz dafür, daß sie während der Regentschaft dieses Monarchen hergestellt wurden. Die 1891 in Zlatoust gefertigte prächtige Schaschka hingegen war zweifellos für einen anderen Erben des russischen Throns bestimmt, und zwar für Großfürst Nikolaj Alexandrowitsch, den späteren Kaiser Nikolaus II. (1894–1917). Davon zeugt das Monogramm im Dekor des Futterals.

Eine weitere kleine Waffengruppe der Hagener Ausstellung ist unter dem Gesichtspunkt des früheren Besitzers gleichfalls recht interessant. Es handelt sich um Objekte unterschiedlicher Zweckbestimmung, deren im Stil der späten fünfziger bis frühen sechziger Jahre des 19. Jahrhunderts gehaltener Dekor auffällige Ähnlichkeiten aufweist. Auf den Klingen von zwei Waffen, einem Pallasch und einem Dolch, erkennt man unter einer Krone und dem russischen Doppeladler die Initialen »B. K. K. H.« (»W. K. K. N.«). Sie stehen für Titel und Namen des Großfürsten Konstantin Nikolajewitsch (1827–1892), eines Bruders Kaiser Alexanders II. Der bedeutende Staatsmann befehligte eine Zeit lang die russische Marine sowie das Marineamt und war mit den Befugnissen eines Ministers ausgestattet. Hierdurch läßt sich möglicherweise die Verzierung der Pallaschklinge mit Szenen von Seegefechten und militärischen Trophäen erklären.

Pjotr W. Mjatlew

Einige der Exponate haben sich im Besitz anderer historischer Persönlichkeiten befunden. Hiervon künden die Wappen und Monogramme in ihrem Dekor. Zu ihnen zählen der bereits beschriebene Säbel des Fürsten G. S. Wolkonski und der Degen des Fürsten N. B. Golizyn. Eine der ausgestellten Degenklingen befand sich im Besitz von Pjotr Wassiljewitsch Mjatlew (1756–1863), der für seine Verdienste um die russische Kultur bekannt ist. Die Klinge eines Säbels gehörte dem General und Grafen Wassili Wassiljewitsch Lewaschow (1783–1848).

Wenn Waffen sowohl mit dem Monogramm als auch mit dem Wappen ihrer Besitzer versehen sind oder die Wappen durch Datumsangaben ergänzt werden, fällt es nicht sonderlich schwer, ihre Bedeutung zu ermitteln. Am besten verdeutlicht das der Säbel von G. S. Wolkonski. Monogramme ohne solche ergänzenden Angaben, wie man sie auch hier an einigen Ausstellungsstücken findet, können nur mit einigem Aufwand entschlüsselt werden. Diese wichtige und notwendige Arbeit ist Bestandteil der weiteren wissenschaftlichen Untersuchung der Zlatouster Waffensammlung der Staatlichen Eremitage und wird auch in Zukunft fortgesetzt werden.

Graf Lewaschow

1 Die Stadt wurde nach der Kirche des Johannes Chrysostomos benannt.

2 Eine der ersten Eisenhütten wurde 1754 vom Kaufmann Mossolow aus Tula gegründet.

3 Stolpjanskij, P. N. [П. Н. Столпянский]: Жизнь и быт петербургской фабрики 1704–1914 гг. [Petersburger Fabrikleben 1704–1914], Leningrad 1925, S. 91.

4 Haedeke, H.-U.: Deutsches Klingenmuseum Solingen. Blankwaffen. Führer durch die Ausstellung. Köln 1982, S. 126, Abb. S. 127.

5 Burmakin, A. S. [А. С. Бурмакин]: Исторические данные по введению изготовления холодного оружия в Златоустовской оружейной фабрике немецкими мастерами [Geschichtliche Daten zur Einführung der Herstellung von Hieb- und Stichwaffen durch deutsche Meister in der Waffenfabrik Zlatoust]. In: Горный журнал [Zeitschrift für Bergbau], Bd. IV, Bücher 10–11, S. 245.
Denissowa, M. M. [М. М. Денисова]: Художественное оружие XIX века Златоустовской оружейной фабрики [Zlatouster Prunkwaffen des 19. Jahrhunderts]. In: Труды Государственного Исторического музея [Schriften des Staatlichen Museums für Geschichte], Ausgabe XVIII, 1947. Sowohl M. M. Denissowa als auch A. S. Burmakin erwähnen dieses Verzeichnis, äußern sich jedoch nicht über seine Herkunft und darüber, wo es sich befindet. Am wahrscheinlichsten erscheint, daß es im Archiv der Waffenfabrik Zlatoust verwahrt wird.

6 Bokow, W. [В. Боков]: Немецкие оружейники на Златоустовском заводе [Deutsche Waffenschmiede in der Waffenfabrik Zlatoust]. In: Журнал Императорского Русского Военно-Исторического Общества [Zeitschrift der Kaiserlichen Russischen Gesellschaft für Militärgeschichte], 1913, Nr. 7, 8, 11, 12.

7 An den Aufenthalt der Meister aus dem fernen Deutschland im Ural erinnern deutsche Namen einiger kleiner Ortschaften in der Nähe von Zlatoust, die mindestens bis 1912 erhalten blieben. Военная энциклопедия [Militärlexikon].

8 Denissowa, a. a. O., S. 211.

9 A. a. O.

10 Mollo, Eugen [Евгений Молло]: Русское художественное оружие 19-го века [Russische Prunkwaffen des 19. Jahrhunderts]. In: Военно-Историческая Библиотека »Военной были« [Militärgeschichtliche Bibliothek der »Militärischen Denkwürdigkeiten«], Nr. 2, Paris 1962, S. 4.

11 A. a. O., S. 5.

12 Percival, V: Wellington Swords and Batons. Art, Arms and Armour. An International Anthology. Vol. 1, 1979–1980, Chiasso 1979, p. p. 448–450 Fig. 11.

13 Denissowa, a. a. O., S. 227–228. In der Sammlung des Arsenals der Eremitage findet sich noch ein weiteres interessantes Beispiel für die kreative Zusammenarbeit von Iwan Buschujew und Wassili Jushakow, einem bekannten Klingenschmied. In die Innenseite des Gefäßes des Säbels Nr. Z. O. 6898 ist die Inschrift »В. Южаковъ« (»W. Jushakow«) eingeschlagen. Daneben ist eine weitere Inschrift eingraviert: »Прож. Иван Бушуевъ« (»Entw. [also ›entworfen‹ – der Verfasser] von Iwan Buschujew«).

14 Опись Московской Оружейной палаты [Inventarverzeichnis der Moskauer Rüstkammer]. Vierter Teil, Drittes Buch. Холодное оружие [Hieb- und Stichwaffen], Moskau 1885, S. 206–207. Die Beschreibung des Säbels Nr. 5964 enthält u. a. folgendePassage: »Diese drei Säbel trafen am 7. Dezember 1817 in der Moskauer Rüstkammer ein und erhielten die Bezeichnung ›drei Mustersäbel, hergestellt in der staatseigenen Fabrik Zlatoust‹« (S. 207).

15 Zur kurzen Geschichte dieses Säbels vgl. M. M. Denissowa, a. a. O., S. 233. Eine Abbildung befindet sich in dem Bildband »Русское оружие« [Russische Waffen], Juri Miller (Herausgeber), Moskau 1979, S. 194, Tafel 131.

16 Eine ausführliche Übersicht über diese kleine, aber wertvolle Sammlung findet sich in der bereits zitierten Veröffentlichung von M. M. Denissowa.

Diese Arbeit ist wissenschaftlich auch deshalb von Bedeutung, weil die Verfasserin interessantes Archivmaterial zur Geschichte der Waffenherstellung in Zlatoust ausgewertet hat.

17 Abolskaja, T. I. [Т. И. Абольская]: Златоустовское художественное оружие XIX века из собрания Военно-Исторического музея артиллерии, войск связи и инженерых войск [Zlatouster Prunkwaffen des 19. Jahrhunderts in der Sammlung des Militärhistorischen Museums der Artillerie, Fernmelde- und Pioniertruppe], Leningrad 1986.

18 Kulikowa, N. A. [Н. А. Куликова]: Коллекция холодного оружия в собрании Горного музея Санкт-Петербургского Горного института [Die Hieb- und Stichwaffensammlung im Bergbaumuseum des Instituts für Bergbau Sankt Petersburg], Vortragsthesen, 1996, S. 30–32.

19 Glinkin, M. [М. Глинкин]: Златоустовская гравюра на стали [Stahlstiche aus Zlatoust], Tscheljabinsk 1967.

20 Vgl. Царское Село. Опись предметам, имеющим преимущественно художественное значение [Zarskoje Selo. Verzeichnis der Gegenstände von vornehmlich künstlerischer Bedeutung], Sankt Petersburg 1888, S. 346, Nr. 16; S. 352, Nr. 130; S. 357, Nr. 147.

21 Die Klinge dieses Säbels ist auf 1822 datiert und trägt die Initialen »W. S. & S.«, die »Wilhelm Schaaf und Sohn« bedeuten und eine häufig anzutreffende Variante der Signatur des Meisters und seines Sohnes darstellen.

22 Die Informationen über diese Objekte, ihre detaillierte Beschreibung und Lichtbilder des Säbels erhielt der Verfasser 1996 zur genauen Herkunftsbestimmung vom inzwischen verstorbenen A. V. E. Norman.

23 Mollo, Eugen: Russian Military Swords 1801–1917, London 1969.

24 Cepicka, L. / Dolinek, V.: Armes d'Apparat. Prunkvolle Waffen, Prag 1993, S. 19–21, Nr. 30–33.

25 Šercer, Marija: Sablje. Katalog. Poviesni Muzej Hrvatske, o. J., S. 127–135.

26 Müller, H. / Kölling, H.: Europäische Hieb- und Stichwaffen aus der Sammlung des Museums für Deutsche Geschichte, Berlin 1984, S. 416, Nr. 481 (Schaschka mit Klinge, datiert auf 1846), sowie Nr. 543, 544, 545 (S. 424).

27 Inventar-Nr. C – 2871–1.

28 Hoff, A. / Schepelern, H. D. / Boesen, G.: Royal Arms at Rosenborg, Copenhagen 1956. Vol. I, text p. 88, Nr. 64; vol. II, plates 37:2.
Gemäß dieser Veröffentlichung ist der Säbel auf etwa 1815 zu datieren, obwohl bekannt ist, daß die Fabrik erst im Dezember dieses Jahres eröffnet wurde. Wilhelm Nikolaus Schaaf und sein Sohn Ludwig haben die Klinge dieses Säbels signiert. Er stammt aus dem Besitz des Königs Friedrich I. Die Verfasser der Veröffentlichung heben den orientalischen Einfluß hervor, der das Äußere des Säbels prägt.

29 Nordström, L.: White Arms of the Royal Armoury, Stockholm 1991, p. 274 (N 146), p. 275 (N 150).

30 Herr Markku Melkko, Direktor des Museums, und Herr Markku Palokangas, Kustos des Museums, haben dem Verfasser zweimal Gelegenheit zur eingehenden Untersuchung dieser Objekte gegeben, wofür er sich an dieser Stelle herzlich bedankt.

31 Der Verfasser bedankt sich herzlich bei einem der ältesten finnischen Waffenkundler und Militärhistoriker, Herrn Paavo Talvio, ehemaliger Direktor des Militärmuseums Helsinki und Ehrenkustos der Sammlung Pohjonheimo, für die liebenswürdige Unterstützung bei der Einsichtnahme in die Bestände.

32 Der Verfasser konnte sich dank der stets wohlwollenden Haltung von Herrn H. Pohjonheimo sowohl mit dem Degen als auch mit den anderen Stücken der Sammlung eingehend befassen.

33 Angelucci, A.: Catalogo della Armeria Reale, Torino 1890, p. 339, Nr. 229. In einem an den Verfasser gerichteten Schreiben hob Herr G. Dondi, Leiter der Armeria Reale, hervor, daß es sich bei dem fraglichen Dolch durchaus um ein Stück aus Zlatoust und vielleicht um ein Werk von Iwan Buschujew handeln kann. Leider war es nicht möglich, einen dem Brief beigelegten Abzug der Klingeninschrift zu entschlüsseln.

34 Dem Verfasser wurde bei einem Studienaufenthalt im Jahre 1997 die Möglichkeit gewährt, sich eingehend mit den Sammlungen der Hieb- und Stichwaffen (Blankwaffen) dieses Museums zu befassen, wofür er an dieser Stelle Herrn Dr. Stuart W. Pyrrh, Kustos der Waffenabteilung des Museums, herzlich dankt.

35 Каталог редкого, старинного и восточного оружия в Собственном Его Императорского Величества Арсенале в Царском Селе [Katalog seltener, historischer und orientalischer Waffen in Seiner Kaiserlichen Majestät Arsenal in Zarskoje Selo], Sankt Petersburg, 1835, Erster Teil, S. 14, Nr. 62 und 63; 1840, Zweiter Teil, S. 11, Nr. 205 und 206.

36 Die Reise des russischen Thronerben begann im Mai 1837 und sah insbesondere den Besuch von Städten vor, die große geschichtliche oder wirtschaftliche Bedeutung besaßen. So reiste der Großfürst von Kostroma aus in den Ural, wo er sich mit sämtlichen wichtigen Bergbaufabriken (Eisenhütten) einschließlich der Waffenfabrik Zlatoust vertraut machte; vgl. Nasarewski, W. W [В. В. Назаревский]: Царствование императора Александра II. [Die Regentschaft Kaiser Alexanders II.], Moskau 1910, S. 14. Es ist erwähnenswert, daß dem Thronerben während dieser Reise auch Geschenke dargebracht wurden, die nichts mit Waffen zu tun hatten. So hat ihm ein Kaufmann aus dem sibirischen Tobolsk den riesigen Stoßzahn eines Narwals überreicht, den der Großfürst später an das Arsenal von Zarskoje Selo übergeben hat. Heute befindet er sich im Arsenal der Staatlichen Eremitage.

37 Архив Государственного Эрмитажа. Документы Арсенала 1962 г. [Archiv der Staatlichen Eremitage. Urkunden des Arsenals für 1962]. Akte Nr. 23.

38 A. a. O., 1962, Akte Nr. 22.

39 Царскцельский Музей с собранием оружия, принадлежавшего Государю Императору [Das Museum von Zarskoje Selo nebst der Waffensammlung aus dem Besitze Seiner Kaiserlichen Majestät], Sankt Petersburg 1860.

40 Lenz, E. [Э. Ленц]: Императорский Эрмитаж. Указатель отделения средних веков и эпохи Возрождения [Die Kaiserliche Eremitage, Führer durch die Abteilung Mittelalter und Renaissance], Erster Teil, Собрание оружия [Die Waffensammlung], Sankt Petersburg 1908, S. 291–293.

41 Tarassuk, L.: The Collection of Arms and Armour in the State Hermitage, Leningrad. The Collection of Russian Arms and Armour. In: The Journal of the Arms and Armour Society, vol. V, Nos 4–56, p. p. 212–215. March 1966.

42 Художественный металл в России XVII – начала XX веков [Russisches künstlerisch gestaltetes Metall von 1600 bis Anfang des 20. Jahrhunderts. Ausstellungskatalog], Leningrad 1981.

43 Miller, Yu.: Venäläisten Asemestareiden Töitä 1600–1800 luvuilta Ermitaašin Kokoelmista. (Masterpieces of Russian armourers from the 17th to the 18th centuries in the Hermitage collection). Helsinki 1983, p. p. 20–22.

44 Miller, Yu.: Russische Prunkwaffen aus dem 16. – 17. Jahrhundert. Ausstellungskatalog, Dresden 1984.

45 Miller, J. [Ю. Миллер]: Художественное оружие Златоуста XIX – начала XX веков. Каталог-путеводитель по выставке [Prunkwaffen aus Zlatoust, 19. bis Anfang 20. Jahrhundert. Katalog und Führer durch die Ausstellung], Leningrad 1988.

46 Miller, Yu.: Rosyjski orež zdobiony od XVI do XIX wieku. (Russian Artistic Arms and Armours from the 16th to the 19th centuries). Katalog wybranych zabytkow. (Catalogue of the Exhibition of Selected Specimens from the collections of the State Hermitage Armoury, displayed in the Castle Museum of Malbork. Malbork 1990).

47 Miller, Yu. A.: Tsaarien Metsästisloistoa Metsästisvälineitä Ermitaašin museon kokoelmista. 1700–1800 luvuilta, Riihimäki 1991.

48 Miller, Yurij A.: Pragvåben fra Zarernes Skatkammer, Russiske jagtvåben fra 17–19 årh, Fra sammlingen på Ermitagen, Skt. Petersborg, Våbenhistorisk Selskab, København 1996.

49 Tarassjuk, L. [Л. Тарасюк]: Сабля Г. С. Волконского [Der Säbel von G. S. Wolkonski]. In: Сообщения Государственного Эрмитажа [Mitteilungen der Staatlichen Eremitage], Nr. XXXIII, Leningrad 1971, S. 64–67.

50 Im Zusammenhang mit dieser Signatur, die sich so deutlich von den häufig verwendeten Initialen des Meisters und seines Sohnes auf anderen Werken dieser Zeit unterscheidet, sollte nicht unerwähnt bleiben, daß man selbst auf den Waffen aus dem Fundus der Staatlichen Eremitage, von anderen Sammlungen ganz zu schweigen, zahlreiche Varianten dieser Signatur antrifft. Wilhelm Nikolaus Schaafs Signatur in »vollständiger Form«, wie sie auf dem Säbel von G. S. Wolkonski angebracht ist, scheint einmalig zu sein, was sich aber durch den Verwendungszweck der Waffe als offizielles Geschenk erklären läßt. Andere uns bekannte Signaturvarianten können mehr oder weniger häufig verwendet worden sein, was sich anhand mehrerer in der Ausstellung gezeigten Objekte nachvollziehen läßt, so z. B. »Wi Ni S u. Sohn«, »W / m – N / s Schaaf u. Sohn«, »W. S. u. S.«, »W / m Schaaf u. Sohn« u. a. Für diese erheblichen Unterschiede in den Signaturen kann es verschiedene Erklärungen geben. Eine davon ist die Absicht des Meisters, das »Monopol« auf seine Urheberschaft zu sichern.

51 Tarassjuk, L. [Л. Тарасюк]: Сабля Н. Г. Голицина [Der Säbel von N. G. Golizyn]. In: Сообщения Государственного Эрмитажа [Mitteilungen der Staatlichen Eremitage], Nr. XXVIII, Leningrad 1968, S. 6–8.

52 Die Firma veröffentlichte regelmäßig Anzeigen in einem populären Nachschlagewerk jener Zeit – dem Adreßbuch »Весь Петербург« (»Ganz Petersburg«). Deren Umfang war dabei von Jahr zu Jahr unterschiedlich. So ist die Anzeige im Jahre 1908 recht knapp gehalten: »Schaaf und Söhne. Wosnessenski [prospekt] Nr. 5. Inhaber: Gustav und Fjodor Gustowowitsch« (S. 1247). In der Ausgabe für 1912 ist die Anzeige umfangreicher: »Schaaf und Söhne. W. O. [Wassiljewski ostrow], Linie 14, Nr. 3. Inh. Schaaf, Gust. und Fjod. Gust.«. In derselben Ausgabe findet sich eine noch detailliertere Anzeige: »St. Petersburger Mechanische und Waffenfabrik SCHAAF und Söhne. Gegründet 1824. Fertigung: Wassiljewski ostrow, Linie 14, Haus Nr. 3. Verkauf: Wosnessenski prospekt 9 Haus Nr. 5« (S. 1489). In der Ausgabe für 1915 ist die Werbung der Firma extrem knapp gehalten: »Schaaf und Söhne. W. O. Linie 12, Nr. 3« (S. 1277). Es handelt sich wahrscheinlich um die letzte Anzeige des Unternehmens, da es in der Ausgabe für 1916 nicht mehr erwähnt wird.

53 Adreßbuch »Весь Петербург« (»Ganz Petersburg«), Ausgabe 1912, S. 1489.

54 Glinkin, a. a. O., S. 53, Nr. 14 B. Nach Ansicht des Verfassers stammt die Klinge aus den frühen zwanziger Jahren des 19. Jahrhunderts.

55 Dolinek / Cepicka, a. a. O., S. 19, Nr. 32.

56 Abolskaja, a. a. O., Nr. 82. Die Verfasserin datiert die Klinge aus der Sammlung des Museums auf die zwanziger Jahre des 19. Jahrhunderts und schreibt sie einem unbekannten Meister zu.

57 Mollo, a. a. O., S. 5.

58 Denissowa, a. a. O., S. 224–225.

59 Denissowa, a. a. O., S. 219–220.

Ausstellungskatalog

Hinweise für den Benutzer

Dieser Katalog enthält die Beschreibungen der Ausstellungsgegenstände in chronologischer Reihenfolge. Die Beschreibungen wurden in der Form verfaßt, die heute für Kataloge üblich ist. Sie sollen dem Besucher ausreichende Informationen über die einzelnen Exponate geben, so daß er sich problemlos in der Ausstellung orientieren kann.

Jede Beschreibung gibt die Entstehungszeit, den Urheber, die Herkunft (Provenienz), die Inventarnummer und die Länge des jeweiligen Objekts an. Die in diesem Zusammenhang anzutreffenden Formulierungen »Herkunft noch nicht endgültig geklärt« oder »in den Unterlagen des Museums seit dann und dann vermerkt« bedeuten, daß die wissenschaftliche Aufarbeitung des fraglichen Objekts noch nicht abgeschlossen ist.

In den Beschreibungen wird in der Regel darauf verwiesen, durch welche typologischen Merkmale, Werkstoffe und dekorativen Techniken das jeweilige Stück seine besondere künstlerische Qualität erhält.

Da für die Verzierung der meisten ausgestellten Werke sich wiederholende Verfahren angewendet wurden (Gravierung, Vergoldung, Brünierung), wird nicht in jedem Fall darauf hingewiesen.

Den Beschreibungen der Ausstellungsgegenstände folgt in Form eines kurzen Kommentars eine Einschätzung ihres kulturgeschichtlichen Werts. Abschließend wird auf Veröffentlichungen oder auf frühere Ausstellungen verwiesen, in denen das jeweilige Objekt gezeigt wurde.

1

Säbelklinge

Anfang bis Mitte 1816

Gesamtlänge mit Angel 101 cm
Inv.-Nr. Z. O. 1789
Herkunft noch nicht endgültig geklärt
Wahrscheinliche Provenienz: ehem. Arsenal von Zarskoje Selo
Erstmalige Ausstellung und Veröffentlichung

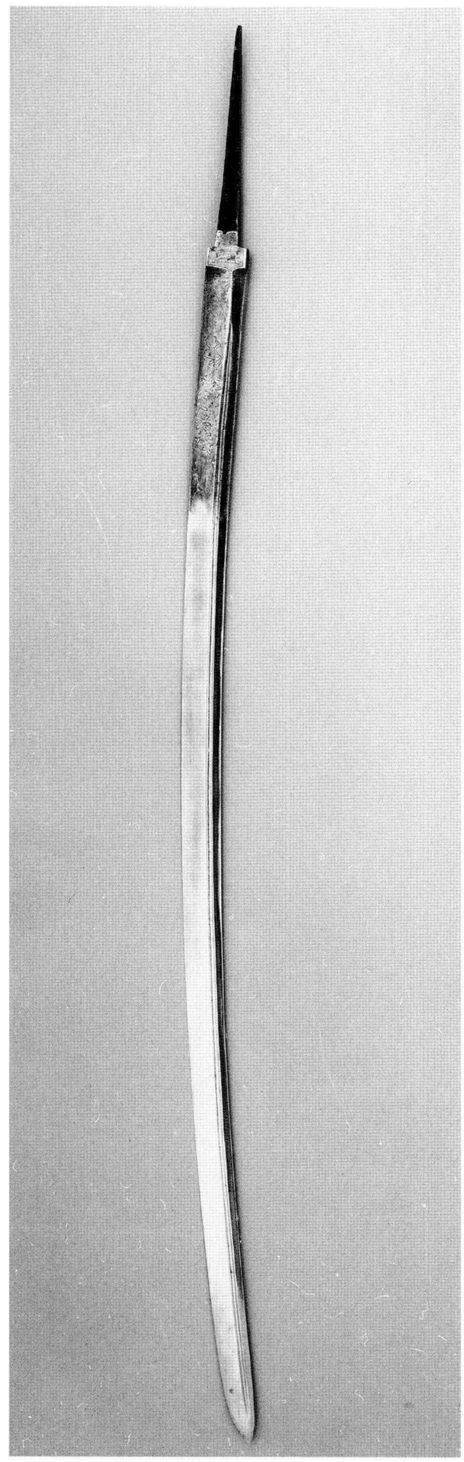

Diese Klinge besteht aus poliertem Stahl und ist links mit einem Lorbeerzweig sowie rechts mit einem Eichenzweig verziert; am Klingenansatz befinden sich Darstellungen antiker Leuchter.

Die Angel trägt den kursiv eingravierten Buchstaben »N« und eine eingeschlagene Marke, die aus den drei lateinischen Buchstaben »IOP« (?) besteht.

Nach Form und Querschnitt gehört die Klinge zu den Säbeln, mit denen am Anfang des 19. Jahrhunderts die Kavallerieregimenter der russischen Armee ausgerüstet waren. Die beschränkte Auswahl der Motive (Zweige und Leuchter) und deren nicht sehr kunstfertige Ausführung weisen darauf hin, daß die Klinge zu den ersten in Zlatoust hergestellten Mustern gehören kann, die in der zweiten Hälfte des Jahres 1816 nach Sankt Petersburg zur Abnahme geschickt wurden.

Besonders zu beachten ist die spezifische Form des Buchstabens »N« am Angelansatz. Das Vorliegen solcher Kennzeichnungen, allerdings in Kombination mit Ordnungsnummern, die auf anderen Exemplaren desselben Typs zu finden sind, läßt darauf schließen, daß die Klinge mit diesem Buchstaben das erste Stück einer Serie gewesen sein kann, deren weitere Stücke dann bereits numeriert wurden.

2

Degenklinge

Anfang bis Mitte 1816

Gesamtlänge mit Angel 108 cm
Inv.-Nr. Z. O. 6990
Herkunft noch nicht endgültig geklärt
Wahrscheinliche Provenienz: ehem. Arsenal von Zarskoje Selo
Erstmalige Ausstellung und Veröffentlichung

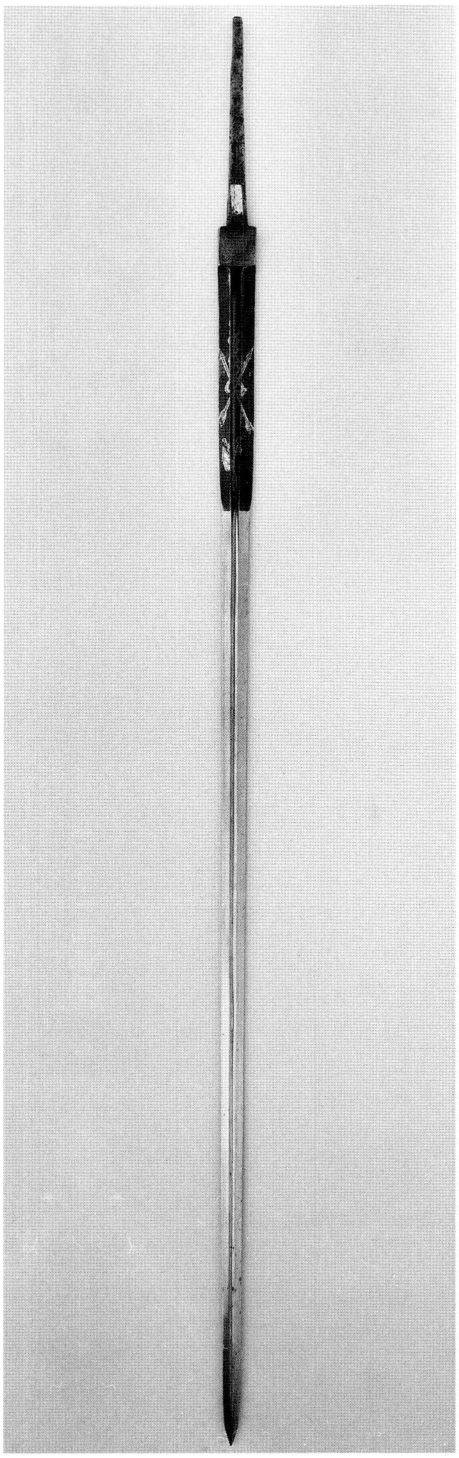

Bei diesem Objekt handelt es sich um eine Klinge vom Typ »colichemarde«. Im oberen Teil trägt sie Darstellungen von gekreuzten Pfeilen und Fahnen auf brüniertem Grund. In den Ansatz sind ein Löwenkopf und eine antike Vase eingraviert, die ein stilisiertes vegetabiles Ornament umgibt. In den Ansatz der Angel ist »N 9« eingraviert; eine ihrer Seitenkanten trägt die eingeschlagene Marke »PO…« (unleserlich).

Dieses Objekt ist eine Extraklinge, die einen unter der Bezeichnung »colichemarde« bekannten Typ nachahmt. Die begrenzte Motivauswahl und die nicht besonders perfekte Linienführung weisen darauf hin, daß die Klinge zu den ersten Probestücken gehörte, mit denen die Fertigung »verzierter Waffen« mit militärischem Dekor in Zlatoust begann. Die Nummer »N 9« auf der Angel spricht für diese Zuordnung und reiht die Klinge in den ersten Posten ein, der 1816 nach Sankt Petersburg gesandt wurde.

3
Pallaschklinge
Anfang bis Mitte 1816

Gesamtlänge mit Angel 108 cm
Inv.-Nr. Z. O. 7012
Herkunft noch nicht endgültig geklärt
Wahrscheinliche Provenienz: ehem. Arsenal von Zarskoje Selo
Erstmalige Ausstellung und Veröffentlichung

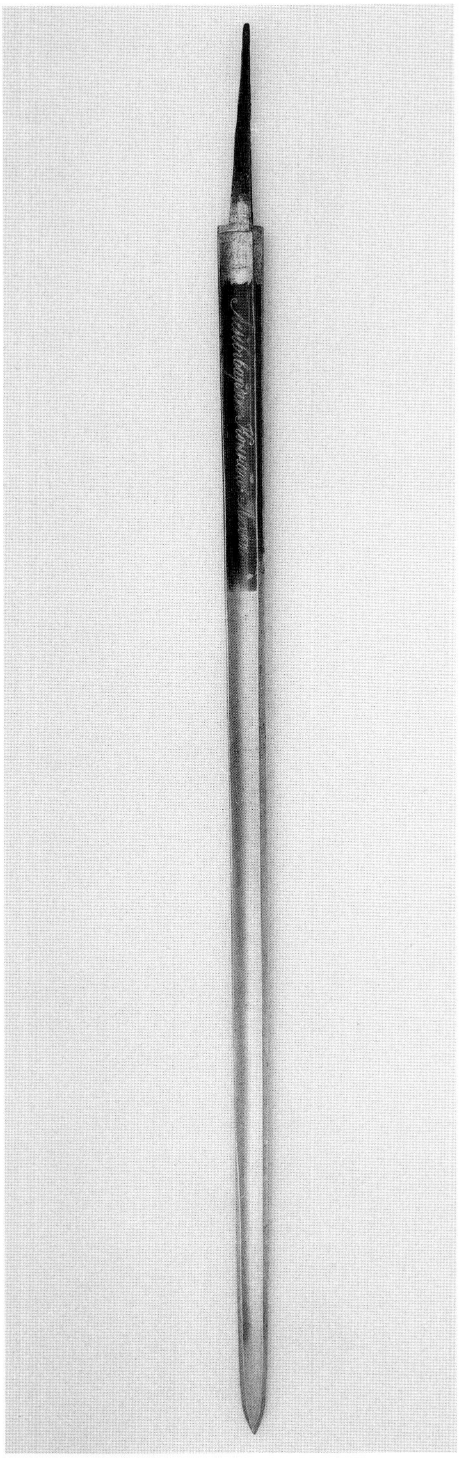

Eine Seite der Klinge zeigt im oberen Drittel Verzierungen in Form einer antiken Rüstung, eines Helmes und eines Speeres, die andere die kursiv ausgeführte russische Inschrift »Лейбгвардии Конного полка« (»Leichtes Leibgarde-Reiterregiment«). Der Ansatz trägt auf einer Seite ein eingraviertes vegetabiles Ornament und auf der anderen die Darstellung eines Leuchters. In den Ansatz der Angel sind der Buchstabe »N« und die Zahl »11« (kaum lesbar) eingraviert. Eine der Angelseiten trägt eingeschlagene Marken aus lateinischen Buchstaben (unleserlich).

Die Inschrift sagt aus, daß die Klinge für einen Pallasch bestimmt ist – eine Waffe, die in den ersten 15 Jahren des 19. Jahrhunderts zur Bewaffnung der berittenen Garderegimenter der russischen Armee gehörte.

Die Schlichtheit der ornamentalen Komposition, die durchschnittliche Ausführungsqualität und die eingravierte Nummer lassen vermuten, daß die Klinge zum ersten Zlatouster Musterwaffenposten gehörte, der spätestens in der zweiten Hälfte des Jahres 1816 nach Sankt Petersburg gesandt wurde.

4

Säbelklinge

Anfang bis Mitte 1816

Gesamtlänge mit Angel 102 cm
Inv.-Nr. Z. O. 1995
Herkunft noch nicht endgültig geklärt
Wahrscheinliche Provenienz: ehem. Arsenal von Zarskoje Selo
Erstmalige Ausstellung und Veröffentlichung

Diese Klinge ist beidseitig mit Darstellungen von Speeren verziert, die mit einem Lorbeerzweig umwunden sind. Am Ansatz befinden sich antike Helme und Leuchter, umrahmt von einem vegetabilen Ornament. In den Ansatz der Angel ist »N 12« eingraviert. In die Angel selbst ist eine unleserliche Marke eingeschlagen.

Konfiguration und Querschnitt der Klinge ahmen einen bekannten Klingentyp europäischer Kavalleriesäbel aus dem späten 18. und frühen 19. Jahrhundert nach.

Die dekorative Gesamtkonzeption, die Darstellungen antiker Helme und der Ausführungsstil rücken dieses Objekt zweifelsfrei in die Nähe der Säbelklinge Z. O. 1783 (Katalog-Nr. 8), was vermuten läßt, daß beide Stücke von einem Graveur bearbeitet wurden.

Die sauber eingravierte Ordnungsnummer reiht diese Klinge klar in den Posten der ersten Zlatouster Muster ein, der nach Sankt Petersburg gesandt wurde.

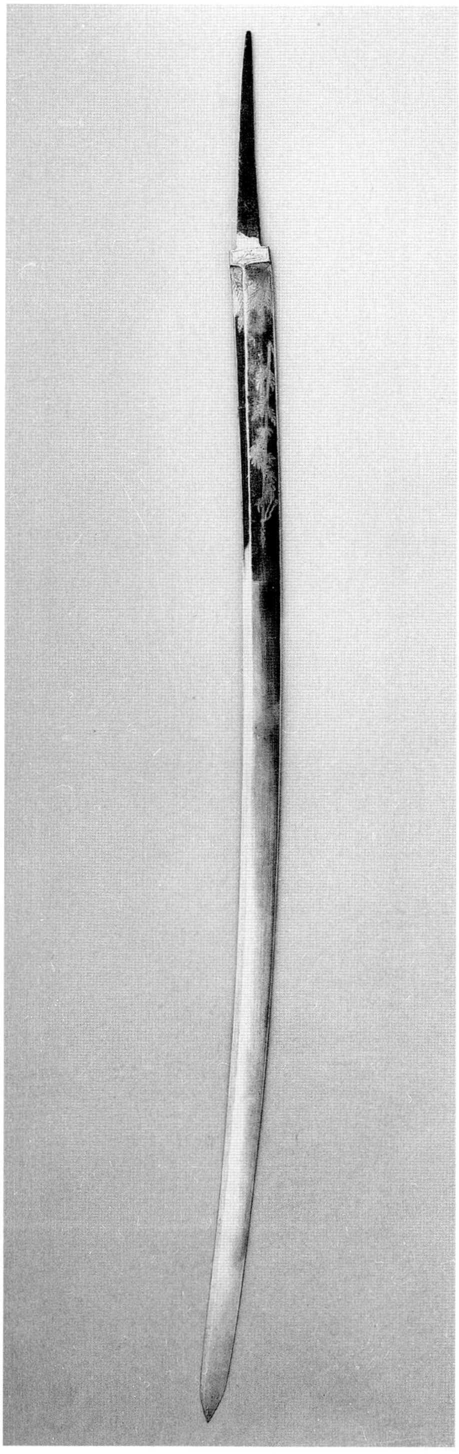

5

Pallaschklinge

Anfang bis Mitte 1816

Gesamtlänge mit Angel 107 cm
Inv.-Nr. Z. O. 6993
Herkunft noch nicht endgültig geklärt
Wahrscheinliche Provenienz: ehem. Arsenal von Zarskoje Selo
Erstmalige Ausstellung und Veröffentlichung

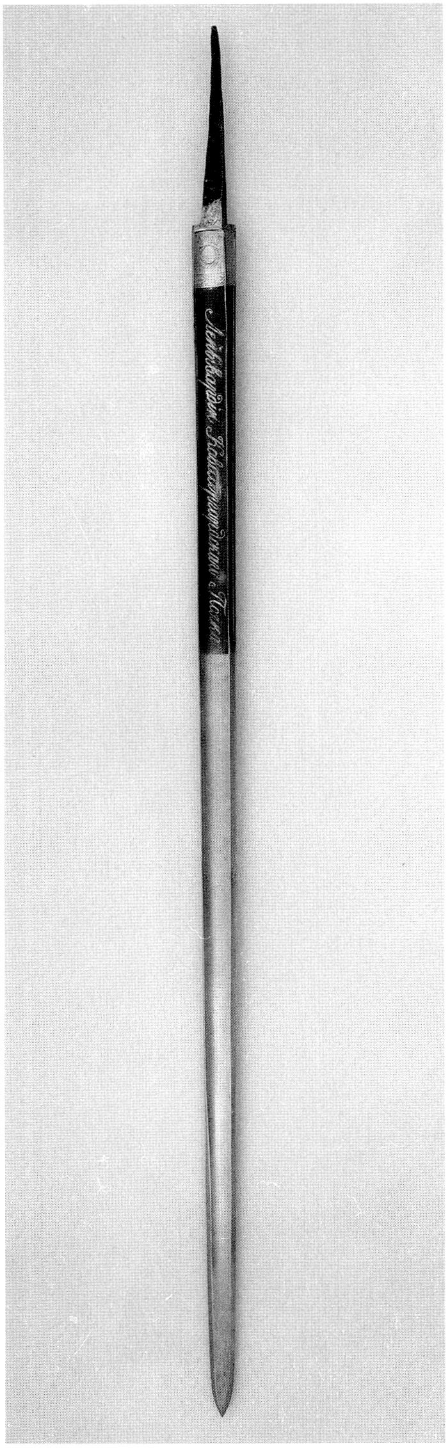

Das obere Drittel der Klinge trägt gravierte Darstellungen eines Speeres mit Wimpel und eines mit einem Band umwundenen antiken Schwertes sowie die kursiv ausgeführte russische Inschrift »Лейбгвардии Кавалергардского полка« (»Leibgarde-Gardekavallerieregiment«).

Den Ansatz zieren beidseitig Kränze in quadratischen Rahmen; der Klingenrücken trägt die Darstellung einer Schlange. In den Ansatz der Angel ist die Zahl »13« eingraviert.

Diese Klinge war für einen Offizierspallasch bestimmt, worauf die Bezeichnung des Leibgarde-Gardekavallerieregiments hinweist.

Der Dekor ist in Stil und Qualität der Ausführung einigen anderen Klingen vergleichbar (Katalog-Nr. 9 und 10), die Zahl »13« ist eine Ordnungsnummer aus dem ersten Musterwaffenposten, der nach Sankt Petersburg gesandt wurde.

6

Pallaschklinge
Anfang bis Mitte 1816

Gesamtlänge mit Angel 104 cm
Inv.-Nr. Z. O. 6997
Herkunft noch nicht endgültig geklärt
Wahrscheinliche Provenienz: ehem. Arsenal von Zarskoje Selo
Erstmalige Ausstellung und Veröffentlichung

Die Klinge trägt im oberen Drittel eine Standarte mit dem russischen Doppeladler auf der Spitze, drei Kränze und die kursiv ausgeführte russische Inschrift »Лейбгвардии Драгунского полка« (»Leibgarde-Dragonerregiment«). Auf dem Ansatz befindet sich ein stilisiertes Ornament in einem quadratischen ornamentalen Rahmen. In den Ansatz der Angel ist die Zahl »16« eingraviert; eine der Angelseiten trägt die eingeschlagene Marke »ROI« (?).

Die Verzierungen belegen, daß diese Klinge für einen Offizierspallasch bestimmt war; die Inschrift weist darauf hin, daß es sich um eine Waffe handelt, die in den ersten Jahrzehnten des 19. Jahrhunderts zur Ausrüstung eines der russischen Garderegimenter gehörte.

Die Zahl »16« ordnet die Klinge in den Posten fortlaufend numerierter Stücke ein, der in der zweiten Hälfte des Jahres 1816 nach Sankt Petersburg gesandt wurde. Die Ausführung und die stilistischen Besonderheiten des Ornaments rücken diese Klinge in die Nähe der anderen Stücke, die zu diesem Posten gehören.

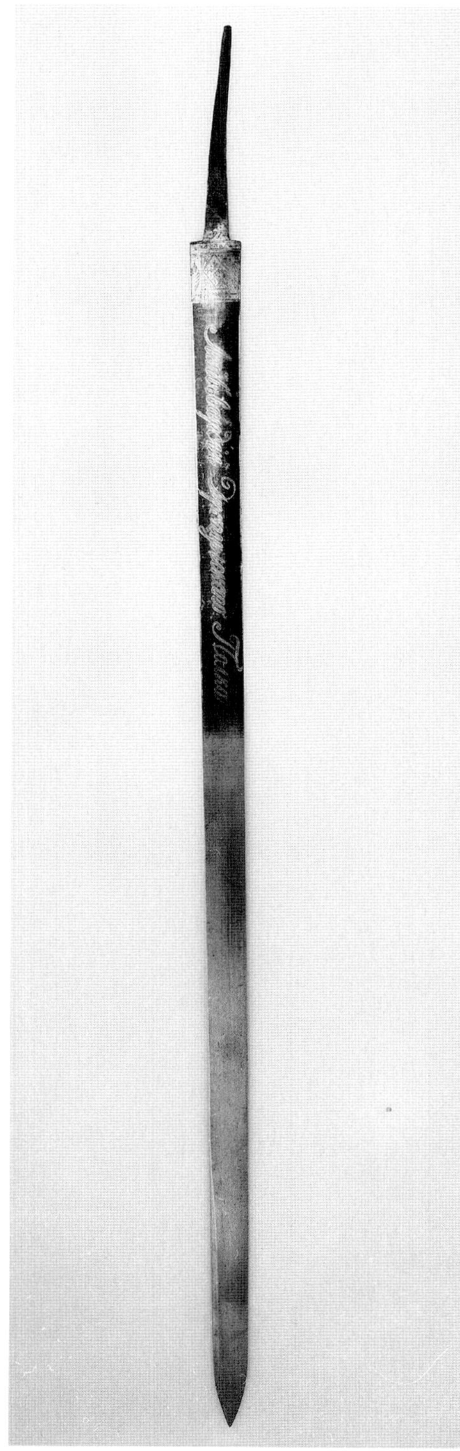

7
Pallaschklinge
Anfang bis Mitte 1816

Gesamtlänge mit Angel 108 cm
Inv.-Nr. Z. O. 6967
Herkunft noch nicht endgültig geklärt
Wahrscheinliche Provenienz: ehem. Arsenal von Zarskoje Selo
Erstmalige Ausstellung und Veröffentlichung

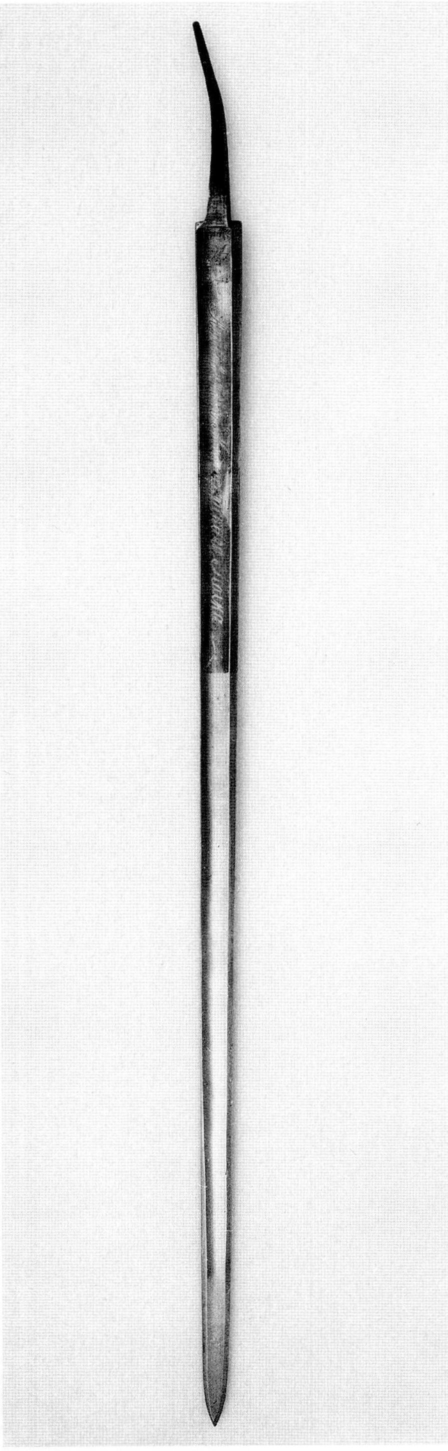

Die Klinge ist auf einer Seite mit der Darstellung eines mit Bändern umwundenen Speeres und auf der anderen Seite mit der kursiv ausgeführten Inschrift »Лейбгвардии Кирасирского Полка« (»Leibgarde-Kürassierregiment«) verziert. Auf dem Ansatz befinden sich beidseitig gravierte Darstellungen antiker Helme, die mit Lorbeerzweigen umgeben sind.

In den Ansatz der Angel sind der Buchstabe »N« und die Zahl »17« eingraviert.

Die Inschrift läßt vermuten, daß die Klinge für Pallasche bestimmt war, die in den ersten Jahrzehnten des 19. Jahrhunderts zur Bewaffnung der Offiziere eines der Garderegimenter der russischen Armee, insbesondere des Leibgarde-Kürassierregiments, gehörten.

Der eher sparsame Dekor und einige andere Merkmale, ganz besonders jedoch die Ordnungsnummer weisen darauf hin, daß die Klinge zu dem Posten »Probestücke« gehörte, der in der zweiten Hälfte des Jahres 1816 nach Sankt Petersburg gesandt wurde.

Die große stilistische Ähnlichkeit der Motive und insbesondere die Darstellung der antiken Helme lassen vermuten, daß diese Klinge vom selben Graveur bearbeitet wurde, der die Säbelklingen Z. O. 1995 (Katalog-Nr. 4) und Z. O. 1783 (Katalog-Nr. 8) verziert hat.

Die obere Hälfte der Klinge trägt auf der einer Seite einen mit Eichenlaub umwundenen Speer und auf der anderen Seite die kursiv ausgeführte russische Inschrift »Лейб-Гвардии Уланского полка« (»Leibgarde-Ulanenregiment«); am Ansatz befinden sich Darstellungen antiker griechischer Helme in einem ornamentalen Rahmen sowie auf dem Rücken des Ansatzes ein gewundener Zweig.

In die Angel sind die Buchstaben »B« (»W«) und »RO« (unleserlich) eingeschlagen.

Der Verwendungszweck des Säbels ergibt sich eindeutig aus seiner Inschrift. Bei dem in die Angel eingeschlagenen Initial »B« (»W«) kann es sich um den Anfangsbuchstaben des Nachnamens des bekannten Klingenschmieds Daniel Wolferz handeln.

Der bewußt als Stilmittel eingesetzte Kontrast zwischen den vergoldeten Motiven und der Inschrift sowie dem sehr dunkel brünierten Grund läßt die Absicht des Kunsthandwerkers erkennen, hier einen wirkungsvollen und luxuriösen Dekor zu kreieren.

Obwohl diese Klinge nicht numeriert ist, kann vermutet werden, daß sie Bestandteil des Musterpostens »verzierter Waffen« war, der in der zweiten Hälfte des Jahres 1816 nach Sankt Petersburg gesandt wurde.

8

Säbelklinge
Anfang bis Mitte 1816

Gesamtlänge mit Angel 102 cm
Inv.-Nr. Z. O. 1783
Herkunft noch nicht endgültig geklärt
Wahrscheinliche Provenienz: ehem. Arsenal von Zarskoje Selo
Erstmalige Ausstellung und Veröffentlichung

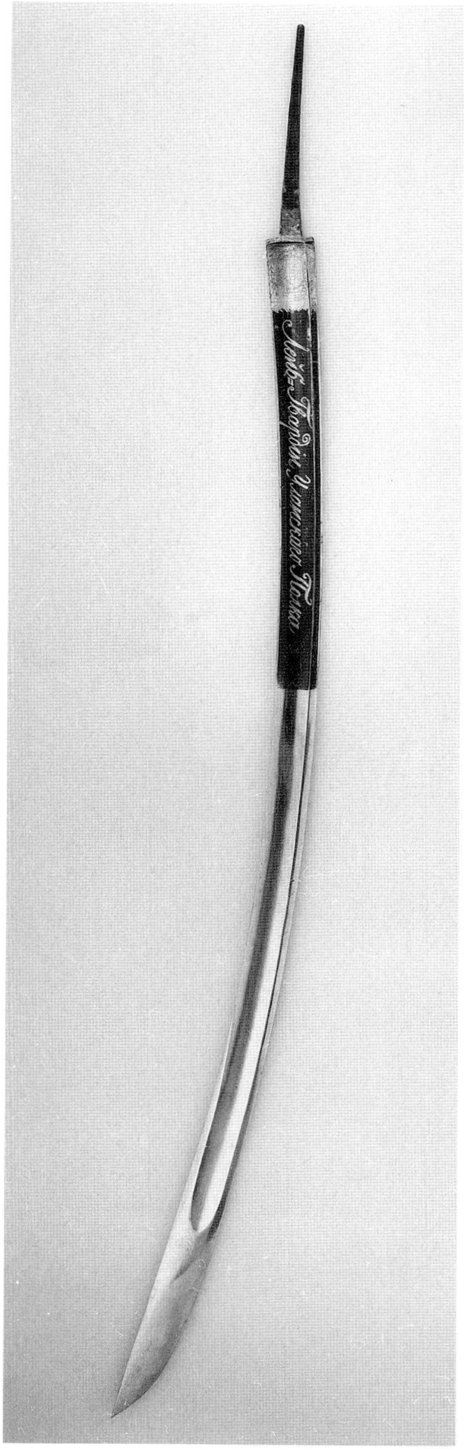

9

Säbel mit Scheide
Anfang bis Mitte 1816

Gesamtlänge mit Angel 102 cm,
Klingenlänge 86 cm
Inv.-Nr. Z. O. 6906
Wahrscheinliche Provenienz: ehem. Arsenal von Zarskoje Selo
Erstmalige Ausstellung und Veröffentlichung

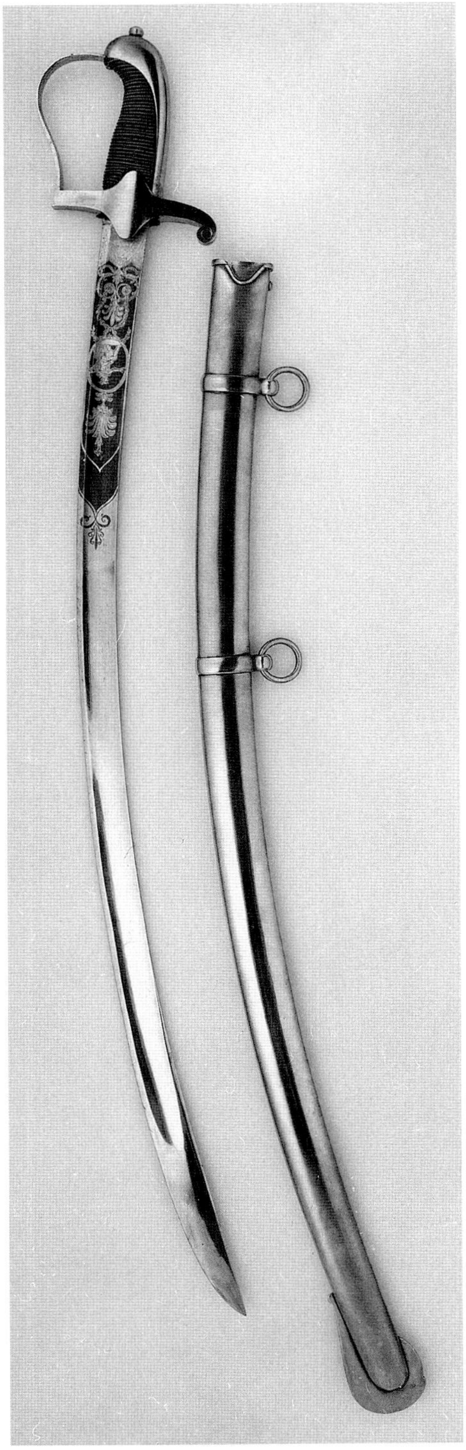

Der obere Teil dieser Klinge trägt einen komplexen Dekor, der auf einer Seite eine sitzende Figur in antikem Gewand in einem Oval mit vegetabilem Ornament im Hintergrund und auf der anderen Seite den Gott Merkur zeigt. In den Ansatz ist ein Ornament eingraviert; der Rücken des Klingenansatzes trägt die kursiv ausgeführte russische Inschrift »Златоустъ« (»Zlatoust«).

Das Gefäß besteht aus poliertem Stahl; der Griff ist mit Leder überzogen und mit Draht umwickelt. Die Scheide besteht aus glattem Stahl und hat zwei Ringbänder.

Typ und Konfiguration des Säbels weisen aus, daß es sich um eine Waffe der leichten Kavallerie der russischen Armee aus den ersten Jahrzehnten des 19. Jahrhunderts handelt, wie sie insbesondere Offiziere der Ulanenregimenter trugen. Die Verzierung der Klinge, die unter anderem den Gott des Handels zeigt, legt den Schluß nahe, daß der Säbel als Ehrengeschenk wurde.

Die Ausführung des Klingendekors läßt Anklänge an Traditionen der europäischen Waffenschmiedekunst aus der zweiten Hälfte des 18. Jahrhunderts erkennen. Infolgedessen kann die Entstehungszeit dieses Säbels auf die erste Jahreshälfte 1816 datiert werden. Es ist nicht auszuschließen, daß er zu dem Posten der ersten Muster gehörte, der nach Sankt Petersburg gesandt wurde.

Wie Urkunden aus dem Archiv belegen, ging der Säbel zwischen 1840 und 1874 in das Arsenal von Zarskoje Selo ein.

Dieses Objekt trägt keinerlei Inschriften oder Marken, darum kann der Dekor von einem oder mehreren Kunsthandwerkern ausgeführt worden sein, die seit 1815 in der »Abteilung für verzierte Waffen« der Waffenfabrik Zlatoust tätig waren.

10

Säbelklinge

Anfang bis Mitte 1816

Gesamtlänge mit Angel 102 cm
Inv.-Nr. Z. O. 6948
Herkunft noch nicht endgültig geklärt
Wahrscheinliche Provenienz: ehem. Arsenal von Zarskoje Selo
Erstmalige Ausstellung und Veröffentlichung

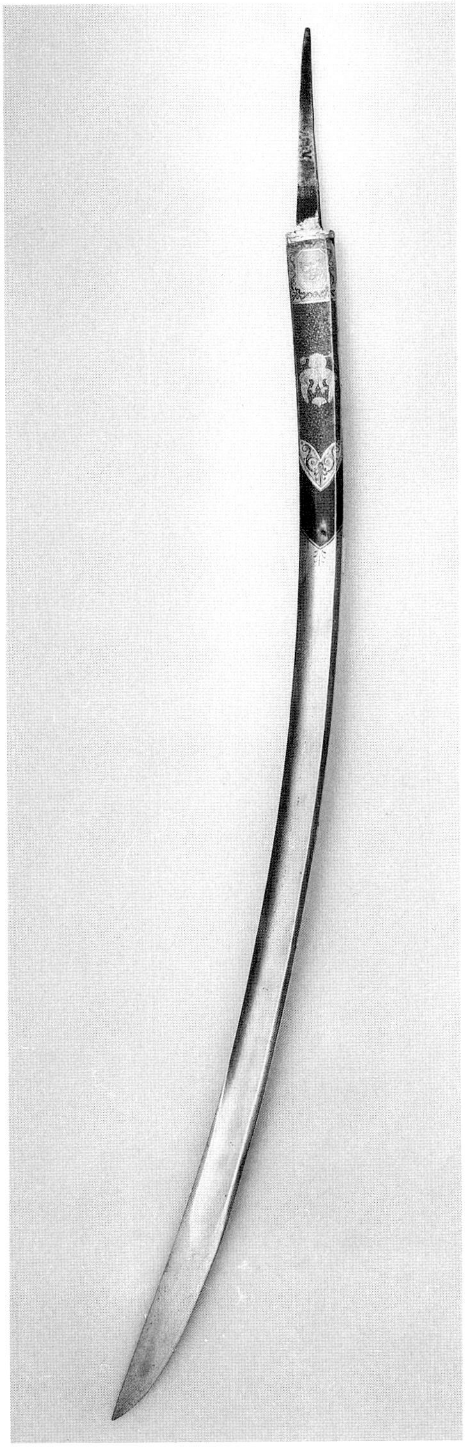

Der obere Teil der Klinge ist mit einem gekrönten Doppeladler und dem Monogramm »AI« verziert. Auf dem Ansatz befinden sich Darstellungen antiker Helme. Der Klingenrücken trägt ein stilisiertes Ornament und die kursiv ausgeführte russische Inschrift »Златоустъ« (»Zlatoust«). In die Angel sind Marken eingeschlagen, und zwar der russische Buchstabe »Л« (»L«) sowie die lateinischen Buchstaben »P« und »KWG« (der erste dieser drei Buchstaben ist abgeschlagen).

Von ihrer Konfiguration her gehört die Klinge zu den Waffen, mit denen in den ersten Jahrzehnten des 19. Jahrhunderts die leichte Kavallerie der russischen Armee, insbesondere die Ulanenregimenter, ausgerüstet waren. Der Dekor der Klinge weist darauf hin, daß sie für einen Offizierssäbel bestimmt war.

Diese Klinge stimmt zwar mit anderen analogen Mustern in Konfiguration und Maßen überein (102 cm), weist aber einige interessante Besonderheiten auf. Sie trägt keine Signaturen, dafür aber den Namen der Stadt Zlatoust. Möglicherweise handelt es sich hierbei um einen der ersten Fälle, in denen diese Inschrift auf den Klingen angebracht wurde.

Die ornamentale Komposition ist außerordentlich ausgewogen und sorgfältiger ausgeführt als in den anderen Fällen. Es ist schwer zu sagen, ob diese Klinge Wilhelm Nikolaus Schaaf zugeschrieben werden kann, obwohl die Meisterschaft und Professionalität des Kunsthandwerkers, der sie verziert hat, offenkundig sind. Die Verzierungen stimmen stilistisch völlig mit dem Dekor der ersten Waffen überein, die die »Abteilung für verzierte Waffen« in ihrer Anfangsperiode, also um 1816 bis 1820, produziert hat.

Die Marken lassen sich folgendermaßen entschlüsseln: bei dem Buchstaben »P« (deutsch für »probieren«) handelt es sich um eine traditionelle Abnahmemarke. Der Buchstabe »Л« (»L«) steht vermutlich für den Nachnamen des Klingenschmieds Dorofej Lipin.

Die drei lateinischen Buchstaben »KWG« stehen für Karl W. Grah, einen der besten Zlatouster Schwertfeger. Außer Karl Grah waren noch einige andere Angehörige dieser Familie in der Waffenfabrik Zlatoust beschäftigt, von denen besonders Gottfried Grah für seine Kunstfertigkeit berühmt war.

11

Säbelklinge

Anfang bis Mitte 1816

Gesamtlänge mit Angel 102 cm
Inv.-Nr. Z. O. 1922
Herkunft noch nicht endgültig geklärt
Erstmalige Ausstellung und Veröffentlichung

Diese Klinge, die einen Jelman (einen geschliffenen, verbreiterten Teil des Rückens zwischen Ferse und Spitze) hat, trägt im oberen Drittel auf einer Seite die Darstellung einer Posaune und einer Schlange sowie auf der anderen Seite Armaturen in einem ornamentalen Rahmen, an dessen Enden sich Kränze befinden.

Sie ist von ihrer Konfiguration her mit den typischen Säbelklingen der leichten Kavallerie der russischen Armee vom Anfang des 19. Jahrhunderts nahe verwandt, weist aber einige interessante Abweichungen auf. So hat sie drei Hohlschliffe, obwohl nur einer üblich ist, sowie einen Jelman. Darüber hinaus ist sie breiter als gewöhnlich (3,7 cm anstelle von 2,9 cm). Ihr Dekor, der zwar eher traditionell ist (vgl. Z. O. 1805, Katalog-Nr. 13), besticht durch seine sorgfältige Ausführung. Das alles spricht dafür, daß wir es hierbei mit der Extravariante einer gewöhnlichen reglementierten Offizierswaffe zu tun haben.

Die Klinge trägt weder Initialen noch Signaturen der Meister, die sie angefertigt haben. Die stilistische Nähe ihres Dekors zu den Klingen Z. O. 1805 und 1806 (Katalog-Nr. 13 und 12) läßt darauf schließen, daß es sich bei diesem Objekt um eine frühe Arbeit von Wilhelm Nikolaus Schaaf und ein Exemplar aus dem Bestand des ersten Musterpostens »verzierter Waffen« aus Zlatoust handelt.

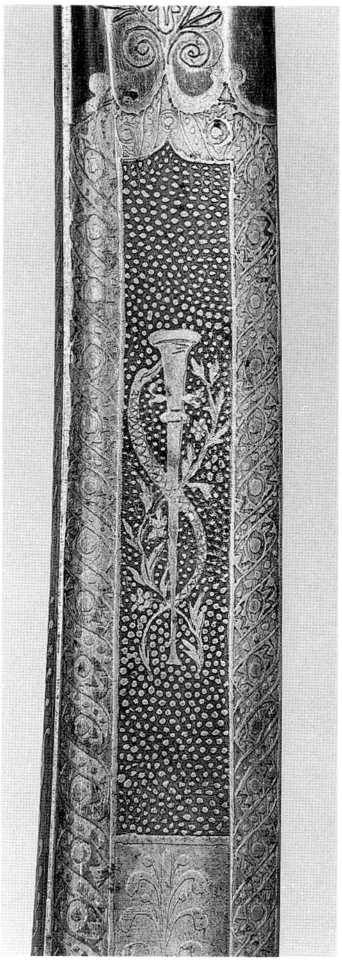

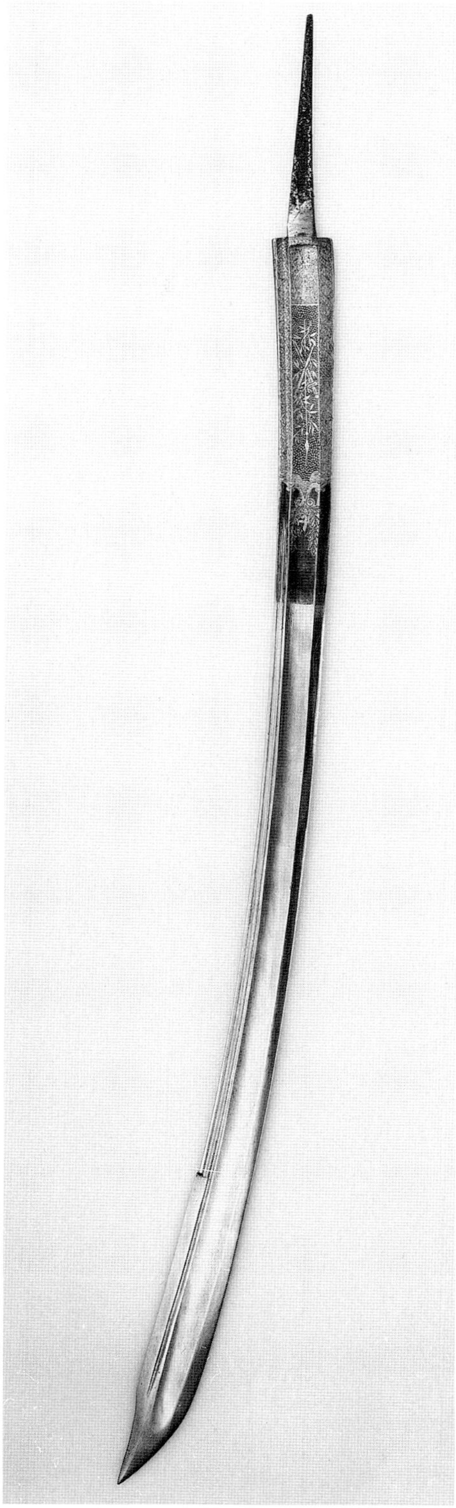

12
Säbelklinge
Anfang bis Mitte 1816,
Wilhelm Schaaf und Ludwig Schaaf

Gesamtlänge mit Angel 103 cm
Inv.-Nr. Z. O. 1806
Herkunft noch nicht endgültig geklärt
Erstmalige Ausstellung und Veröffentlichung

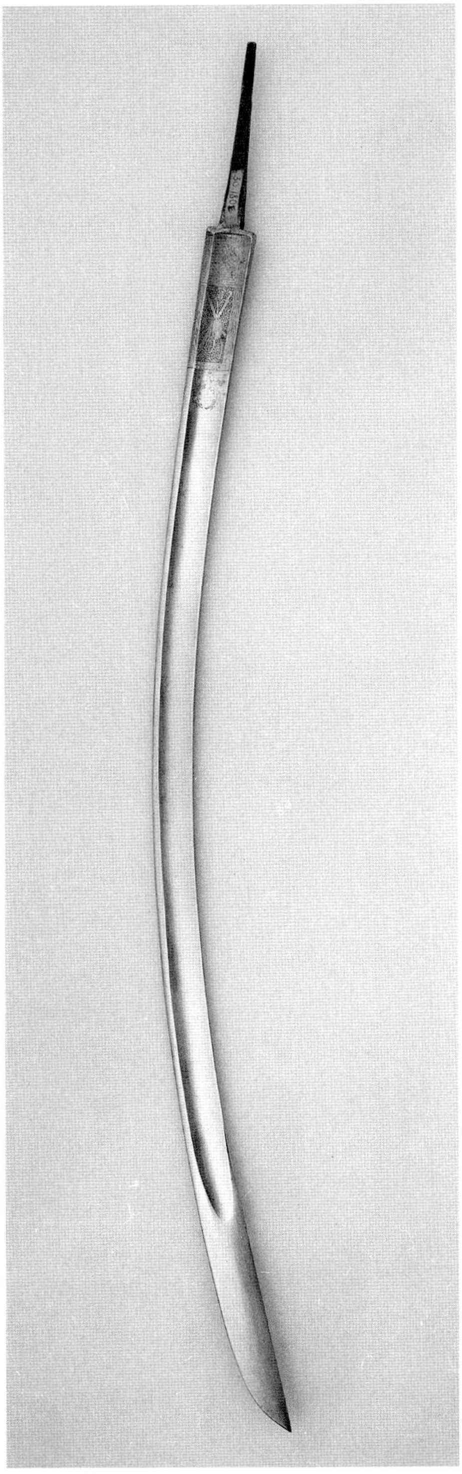

Die Klinge ist im oberen Teil am Ansatz mit militärischen Trophäen und Attributen in ornamentalem Rahmendekor und mit Kränzen verziert. In den Klingenrücken sind am Ansatz ein gewundener Zweig und die Buchstaben »W. S.« und »L. S.« eingraviert, die für Wilhelm Schaaf und seinen Sohn Ludwig Schaaf stehen. In die Angel ist die römische Zahl »XXIV« eingeschlagen, wahrscheinlich die Nummer der Klinge, die für die nachfolgende Montage des Säbels erforderlich war. Gleichfalls auf der Angel befindet sich der russische Buchstabe »B« (»W«), der höchstwahrscheinlich für den Nachnamen des bekannten Klingenschmieds Daniel Wolferz steht.

Klingen dieser Form wurden für Säbel verwendet, mit denen die leichte Kavallerie der russischen Armee, insbesondere Ulanenregimenter, im ersten Viertel des 19. Jahrhunderts bewaffnet waren.

Der Dekor der Klinge weist darauf hin, daß sie für eine Offizierswaffe bestimmt war. Aufgrund ihrer Besonderheiten und des Gesamteindrucks sowie der Parallelen zu anderen Waffen kann angenommen werden, daß sie zu dem Probeposten gehörte, der in der zweiten Hälfte des Jahres 1816 nach Sankt Petersburg gesandt wurde.

Die Klinge ist im oberen Teil mit zwei Halbkartuschen verziert. In der einen befindet sich der Doppeladler und eine Fackel, in der anderen das Monogramm »AI«. Den Rücken ziert eine Girlande; in den Ansatz sind die Buchstaben »W. S.« und »L. S.« eingraviert, die Initialen der Meister Wilhelm Schaaf und Ludwig Schaaf.

Der Form nach handelt es sich um eine Klinge für Säbel, die am Anfang des 19. Jahrhunderts zur Ausrüstung der leichten Kavallerie der russischen Armee, insbesondere der Ulanenregimenter, gehörte.

Die Verzierungen der Klinge deuten auf ihre Verwendung für einen Offizierssäbel hin. Die verwendeten Motive sind Reminiszenzen an den Krieg gegen Napoleon. Der Dekor der Klinge steht in seiner Gestaltung der Klinge Z. O. 1806 (Katalog-Nr. 12) nahe. Die sichtliche Ähnlichkeit beider Objekte wird gleichfalls durch die Schreibweise der Initialen der Meister unterstrichen.

Die Besonderheiten des Dekors und einige Analogien zu anderen Waffen lassen vermuten, daß auch diese Klinge zur Gruppe der ersten Muster »verzierter Waffen« gehörte, die in der zweiten Hälfte des Jahres 1816 zur Prüfung nach Sankt Petersburg gesandt wurden.

13
Säbelklinge
Anfang bis Mitte 1816,
Wilhelm Schaaf und Ludwig Schaaf

Gesamtlänge mit Angel 102,1 cm
Inv.-Nr. Z. O. 1805
Herkunft noch nicht endgültig geklärt
Wahrscheinliche Provenienz: ehem. Arsenal von Zarskoje Selo
Erstmalige Ausstellung und Veröffentlichung

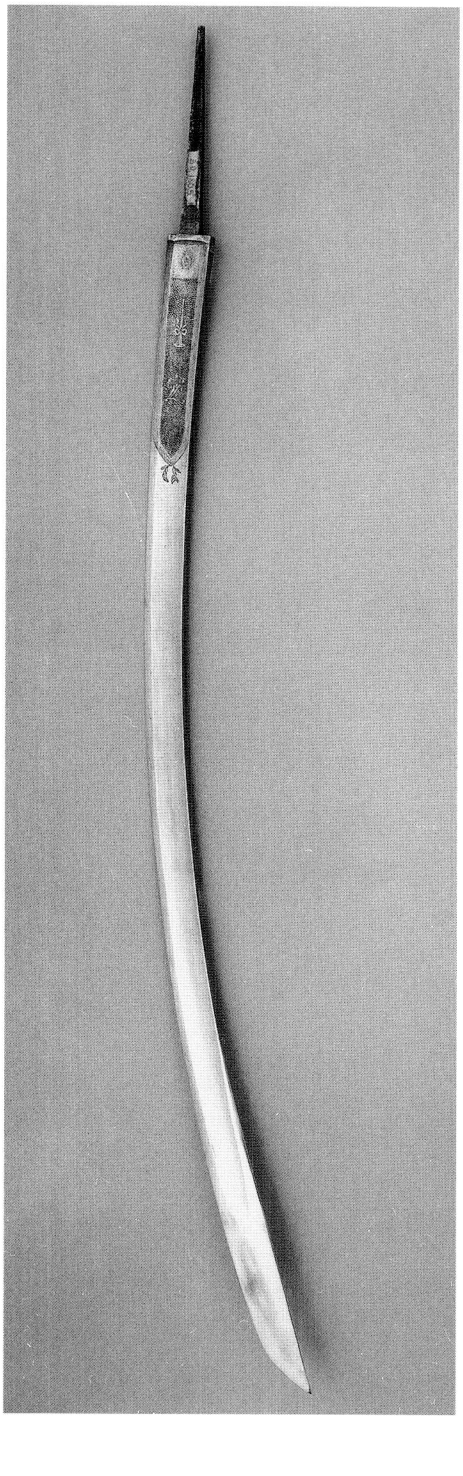

14
Degenklinge
Anfang bis Mitte 1816 (?),
Wilhelm Nikolaus Schaaf

Gesamtlänge mit Angel 109 cm
Inv.-Nr. Z. O. 1728
Herkunft noch nicht endgültig geklärt
Wahrscheinliche Provenienz: ehem. Arsenal von Zarskoje Selo
Erstmalige Ausstellung und Veröffentlichung

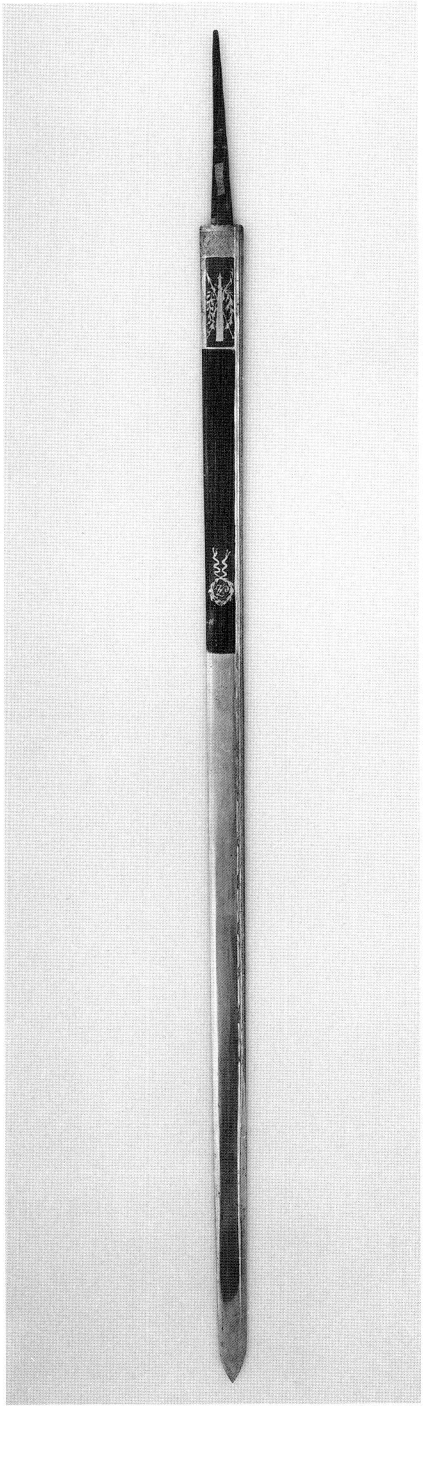

Die Klinge ist beidseitig mit gekreuzten Speeren, einem Köcher mit Pfeilen, Lorbeer- und Eichenzweigen in einem ornamentalen Rahmen, einem Kranz mit dem Monogramm »AI«, Speeren, Fahnen und einer brennenden Fackel verziert.

In den Ansatz der Angel ist der sich dreifach wiederholende lateinische Buchstabe »S« (?) eingraviert.

Bei dieser Klinge handelt es sich wahrscheinlich um ein Extramuster, das für einen Paradepallasch bestimmt war. Das Monogramm Kaiser Alexanders I., die Trophäen, Kränze, Lorbeer- und Eichenzweige thematisieren den Krieg gegen Napoleon und das Ende dieses Krieges. Die Form des dreifachen »S« am Angelansatz erinnert an die Schreibweise der Initialen auf frühen Arbeiten von Wilhelm Nikolaus Schaaf. Dieses Detail und die typische Ornamentik lassen vermuten, daß auch diese Klinge zu den ersten Stücken gehört, die in Zlatoust angefertigt wurden.

15
Säbel
Mitte 1816,
Wilhelm Schaaf und Ludwig Schaaf

Gesamtlänge mit Angel 103 cm,
Klingenlänge 88 cm
Inv.-Nr. Z. O. 6944
Scheide – Inv.-Nr. W. F. A. 204
Herkunft noch nicht endgültig geklärt
Urkunden zufolge befand sich dieses Objekt ursprünglich im Arsenal des Anitschkow-Palais in Sankt Petersburg.
Erstmalige Ausstellung und Veröffentlichung

Die Klinge ist am Ansatz mit geflügelten allegorischen Figuren (der Siegesgöttin Nike) verziert; auf dem Klingenrücken befindet sich in Gefäßnähe eine Girlande; in den Ansatz sind die Buchstaben »W. S. L. S.« eingraviert.

Das Gefäß besteht aus poliertem Stahl und ist mit einem Ornament dekoriert; in ein ovales Medaillon auf dem Bügel ist das von Zweigen umgebene Monogramm »AI« eingraviert. Der Griff ist mit Leder überzogen und mit Draht umwickelt. Die Scheide besteht aus glattem Eisen und hat zwei Ringbänder aus gelbem Messing. In das Fußstück der Scheide sind die Initialen »DP« eingeschlagen, die möglicherweise für den Namen des Scheidenmachers stehen.

Mit solchen Säbeln waren in den ersten Jahrzehnten des 19. Jahrhunderts Offiziere der leichten Kavallerie der russischen Armee, insbesondere die Offiziere der Husarenregimenter, bewaffnet.

Der Dekor und seine Umsetzung weisen darauf hin, daß dieser Säbel zu den ersten Mustern reglementierter Waffen gehört, die in der Waffenfabrik Zlatoust in den ersten Monaten ihres Betriebs, also in der ersten Hälfte des Jahres 1816, hergestellt wurden. Die in den Klingenansatz eingravierten Initialen gehören Wilhelm Schaaf und seinem Sohn Ludwig. Technisch sind sie etwas besser ausgeführt, als es bei anderen Säbeln, so zum Beispiel bei Z. O. 1805 und 1806 (Katalog-Nrn. 13 und 12), der Fall ist. Auffällig ist die unterschiedliche Schreibweise der Buchstaben »S«.

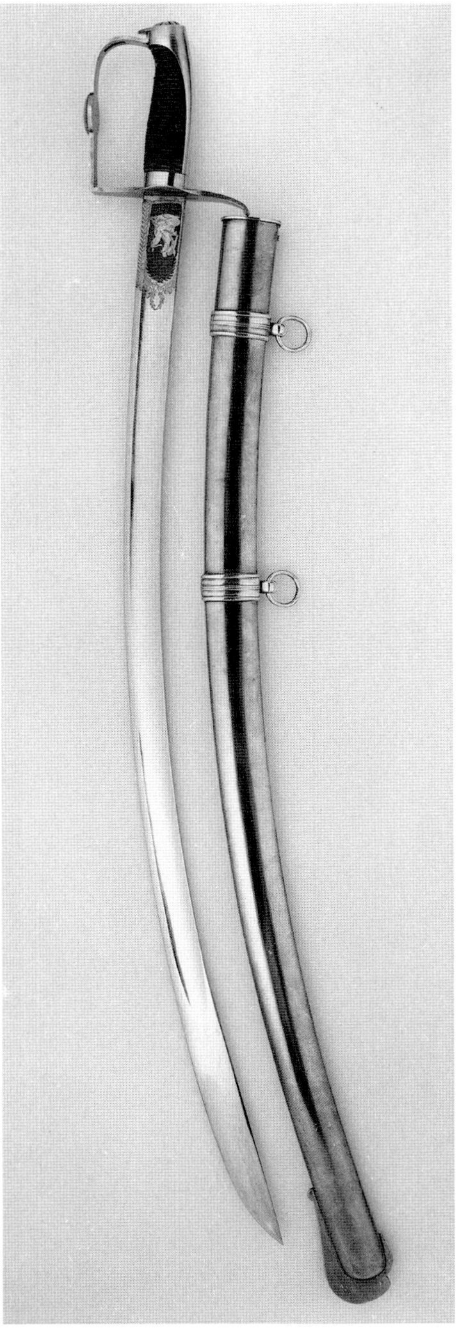

16

Säbel

Zweite Hälfte 1816,

Wilhelm Nikolaus Schaaf

Gesamtlänge 106,5 cm, Klingenlänge 89,3 cm
Inv.-Nr. Z. O. 2315
Provenienz: ehem. sog. Museumsfonds, 1923; früher in der Sammlung der Fürsten Wolkonski
Ausstellungen: 1984/85, Dresden, DDR; 1988, Eremitage; 1990, Malbork, Polen
Literatur: Miller, Prunkwaffen, Nr. 72; Miller, Waffen, 29, Nr. 1; Miller, Orež, 54, Nr. 106; Tarassjuk, Mitteilungen der Eremitage XXXIII, 64–67; Tarassuk, JAAS, v. V., nos 4–5, 213

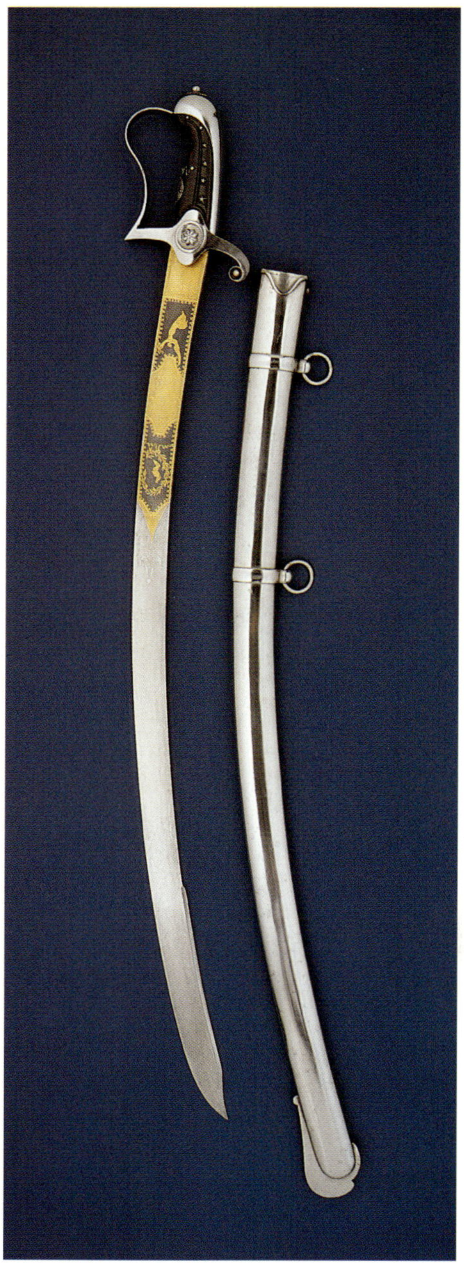

Ihrer Konfiguration nach steht die Klinge orientalischen (türkischen) Prototypen nahe; ihre Ätzung ahmt die Musterung von Damaszenerstahl nach. Der obere Klingenteil ist beidseitig mit Darstellungen der Göttin Nike und Häuptern antiker griechischer Krieger verziert. Eine Klingenseite trägt eine Kartusche mit dem Wappen der Fürsten Wolkonski, die andere ein aus den Buchstaben »ГСВ« (»GSW«) bestehendes Monogramm in einer ebensolchen Kartusche. In den Ansatz der Klinge ist die Inschrift »W. Schaaf in Slatoust« eingraviert.

Das Gefäß besteht aus poliertem Stahl; der Griff aus schwarzem Horn trägt silberne Sterne und das durchbrochene Monogramm »AI«. Die Scheide ist aus poliertem Stahl.

Der erlesene Dekor der Klinge und des Griffs weist diesen Säbel als Prunkwaffe aus, obwohl die Form des Gefäßes und vor allem die Scheide einer bekannten europäischen (insbesondere deutschen und englischen) Kampfwaffe der leichten Kavallerie nachempfunden ist.

Das Monogramm auf der Klinge steht für den Namen des Fürsten Grigori Semjonowitsch Wolkonski (1742–1824), eines bekannten russischen Militärs und Staatsmannes. Von 1803 bis 1816 bekleidete er den Posten des Generalgouverneurs im Gouvernement Orenburg, zu dem auch Zlatoust gehörte. Bedenkt man, daß die Waffenfabrik Zlatoust offiziell im Dezember 1815 eröffnet wurde und G. S. Wolkonski bereits im März 1817 einen neuen Posten in Sankt Petersburg antrat, so spricht einiges dafür, daß der Säbel in der zweiten Hälfte des Jahres 1816 angefertigt wurde und als Geschenk für den Generalgouverneur gedacht war.

Die Bestimmung dieses Säbels als Geschenk für eine Person vom Range eines Fürsten G. S. Wolkonski erklärt den äußerst üppigen Dekor, obwohl er im künstlerischen Gesamtbild, in einigen Motiven (zum Beispiel die Göttin Nike) und besonders in den verwendeten Ziertechniken dem Säbel Z. O. 6944 (Katalog-Nr. 15) vergleichbar ist.

Die Schreibweise des Meisternamens ist wahrscheinlich ein Unikat, zumindest wurde sie bislang auf keiner anderen Waffe gefunden.

Die hohen künstlerischen Qualitäten dieses Objekts, sein ehemaliger Besitzer, die Entstehungszeit und schließlich die Tatsache, daß es sich um eine signierte Arbeit handelt, verleihen ihm großen kulturhistorischen Wert. Darüber hinaus darf es zu den ersten Mustern der Zlatouster Waffenschmiedekunst gezählt werden.

17
Säbel
Anfang bis Mitte 1816

Gesamtlänge mit Angel 104 cm,
Klingenlänge 87 cm
Inv.-Nr. Z. O. 7627
Herkunft noch nicht endgültig geklärt
Urkunden zufolge befand sich dieses Objekt ursprünglich im Arsenal des Anitschkow-Palais in Sankt Petersburg.
Erstmalige Ausstellung und Veröffentlichung

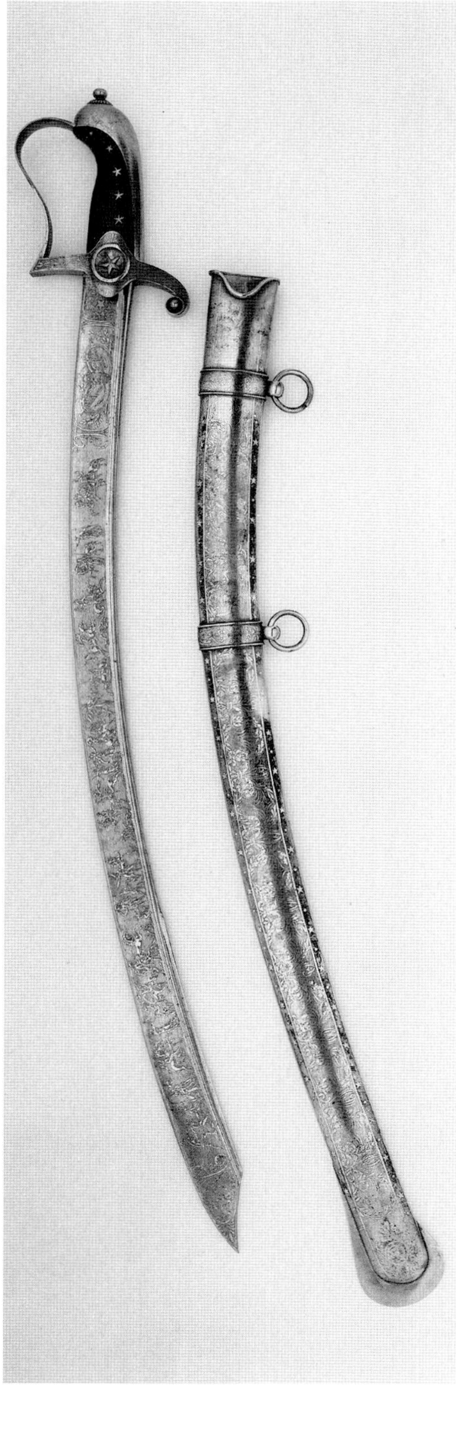

Die Klinge ist über die gesamte Länge mit einer komplizierten ornamentalen Komposition verziert, die auf einer Seite eine Schlacht zwischen Kriegern in antiker Wehr und auf der anderen eine Schlacht zwischen Kriegern und Amazonen darstellt. Der Klingenrücken trägt am Gefäß die kursiv ausgeführte russische Inschrift »Златоустъ« (»Zlatoust«).

Das Gefäß aus poliertem Stahl ist mit einem gravierten Ornament im Empirestil verziert. Der Griff besteht aus Ebenholz und ist mit vergoldeten Messingsternen eingelegt. Die Scheide aus poliertem Stahl trägt auf einer Seite über die gesamte Länge ein stilisiertes vegetabiles Ornament sowie Greifen, Girlanden und das Monogramm »AI« in einem ornamentalen Rahmen mit Sternen.

Der Form nach ist es eine bekannte Waffe, die in den ersten Jahrzehnten des 19. Jahrhunderts zur Ausrüstung der Offiziere der leichten Kavallerie der russischen Armee, insbesondere der Offiziere der Ulanenregimenter, gehörte, obwohl es sich hierbei um eine Extravariante, eine Prunk- oder möglicherweise eine Geschenkwaffe, zu handeln scheint. Dafür spricht der reiche und erlesene Dekor der Scheide, des Griffs und insbesondere der Klinge. Sie wurde zweifellos von einem erfahrenen Künstler gefertigt, der in dieser komplizierten, aus zahlreichen Figuren bestehenden Komposition die Dynamik beider Schlachten lebendig und eindrucksvoll wiederzugeben vermochte.

Auf dem Säbel finden sich keine Inschriften oder Initialen, die Aufschluß darüber geben könnten, wer ihn angefertigt hat. Seine Zugehörigkeit zu den ersten Zlatouster Waffen, die 1816 fertiggestellt und nach Sankt Petersburg gesandt wurden, läßt sich jedoch anhand der starken Ähnlichkeit nachweisen, die die künstlerische Gesamtgestaltung und besonders der Dekor der Scheide mit einem Säbel aus dem Besitz der Rüstkammer zu Moskau haben.

18

Säbel

Zweite Hälfte 1816

Gesamtlänge 102,5 cm, Klingenlänge 87 cm
Inv.-Nr. Z. O. 7025
Provenienz: ehem. Arsenal von Zarskoje Selo, eingegangen zwischen 1852 und 1853 aus der Sammlung des Großfürsten Michail Pawlowitsch
Ausstellungen: 1888–1915, Eremitage; 1988, Eremitage
Literatur: Lenz, 293, Nr. M. P. 18; Miller, Waffen, 30, Nr. 6

Eine Seite der Klinge aus poliertem Stahl trägt in der oberen Hälfte die geflügelte Göttin Nike. Sie steht auf einer Säule, an deren Fuß zwei in Ketten gelegte Männer und antike Waffen zu sehen sind. Auf der anderen Seite ist die Göttin Nemesis, der Nike einen Kranz überreicht, und das von einem Kranz umgebene Monogramm »AI« dargestellt.

Auf einer Seite des Klingenansatzes befindet sich ein Adler, auf der anderen Seite Feder, Kreuz und Leuchter sowie die eingeschlagenen Initialen »I. G. G.«

Das Gefäß aus poliertem Stahl ist mit einem Ornament und Einlagen aus geripptem Glas verziert. Der Griff besteht aus geschnitztem Bein. Die Scheide ist mit weinrotem Samt überzogen und hat Beschläge aus poliertem Stahl, die mit einem Ornament verziert sind.

Dieser Säbel ist ein eindrucksvolles Beispiel für die Prunkwaffen jener Zeit. Der Dekor der Klinge, der figürliche Darstellungen und Embleme zu einem harmonischen Ganzen vereint, zeichnet sich durch professionelle Ausführung aus. Die Komposition reflektiert in allegorischer Form den Sieg der russischen Waffen im Krieg gegen Napoleon und die Befreiung der Völker Europas. Beachtenswert ist der erlesene künstlerische Geschmack des Urhebers (oder der Urheber) des Dekors, dem (denen) es gelungen ist, eine farbenprächtige Lösung für die Verzierung der Klinge zu finden. Die polychrome Komposition in der oberen Hälfte kontrastiert mit dem makellos polierten unteren Teil der Klinge und unterstreicht die Üppigkeit und Schönheit der Waffe.

Mit Ausnahme der Buchstaben am Klingenansatz, die allem Anschein nach die Initialen Gottfried Grahs, eines der besten Zlatouster Schwertfeger, darstellen, fehlen andere Inschriften oder Zeichen, die Aufschluß darüber geben könnten, wer den Säbel angefertigt hat. Einige Details legen jedoch die Vermutung nahe, daß es Wilhelm Nikolaus Schaaf gewesen sein kann.

19
Säbel
Mitte 1816, Wilhelm Schaaf und Sohn

Gesamtlänge 99 cm, Klingenlänge 84 cm
Inv.-Nr. Z. O. 6971
Wahrscheinliche Provenienz: ehem. Arsenal von Zarskoje Selo
Erstmalige Ausstellung und Veröffentlichung

Die obere Klingenhälfte zeigt beidseitig die Göttin Minerva, mit einem Speer und einem runden, das Monogramm »ФВ« (»FW«) tragenden Schild bewaffnet; auf einer Seite befindet sich eine Lyra, auf der anderen die Göttin Nemesis. Der Klingenrücken trägt die kursiv ausgeführte russische Inschrift »Златоустъ« (»Zlatoust«) und eine Girlande.

In den Klingenansatz ist von einer Seite die Inschrift »W. Schaaf u. Sohn« eingraviert, in die andere sind die Buchstaben »GRAH« eingeschlagen.

Das Gefäß besteht aus vergoldeter, getriebener Bronze und trägt die eingeschlagenen Initialen »A. A.«. Die Scheide ist aus poliertem Stahl und hat zwei Ringbänder aus vergoldetem Messing.

Dieser Säbel entspricht in seiner Form einer bekannten Waffe, die in den ersten Jahrzehnten des 19. Jahrhunderts zur Ausrüstung der Offiziere der leichten Kavallerie der russischen Armee gehörte, die Gestaltung von Gefäß und Scheide sowie der Klingendekor weisen ihn jedoch als Extrawaffe aus. Dem Dekor nach ist dieser Säbel eine Prunkwaffe, die vielleicht als Ehrengeschenk und in Erinnerung an den Krieg gegen Napoleon angefertigt wurde. Der Stil des Dekors läßt dieses Objekt zu den frühen Werken Wilhelm Nikolaus Schaafs zählen.

Bis vor kurzem wurde diese Waffe einem unbekannten Meister zugeschrieben. Vor einigen Jahren jedoch wurde sie bei Restaurierungsarbeiten auseinandergenommen. Dabei fand man am Klingenansatz unter dem Mitteleisen die gravierte Signatur des Waffenschmieds und den Namen des Schwertfegers Gottfried Grah. Die Initialen »A. A.« gehören einem noch nicht identifizierten Gefäßmacher. Das Monogramm »ФВ« (»FW«) konnte bislang nicht entschlüsselt werden.

20
Säbelklinge
1817–1818 (?)

Gesamtlänge mit Angel 98 cm
Inv.-Nr. Z. O. 6996
Herkunft noch nicht endgültig geklärt
Wahrscheinliche Provenienz: ehem. Arsenal von Zarskoje Selo
Ausstellungen: 1988, Eremitage
Literatur: Miller, Waffen, 31, Nr. 8

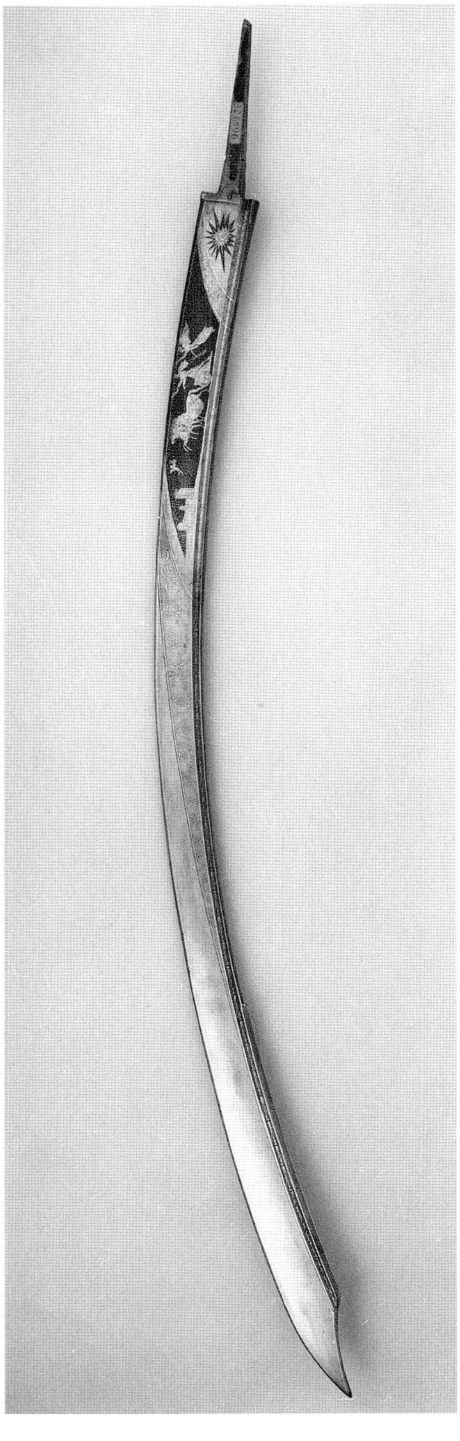

Diese Klinge hat einen Jelman und trägt im oberen Drittel Greifen und Girlanden, einen Streitwagen, der von der fliegenden Nike begleitet wird, einen Triumphbogen, ein Gebäude, die Sonne, einen Schlitten mit einer Person im Dreispitz und das Monogramm »AI«.

Der Rücken des Klingenansatzes trägt die kursiv ausgeführte russische Inschrift »Златоустъ« (»Zlatoust«). In die Angel sind die Abnahmemarke »P« und die teils russische, teils lateinische Buchstabenfolge »P. P. W. B.Л.« (»P. P. W. B. L.«) eingeschlagen.

Der Form nach handelt es sich um ein Extrastück; die Klinge muß also für eine Prunk- oder Geschenkwaffe bestimmt gewesen sein. Diese Annahme wird durch ihren Dekor erhärtet, der gleich zahlreichen anderen Zlatouster Waffen aus den ersten Jahrzehnten des 19. Jahrhunderts den triumphalen Sieg über Napoleon thematisiert. Für das Thema des Sieges wurden in diesem Falle für Zlatoust traditionelle Techniken und allegorische Bilder gewählt, während Niederlage und Rückzug der Franzosen durch die symbolische Gestalt eines einsamen Mannes im Schlitten versinnbildlicht werden, der durch die verschneite und stürmische Nacht jagt.

Die Klinge ist nicht signiert, aber es ist bekannt, daß die führenden Kunsthandwerker der Zlatouster Waffenfabrik gerne auf die Darstellung von antiken Streitwagen und Greifen sowie Girlanden zurückgriffen.

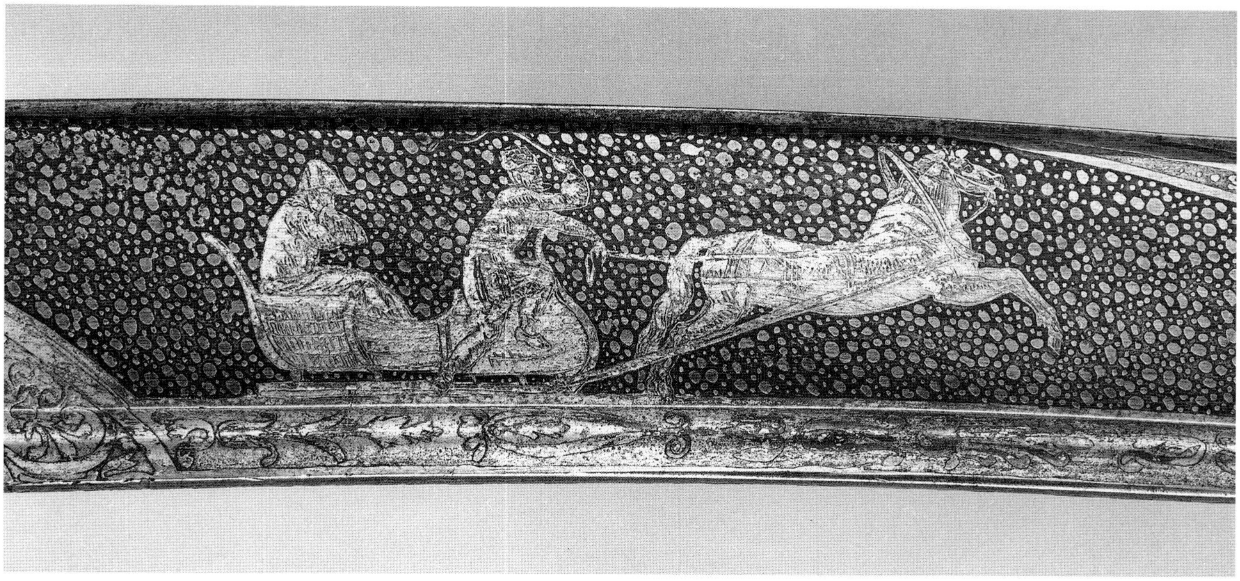

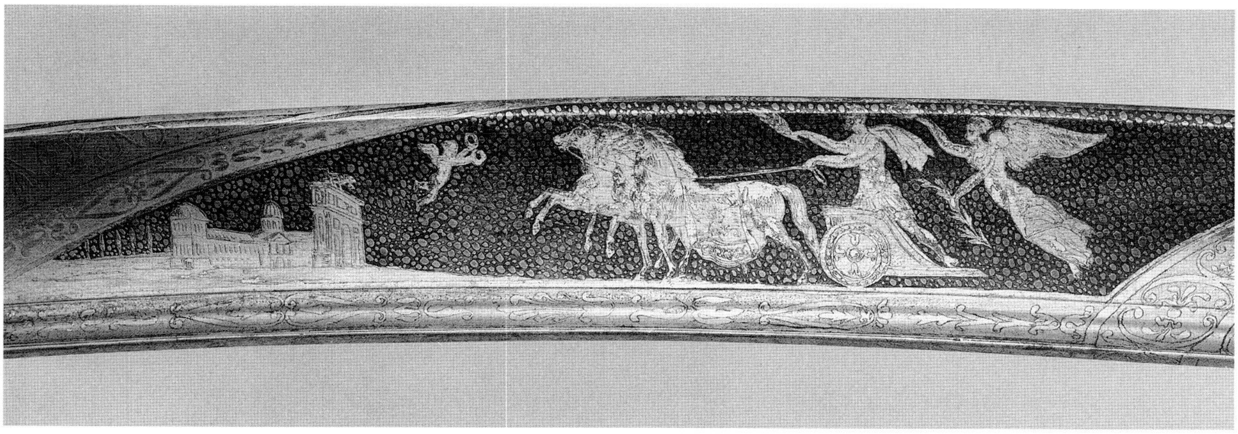

21
Säbelklinge
1817–1818

Gesamtlänge 103 cm
Inv.-Nr. Z. O. 2659
Herkunft noch nicht endgültig geklärt
Wahrscheinliche Provenienz: ehem. Arsenal von Zarskoje Selo
Erstmalige Ausstellung und Veröffentlichung

Die Klinge zeigt über die gesamte Länge beidseitig einen höchst aufwendigen Dekor, in dem Waffen, Rüstungen, ein Doppeladler, Putten sowie das Monogramm »AI« mit einem stilisierten vegetabilen Ornament alternieren.

Am Ansatz befinden sich, ebenfalls beidseitig, Darstellungen von Musikinstrumenten und brennenden Leuchtern. Der Rücken trägt am Klingenansatz die russische Inschrift »Златоустъ« (»Zlatoust«). In die linke Seite ist die Abnahmemarke »P« eingeschlagen; rechts befinden sich der russische Buchstabe »Ж« (»Sh«) und die Zahl »2«.

Die Konfiguration der Klinge entspricht der einer türkischen Waffe, die in der zweiten Hälfte des 18. Jahrhunderts verbreitet war. Ihr Dekor weist sie als ein Extrastück aus, das für eine Prunkwaffe oder, genauer gesagt, für eine Geschenkwaffe bestimmt war. Der Charakter des Dekors, der aus zahlreichen Elementen militärischen Inhalts, dem russischen Staatswappen (dem Doppeladler) und dem Monogramm Kaiser Alexanders I. besteht, läßt darauf schließen, daß die Klinge für ein besonderes Ehrengeschenk anläßlich des siegreichen Endes des Krieges gegen Napoleon angefertigt wurde.

Das außerordentlich hohe künstlerische Niveau dieses Werks, das sich in der Harmonie der aufwendigen Komposition äußert, und der meisterhafte Einsatz nahezu aller dekorativen Techniken verleihen dieser Klinge den Rang eines der besten Werke der Zlatouster Waffenschmiedekunst.

Diese Klinge ist nicht signiert, aber Form und Inhalt des Dekors lassen erkennen, daß hier einer der besten Kunsthandwerker der Waffenfabrik Zlatoust am Werk war.

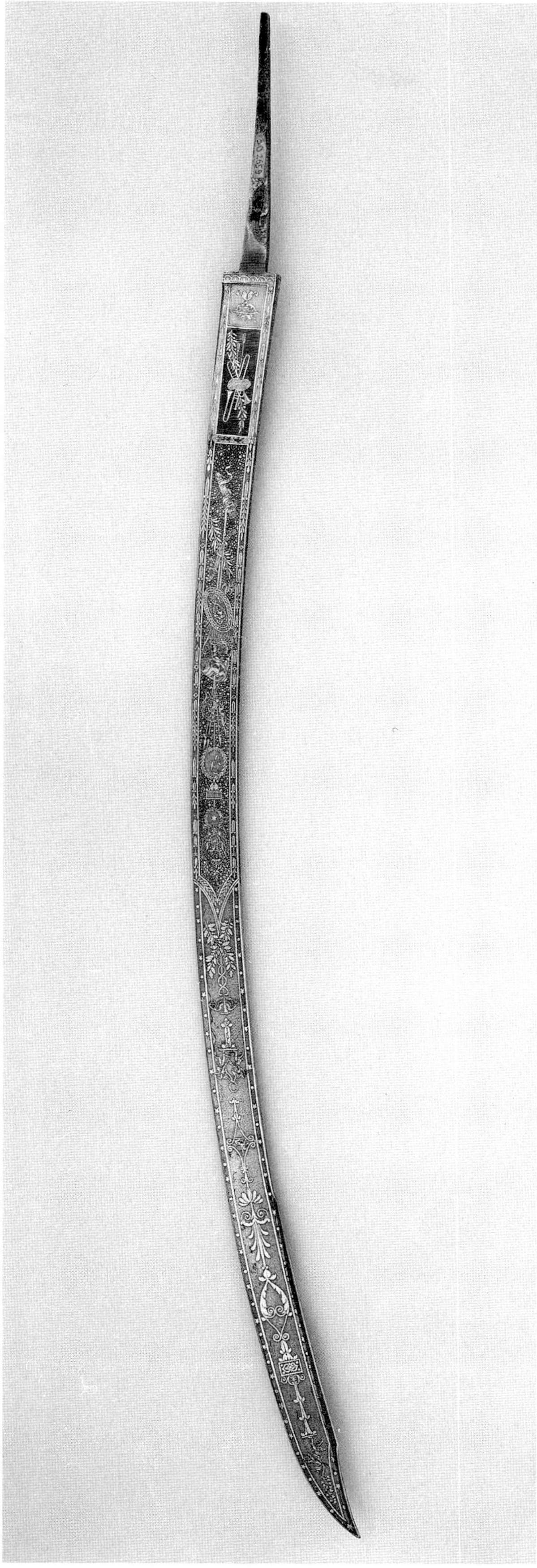

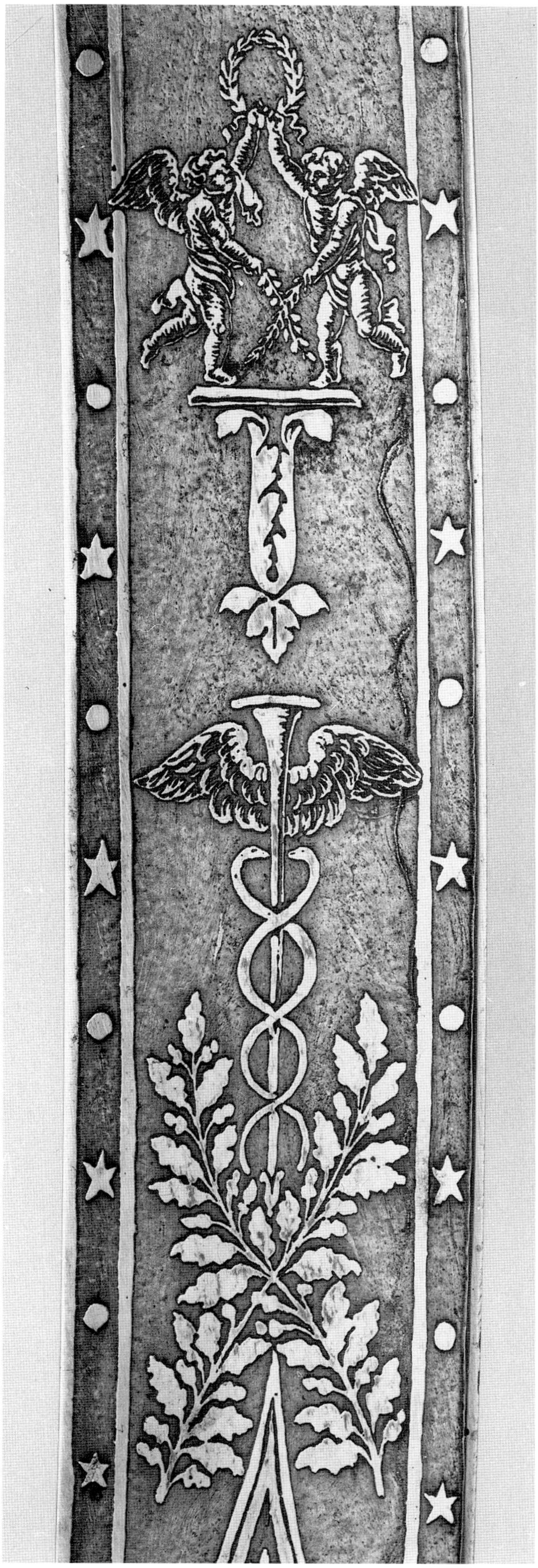

22
Säbelklinge
1818, Jefim Buschujew

Gesamtlänge mit Angel 105 cm
Inv.-Nr. Z. O. 7842
Herkunft noch nicht endgültig geklärt
Wahrscheinliche Provenienz: ehem. Arsenal von Zarskoje Selo
Ausstellungen: 1988, Eremitage
Literatur: Miller, Waffen, 29, Nr. 3

Diese Klinge hat einen Jelman und ist in Nachahmung von Damaszenerstahl geätzt. Im oberen Viertel findet man auf einer Seite allegorische Figuren antiker Krieger und auf der anderen Seite einen antiken Krieger, der in einer Hand eine kleine Figur der Göttin Nike und in der anderen einen Lorbeerzweig hält.

Der Klingenansatz trägt auf einer Seite ein Schwert und einen Lorbeerzweig sowie auf der anderen eine nach unten gekehrte Fackel.

In den Klingenansatz an der Angel ist auf einer Seite die Jahreszahl »1818« und auf der anderen die kursiv ausgeführte Inschrift »Е. Бушуевъ. Златоустъ« (»J. Buschujew. Zlatoust«) eingraviert.

Der Form nach ist diese Klinge ein Extrastück mit spürbarem Einfluß orientalischer Vorbilder. Solche Klingen wurden gewöhnlich für Prunk- oder Geschenkwaffen gefertigt. Der Dekor der Klinge – Figuren von Kriegern, die Frieden schließen, die Siegesgöttin und die erloschene Fackel des Krieges – thematisiert in allegorischer Form das siegreiche Ende des Krieges gegen Napoleon. Die technisch vollkommene Ausführung des Dekors verstärkt den künstlerischen Gesamteindruck der einzelnen Darstellungen.

Von außerordentlichem Interesse ist die Signatur des Graveurs J. Buschujew, die durch ein präzises Datum ergänzt wird. Diese Datumsangabe macht die Klinge – neben dem Hirschfänger aus der Sammlung des Moskauer Historischen Museums – zur ersten exakt datierten Zlatouster Waffe.

Gleichfalls interessant ist der Umstand, daß der Gesamtaufbau des Dekors und das Herangehen an die Details mit der Dekoration der Klinge einer Offiziersschaschka aus der Sammlung des Petersburger Artilleriemuseums korrespondiert (Abolskaja, Nr. 82). Dieses Objekt ist nicht signiert, trägt aber die Jahreszahl »1820«.

23

Pallasch

Erste Hälfte 1818

Gesamtlänge mit Angel 104 cm,
Klingenlänge 91 cm
Inv.-Nr. Z. O. 6962
Herkunft noch nicht endgültig geklärt
Wahrscheinliche Provenienz: ehem. Arsenal von Zarskoje Selo
Ausstellungen: 1988, Eremitage
Literatur: Miller, Waffen, 31, Nr. 9

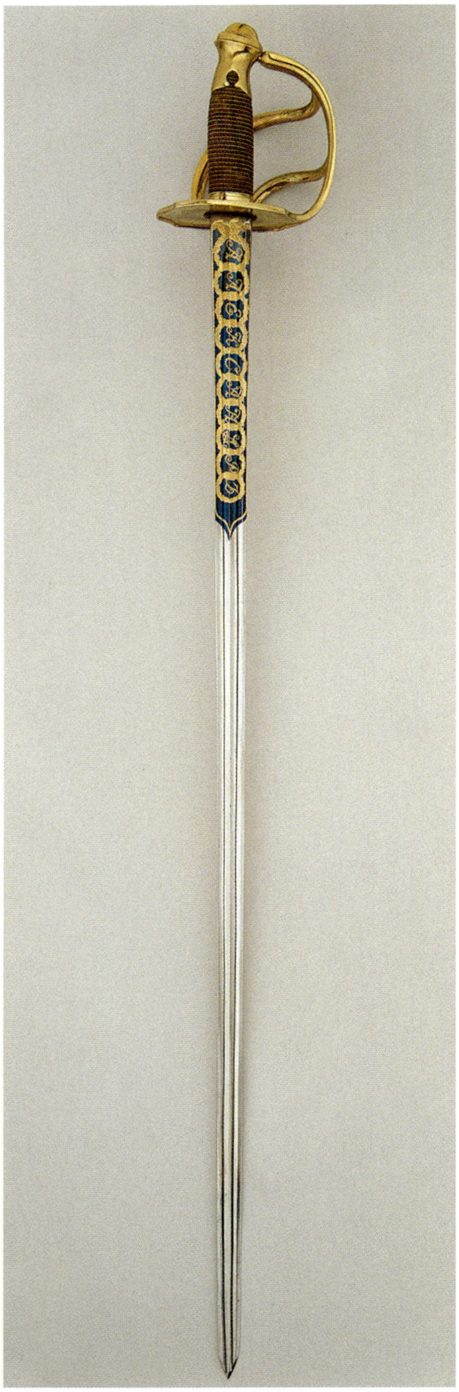

Die Klinge ist mit Kränzen verziert, in denen sich auf einer Seite die Inschrift »Александр« (»Alexander«) und auf der anderen Seite die Inschrift »Миротворец« (»Friedensstifter«) befindet. Der Klingenrücken trägt am Ansatz die russische Inschrift »Златоустъ« (»Zlatoust«).

Das geschlossene Gefäß besteht aus vergoldeter Bronze, der Griff ist mit Leder überzogen und mit Draht umwickelt. Die Scheide ist nicht erhalten.

Mit Pallaschen dieses Typs waren in den ersten Jahrzehnten des 19. Jahrhunderts die Offiziere der Kürassierregimenter der russischen Armee bewaffnet (Modell 1809).

Die Wirkung des Dekors beruht auf dem Kontrast zwischen dem hellen Glanz der vergoldeten Kränze und dem tiefblauen Ton der Brünierung; sie wird durch die reliefartige und damit reflektierende Oberfläche der Klinge verstärkt. Dieser Dekor ist auf Zlatouster Waffen selten anzutreffen. Gleiches gilt für die Inschrift, die sich auf das Ende des Vaterländischen Krieges von 1812 bezieht und Kaiser Alexander I. lobpreist. Eine ähnliche Inschrift, die jedoch in einen anderen Dekor integriert ist, schmückt die Klinge eines Pallaschs aus der Sammlung des Petersburger Artilleriemuseums (Abolskaja, Nr. 54). Der Dekor beider Klingen ist genauso originell wie die gleichfalls in Zlatoust entstandene Variation des Themas, für die Jahreszahlen und Ortsnamen des Europafeldzuges der russischen Armee verwendet wurden.

Das anspruchsvolle künstlerische Niveau des Dekors macht die Klinge zu einem der besten Werke der Zlatouster Meister. Die Schreibweise des Stadtnamens spricht dafür, daß es sich um ein frühes Stück handelt. Die Klinge trägt weder Signaturen noch Marken der Meister, die sie angefertigt haben.

24
Degen
1818, Wilhelm Nikolaus Schaaf
und Ludwig Schaaf

Gesamtlänge 96,2 cm, Klingenlänge 80 cm
Inv.-Nr. Z. O. 2236
Provenienz: ehem. sog. Museumsfonds, 1923
Ausstellungen: 1981, Eremitage; 1988, Eremitage; 1990, Malbork, Polen
Literatur: Miller, Metall, 28, Nr. 2; Miller, Orež, 54, Nr. 105

Die Klinge ist im oberen Drittel von beiden Seiten mit einer Komposition verziert, die aus Sphinxen in Kreisen, vegetabilen Ornamenten sowie dem Monogramm »AI« auf der rechten Seite und dem Staatswappen (dem Doppeladler) auf der linken Seite besteht. Der Klingenrücken trägt eine Girlande und die kursiv ausgeführte russische Inschrift »Златоустъ« (»Zlatoust«). In eine Seite des Klingenansatzes ist die Jahreszahl »1818« und in die andere die Signatur »Wi NI S. u. Sohn« eingraviert.

Das Gefäß besteht aus vergoldeter und getriebener Bronze, der Griff ist mit Silberdraht umwickelt.

Die Scheide besteht aus schwarzem Lackleder und hat vergoldete Messingbeschläge.

Mit Degen dieser Art waren in den ersten Jahrzehnten des 19. Jahrhunderts Offiziere der Infanterie der russischen Armee bewaffnet. Der Dekor thematisiert den Sieg über Napoleon und besteht aus traditionellen Motiven im Empirestil, dem Monogramm Kaiser Alexanders I. und dem russischen Staatswappen.

Die wirkungsvolle Kombination des vergoldeten Ornaments mit dem tiefblauen Ton der Brünierung hebt die Üppigkeit des Dekors hervor. Dieser Degen zählt zu Recht zu den besten Arbeiten Wilhelm Nikolaus Schaafs und seines Sohnes.

Die exakte Datierung macht dieses Objekt historisch besonders wertvoll, denn es gehört somit zu den außerordentlich seltenen Exemplaren der frühen Zlatouster Waffenschmiedekunst.

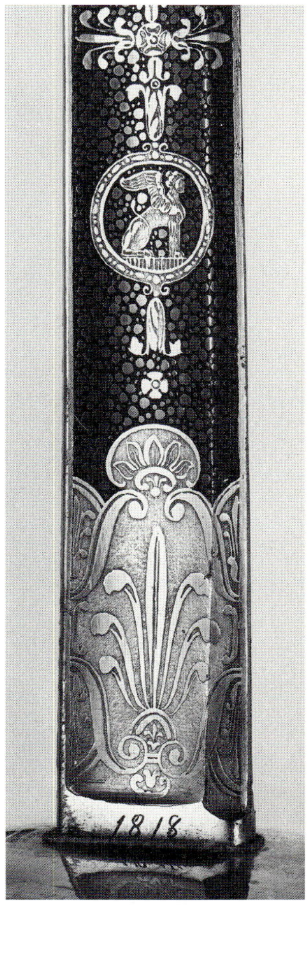

25
Degenklinge
Um 1818, Wilhelm Nikolaus Schaaf und Ludwig Schaaf

Gesamtlänge mit Angel 102 cm
Inv.-Nr. Z. O. 6931
Herkunft noch nicht endgültig geklärt
Erstmalige Ausstellung und Veröffentlichung

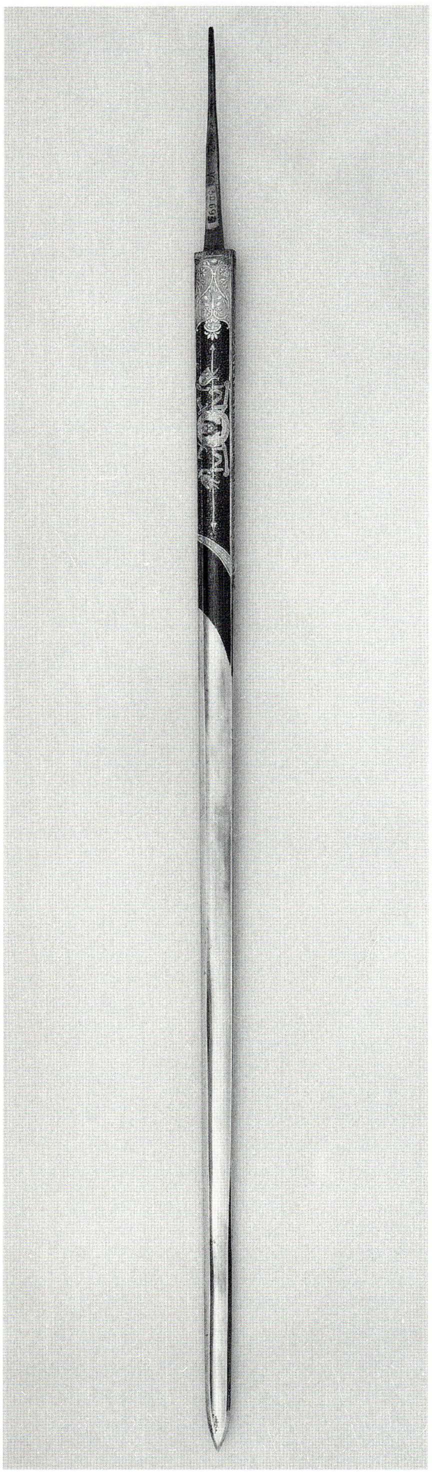

Die Klinge trägt im oberen Drittel auf einer Seite einen umkränzten Doppeladler und Waffendarstellungen sowie auf der anderen Seite das Monogramm »AI« in einem identischen Kranz. Auf dem Klingenrücken befindet sich eine Girlande und die kursiv ausgeführte Inschrift »Златоустъ« (»Zlatoust«). In den Ansatz ist auf einer Seite die kursiv ausgeführte deutsche Inschrift »W. N. Schaaf & Sohn« eingraviert, in die andere sind die lateinischen Buchstaben »G. Grah« eingeschlagen. In eine Seite der Angel ist der russische Buchstabe »Л« (»L«) und in die andere sind die Buchstaben »PA« oder »PW« eingeschlagen (abgeschlagen).

Konfiguration und Maße der Klinge sprechen dafür, daß sie für einen Degen bestimmt war, den ein Infanterieoffizier der russischen Armee in den zwanziger Jahren des 19. Jahrhunderts getragen haben kann.

Der Dekor dieser Klinge ist künstlerisch außerordentlich hochwertig. Bei diesem Objekt beruht die Wirkung auf dem Kontrast zwischen dem vortrefflich gearbeiteten Hauptmotiv, dem vergoldeten Kriegsgerät, und dem tiefblau brünierten Grund, dessen Oberfläche in Nachahmung von Fischleder (dem sogenannten Galuchat geätzt ist. Diese Klinge ist zweifellos eines der besten Werke von Wilhelm und Ludwig Schaaf.

Es ist nicht auszuschließen, daß der russische Buchstabe »Л« (»L«) als Anfangsbuchstabe des Nachnamens von Dorofej Lipin, einem der besten Zlatouster Klingenschmiede, zu lesen ist. Die lateinischen Buchstaben bezeichnen den bekannten Schwertfeger Gottfried Grah.

Die gestalterische und kunsthandwerkliche Ähnlichkeit des Dekors der Klinge mit dem Degen Z. O. 2236 (Katalog-Nr. 24) läßt vermuten, daß sie höchstwahrscheinlich 1818 angefertigt wurde.

26
Schaschka
Klinge 1818–1820

Gesamtlänge mit Angel 75 cm,
Klingenlänge 64 cm
Inv.-Nr. Z. O. 7006
Herkunft noch nicht endgültig geklärt
Wahrscheinliche Provenienz: ehem. Arsenal von Zarskoje Selo
Erstmalige Ausstellung und Veröffentlichung

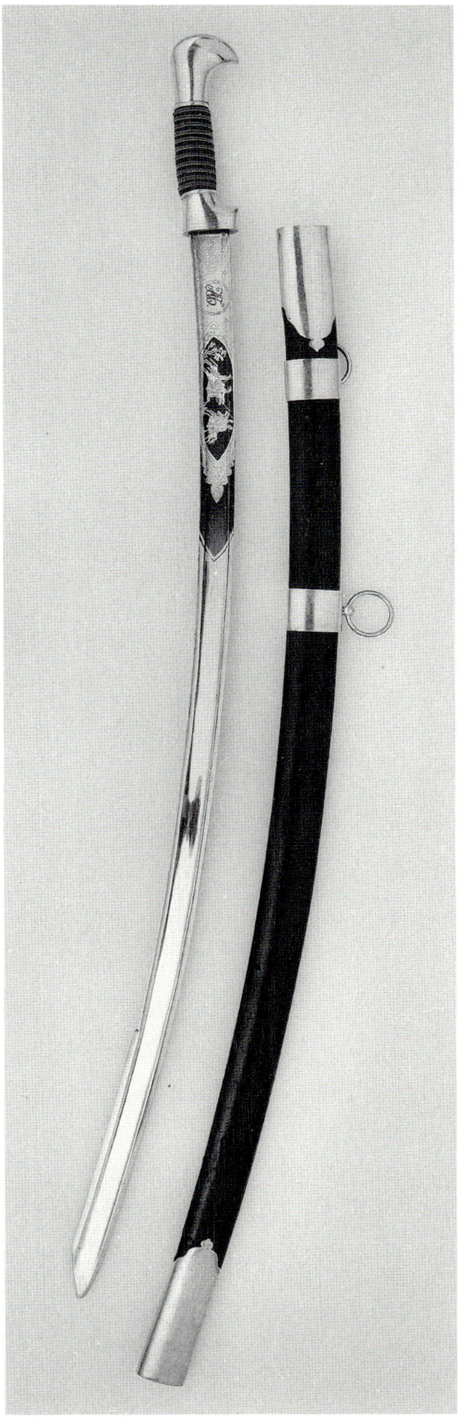

Die Klinge trägt im oberen Drittel ornamentale Kartuschen, in denen sich die Darstellungen eines Kavalleriescharmützels, das Monogramm »АБ« (»AB«) in einem Kranz, Trophäen und das Haupt eines Kriegers mit antikem Helm befinden. Der Klingenrücken trägt die kursiv ausgeführte russische Inschrift »Златоустъ« (»Zlatoust«).

Gefäß und Griff, der mit Leder überzogen und mit Draht umwickelt ist, sowie die Beschläge der mit Leder überzogenen Scheide sind aus glattem vergoldetem Messing.

Mit solchen Schaschkas waren in den dreißiger Jahren des 19. Jahrhunderts die Offiziere der Kosakenregimenter der russischen Armee bewaffnet (sogenanntes Modell 1838), aber die Klinge ist älter und gehört zu den Mustern der Jahre 1818 bis 1820.

Die künstlerische Gestaltung des Klingendekors ist für diese Gruppe typisch und thematisiert gleich zahlreichen anderen den Sieg über Napoleon. Das Fehlen von Signaturen oder Initialen erschwert die Zuordnung dieses Objekts, das sowohl Wilhelm Schaaf als auch einer seiner Schüler angefertigt haben kann.

Das Motiv des Kavalleriescharmützels findet sich im Dekor anderer Klingen wieder, und zwar sowohl in der Eremitage als auch in anderen Museen. Das Monogramm »АБ« (»AB«) konnte bislang nicht entschlüsselt werden.

27

Säbelklinge

1818–1822, Wilhelm Nikolaus Schaaf und Wilhelm Ludwig Schaaf

Gesamtlänge mit Angel 104 cm
Inv.-Nr. 6992
Herkunft noch nicht endgültig geklärt
Erstmalige Ausstellung und Veröffentlichung

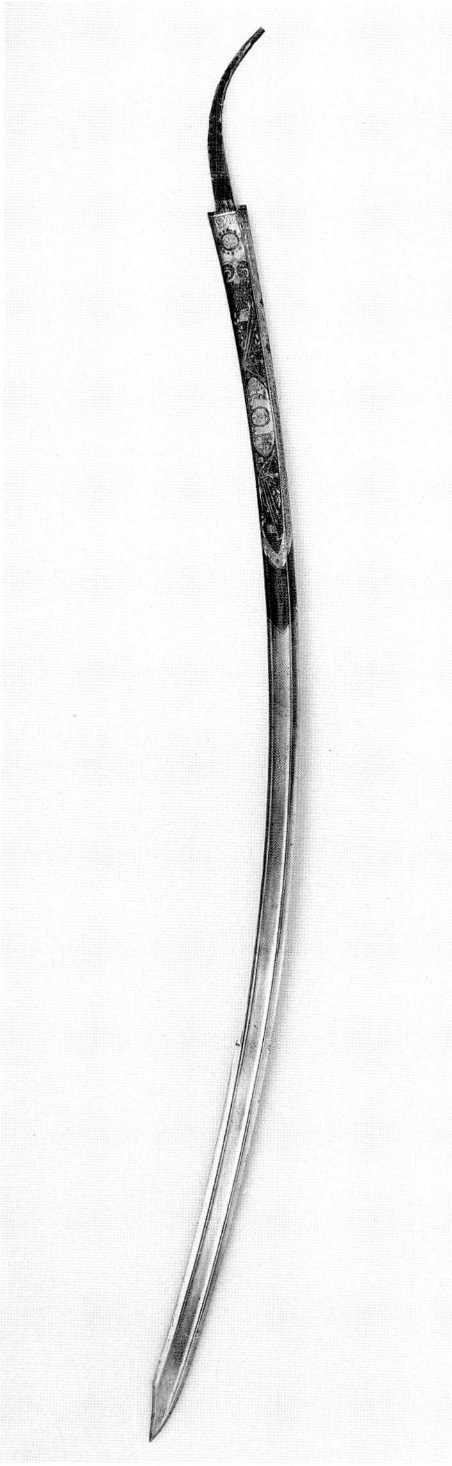

Der Dekor der Klinge zeigt im oberen Drittel Waffen. Darüber hinaus befindet sich auf einer Seite der russische Doppeladler und auf der anderen Seite das Monogramm »AI«.

Der Klingenrücken trägt die Initialen »W. N.&W. L. S.« (Wilhelm Nikolaus und Wilhelm Ludwig Schaaf) und eine Girlande. In den Klingenansatz sind auf einer Seite die Buchstaben »K. W. G.« (die Marke des Schwertfegers Karl Grah) eingeschlagen, auf der anderen Seite befinden sich der Buchstabe »П« (»P«) (die Abnahmemarke), die Signatur D. Wolferz (für den Klingenschmied Daniel Wolferz) sowie die Zahl »6«.

Nach Typ und Konfiguration ist die Klinge für einen Extrasäbel bestimmt, wie ihn in den ersten Jahrzehnten des 19. Jahrhunderts die Offiziere der Kavallerieregimenter der russischen Armee trugen.

Der Dekor entspricht dem Zlatouster Stil der frühen zwanziger Jahre des 19. Jahrhunderts und thematisiert das siegreiche Ende des Krieges gegen Napoleon, was sowohl durch die Trophäen als auch durch das Monogramm Kaiser Alexanders I. versinnbildlicht wird.

Die künstlerische Ausführung des Dekors zeichnet sich durch Geschmack und Ausdrucksstärke aus und macht diese Klinge zu einer der besten Arbeiten von Wilhelm Nikolaus und Wilhelm Ludwig Schaaf. Die Signatur der Urheber weist starke stilistische Ähnlichkeiten mit Signaturen auf einigen anderen Objekten auf.

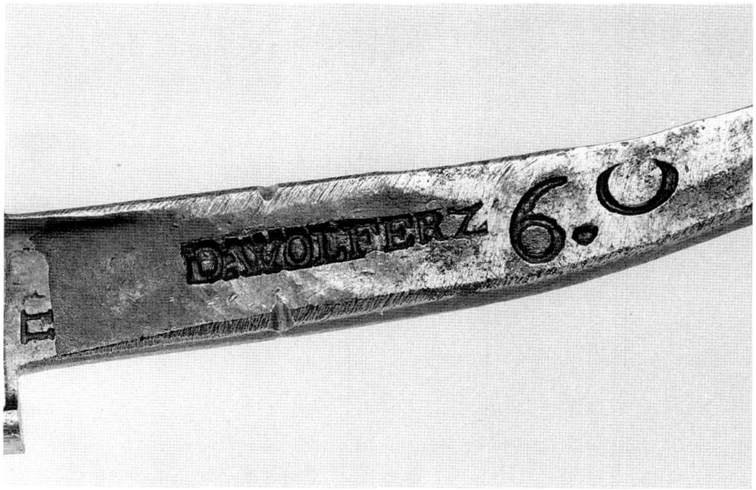

28
Säbel
1820–1822, Wilhelm Nikolaus Schaaf und Ludwig Schaaf

Gesamtlänge mit Angel 105,5 cm,
Klingenlänge 91 cm
Inv.-Nr. Z. O. 7558
Herkunft noch nicht endgültig geklärt
Wahrscheinliche Provenienz: ehem. Arsenal von Zarskoje Selo
Erstmalige Ausstellung und Veröffentlichung

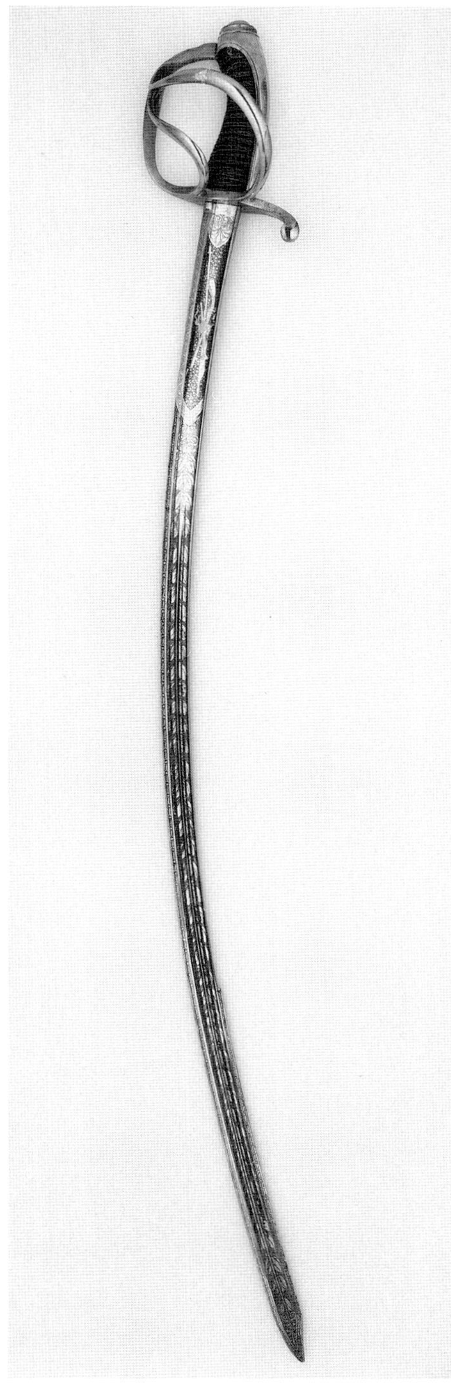

Die Klinge ist im oberen Drittel mit dem Monogramm »AI« in einem Lorbeerkranz mit gekreuzten Waffen im Hintergrund verziert. Die übrige Fläche der Klinge ist mit einer Girlande aus Laubwerk und Kränzen bedeckt, in denen sich Ortsnamen befinden, die den Europafeldzug der russischen Armee markieren. Der Klingenrücken trägt am Ansatz die deutsche Inschrift »W. Schaaf und Sohn« sowie die russische Inschrift »Златоустъ« (»Zlatoust«). In den Klingenansatz sind die Initialen »K. W. G.« eingeschlagen, die für den Klingenschmied Karl Grah stehen.

Das Gefäß besteht aus poliertem Stahl; der Griff ist mit Leder überzogen und mit Draht umwickelt. Die Scheide fehlt.

Dieser Säbel gehört zu einem bekannten Offizierswaffentyp, der im ersten Viertel des 19. Jahrhunderts zur Ausrüstung der Kavallerie der russischen Armee gehörte (Modell 1817). Bekannt ist auch der Dekor der Klinge in Form einer aufwendigen ornamentalen Komposition, die mit großer Meisterschaft ausgeführt ist. Ihr Hauptelement bilden Kränze mit Ortsnamen, die den Europafeldzug der russischen Armee markieren; man findet sie auch im Dekor anderer Blankwaffenmuster, die in Zlatoust hergestellt wurden. Ähnlich verziert sind zwei Säbel desselben Typs, die sich in der Sammlung des Petersburger Artilleriemuseums befinden (Abolskaja, Nrn. 18, 20, 24, 25).

Interessant an diesem Objekt ist, daß die Signatur anders ausgeführt ist als gewöhnlich.

29
Säbel
1820–1822, Wilhelm Nikolaus Schaaf und Ludwig Schaaf

Gesamtlänge mit Angel 104 cm,
Klingenlänge 89 cm
Inv.-Nr. Z. O. 6909
Herkunft noch nicht endgültig geklärt
Wahrscheinliche Provenienz: ehem. Arsenal von Zarskoje Selo
Erstmalige Ausstellung und Veröffentlichung

Die obere Klingenhälfte zeigt auf einer Seite einen Krieger mit antikem Helm und eine antike Rüstung, die von geflügelten Genien gestützt wird. Die andere Seite trägt die Darstellung eines Scharmützels zwischen russischen und französischen Reitertruppen aus dem Krieg gegen Napoleon. Die figürlichen Darstellungen sind jeweils von einem stilisierten vegetabilen Ornament umrahmt, das das Monogramm »AI« enthält.

In den Klingenansatz ist die Signatur »W / m Schaaf u. Sohn« eingraviert und die Signatur »G. Grah« eingeschlagen, die für den Schwertfeger Gottfried Grah steht. Der Klingenrücken trägt am Ansatz die Inschrift »Златоустъ« (»Zlatoust«) und eine Girlande.

Das Gefäß besteht aus poliertem Stahl, der Griff ist mit Leder überzogen und mit Draht umwickelt. Die Scheide ist aus poliertem Stahl und hat zwei Ringbänder.

Dieser Säbel ist eine verbreitete Offizierswaffe der Kavallerieregimenter der russischen Armee aus dem zweiten und dritten Jahrzehnt des 19. Jahrhunderts, obwohl die Klinge ein Extramuster darstellt. Der Dekor zeichnet sich durch Eleganz aus; die Kombination von Vergoldung und Brünierung besticht durch ihren harmonischen Farbklang. Das lebendig wiedergegebene Scharmützel zwischen den russischen und französischen Reitern ist ein Sujet, auf das die führenden Zlatouster Meister, darunter auch Wilhelm Nikolaus und Ludwig Schaaf, immer wieder gerne zurückgriffen.

Anhand eines Vergleichs mit ähnlichen Objekten läßt sich der Säbel beziehungsweise seine Klinge auf 1820–1822 datieren.

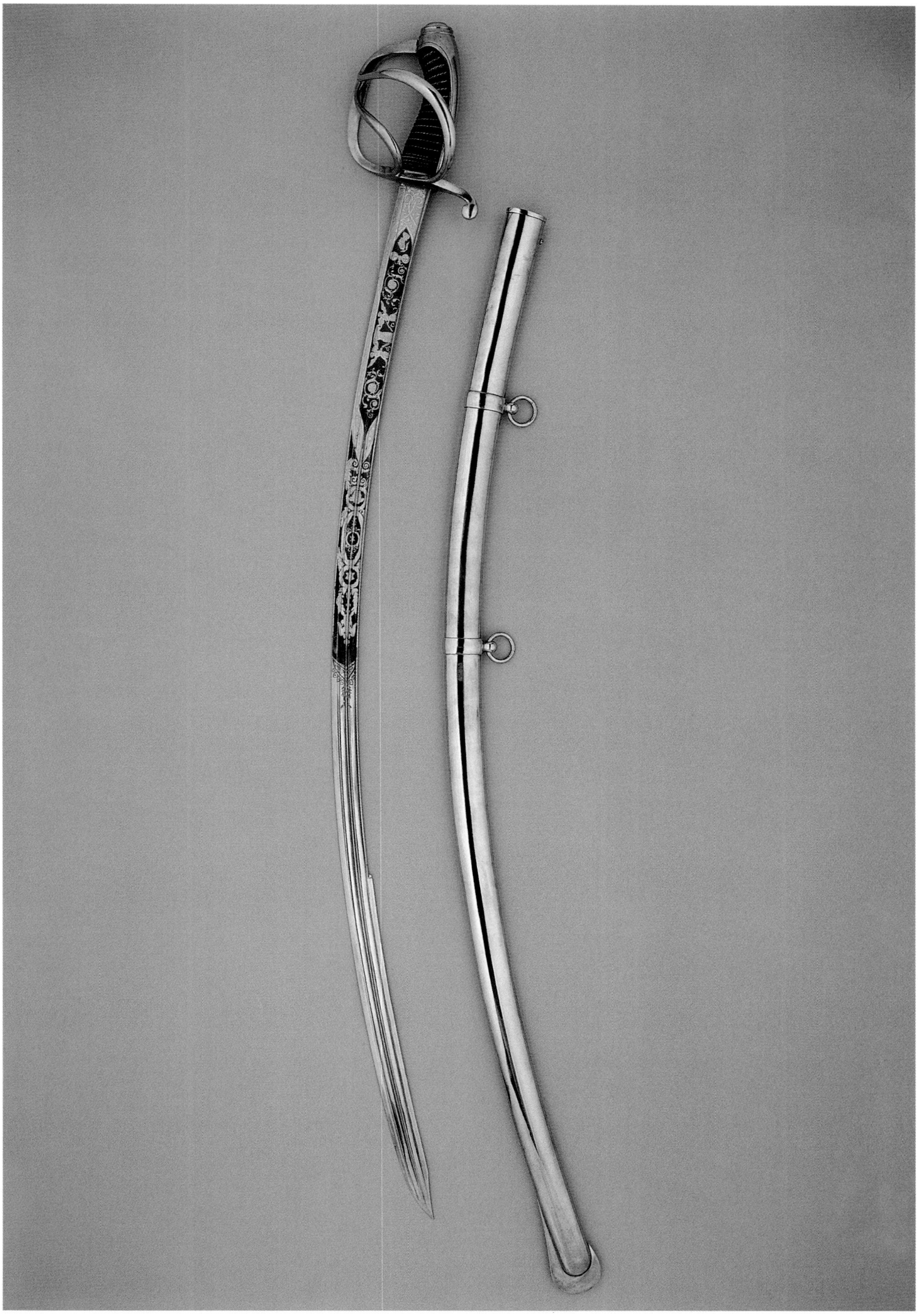

30
Säbel
1818–1820, Wilhelm Nikolaus Schaaf und Ludwig Schaaf

Gesamtlänge mit Angel 104 cm,
Klingenlänge 90 cm
Inv.-Nr. Z. O. 6882
Herkunft noch nicht endgültig geklärt
Erstmalige Ausstellung und Veröffentlichung

Diese Klinge, die einen Jelman aufweist, trägt über die gesamte Länge Trophäen, das umkränzte Monogramm »AI«, eine Kranzfolge mit Ortsnamen und in Rechtecke eingetragene Jahreszahlen des Europafeldzugs der russischen Armee sowie eine Lorbeergirlande. In den Klingenansatz ist die deutsche Inschrift »W. Schaaf & Sohn« eingraviert; der Klingenrücken trägt am Ansatz die kursiv ausgeführte russische Inschrift »Златоустъ« (»Zlatoust«).

Das Gefäß besteht aus poliertem Stahl, der Griff ist mit Leder überzogen und mit Draht umwickelt. Die Scheide ist aus poliertem Stahl und hat zwei Ringbänder sowie ein Portepee aus hellem Leder.

Mit solchen Säbeln waren im ersten Viertel des 19. Jahrhunderts die Offiziere der leichten Kavallerie der russischen Armee bewaffnet. Die Kopfbedeckung im Dekor weist darauf hin, daß dieser Säbel für den Offizier eines Ulanenregiments angefertigt wurde.

Farblich baut der Dekor der Klinge auf dem Kontrast zwischen den geätzten Motiven und dem dunkelblauen Grund auf. Der Dekor auf der linken Seite der Klinge greift das beliebte Thema des Sieges über Napoleon auf.

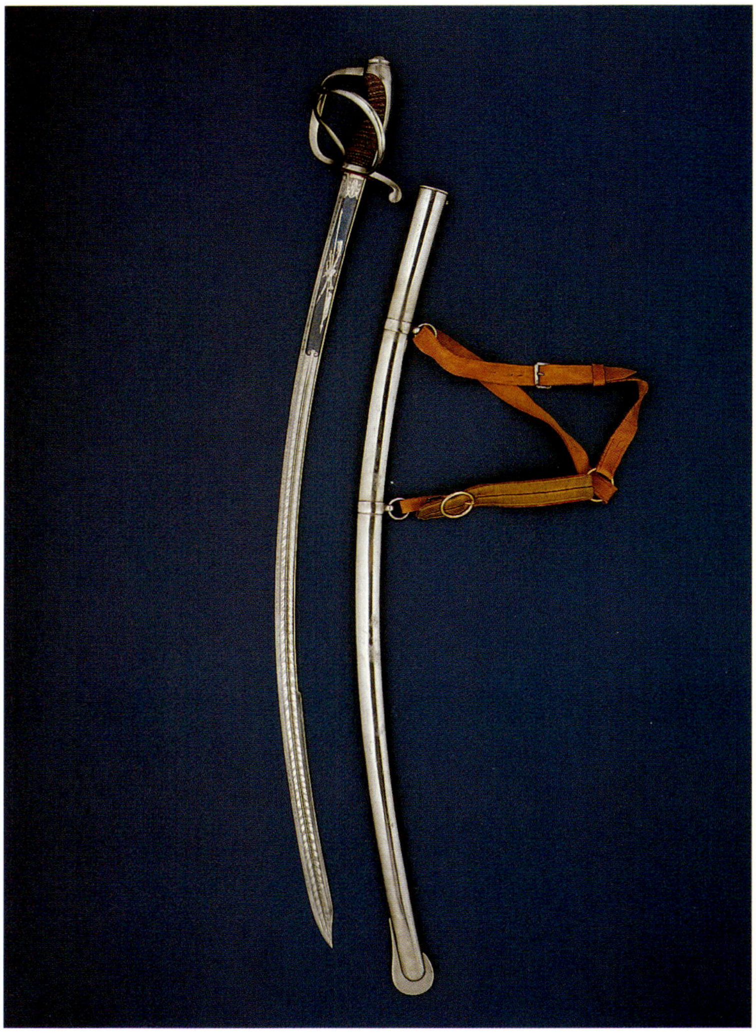

Die Gravuren auf der Klinge zeigen einen antiken Krieger, einen Greifen, Kränze, antike Rüstungen, den Doppeladler und das Monogramm »AI«. In den Klingenansatz ist die Inschrift »W. Schaaf« eingraviert.

Das Gefäß, der mit Leder überzogene und mit Draht umwickelte Griff sowie die Scheide bestehen aus poliertem Stahl.

Säbel dieses Typs gehörten in den ersten Jahrzehnten des 19. Jahrhunderts zur Bewaffnung der Offiziere der leichten Kavallerie der russischen Armee, insbesondere der Ulanenregimenter.

Der relativ schlichte und konventionelle Dekor der Klinge besteht aus Kartuschen mit figürlichen Darstellungen. Anders als bei den meisten »verzierten Waffen« wird die künstlerische Wirkung in diesem Falle, wie auch bei einigen ähnlich verzierten Objekten, durch die Kombination der polierten Motive mit dem blau oder mattgrau brünierten Grund erzielt.

Anhand der Dekors läßt sich die Klinge auf Anfang der zwanziger Jahre des 19. Jahrhunderts datieren, obwohl dieser und einige andere Säbel große Ähnlichkeiten mit einem Säbel aus der Rüstkammer aufweisen, der im Dezember 1817 nach Moskau gesandt wurde.

31
Säbel
1820–1822, Wilhelm Schaaf

Gesamtlänge mit Angel 103,3 cm,
Klingenlänge 89,5 cm
Inv.-Nr. Z. O. 8013
Provenienz: Staatliches Museum für Religion, 1956
Erstmalige Ausstellung und Veröffentlichung

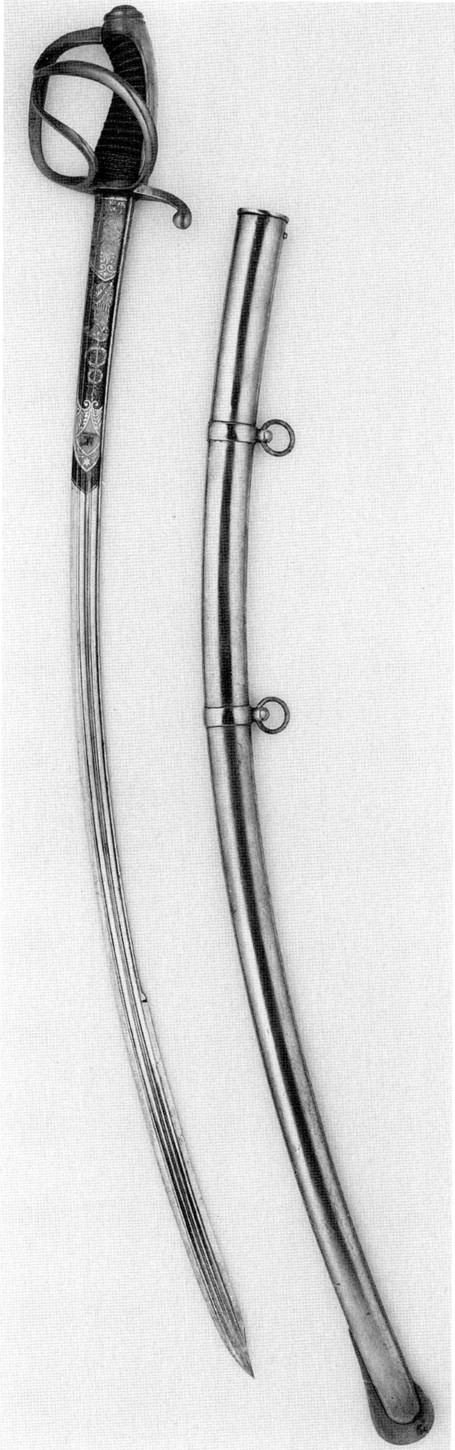

32
Säbelklinge
1818–1822

Gesamtlänge mit Angel 100,1 cm
Inv.-Nr. Z. O. 1785
Herkunft noch nicht endgültig geklärt
Erstmalige Ausstellung und Veröffentlichung

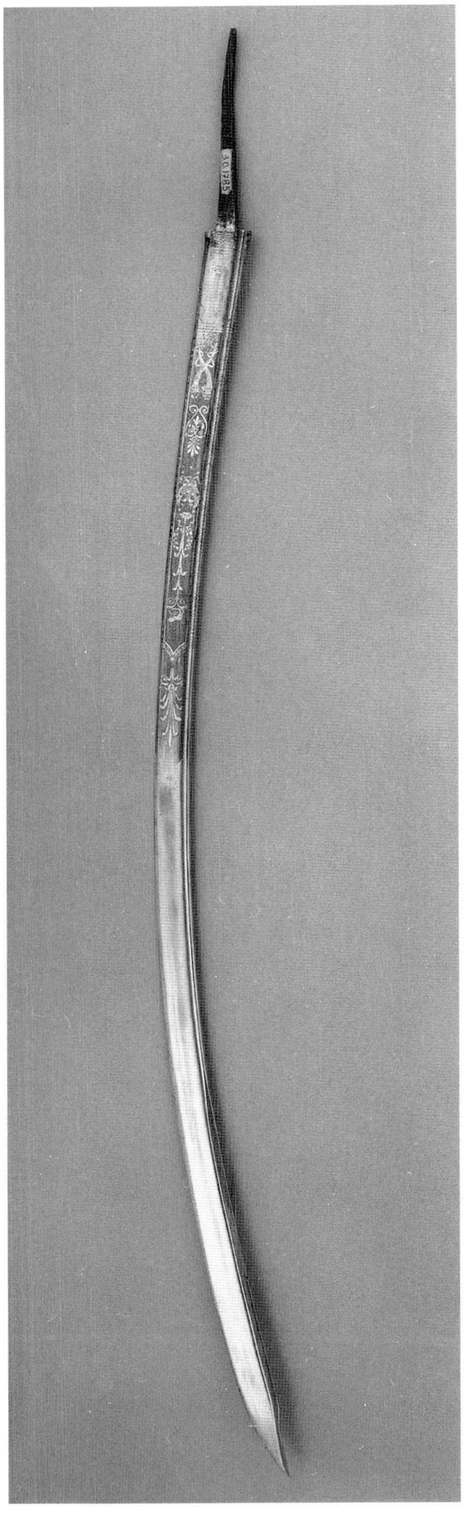

Die obere Klingenhälfte ziert eine ornamentale Komposition, die aus Löwen (?), Kränzen, Musikinstrumenten, Füllhörnern, dem Monogramm »AI« sowie dem russischen Staatswappen (dem Doppeladler) besteht. Der Klingenrücken trägt am Ansatz die kursiv ausgeführte russische Inschrift »Златоустъ« (»Zlatoust«).

Klingen dieses Typs wurden Anfang des 19. Jahrhunderts für Infanterieoffizierssäbel verwendet, mit denen einige europäische Armeen, darunter auch die russische, ausgerüstet waren.

Von der Professionalität des Kunsthandwerkers, der diese Klinge verziert hat, zeugen die Harmonie und die Proportionen der Motive sowie die klare und vollendete Zeichnung, obwohl er nur zwei Elemente des Farbspektrums verwendet hat (polierte Motive und brünierten Grund). Staatswappen und Monogramm sind ein Indiz dafür, daß die Klinge für eine Gedenkwaffe angefertigt wurde, die das Ende des Krieges gegen Napoleon und den Triumph Kaiser Alexanders I. thematisieren sollte.

Diese Klinge kann als frühe Zlatouster Arbeit gelten, da sie keinerlei Signaturen oder Marken der Meister trägt, die sie angefertigt haben. Die große Ähnlichkeit ihres Dekors und dessen Ausführung mit signierten Arbeiten der Schaafs (Z. O. 8013, Katalog-Nr. 31, oder Z. O. 6882, Katalog-Nr. 30) weist jedoch auch in diesem Falle auf deren mögliche Urheberschaft hin.

33
Degenklinge
Um 1822, Wilhelm Nikolaus Schaaf
und Wilhelm Ludwig Schaaf

Gesamtlänge mit Angel 95,7 cm
Inv.-Nr. Z. O. 8149
Provenienz: Petersburger Artilleriemuseum, 1958
Erstmalige Ausstellung und Veröffentlichung

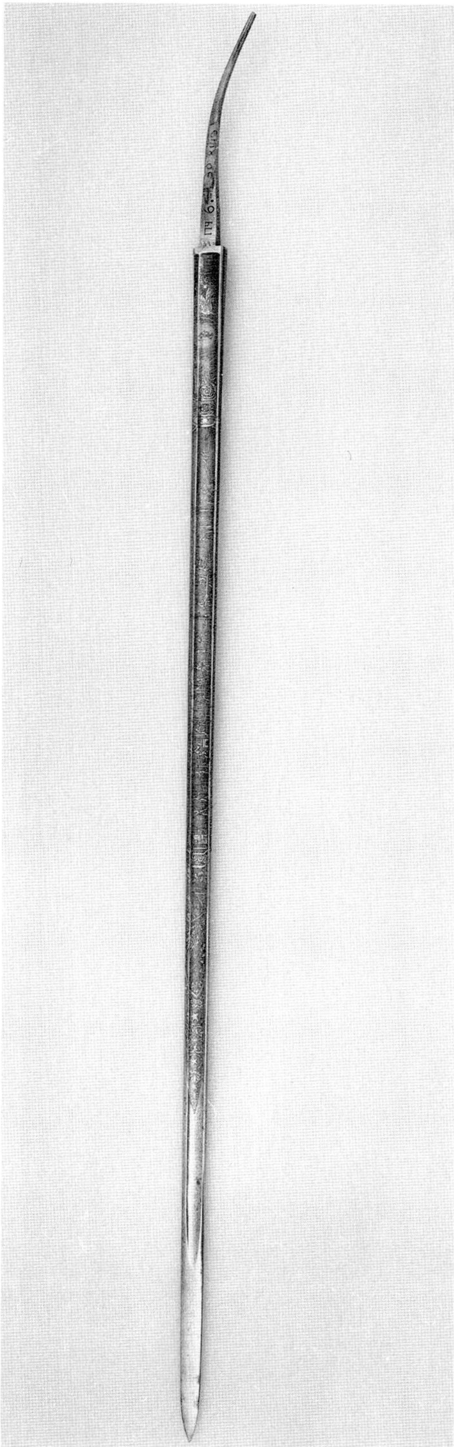

Den Klingenansatz ziert ein ornamentaler Rahmen, in dem sich das Haupt eines Kriegers mit antikem Helm, zwei Greifen, der Gott Hephäst, der eine Waffe schmiedet, und die Figur eines antiken Kriegers befinden, der das Monogramm »ДГ« (»DG«) auf einen Schild schreibt. Die übrige Fläche der Klinge zeigt beidseitig szenische Darstellungen der Waffenfertigung.

Der Klingenrücken trägt am Ansatz die Initialen »W. N. & W. L. S.«, die Inschrift »Златоустъ« (»Zlatoust«) und eine Girlande. In die Angel sind die Buchstaben »ПЧ« (»PTsch«), die Zahl »6« sowie ein Halbmond und ein Herz (?) eingeschlagen. In den Ansatz der Angel sind die lateinischen Buchstaben »G. G.« eingeschlagen.

Die Konfiguration der Klinge weist darauf hin, daß es sich um eine Offiziersextrawaffe der russischen Armee aus den ersten Jahrzehnten des 19. Jahrhunderts handelt.

Nicht nur das hohe künstlerische Niveau des Dekors machen diese Klinge interessant, sondern auch einige Details. Das betrifft insbesondere die Verwendung eines speziell von den Zlatouster Kunsthandwerkern entwickelten Motivs, nämlich die szenische Darstellung des Vorgangs der Waffenherstellung. Darüber hinaus ist sehr wahrscheinlich, daß das Monogramm auf dem Schild für den Vor- und Nachnamen des Besitzers, Fürst Dmitri Wladimirowitsch Golizyn (1771–1844), steht, der ein bekannter russischer Militär und Staatsmann sowie aktiver Teilnehmer des Krieges gegen Napoleon war. Im Historischen Museum (Moskau) befindet sich ein Degen D. W. Golizyns, dessen Klinge ähnlich der Klinge aus der Sammlung der Staatlichen Eremitage verziert ist (vgl. Denissowa, 221–222, Tafel 5). Die Initialen auf der Klinge sind recht eindeutig – sie gehören Wilhelm Nikolaus und Wilhelm Ludwig Schaaf; die Initialen am Klingenansatz stehen für Gottfried Grah. Die Buchstaben auf der Angel stellen vermutlich eine Abnahmemarke dar.

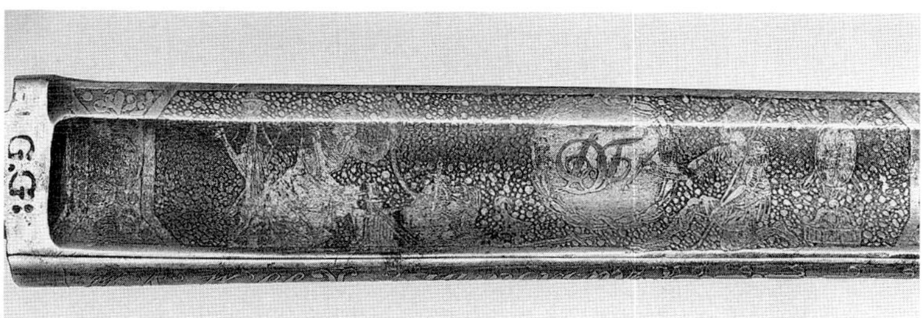

34

Degen

1822, Wilhelm Schaaf und Sohn

Gesamtlänge 107,5 cm, Klingenlänge 90,3 cm
Inv.-Nr. Z. O. 8369
Provenienz: Schenkung aus Privatbesitz, 1966
Erstmalige Ausstellung und Veröffentlichung

Die Klinge zeigt im oberen Drittel beidseitig Trophäen in einem ornamentalen Rahmen. Auf den ovalen Schilden in der Mitte der Komposition befinden sich das Monogramm »AI« und der russische Doppeladler.

Der Klingenrücken trägt am Gefäß die Initialen »W. S. u. S.« (»Wilhelm Schaaf und Sohn«) und die kursiv ausgeführte russische Inschrift »Златоустъ, 1822 года« (»Zlatoust, im Jahre 1822«).

Der Dekor der übrigen Klingenfläche zeigt ebenfalls auf beiden Seiten aneinandergereihte Kränze mit Ortsnamen, die den Europafeldzug der russischen Armee von 1813/14 markieren.

Das geschlossene Gefäß besteht aus vergoldeter Bronze; der Griff ist mit Messingdraht umwickelt. Die Scheide ist aus Lackleder und hat vergoldete Messingbeschläge.

Mit Degen dieses Typs waren in den zwanziger Jahren des 19. Jahrhunderts Infanterieoffiziere der russischen Armee bewaffnet. Der Dekor dieses Degens ist für Zlatouster Erzeugnisse aus dem ersten Viertel des 19. Jahrhunderts typisch und findet sich auch auf anderen Objekten wieder. In diesem Fall liegt eine große Ähnlichkeit mit einem Degen aus der Sammlung des Petersburger Artilleriemuseums vor (vgl. Abolskaja, Nr. 23). Auch diese Arbeit der beiden Schaafs zeichnet sich durch eine künstlerisch außerordentlich anspruchsvolle Ausführung aus.

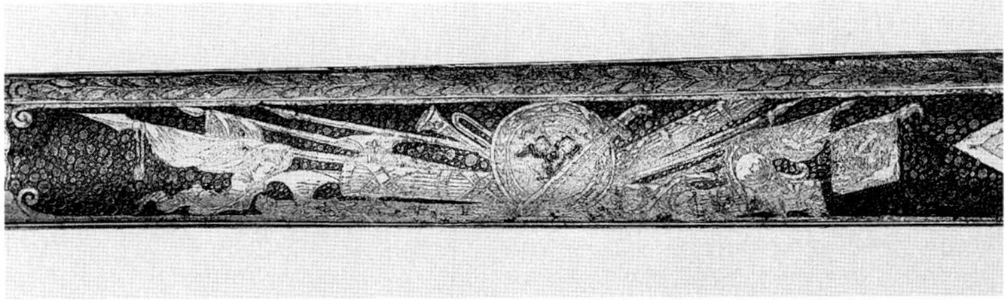

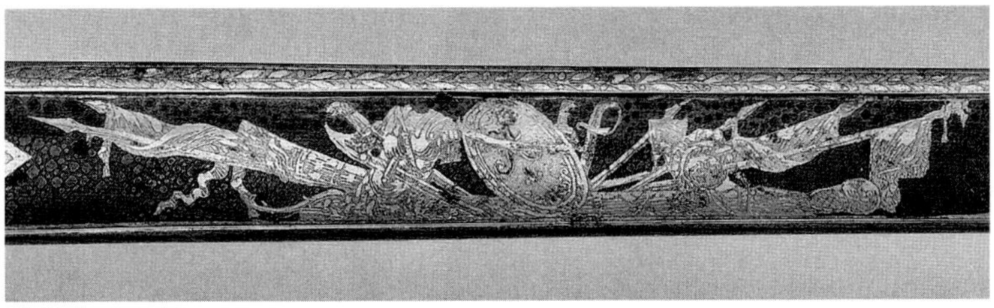

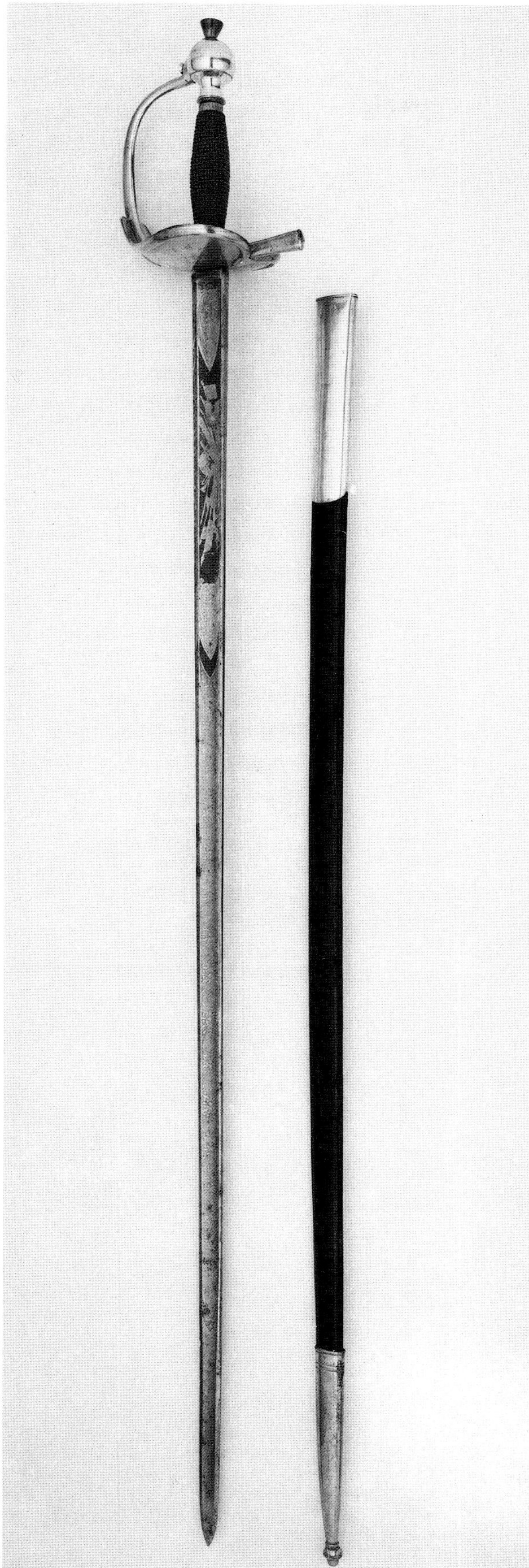

35
Säbel
1822, Wilhelm Schaaf und Sohn

Gesamtlänge mit Angel 93,5 cm,
Klingenlänge 81,1 cm
Inv.-Nr. Z. O. 7625
Provenienz: ehem. Arsenal von Zarskoje Selo, 1886
Ausstellungen: 1886–1915, Eremitage; 1981, Eremitage; 1988, Eremitage
Literatur: Lenz, 292, A-63; Miller, Metall, 42, Nr. 153; Miller, Waffen, 29, Nr. 4

Die Klinge ist über drei Viertel ihrer Länge vom Ansatz abwärts mit der Figur eines Mannes mit Waffen im Hintergrund, einer Figur mit einer Nike-Statuette, Trophäen, Doppeladlern, Greifen und prunkvoll gekleideten Kriegern in altertümlicher Wehr verziert. Am Klingenansatz befinden sich die Inschriften »W / m N / s. Schaaf U. Sohn« und »Златоустъ« (»Zlatoust«).

Das Gefäß und die Beschläge der mit Samt überzogenen Scheide sind aus poliertem und geschnittenem Stahl. Der Griff ist mit beinernen Plättchen eingelegt.

Dieser Säbel stellt nicht nur eine interessante Extrawaffe dar, deren Äußeres die typischen Merkmale einer Waffe aufweist, die in den ersten Jahrzehnten des 19. Jahrhunderts zur Ausrüstung der leichten Kavallerie der russischen Armee gehörte. Er ist eines der besten Werke der beiden Schaafs, die ihre ganzen Erfahrungen und ihr ganzes Können in die Fertigung dieser Waffe gelegt haben. Die einzelnen Motive des senkrecht angebrachten Dekors können gleichsam »gelesen« werden; in ihrer Gesamtheit sind sie eine eindrucksvolle Thematisierung des Krieges gegen Napoleon, des russischen Sieges und der Befreiung der Völker Europas. Nicht ohne Grund trägt eines der Kriegerbrustbildnisse die Züge Kaiser Alexanders I.

Ebenso hervorragend wie die künstlerische Gestaltung der Vorlage ist auch die handwerkliche Umsetzung. Hier haben die beiden Schaafs das gesamte reichhaltige Spektrum der Handwerkstechniken eingesetzt, für die Zlatoust berühmt war.

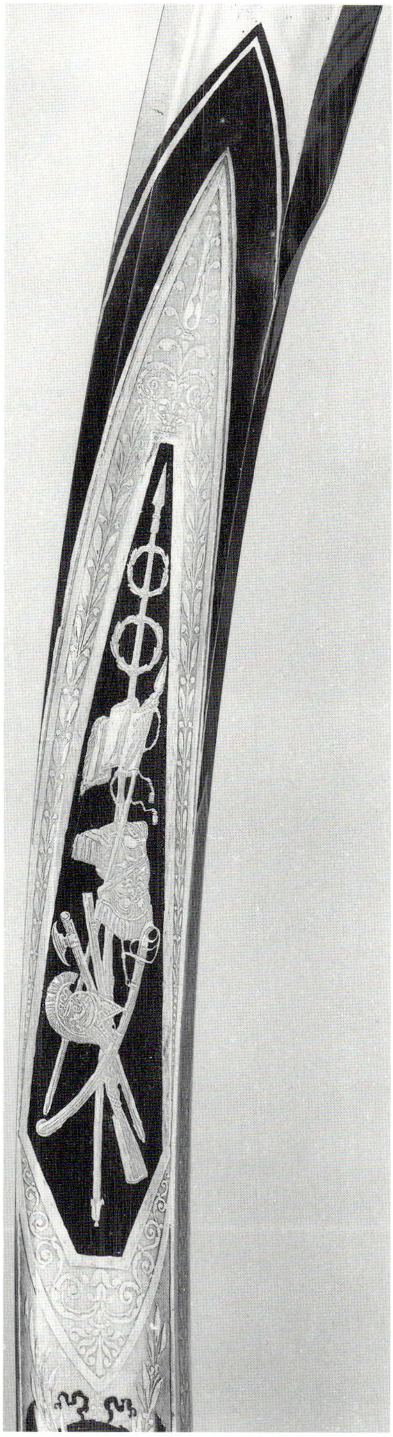

36

Säbel

1825, Sankt Petersburg,
Wilhelm Schaaf und Söhne

Gesamtlänge mit Angel 89 cm,
Klingenlänge 74 cm
Inv.-Nr. Z. O. 7027
Ausstellungen: 1886–1915, Eremitage
Literatur: Lenz, 292, A-62

Die oberen drei Viertel der Klinge zieren beidseitig waagerecht angeordnete geflügelte allegorische Figuren, die Kränze mit dem Monogramm »HI« (»NI«) und mit der Inschrift »1825 года 20 ноября« (»20. November 1825«) halten, Kränze mit Schwertern und Zeptern sowie gekreuzte Waffen und Lorbeerzweige. Der Klingenrücken trägt am Ansatz den russischen Doppeladler und die Inschrift »Шаафъ с сыновьями« (»Schaaf und Söhne«). Unter dem Mitteleisen befinden sich die eingeschlagenen Buchstaben »G. T.«, vermutlich die Initialen eines unbekannten Klingenschmieds.

Das Gefäß ist mit Maskaronen geschmückt; der Griff besteht aus geschnittenem Perlmutter. Die Scheide ist mit Samt überzogen und hat Stahlbeschläge, die mit einem stilisierten Ornament, Kränzen und Kriegerhäuptern verziert sind.

Konfiguration, Detailgestaltung und besonders die Üppigkeit des Dekors machen diesen Säbel zu einem herausragenden Exemplar nicht reglementierter Prunk- und Gedenkwaffen. Dennoch bleibt das orientalische (türkische) Vorbild dieses Objekts erkennbar, denn orientalische Waffen haben am Ende des 18. und in der ersten Hälfte des 19. Jahrhunderts einen direkten Einfluß auf die europäische Waffenschmiedekunst ausgeübt.

In der Gestaltung der einzelnen Motive, der Farbgebung, der technischen Umsetzung und sogar in den Signaturen der Urheber unterscheidet sich dieser Säbel durchaus von den Werken, die Wilhelm und Ludwig Schaaf früher in Zlatoust gefertigt haben. Aus diesem Grunde kann er als eine der ersten Waffen der Schaafs angesehen werden, die in Sankt Petersburg entstanden sind.

Anlaß für die Herstellung dieses vortrefflichen Stücks war die Krönung Kaiser Nikolaus' I., zu der die beiden Schaafs den Säbel dem neuen russischen Kaiser darbrachten.

Beim »Projektieren« (also Entwerfen) dieses Säbels haben sich die Schaafs offensichtlich von ihren eigenen früheren Arbeiten inspirieren lassen, denn er weist eindeutig Merkmale auf, die auch für den Säbel im Klingenmuseum Solingen und den Rosenborger Säbel typisch sind.

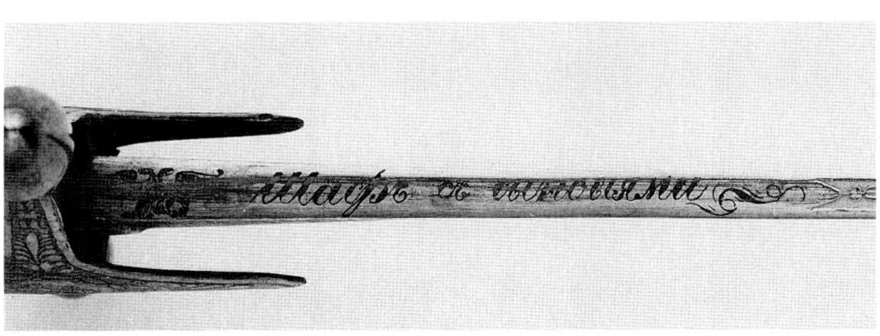

37
Degen
1825–1826, Sankt Petersburg,
Wilhelm Schaaf und Söhne

Gesamtlänge 96 cm, Klingenlänge 77 cm
Inv.-Nr. Z. O. 6920
Provenienz: Fürst G. N. Golizyn, 1921
Erstmalige Ausstellung
Literatur: Tarassjuk, Mitteilungen der Staatlichen Eremitage XXVIII, 6–9

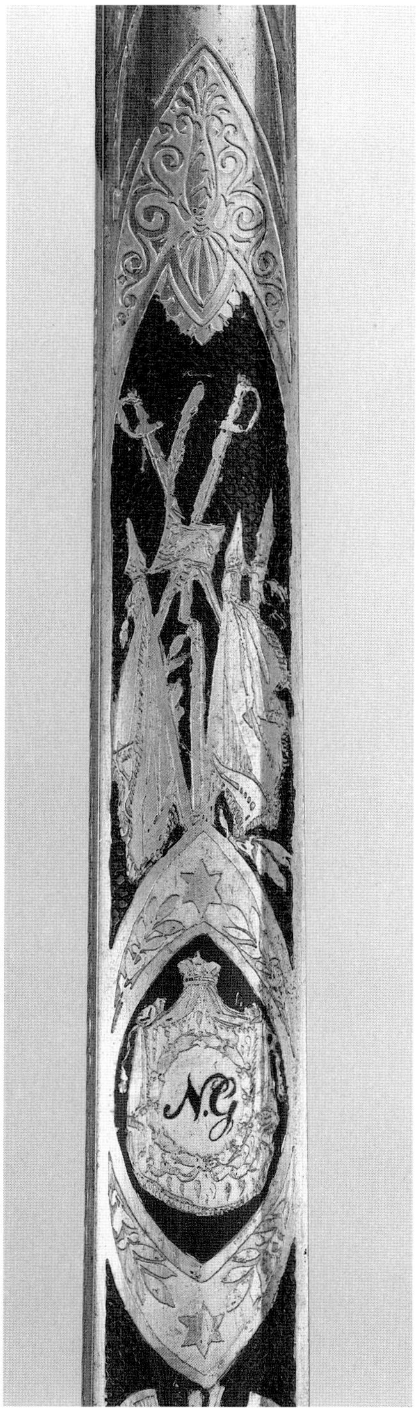

Die obere Klingenhälfte trägt beidseitig ein Wappen und das Monogramm »NG« mit Trophäen im Hintergrund.

Den oberen Klingenteil schmücken weiterhin Kränze, in denen Schlachten der russischen Armee im Krieg gegen Napoleon verzeichnet sind. Der Klingenrücken trägt am Gefäß einen eingravierten Adler und die Inschrift »Шаафъ с сыновьями въ С:Пбурге« (»Schaaf und Söhne in St. Petersburg«).

Das Gefäß besteht aus vergoldeter Bronze. In die Außenseite des Stichblatts sind die Ortsnamen der Schlachten und in die Innenseite die Inschrift »За храбрость« (»Für Tapferkeit«) sowie das Zeichen des Ordens der Hl. Anna eingraviert. Der Griff ist mit Draht umwickelt. Die Scheide ist mit schwarzem Lackleder überzogen und hat vergoldete Messingbeschläge.

Mit Degen von diesem Typ waren im ersten Viertel des 19. Jahrhunderts die Offiziere der Gardeinfanterie der russischen Armee ausgerüstet. Von besonderem Interesse ist seine dekorative Gestaltung, für die Motive und Techniken aus dem Zlatouster Repertoire der zwanziger Jahre verwendet wurden, die auch in den Petersburger Arbeiten der Schaafs nachwirkten.

Traditionelle Brünierung und Vergoldung für die Dekoration im oberen Teil der Klinge und Ätzung im unteren Teil der Klinge sorgen für die besonders gelungene Gestaltung dieses Stücks.

Dieser Degen ist aber auch deshalb interessant, weil er zunächst dem Fürsten N. B. Golizyn, einem bekannten Teilnehmer des Krieges gegen Napoleon, gehörte. Golizyn war später auf dem Gebiet der russischen Literatur und Musikkultur tätig und in diesem Zusammenhang nicht minder bekannt.

Bedenkt man, daß die Arbeiten W. Schaafs nach dem Umzug nach Sankt Petersburg ab 1825 belegt sind, und berücksichtigt man Einzelheiten des Lebensweges von N. B. Golizyn, so kann die Entstehungszeit dieser Waffe auf 1825–1826 eingegrenzt werden.

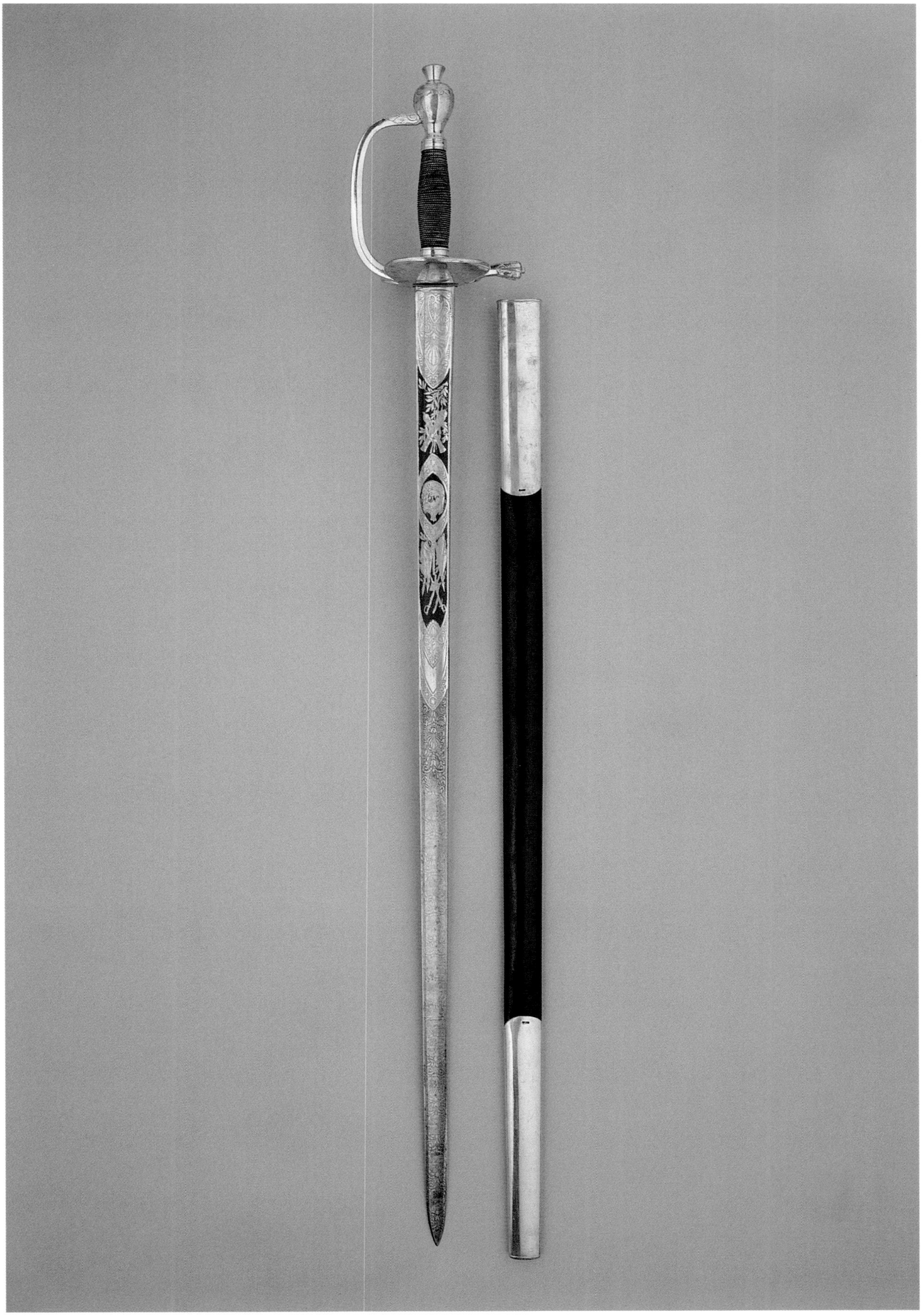

38
Degen
1826, Sankt Petersburg,
Wilhelm Schaaf und Söhne

Gesamtlänge 75 cm, Klingenlänge 66 cm
Inv.-Nr. Z. O. 1750
Provenienz: Bibliothek des Winterpalais, 1928
Erstmalige Ausstellung und Veröffentlichung

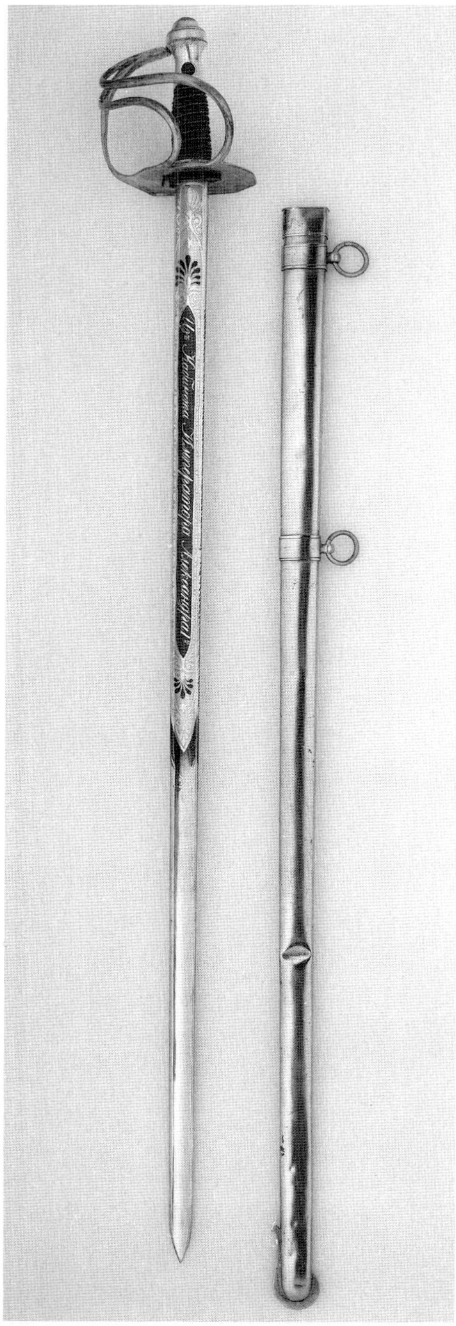

Die Klinge dieses Stückes zieren Kartuschen, die Inschriften tragen, und zwar auf der rechten Seite »Изъ Кабинета императора Александра I« (»Aus dem Arbeitszimmer Kaiser Alexanders I.« und auf der linken Seite »14го марта 1826 года« (»14. März des Jahres 1826«).

In den Klingenansatz sind die Buchstaben »RS« eingeschlagen, die möglicherweise für den Klingenschmied stehen. Der Klingenrücken trägt am Gefäß einen eingravierten Doppeladler und die kursiv ausgeführte Inschrift »Шаафъ с сыновьями въ С:Пбурге« (»Schaaf und Söhne in St. Petersburg«).

Das Gefäß besteht aus vergoldetem Messing, der Griff ist mit Leder überzogen und mit Kupferdraht umwickelt. Die Scheide ist aus poliertem glattem Stahl.

Dieser Degen ist eine Kinderwaffe und stellt in verkleinertem Maßstab eine Waffe dar, die im ersten Viertel des 19. Jahrhunderts zur Ausrüstung der Offiziere der russischen Dragonerregimenter gehörte. Sie ist unter der Bezeichnung »Modell 1806« bekannt.

Wilhelm Schaaf und seine Söhne haben die Klinge mit großer Meisterschaft in den besten Zlatouster Traditionen verziert, obwohl der Degen bereits in der Petersburger Schaffensperiode entstanden ist. Bestechend wirken nicht nur die Ausgewogenheit der Komposition und ihre vollendeten Proportionen, sondern auch die meisterhafte Beherrschung konventioneller dekorativer Techniken, vor allem die stilsicher eingesetzten Kontraste zwischen Vergoldung sowie glänzender und matter Brünierung. Im Gegensatz zu den in Zlatoust hergestellten Werken hat Wilhelm Schaaf seine Petersburger Stücke nicht nur signiert, sondern der Signatur auch noch den Doppeladler hinzugefügt.

Die Inschriften auf der Klinge lassen vermuten, daß der Degen bis zum 14. März 1826 im Arbeitszimmer Kaiser Alexanders I. (verstorben 1825) als Gedenkgegenstand aufbewahrt wurde.

Bislang konnte nicht geklärt werden, wem er gehört hat oder für wen er bestimmt war.

39

Säbel

1825–1826, Sankt Petersburg, Wilhelm Schaaf

Gesamtlänge 67 cm, Klingenlänge 53 cm
Inv.-Nr. Z. O. 6940
Herkunft noch nicht endgültig geklärt
Provenienz: Marmorpalais in Sankt Petersburg
Erstmalige Ausstellung und Veröffentlichung

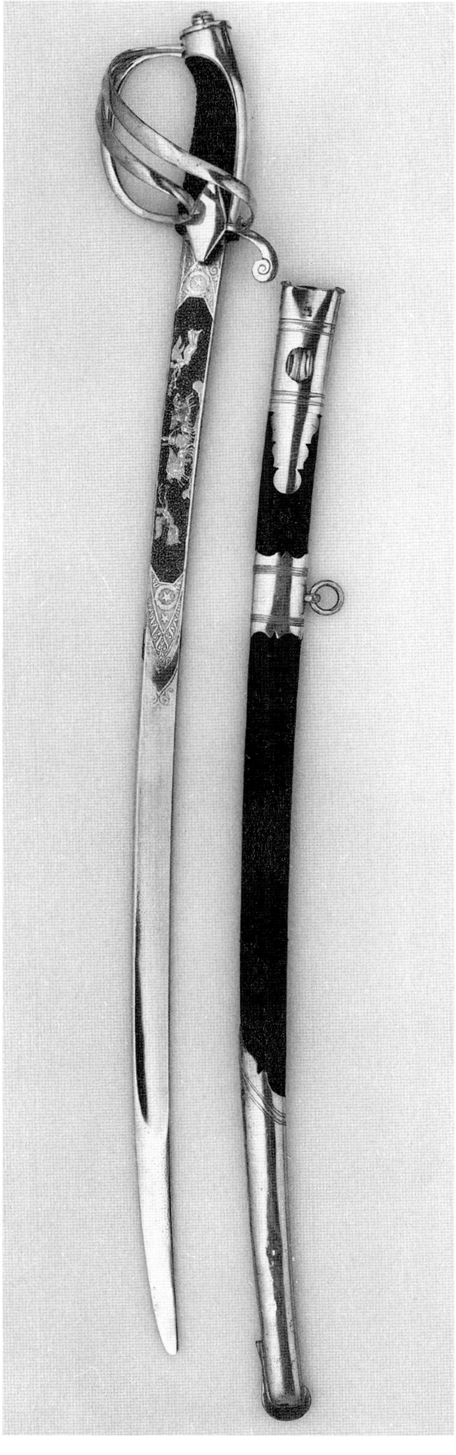

Die Klinge ist im oberen Drittel mit figürlichen Kartuschen verziert. In einer dieser Kartuschen befindet sich die kursiv ausgeführte Inschrift »За веру и Отечество« (»Für Gott und Vaterland«), in der anderen ein Streitwagen und zwei allegorische geflügelte Figuren mit Posaunen. Der Klingenrücken trägt am Ansatz die kursiv ausgeführte Inschrift »Шаафъ в С. П. Б.« (»Schaaf in S[ankt] P[eters]B[urg]«).

Das Gefäß besteht aus vergoldetem Messing, der Griff ist mit Leder überzogen und mit Draht umwickelt. Die Scheide ist aus schwarzem Lackleder, hat glatte, vergoldete Messingbeschläge.

Die Maße und die abgestumpfte Spitze der Klinge deuten darauf hin, daß es sich um einen Kindersäbel handelt, der eine bekannte Waffe nachahmt, die im ersten Viertel des 19. Jahrhunderts zur Ausrüstung der Offiziere der leichten Kavallerie der russischen Armee gehörte.

Da diese Waffe einem Kinderdegen (Katalog-Nr. 38) stark ähnelt, kann man davon ausgehen, daß es sich hierbei um eine von Schaafs frühen Petersburger Arbeiten handelt. Ihre kunsthandwerkliche Ausführung zeichnet sich durch hohe Meisterschaft aus und entspricht dem Zlatouster Stil des Meisters.

Für wen dieser Säbel bestimmt war, muß noch geklärt werden. Hierbei ist zu berücksichtigen, daß dieses Objekt sich im kaiserlichen Marmorpalais in Sankt Petersburg befunden hat, bevor es in die Eremitage gelangte.

40
Degenklinge
1825–1830, Sankt Petersburg,
Wilhelm Schaaf und Söhne

Gesamtlänge mit Angel 88 cm,
Klingenlänge 76,1 cm
Inv.-Nr. Z. O. 7011
Herkunft noch nicht endgültig geklärt
Erstmalige Ausstellung und Veröffentlichung

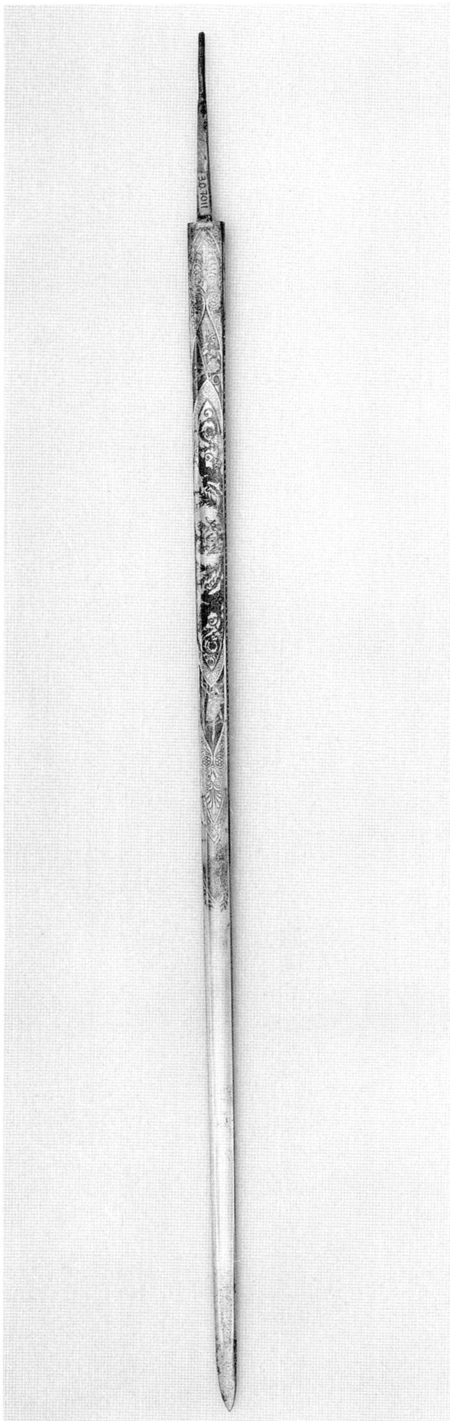

Die obere Klingenhälfte trägt beidseitig ornamentale Kartuschen, in denen sich ein Wappen, Greifen, Girlanden und Trophäen befinden. Der Klingenrücken trägt am Ansatz die kursiv ausgeführte Inschrift »Шаафъ с сыновьями« (»Schaaf und Söhne«). In die Seitenkante der Angel sind die Initialen »GB-HI« eingeschlagen, möglicherweise die Initialen des Klingenschmieds.

Konfiguration, Maße und Klingendekor weisen darauf hin, daß es sich um eine Prunk- oder Gedenkwaffe aus dem ersten Drittel des 19. Jahrhunderts handelt.

Für diese Datierung spricht auch die Signatur des Meisters, die für seine Petersburger Schaffensperiode typisch ist.

Der Dekor der Klinge folgt Zlatouster Traditionen und ist in Inhalt und Form meisterlich. Die einzelnen Motive, insbesondere die Greifen und Girlanden, die Form der ornamentalen Kartuschen und die Trophäen sind Wiederholungen früherer konventioneller Varianten.

Das Wappen im Dekor gehört dem alten Adelsgeschlecht Lewaschow. Berücksichtigt man die Entstehungszeit der Klinge, so kann vermutet werden, daß der Degen nur einem Angehörigen dieses Geschlechts gehört haben kann, nämlich dem Grafen Wassili Wassiljewitsch Lewaschow (1783–1848), einem bekannten russischen Militär und Staatsmann aus der ersten Hälfte des 19. Jahrhunderts.

41
Pallasch
1825–1830, Sankt Petersburg,
Wilhelm Schaaf und Söhne

Gesamtlänge 95 cm, Klingenlänge 83,1 cm
Inv.-Nr. Z. O. 2148
Herkunft noch nicht endgültig geklärt
In den Unterlagen des Arsenals seit 1936 als aus der ehemaligen Sammlung der Familie Mjatlew (Sankt Petersburg) stammend vermerkt
Erstmalige Ausstellung und Veröffentlichung

Die obere Klingenhälfte zeigt beidseitig allegorische Figuren und Kränze vor vegetabilen Hintergrundmotiven, Greifen und Girlanden, einen von Löwen gehaltenen Wappenschild und das umkränzte Monogramm »ПМ« (»PM«). Der Klingenrücken trägt am Gefäß einen eingravierten Doppeladler und die russische Inschrift »Шаафъ с сыновьями въ С. П.« (»Schaaf und Söhne in S[ankt] P[etersburg]«).

Das Gefäß besteht aus vergoldetem Messing, der Griff ist mit Leder überzogen und mit Draht umwickelt. Die Scheide fehlt.

Mit Pallaschen von diesem Typ waren im ersten Viertel des 19. Jahrhunderts die Offiziere der Garde-Kürassierregimenter der russischen Armee bewaffnet (sogenanntes »Modell 1826«).

Die aufwendigen Miniaturen in der oberen Klingenhälfte zeigen traditionelle Zlatouster Motive aus den ersten Jahrzehnten des 19. Jahrhunderts, also Greifen, Girlanden und Trophäen, die jedoch neuartig interpretiert werden. Obwohl diese Arbeit technisch vollkommen ist, steht sie doch hinter den früheren Zlatouster Werken des Meisters zurück.

Das im Dekor dargestellte Wappen und die Initialen »ПМ« (»PM«) bestimmen den Besitzer des Pallaschs. Es kann angenommen werden, daß es sich hierbei um einen Angehörigen der Adelsfamilie Mjatlew gehandelt hat.

42
Degenklinge
Um 1824 (?), Iwan Buschujew (?)

Gesamtlänge mit Angel 76,7 cm
Inv.-Nr. Z. O. 7017
Herkunft noch nicht endgültig geklärt
Wahrscheinliche Provenienz: ehem. Arsenal von Zarskoje Selo
Erstmalige Ausstellung

Die Klinge ist beidseitig mit einem stilisierten Ornament und szenischen Darstellungen der Waffenfertigung verziert. Der Klingenrücken trägt die Inschrift »Златоустъ« (»Zlatoust«), in den Ansatz sind die russischen Buchstaben »И. Б.« (»I. B.«) eingeschlagen; auf der Angel befinden sich die russischen Buchstaben »И. Р.« (»I. R.«) sowie die Zahl »4«.

Die Konfiguration der Klinge weist darauf hin, daß sie für einen Offiziersextradegen des ersten Viertels des 19. Jahrhunderts bestimmt war. Ihr Dekor ist exzellent ausgeführt und erinnert an die Verzierung des Säbels Z. O. 7023 (Katalog-Nr. 49), eine Arbeit von Iwan Buschujew. Betrachtet man die Buchstaben »И. Б.« (»I. B.«) als die Initialen dieses Meisters, die hier lediglich in ungewöhnlicher Form wiedergegeben sind, so steht er wohl als Urheber des Dekors fest.

Es kann davon ausgegangen werden, daß die Buchstaben »И. Р.« (»I. R.«) für den Namen Iwan Rebinin stehen, einer der besten Zlatouster Klingenschmiede, der von 1817 bis 1837 in der Waffenfabrik Zlatoust tätig war.

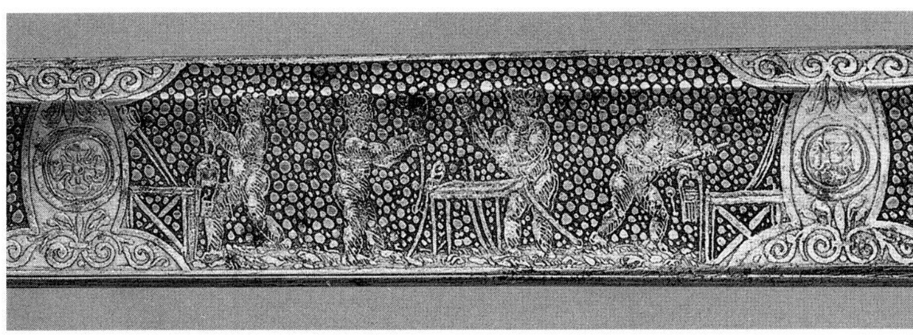

43
Degen
1824, Iwan Buschujew

Gesamtlänge 109,2 cm, Klingenlänge 90,1 cm
Inv.-Nr. Z. O. 6954
Herkunft noch nicht endgültig geklärt
Wahrscheinliche Provenienz: ehem. Arsenal von Zarskoje Selo
Ausstellungen: 1981, Eremitage; 1988, Eremitage
Literatur: Miller, Metall, 43, Nr. 155; Miller, Waffen, 34, Nr. 10

Die Klinge ist mit Kartuschen verziert. In diesen befinden sich allegorische Figuren, Armaturen, Doppeladler und Kränze mit Namen der Schauplätze von Schlachten des Krieges 1812–1814 und Ortsnamen, die den Europafeldzug der russischen Armee markieren. Im Klingenrücken eingraviert ist die Inschrift »И. Бушуевъ. Златоустъ 1824 года« (»I. Buschujew. Zlatoust im Jahre 1824«).

Das Gefäß besteht aus vergoldeter Bronze, die Scheide ist mit Leder überzogen und hat vergoldete Messingbeschläge.

Solche Degen gehörten im ersten Viertel des 19. Jahrhunderts zur Bewaffnung der Offiziere der russischen Infanterie. Für den Dekor verwendete Iwan Buschujew Motive, die im Schaffensprozeß der Zlatouster Meister jener Zeit entstanden waren. Ihre handwerkliche Umsetzung gelingt ihm jedoch besser als den anderen Meistern.

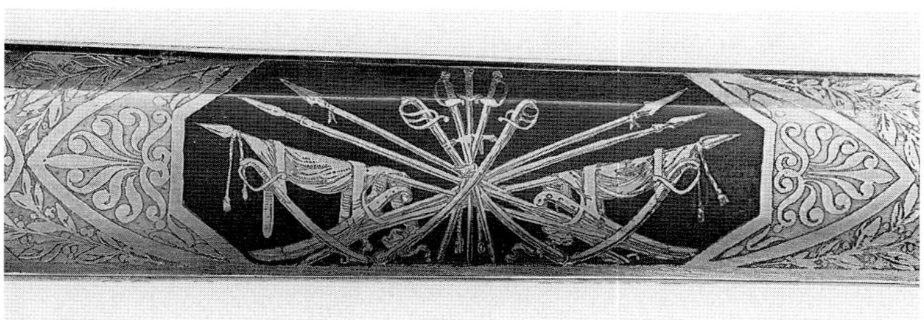

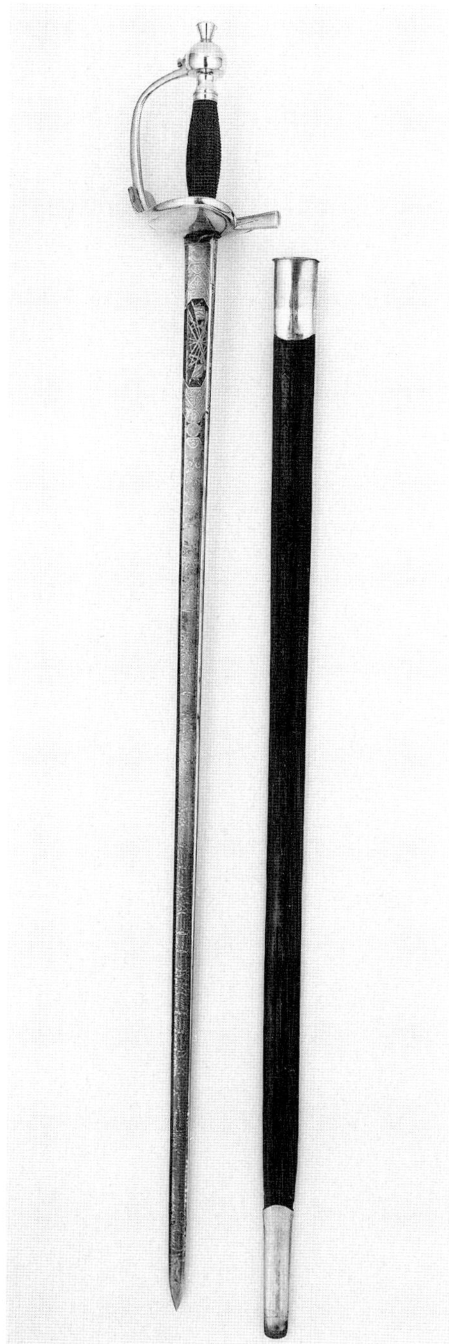

44
Säbel
1824, Iwan Buschujew (?)

Gesamtlänge 90 cm, Klingenlänge 77 cm
Inv.-Nr. Z. O. 6927
Bis 1888 im Arsenal von Zarskoje Selo, ab 1888 in der Eremitage
Erstmalige Ausstellung

Die Klinge zeigt Greifen und Trophäen in einem stilisierten Ornament. Der Klingenrücken trägt die Inschrift »Златоустъ 1824 года« (»Zlatoust im Jahre 1824«).

Das Gefäß und die Beschläge der mit Samt überzogenen Scheide bestehen aus poliertem Stahl. Der Griff ist mit beinernen Plättchen eingelegt.

Es handelt sich hierbei um eine Extrawaffe. Der Säbel war als besonderes Geschenk gedacht und ist dementsprechend verziert. Für den Dekor wurden die wichtigsten Techniken verwendet, die die Zlatouster Waffenschmiede und Kunsthandwerker beherrschten, was dem Säbel ein besonders festliches Aussehen verleiht.

Dieses Objekt trägt keinerlei Signaturen oder Initialen, die Aufschluß darüber geben, wer es gefertigt hat. Aber Anordnung und Wiedergabe der Motive auf der Klinge, einzelne Bestandteile des Ornaments sowie schließlich die Farbgebung weisen stilistische Besonderheiten auf, die stark an den Dekor des Säbels Z. O. 6895 (Katalog-Nr. 45) erinnern. Somit kann Iwan Buschujew als Urheber dieses Stückes gelten.

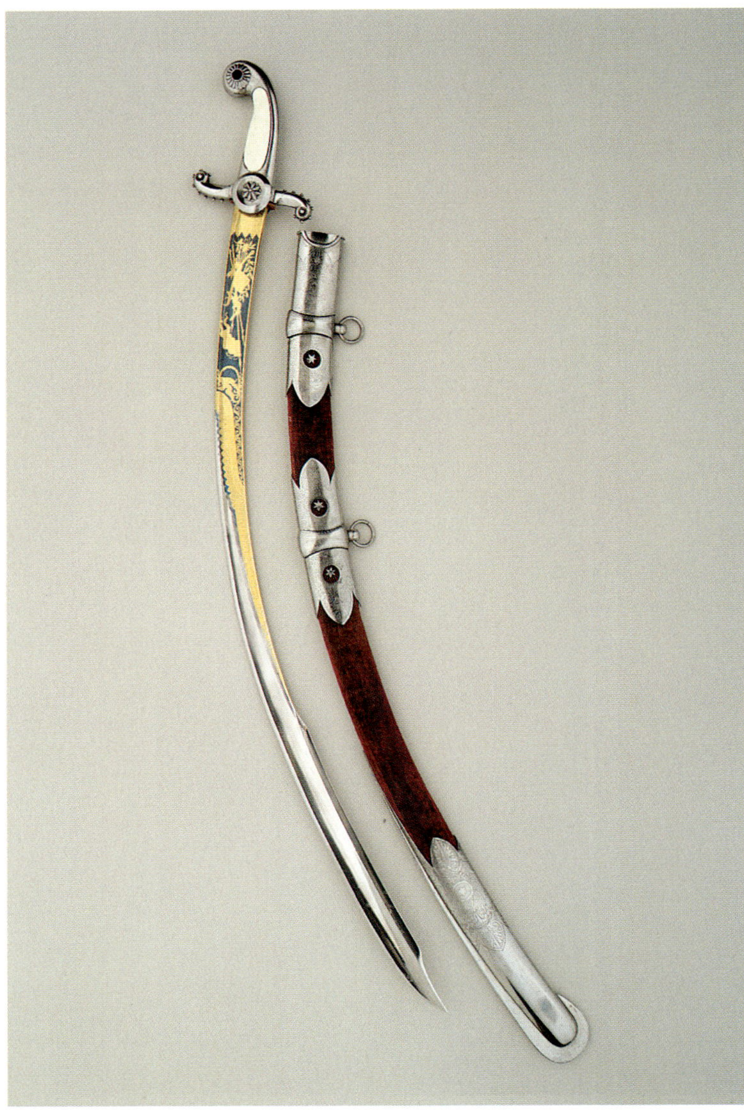

Die Klinge ist mit einem stilisierten Ornament und Armaturen verziert; der Klingenrücken trägt die russische Inschrift »И. Бушуевъ. Златоустъ 1824 года« (»I. Buschujew. Zlatoust im Jahre 1824«). Das abnehmbare Futteral der Klinge zieren Trophäen, Kränze, Girlanden und Arabesken. Die Inschrift auf dem Rücken des Futterals ist mit der Klingenrückeninschrift identisch.

Das Gefäß und die Beschläge der mit Samt überzogenen Scheide bestehen aus poliertem und mit einem Ornament verziertem Stahl. Der Griff ist aus geschnitztem Bein.

Dieser Säbel ist eine vortreffliche Prunkwaffe, die sich eng an orientalische Vorbilder anlehnt. Für den Dekor hat der Meister nahezu alle verfügbaren dekorativen Techniken eingesetzt. So ist es ihm gelungen, ein beeindruckendes Werk der Waffenschmiedekunst zu schaffen und nicht nur seine Meisterschaft im Verzieren von Waffen, sondern auch sein technisches Können unter Beweis zu stellen, indem er für die Klinge ein spezielles, perfekt an ihre Form angepaßtes Futteral anfertigte. Diese interessante Gestaltungsweise ist sehr selten.

Dieses ungewöhnliche technische Detail blieb lange unerkannt; es wurde erst vor wenigen Jahren entdeckt, als man den Säbel für eine Ausstellung vorbereitete.

Es ist nicht auszuschließen, daß dieser Säbel, der Iwan Buschujews Vielseitigkeit und Kunstfertigkeit so eindrucksvoll belegt, zu den Geschenken gehörte, die für Kaiser Alexander I. anläßlich seines Besuchs in Zlatoust angefertigt wurden.

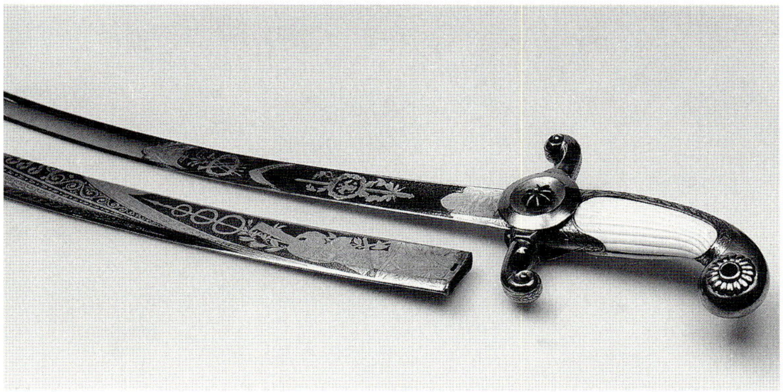

45

Säbel

1824, Iwan Buschujew

Gesamtlänge 92,5 cm, Klingenlänge 79 cm
Inv.-Nr. Z. O. 6895
Seit 1863 im Arsenal von Zarskoje Selo, ab 1888 in der Eremitage
Ausstellungen: 1888–1915, Eremitage; 1988, Eremitage; 1990, Malbork, Polen
Literatur: Lenz, 292, A-340; Tarassuk, JAAS, 214; Miller, Waffen, 32, Nr. 11

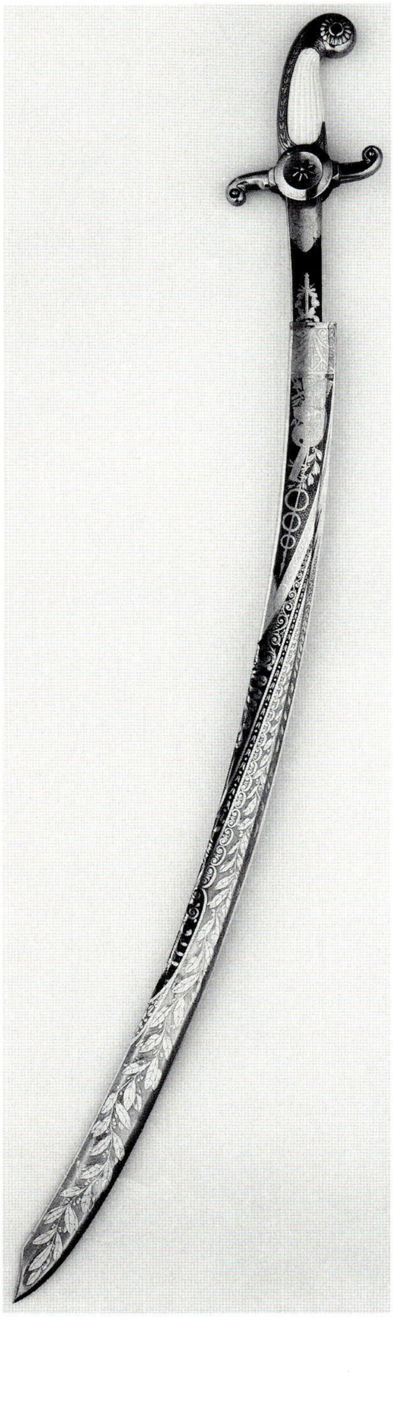

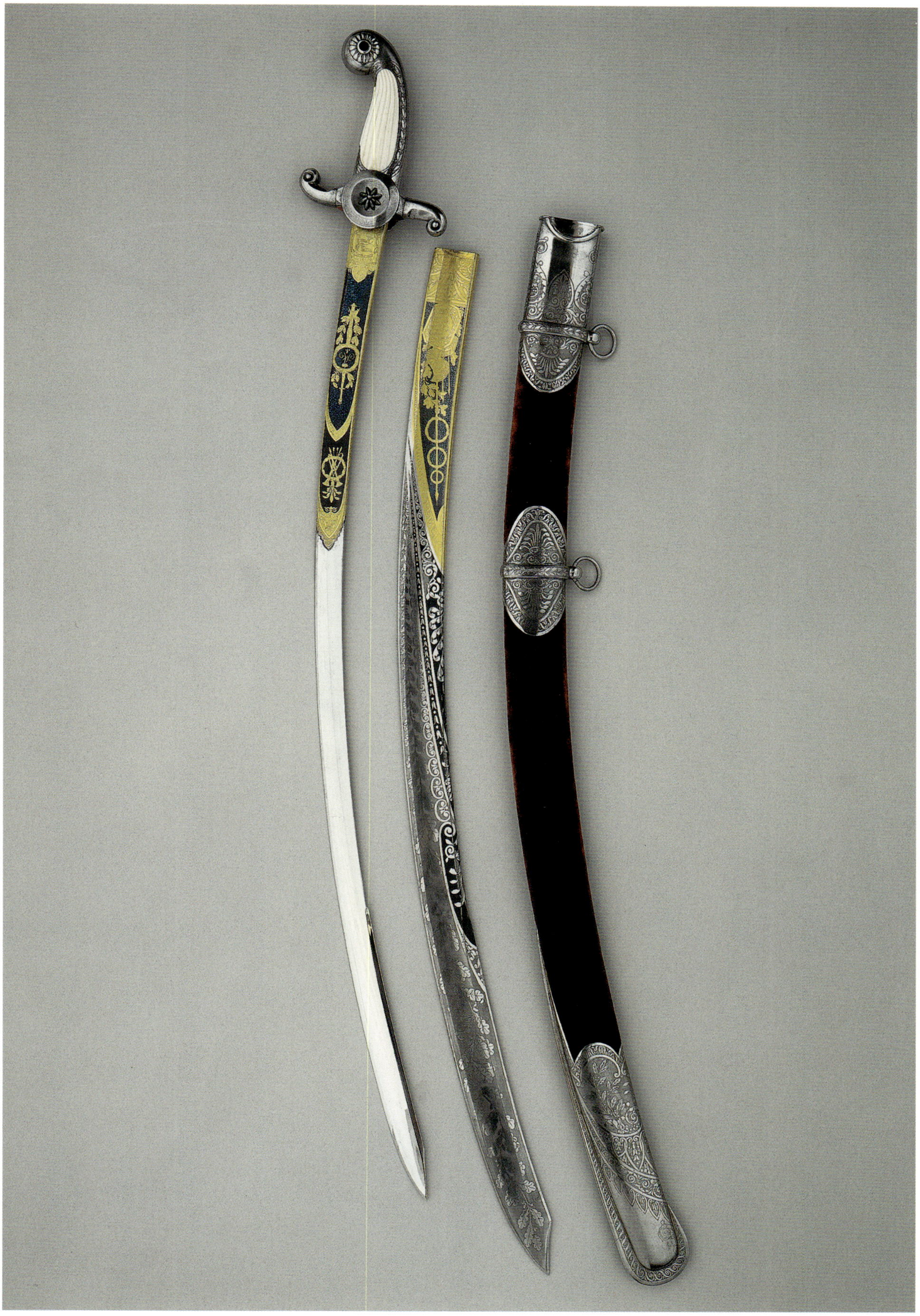

46
Säbel
1824, Iwan Buschujew

Gesamtlänge 96 cm, Klingenlänge 81 cm
Inv.-Nr. Z. O. 7029
Provenienz: ehem. Arsenal von Zarskoje Selo
Ausstellungen: 1888–1915, Eremitage;
1988, Eremitage
Literatur: Lenz, 292–293, A-341;
Miller, Waffen, 34, Nr. 14

Die Klinge zieren ornamentale Kartuschen mit antiken Kriegern, Trophäen und Kränzen. Der Klingenrücken trägt die Inschrift »Златоустъ 1824 года« (»Zlatoust im Jahre 1824«).

Das Gefäß und die mit Samt überzogene Scheide bestehen aus poliertem Stahl. Der Griff ist mit Bein eingelegt.

Die Formvollendung, Üppigkeit und Vielfalt des Dekors sowie besonders die meisterhaft ausgeführten Miniaturgravuren auf der Klinge des Säbels machen dieses Objekt zu einer der besten Arbeiten von Iwan Buschujew. Der Dekor läßt darauf schließen, daß es sich um eine Prunkwaffe handelt. Diese Waffe wurde mit einigen anderen Kaiser Alexander I. überreicht, als er im Jahre 1824 Zlatoust einen Besuch abstattete.

Form und Inhalt des Dekors dieser Waffe thematisieren nicht nur den Sieg über Napoleon, sondern auch die Rolle, die Kaiser Alexander I. für den Ausgang des Krieges gespielt hat. Nicht zufällig trägt einer der Krieger auf der Klinge seine Züge.

47
Säbel
1824, Iwan Buschujew

Gesamtlänge 103,5 cm, Klingenlänge 87 cm
Inv.-Nr. Z. O. 7626
Provenienz: ehem. Arsenal von Zarskoje Selo
Ausstellungen: 1886–1915, Eremitage;
1988, Eremitage
Literatur: Lenz, 293, A-337; Miller, Waffen, 33, Nr. 12

Die Klinge zieren das Monogramm »AI«, ein Doppeladler, Kränze, Bänder und szenische Darstellungen einer Schlacht zwischen russischen und französischen Truppen. Der Klingenrücken trägt die Inschrift »И. Бушуевъ. Златоустъ 1824 года« (»I. Buschujew. Zlatoust im Jahre 1824«). In den Klingenansatz sind unter dem Mitteleisen die Buchstaben »G. Grah« eingeschlagen, die für Gottfried Grah stehen.

Der russischen Doppeladler und die Göttin Nike mit einem Kranz bilden das Gefäß aus vergoldeter Bronze. Der Griff ist aus geschnitztem Elfenbein. Die Scheide hat Stahlbeschläge, die mit Ornamenten verziert sind, und ist mit Bein eingelegt. An ihrem Mundstück befindet sich die Figur eines geflügelten Drachens.

Vorlage und Umsetzung des Dekors dieser Klinge sind außerordentlich anspruchsvoll. Die meisterhafte Gravur erzählt eine Episode aus dem Vaterländischen Krieg 1812–1814. Das entspricht auch der Gesamtkonzeption dieses Stücks, die den Sieg der russischen Waffen über Napoleon thematisiert. Der prächtige Dekor macht diese Waffe zu einer der besten Leistungen von Iwan Buschujew. Es handelt sich um eine Extrawaffe, die Kaiser Alexander I. 1824 anläßlich seines Besuchs in Zlatoust überreicht wurde. Vor ihrer Übergabe an das Arsenal von Zarskoje Selo im Jahre 1863 befand sie sich im Arbeitszimmer des Kaisers im Petersburger Winterpalais.

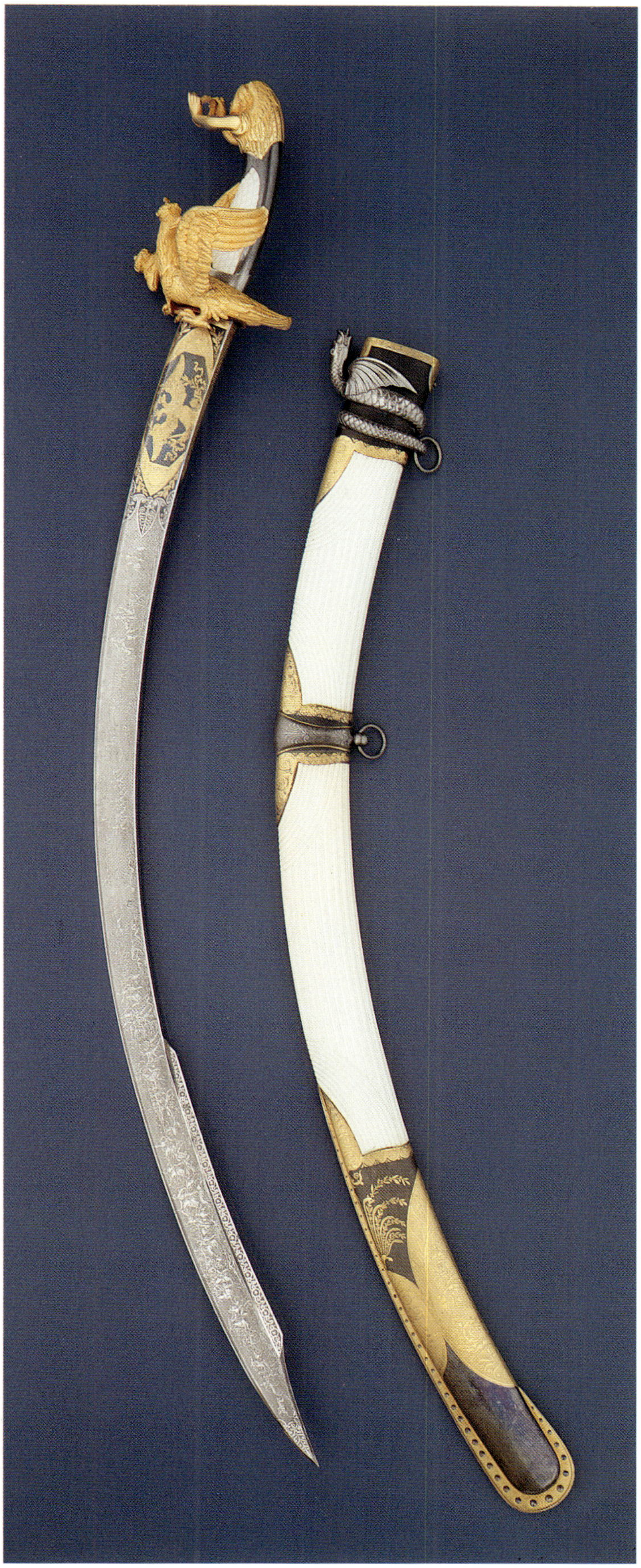

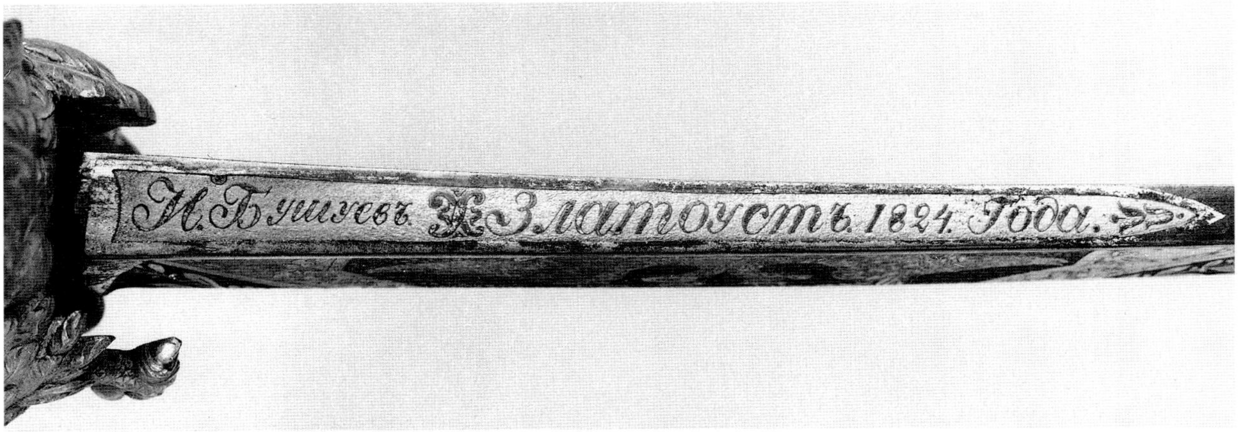
И. Бушуевъ Златоустъ 1824. Года.

48
Säbel
1824, Iwan Buschujew

Gesamtlänge 94 cm, Klingenlänge 77,5 cm
Inv.-Nr. Z. O. 7026
Provenienz: ehem. Arsenal von Zarskoje Selo
Ausstellungen: 1886–1915, Eremitage; 1981, Eremitage; 1983, Helsinki, Finnland; 1984–1985, Dresden, DDR; 1988, Eremitage; 1990, Malbork, Polen
Literatur: Lenz, 292, A-339; Miller, Metall, 43, Nr. 154; Miller, Asemestareiden, 20, Nr. 42; Miller, Prunkwaffen, Nr. 42; Miller, Waffen, 34, Nr. 15; Miller, Orež, 54, Nr. 108

Die Klinge zeigt im oberen Drittel allegorische Figuren – einen sitzenden antiken Krieger mit der Figur der Göttin Nike in der Hand, einen Waffenschmied beim Schmieden eines Helms und von Greifen in ornamentalen Kartuschen. Im unteren Drittel trägt die Klinge Inschriften, und zwar auf einer Seite »За веру и Отечество« (»Für Gott und Vaterland«) und »Златоустъ 1824 года« (»Zlatoust im Jahre 1824«) auf der anderen. Außerdem ziert sie das umkränzte Monogramm »AI« und das russische Staatswappen. Der Klingenrücken trägt die Inschrift »И. Бушуевъ. Златоустъ 1824 года« (»I. Buschujew. Zlatoust im Jahre 1824«).

Das Gefäß besteht aus poliertem und mit Ornamenten verziertem Stahl und trägt Maskaronen aus Bronze in der Form des Hauptes der Medusa. Der Griff ist aus geschnitztem Holz; sein Knauf aus getriebener und vergoldeter Bronze hat die Form eines Löwenkopfes. Die Scheide ist mit Samt überzogen und hat polierte und geschnittene Stahlbeschläge.

Dieser Säbel unterscheidet sich von den anderen Zlatouster Werken und insbesondere Buschujews Paradesäbeln, die Kaiser Alexander I. 1824 überreicht wurden, nicht nur durch den betont üppigen und vielfältigen Dekor, sondern auch durch seine originelle Form, für die der Meister einen bekannten orientalischen (türkischen) Säbeltyp schöpferisch verarbeitet hat. Die allegorischen Figuren auf der Klinge thematisieren in symbolischer Form den Krieg gegen Napoleon, seinen Verlauf und sein siegreiches Ende.

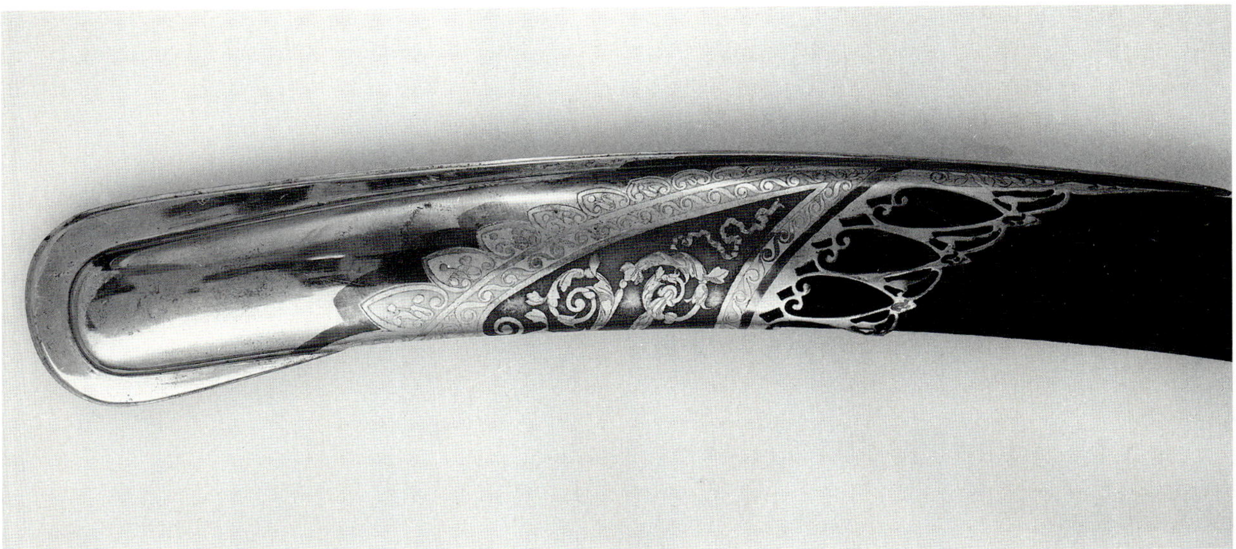

49
Säbel
1824, Iwan Buschujew

Gesamtlänge 97,4 cm, Klingenlänge 82,2 cm
Inv.-Nr. Z. O. 7023
Provenienz: ehem. Arsenal von Zarskoje Selo
Ausstellungen: 1886–1888, ehem. Arsenal von Zarskoje Selo, seit 1888 Eremitage
Literatur: Lenz, 292–293, A-338; Miller, Waffen, 33–34, Nr. 13

Die Klinge zeigt szenische Darstellungen der Blankwaffenfertigung. Der Klingenrücken trägt die Inschrift »И. Бушуевъ. Златоустъ 1824 года« (»I. Buschujew. Zlatoust im Jahre 1824«).

Das Gefäß besteht aus poliertem Stahl und ist mit einem stilisierten vegetabilen Ornament verziert. Der Griff aus geschnitztem Bein hat einen Knauf aus getriebener und vergoldeter Bronze, der das Haupt des Herakles darstellt. Die Scheide ist mit Samt überzogen und hat geschnittene und vergoldete Beschläge aus Stahl und Bronze.

Iwan Buschujew hat sich von der Bestimmung dieses Stücks als Prunkwaffe leiten lassen und der farblichen Gestaltung des Dekors besondere Aufmerksamkeit geschenkt. Hierbei setzte er die wirkungsvolle und für Zlatoust traditionelle Brünierung ein, die er mit der nicht minder beliebten Vergoldung kombinierte. Als Sujet für den Dekor hat er Szenen ausgewählt, die die Herstellung von Waffen zeigen. Dieses Sujet findet sich ausschließlich im Schaffen der Zlatouster Waffenschmiede. Das künstlerische Niveau, auf dem Buschujew diese Szenen ausgeführt hat, ist jedoch wesentlich höher als das der anderen Kunsthandwerker.

Dieser Säbel gehörte zu jenen, die Kaiser Alexander I. 1824 anläßlich seines Besuchs in Zlatoust überreicht wurden. Bis 1863 befand er sich im Arbeitszimmer des Kaisers im Petersburger Winterpalais.

50
Dolch
1825, Iwan Buschujew

Gesamtlänge 37 cm, Klingenlänge 22,8 cm
Inv.-Nr. Z. O. 7686
Herkunft noch nicht endgültig geklärt
Ausstellungen: 1988, Eremitage
Literatur: Miller, Waffen, 35, Nr. 16

Die Klinge zieren der Gott Hephäst beim Schmieden einer Waffe, das umkränzte Monogramm »C. T.« (»S. T.«) sowie eine Picke und ein Hammer, die sich kreuzen und von einem ornamentalen Rahmen umgeben sind. Der Klingenrücken trägt die Inschrift »И. Бушуевъ. Златоустъ 1825 года« (»I. Buschujew. Zlatoust im Jahre 1825«).

Der Griff besteht aus geschnitztem Ebenholz. Die Beschläge des Griffs und der mit Samt überzogenen Scheide sind aus Stahl und mit einem vergoldeten Ornament verziert.

Dieser Dolch ist eine von Buschujews frühen Jagdwaffen. Er hat ihn einem türkischen Dolch, dem sogenannten Jatagan, nachgebildet, wobei er die Umrisse des Griffs ein wenig veränderte und auf die üblicherweise S-förmig gekrümmte Klinge verzichtete. Im Dekor folgte er dem traditionellen Zlatouster Stil, indem er auf einer Seite der Klinge die allegorische Figur des Hephäst und auf der anderen Seite das Monogramm des Besitzers beziehungsweise Bestellers darstellte. Interessanterweise hat Iwan Buschujew Arbeitsgerätschaften in den Dekor aufgenommen, die unmittelbar zur Waffenherstellung gehören, nämlich einen Hammer und eine Picke.

Der Erhaltungszustand des Dolchs läßt erkennen, daß er häufig benutzt wurde, weshalb man sich sein ursprüngliches Aussehen nicht ganz genau vorstellen kann. Aber die für den Dekor verwendeten Techniken – Politur, Vergoldung und Brünierung – lassen dieses Objekt auch heute noch attraktiv und festlich aussehen.

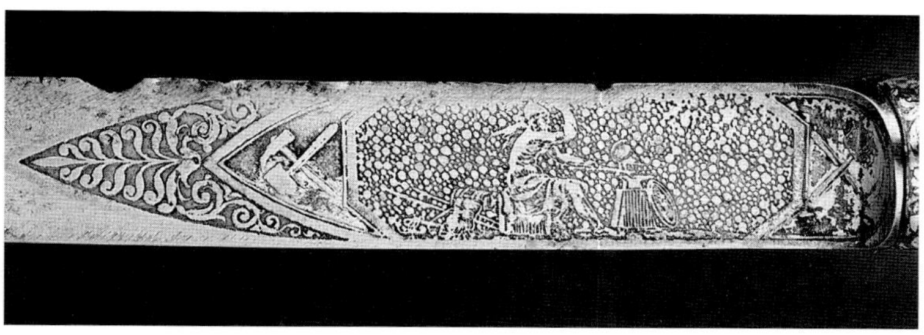

51

Jagdmesser

Um 1825 (?), Iwan Buschujew (?)

Gesamtlänge 34,2 cm, Klingenlänge 22 cm
Inv.-Nr. Z. O. 1592
Provenienz: ehem. Sammlung von I. P. Batschmanow, 1925
Ausstellungen: 1981, Eremitage; 1981, Plowdiw, Bulgarien; 1983, Helsinki, Finnland; 1984/85, Dresden, DDR; 1988, Eremitage; 1990, Malbork, Polen; 1996, Hørsholm, Dänemark
Literatur: Miller, Metall, 43, Nr. 156; Miller, Asemestareiden, 20, Nr. 43; Miller, Prunkwaffen, Nr. 83; Miller, Orež, 54, Nr. 109; Miller, Masterpieces, 79, Nr. 37

Die Klinge zieren ein stilisiertes vegetabiles Ornament sowie zwei Jäger, einer davon sitzend, und ein Hund. Der Griff besteht aus poliertem farbigem Stein. Die Scheide ist mit Samt überzogen, die Beschläge sind aus geschnittenem und vergoldetem Stahl.

Die Konfiguration dieses Messers erinnert an orientalische Vorbilder und besticht durch die hervorragende Verarbeitung der Klinge. Diese schmücken im Einklang mit der Bestimmung des Stücks die Darstellungen zweier Jäger, die von einer erfolgreichen Jagd heimkehren und unter einem Baum rasten. Die klare und sichere Zeichnung, die selbst die kleinsten Details wiedergibt, der meisterhafte Einsatz von (glänzender und matter) Brünierung und Vergoldung lassen trotz fehlender Signatur erkennen, daß es sich um die Arbeit eines der führenden Zlatouster Waffenschmiede und Kunsthandwerker handelt. Einige Elemente des Ornaments und des Stils der kunsthandwerklichen Ausführung sprechen dafür, daß es sich dabei um Iwan Buschujew handelt.

52

Modell eines Säbels
1827, Iwan Buschujew

Gesamtlänge 38 cm, Klingenlänge 32 cm
Inv.-Nr. Z. O. 4662
Provenienz: ehem. Arsenal von Zarskoje Selo
Ausstellungen: 1985, Eremitage; 1988, Eremitage
Literatur: Miller, Kinderwaffen, 5–6; Miller, Waffen, 36, Nr. 18

Die Klinge ist mit antiken Kriegern und Trophäen verziert. Der Klingenrücken trägt die Inschrift »И. Бушуевъ. Златоустъ 1827 года« (»I. Buschujew. Zlatoust im Jahre 1827«). Der Griff besteht aus vergoldetem und poliertem Messing, die Scheide aus poliertem Stahl.

Dieses von Iwan Buschujew mit großer Sorgfalt angefertigte Modell gibt in verkleinerter Form einen Offizierskavalleriesäbel wieder, der im ersten Viertel des 19. Jahrhunderts zur Bewaffnung der russischen Armee gehörte.

Nur Iwan Buschujew, ein unübertroffener Meister der Miniaturgravur, war in der Lage, die Klinge mit einer traditionellen, aber stark verkleinerten Komposition zu verzieren. Dieses Modell war das letzte Stück der Musterserie, die das sogenannte »Technische Kabinett« bildete.

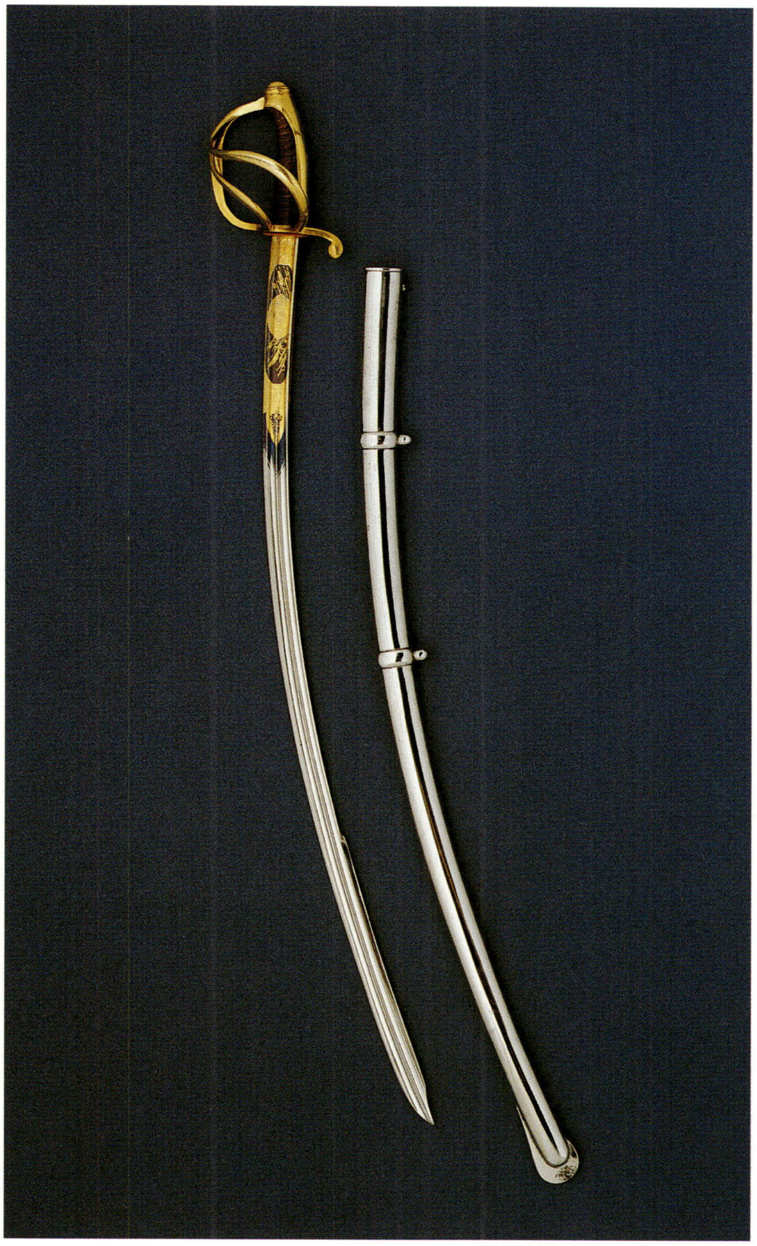

53

Modell einer Degenklinge

1827, Iwan Buschujew

Gesamtlänge 41,2 cm
Inv.-Nr. Z. O. 8633
Wahrscheinliche Provenienz: ehem. Arsenal von Zarskoje Selo
Erstmalige Ausstellung und Veröffentlichung

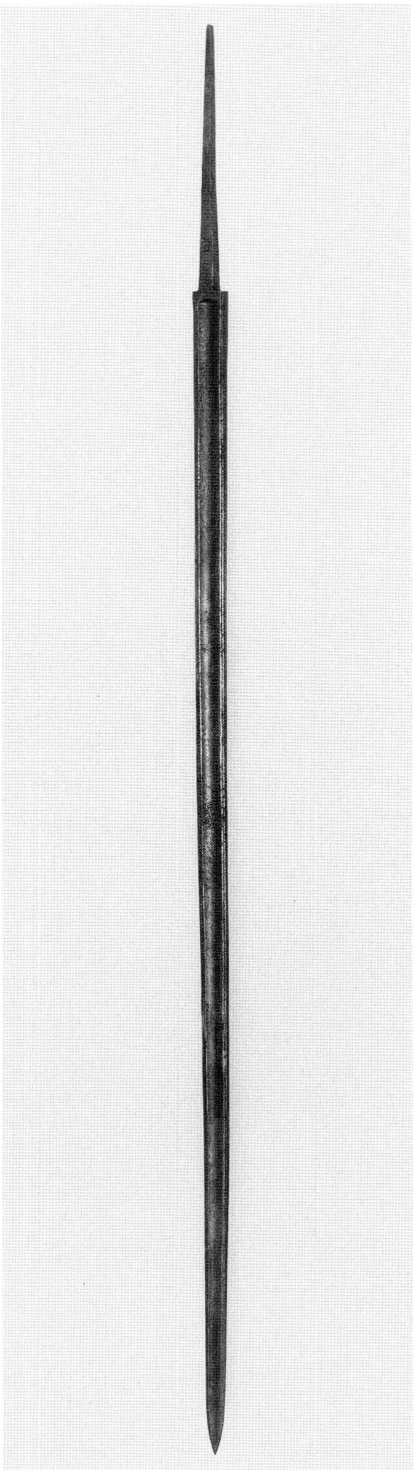

Die gerade Klinge trägt am Ansatz längliche Halbkartuschen, in denen sich ein Ornament im Empirestil befindet. Der Klingenrücken trägt am Ansatz die kursiv eingravierte Inschrift »И. Бушуевъ. Златоустъ. 1827 года« (»I. Buschujew. Zlatoust. Im Jahre 1827«). In den Ansatz sind die Initialen »KWG« eingeschlagen; auf der Angel befinden sich die Buchstaben »ПУ« (»PU«).

Dieses kleine Objekt ist die maßstabgetreue Nachbildung der Klinge eines Degens, der im ersten Viertel des 19. Jahrhunderts zur Bewaffnung der Offiziere der russischen Armee gehörte. Die Buchstaben »KWG« stehen für den Vor- und Nachnamen von Karl W. Grah; der erste der beiden russischen Buchstaben, das »П« (»P«), ist höchstwahrscheinlich eine Art Abnahmemarke (vom deutschen Wort »probieren«).

Dieses von Iwan Buschujew angefertigte Klingenmodell ist Bestandteil der Serie von Modellen und Werkzeugen, die zum »Technischen Kabinett« gehörten.

54

Modell eines Degens

1827, Iwan Buschujew

Gesamtlänge 39,7 cm
Inv.-Nr. Z. O. 8638
Herkunft noch nicht endgültig geklärt
Wahrscheinliche Provenienz: ehem. Arsenal von Zarskoje Selo
Erstmalige Ausstellung und Veröffentlichung

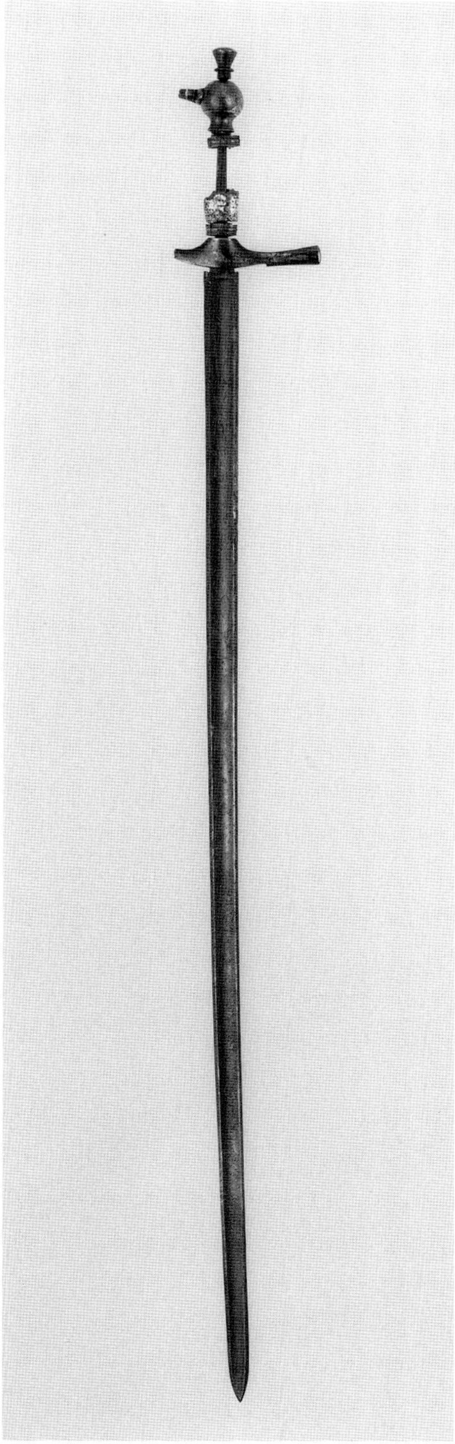

Die gerade Klinge zieren am Ansatz eingravierte Armaturen und ein Ornament im Empirestil. Der Klingenrücken trägt die kursiv eingravierte Inschrift »И. Бушуевъ. Златоустъ. 1827 года« (»I. Buschujew. Zlatoust. Im Jahre 1827«). In den Ansatz sind die Buchstaben »G GRA« eingeschlagen, die für den Vor- und Nachnamen von Gottfried Grah stehen.

Das Gefäß besteht aus vergoldetem Silber und ist unvollständig; erhalten sind ein Teil des Mitteleisens, der Knauf und ein Teil der silbernen Einlage des Griffs.

Wie im Falle der vorgenannten Arbeiten stellt dieses Objekt das verkleinerte Modell eines Degens dar, der im ersten Viertel des 19. Jahrhunderts zur Bewaffnung der Offiziere der russischen Armee gehörte. Auch bei der Anfertigung dieses Modells hat Iwan Buschujew bewiesen, daß er ein vortrefflicher Miniaturist ist, der nicht nur das technisch anspruchsvolle Original wiedergeben, sondern auch die Klinge mit einer hochfeinen Gravur verzieren kann.

Dieses Modell gehörte zum »Technischen Kabinett«.

55
Modell eines Degens
1827, Iwan Buschujew

Gesamtlänge 39,8 cm
Inv.-Nr. Z. O. 1626
Herkunft noch nicht endgültig geklärt
Wahrscheinliche Provenienz: ehem. Arsenal von Zarskoje Selo
Erstmalige Ausstellung und Veröffentlichung

Die gerade Klinge zieren am Ansatz Waffen, Musikinstrumente, Wimpel und ein Ornament im Empirestil. Der Klingenrücken trägt am Ansatz die kursiv eingravierte Inschrift »И. Бушуевъ. Златоустъ. 1827 года« (»I. Buschujew. Zlatoust. Im Jahre 1827«). In den Ansatz sind die Buchstaben »G. GRA« eingeschlagen. Das Gefäß besteht aus gelbem Messing und ist unvollständig; erhalten sind nur das Stichblatt, der Bügel und das Ringband des Griffs.

Es handelt sich hierbei um die kleine Kopie eines Degens, der im ersten Viertel des 19. Jahrhunderts zur Bewaffnung der Offiziere der russischen Armee gehörte. Iwan Buschujew hat dieses Objekt, wie einige andere auch, signiert und erneut seine Meisterschaft in der Fertigung von Miniaturwaffen unter Beweis gestellt. Dieses Modell ereilte dasselbe Schicksal wie die anderen Objekte des »Technischen Kabinetts«, darum kann man das hochfeine Ornament, das einst die Klinge auf brüniertem und vergoldetem Grund schmückte, unter den Brandspuren und Zunderflecken kaum erkennen.

Die Buchstaben auf dem Klingenansatz stehen für den Namen von Gottfried Grah.

56
Modell eines Pallaschs
1827, Iwan Buschujew

Gesamtlänge 39,5 cm, Klingenlänge 34 cm
Inv.-Nr. Z. O. 7970
Herkunft noch nicht endgültig geklärt
Wahrscheinliche Provenienz: ehem. Arsenal von Zarskoje Selo
Erstmalige Ausstellung und Veröffentlichung

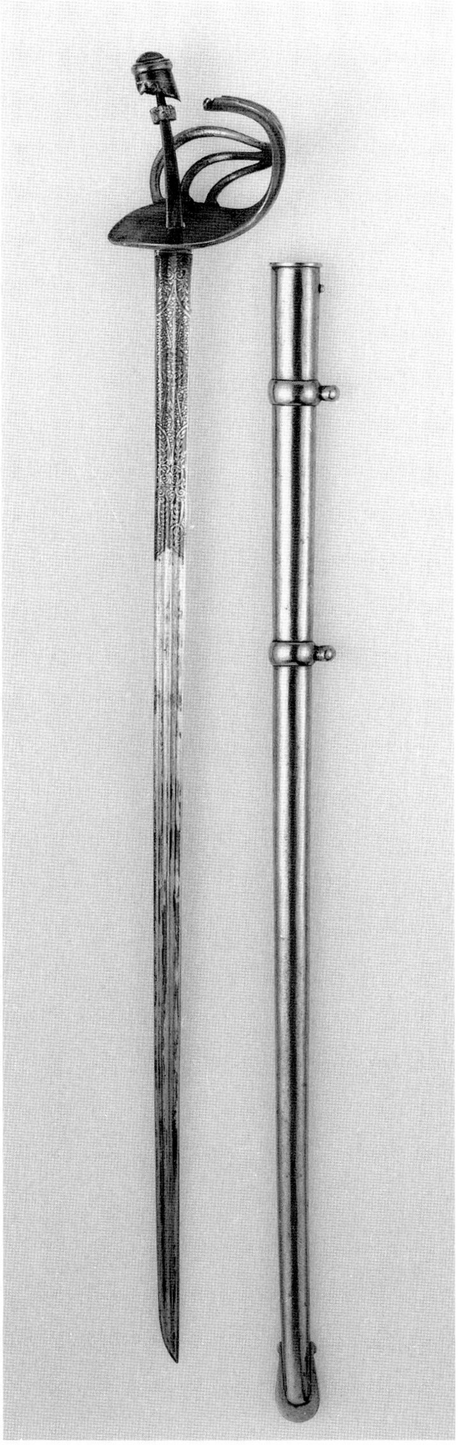

Die gerade Klinge trägt im oberen Drittel beidseitig ein anspruchsvolles stilisiertes Ornament sowie gravierte und geätzte Maskaronen vor gekreuzten Speeren und Wimpeln auf einem Grund, dessen Ätzung die Struktur von Fischleder (das sogenannte Galuchat) nachahmt. In den Klingenrücken ist die Inschrift »И. Бушуевъ. Златоустъ. 1827 года« (»I. Buschujew. Zlatoust. Im Jahre 1827«) eingeätzt. In den Klingenansatz sind die Buchstaben »A. G.« eingeschlagen. Das Gefäß besteht aus gelbem Messing und ist unvollständig; erhalten sind das Stichblatt, der Knauf und das Ringband des Griffs. Die Scheide ist aus glattem Stahl und hat zwei Ringe für das Portepee.

Dieses verkleinerte Modell zeigt den Kürassierpallasch Modell 1826, eine bekannte Blankwaffe, die im ersten Viertel des 19. Jahrhunderts zur Bewaffnung der Offiziere der russischen Armee gehörte. Um den Dekor dieser Miniatur etwas abwechslungsreicher zu gestalten, hat Iwan Buschujew die anspruchsvolle Komposition, die die Klinge schmückt, auf einem schwarzen Grund angebracht.

Gleich den anderen Gegenständen aus dem »Technischen Kabinett« war auch dieses Modell dem Feuer ausgesetzt, dem der hölzerne und mit Leder überzogene Griff zum Opfer fiel.

Es ist nicht auszuschließen, daß die Initialen »A. G.« A. Grah gehören, obwohl dieser Meister auf das Schleifen und Polieren von Klingen spezialisiert, also ein Schwertfeger war.

57
Modell eines Pallaschs
1827, Iwan Buschujew (?)

Gesamtlänge 43 cm
Inv.-Nr. Z. O. 1625
Herkunft noch nicht endgültig geklärt
Wahrscheinliche Provenienz: ehem. Arsenal von Zarskoje Selo
Erstmalige Ausstellung und Veröffentlichung

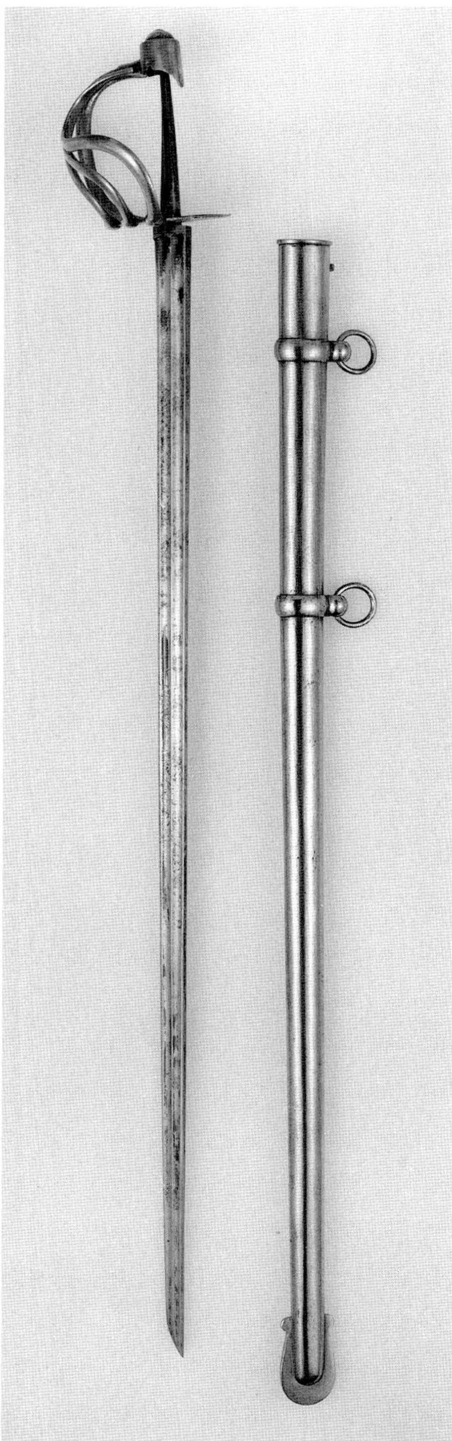

Die Klinge ist aus poliertem Stahl, gerade und glatt. In den Klingenrücken ist am Ansatz die Inschrift »Златоустъ. июня 1827 года« (»Zlatoust. Im Juni des Jahres 1827«) eingeschlagen. Der Ansatz trägt die Buchstaben »G. GRA«, auf der Angel befindet sich die Zahl »14«.

Das Gefäß besteht aus gelbem Messing und ist unvollständig; der hölzerne Griff wurde vernichtet. Die Scheide ist aus poliertem Stahl und hat zwei Ringe für das Portepee.

Dieses Modell, das zum »Technischen Kabinett« gehörte, ist die außerordentlich präzise Kopie des Kürassierpallaschs für Offiziere Modell 1826, einer typischen russischen Blankwaffe aus dem ersten Viertel des 19. Jahrhunderts. Es wurde bei dem Brand gleichfalls beschädigt, weist aber einen besseren Erhaltungszustand auf als die anderen Objekte. Die Klinge ist nicht signiert, was möglicherweise dadurch bedingt ist, daß sie nicht verziert werden sollte. Trotzdem steht Iwan Buschujew zweifelsfrei als Urheber fest. Interessant ist die Datumsangabe, da sie nicht nur das Jahr, sondern auch den Monat angibt, in dem das Objekt entstanden ist.

Die Klinge ist aus poliertem, brüniertem und glattem Stahl; in den Klingenrücken ist die Inschrift »Златоустъ. Июня 1827 года« (»Zlatoust. Im Juni des Jahres 1827«) eingeätzt. In den Klingenansatz sind die Buchstaben »G. GR.« (Gottfried Grah) eingeschlagen, auf der Angel befindet sich der eingeschlagene Buchstabe »Ч« (»Tsch«). Vom Gefäß ist nur der Knauf aus gelbem Messing erhalten.

Die Scheide ist aus poliertem Stahl und hat zwei Ringe für das Portepee.

Dieses verkleinerte Modell stellt den Kavalleriesäbel für Offiziere Modell 1817, eine im ersten Viertel des 19. Jahrhunderts verbreitete russische Blankwaffe, dar. Allem Anschein nach hatte Iwan Buschujew keine Dekoration der Klinge vorgesehen, sonst würde sein Name neben dem Datum und der traditionellen Angabe des Herstellungsorts stehen.

58

Modell eines Säbels

1827

Gesamtlänge 40,6 cm, Klingenlänge 33,1 cm
Inv.-Nr. Z. O. 1627
Herkunft noch nicht endgültig geklärt
Wahrscheinliche Provenienz: ehem. Arsenal von Zarskoje Selo
Erstmalige Ausstellung und Veröffentlichung

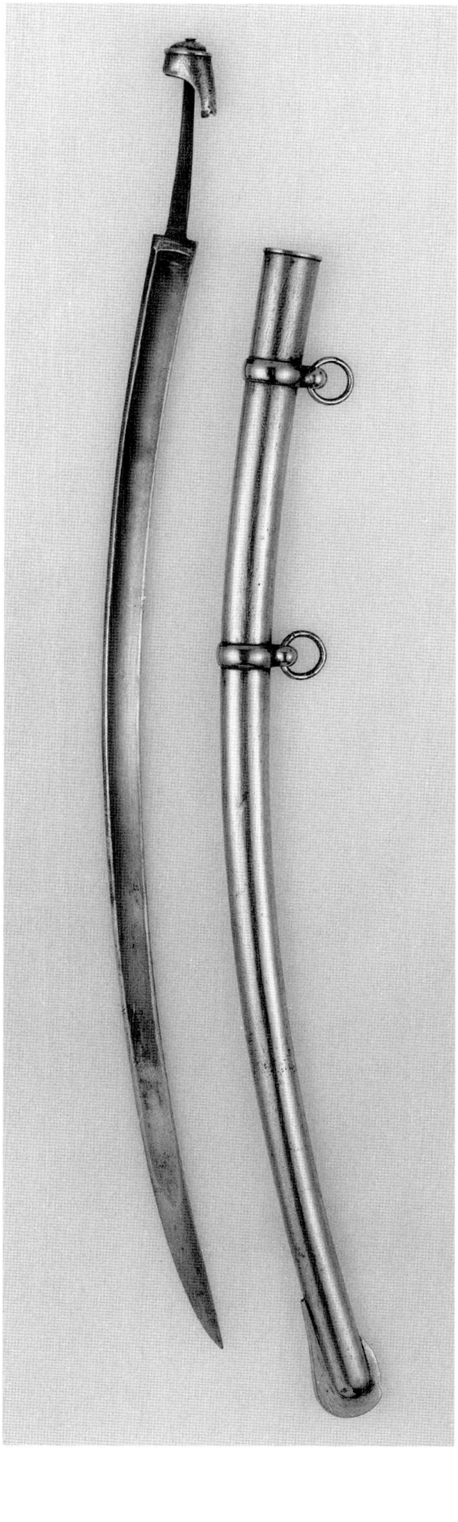

59
Modell einer Degenklinge
1827

Gesamtlänge 39,7 cm
Inv.-Nr. Z. O. 8634
Herkunft noch nicht endgültig geklärt
Wahrscheinliche Provenienz: ehem. Arsenal von Zarskoje Selo
Erstmalige Ausstellung und Veröffentlichung

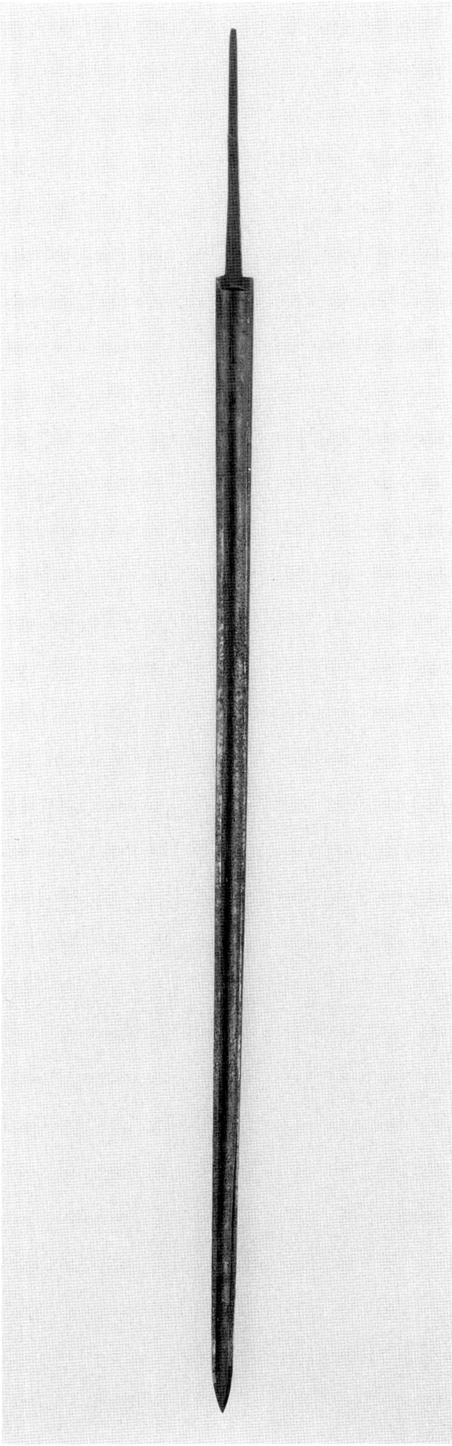

Die Klinge ist gerade und glatt; in den Klingenrücken ist die kursiv ausgeführte Inschrift »Златоустъ. 1827 года« (»Zlatoust. Im Jahre 1827«) eingraviert. In den Klingenansatz sind die Initialen »KWG« eingeschlagen, die für Karl W. Grah stehen. In die Angel ist eine unleserliche, aus den Buchstaben »ПУ« (»PU«) (?) bestehende Marke eingeschlagen.

Das Modell gibt in verkleinerter Form die typologischen Besonderheiten wieder, die den Klingen von Offiziersdegen eigen waren, die im ersten Viertel des 19. Jahrhunderts zur Bewaffnung der russischen Armee gehörten.

Die deutlichen Zunderspuren auf der Oberfläche weisen darauf hin, daß die Klinge zum »Technischen Kabinett« gehörte und starkem Feuer ausgesetzt war.

60
Modell einer Degenklinge
1827

Gesamtlänge 41,1 cm
Inv.-Nr. Z. O. 8635
Herkunft noch nicht endgültig geklärt
Wahrscheinliche Provenienz: ehem. Arsenal von Zarskoje Selo
Erstmalige Ausstellung und Veröffentlichung

Die Klinge ist gerade und glatt; in den Klingenrücken ist die kursiv ausgeführte Inschrift »Златоустъ. 1827 года« (»Zlatoust. Im Jahre 1827«) eingraviert. In den Klingenansatz sind die Initialen »KWG« eingeschlagen, die für Karl W. Grah stehen. In die Angel sind Marken eingeschlagen, die als »ПУ« (»PU«) (?) gelesen werden können.

Dieses Modell entspricht dem vorhergehenden (Katalog-Nr. 59) und gehörte zum »Technischen Kabinett«, wovon der Zunder auf der Oberfläche des Metalls zeugt.

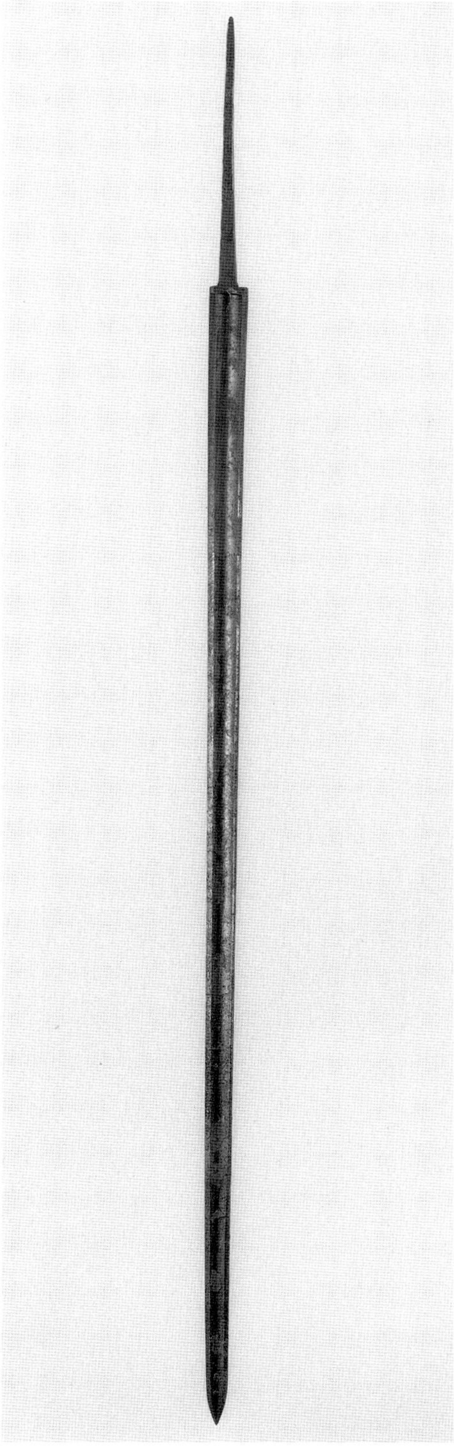

61
Modell einer Säbelklinge
1827

Gesamtlänge 41 cm
Inv.-Nr. Z. O. 2803
Herkunft noch nicht endgültig geklärt
Wahrscheinliche Provenienz: ehem. Arsenal von Zarskoje Selo
Erstmalige Ausstellung und Veröffentlichung

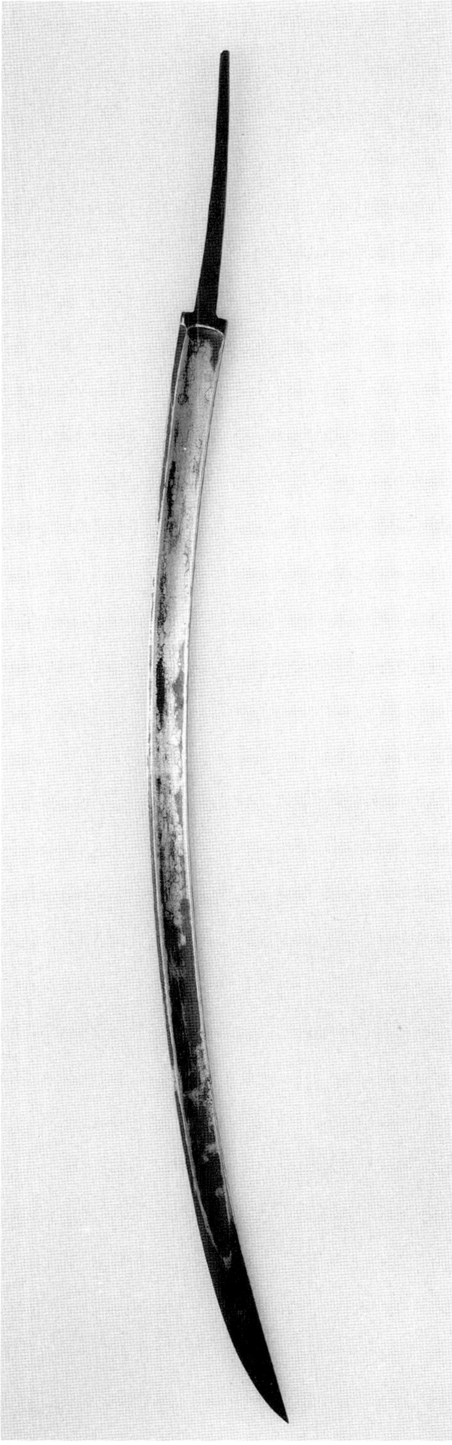

Die Klinge ist glatt; auf dem Klingenrücken befindet sich am Ansatz die eingravierte Inschrift »Златоустъ. 1827 года« (»Zlatoust. Im Jahre 1827«). In den Klingenansatz sind die Initialen »KWG« eingeschlagen, die für Karl W. Grah stehen. In die Angel ist die deutlich lesbare Marke »ПУ« (»PU«) in einem Rechteck eingeschlagen.

Dieses Modell ist die verkleinerte Kopie der Klinge von Kavallerieoffizierssäbeln, die im ersten Viertel des 19. Jahrhunderts zur Bewaffnung der russischen Armee (Husarenregimenter) gehörten. Es befand sich gleichfalls im »Technischen Kabinett«, scheint jedoch in geringerem Maße als die anderen der Einwirkung des Feuers ausgesetzt gewesen zu sein, da das Stück fast nicht deformiert und nur die Oberfläche des Metalls mit Zunder bedeckt ist.

62
Modell einer Säbelklinge
1827

Gesamtlänge 40,2 cm
Inv.-Nr. Z. O. 2802
Herkunft noch nicht endgültig geklärt
Wahrscheinliche Provenienz: ehem. Arsenal von Zarskoje Selo
Erstmalige Ausstellung und Veröffentlichung

Die Klinge ist glatt; in den Klingenrücken ist die russische Inschrift »Златоустъ. 1827 года« (»Zlatoust. Im Jahre 1827«) eingraviert. In die Angel sind die Marken »K. W. 6« und »K« eingeschlagen.

Das Modell ist die Nachbildung der Klinge eines Offizierssäbels, der im ersten Viertel des 19. Jahrhunderts zur Bewaffnung der russischen Armee (Husarenregimenter) gehörte. Dieses Objekt stammt aus dem »Technischen Kabinett«.

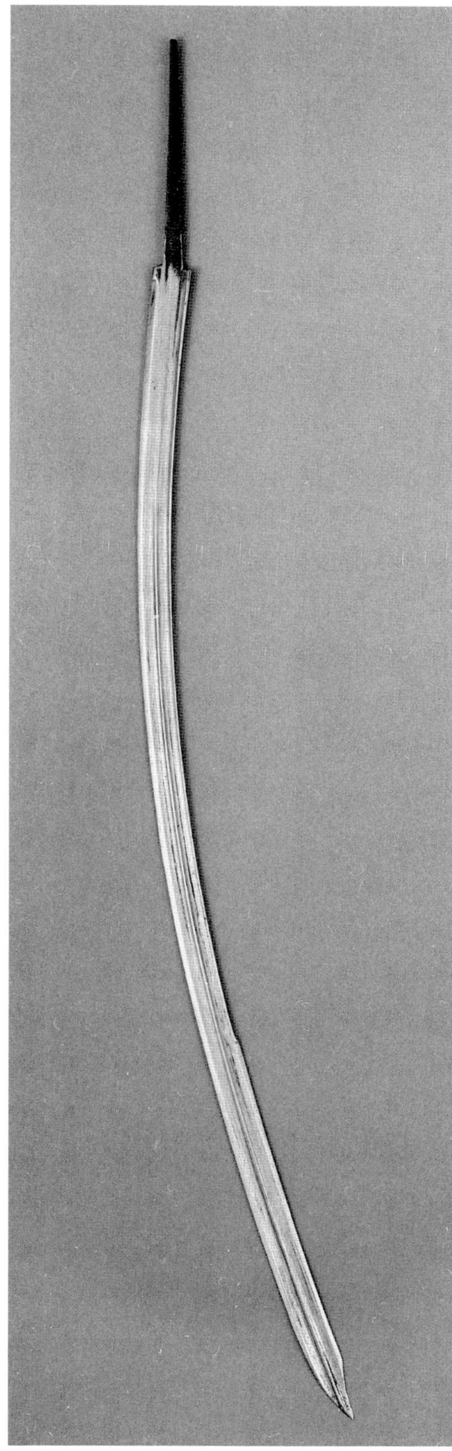

63

Modell einer Säbelklinge

1827

Gesamtlänge 37,1 cm
Inv.-Nr. Z. O. 8630
Herkunft noch nicht endgültig geklärt
Wahrscheinliche Provenienz: ehem. Arsenal von Zarskoje Selo
Erstmalige Ausstellung und Veröffentlichung

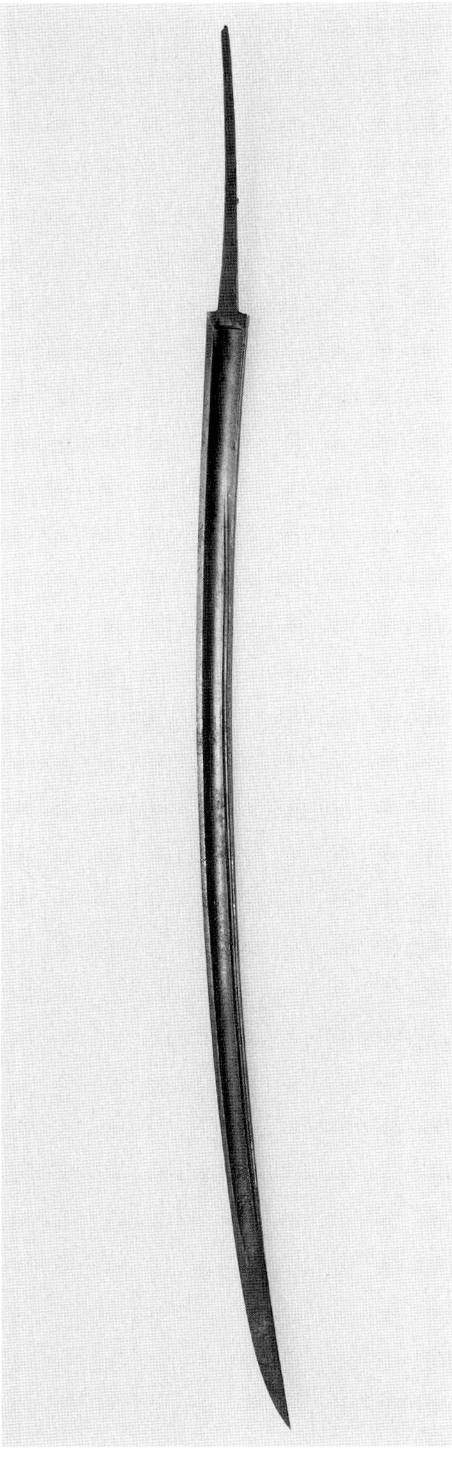

Die Klinge ist glatt; in den Klingenrücken ist die kursiv ausgeführte Inschrift »Златоустъ. 1827 года« (»Zlatoust. Im Jahre 1827«) eingraviert. In den Klingenansatz sind die Initialen »KWG« eingeschlagen, die für Karl W. Grah stehen; auf der Angel befindet sich der eingeschlagene Buchstabe »K« (?).

Gleich den anderen Stücken, die zum »Technischen Kabinett« gehörten, gibt dieses Modell in verkleinerter Form die Klinge eines Säbels wieder, der im ersten Viertel des 19. Jahrhunderts zur Bewaffnung der Kavallerieeinheiten der russischen Armee gehörte.

64
Modell einer Säbelklinge
1827 (?)

Gesamtlänge 41,1 cm
Inv.-Nr. Z. O. 2800
Herkunft noch nicht endgültig geklärt
Wahrscheinliche Provenienz: ehem. Arsenal von Zarskoje Selo
Erstmalige Ausstellung und Veröffentlichung

Die Klinge ist glatt und in Nachahmung von Damaszenerstahl geätzt. Sie hat einen Jelman. Die Angel trägt auf einer Seite eine eingeschlagene Marke in Form des Buchstabens »B« (?); in den Klingenansatz sind die Buchstaben »KWG« eingeschlagen, die für Karl W. Grah stehen.

Dieses Modell stellt die verkleinerte Kopie einer nicht reglementierten Säbelklinge dar, die die charakteristischen Besonderheiten der orientalischen (türkischen) Prototypen dieser Art von Blankwaffen wiedergibt (den Jelman und die beträchtliche Krümmung). Dies wird durch die Ätzung der Metalloberfläche ergänzt, die den berühmten Damaszenerstahl nachahmt. Die deutlichen Zunderspuren weisen darauf hin, daß dieses Stück zum »Technischen Kabinett« gehörte.

65

Modell einer Säbelklinge
1827 (?)

Gesamtlänge 42,3 cm
Inv.-Nr. Z. O. 2801
Herkunft noch nicht endgültig geklärt
Wahrscheinliche Provenienz: ehem. Arsenal von Zarskoje Selo
Erstmalige Ausstellung und Veröffentlichung

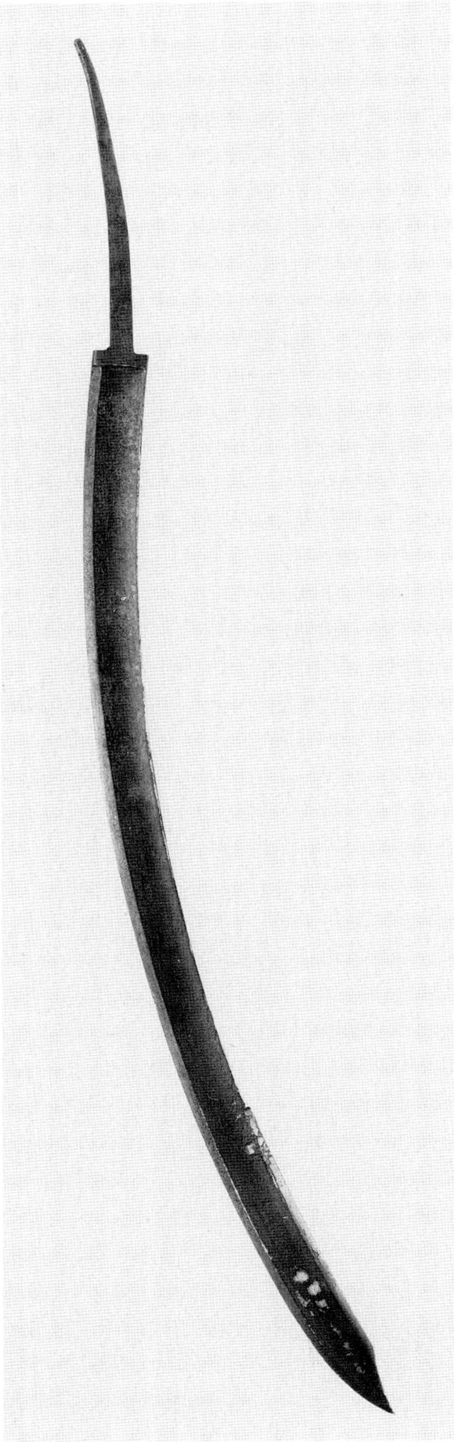

Es handelt sich um eine glatte Klinge orientalischen (türkischen) Typs mit Jelman, deren teilweise Ätzung Damaszenerstahl nachahmt. In den Ansatz ist eine rechteckige Marke mit den Initialen »GWG« (Gottfried W. Grah) eingeschlagen, die Angel trägt die eingeschlagenen Buchstaben »ПУ« (»PU«).

Das Modell gibt in verkleinerter Form eine Säbelklinge wieder, die in der Waffenfabrik Zlatoust hergestellt wurde und orientalische, in diesem Falle türkische Muster nachahmte. Eine interessante Besonderheit dieses Objekts besteht in der teilweise erhaltenen Ätzung in Form einer zickzackartigen Musterung, die Damaszenerstahl nachahmt. Die deutlichen Zunderspuren weisen darauf hin, daß dieses Stück zum »Technischen Kabinett« gehörte.

66

Modell einer Pallaschklinge
1827 (?)

Gesamtlänge 44,7 cm
Inv.-Nr. Z. O. 8636
Herkunft noch nicht endgültig geklärt
Wahrscheinliche Provenienz: ehem. Arsenal von Zarskoje Selo
Erstmalige Ausstellung und Veröffentlichung

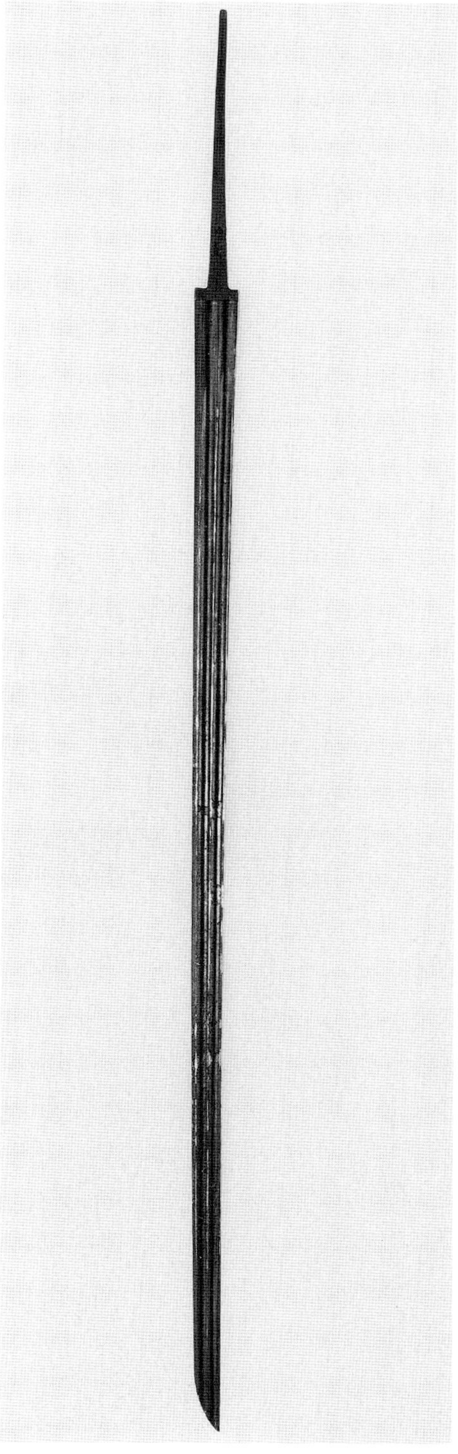

Es handelt sich um eine gerade Klinge mit zwei beidseitigen Hohlschliffen. Sie weist Spuren einer früheren Brünierung auf. In die Angel sind die Initialen »DW«, die höchstwahrscheinlich für Daniel Wolferz stehen, und die Zahl »9« eingeschlagen.

Diese Klinge ist eine verkleinerte Kopie des Kürassierpallaschs für Offiziere Modell 1810, eines verbreiteten Blankwaffentyps, der im ersten Viertel des 19. Jahrhunderts zur Bewaffnung der russischen Armee gehörte. Die Klinge war wahrscheinlich komplett brüniert, aber ein Großteil der Brünierung wurde durch Feuereinwirkung vernichtet.

Die Initialen »DW« können für einen Angehörigen der Familie Wolferz, und zwar den Vater oder den Sohn, die beide Daniel hießen, stehen. Beide arbeiteten als Klingenschmiede in Zlatoust. Diese Initialen weisen darauf hin, daß an der Anfertigung des »Technischen Kabinetts« verschiedene Meister beteiligt waren.

67

Modell eines Faschinenmessers
1827 (?)

Gesamtlänge 26,3 cm
Inv.-Nr. Z. O. 8629
Herkunft noch nicht endgültig geklärt
Wahrscheinliche Provenienz: ehem. Arsenal von Zarskoje Selo
Erstmalige Ausstellung und Veröffentlichung

Die breite und nur leicht gekrümmte Klinge hat einen Sägerücken, die Enden des Mitteleisens weisen nach oben. Die Angel ist flach, trägt Nieten und hat eine Hülse für den Faustriemen. In die Angel ist der Buchstabe »Л« (»L«) eingeschlagen.

Eines der Ziele des »Technischen Kabinetts« bestand darin, möglichst vollständig die Vielfalt der Blankwaffen zu belegen, die in der Waffenfabrik Zlatoust hergestellt wurden. Aus diesem Grunde wurde auch das Modell dieses Faschinenmessers in das »Technische Kabinett« aufgenommen, einer Blankwaffe, die im ersten Viertel des 19. Jahrhunderts von den Sappeuren (Pionieren) der russischen Armee eingesetzt wurde.

Die Oberfläche des Messers ist infolge der Feuereinwirkung mit Zunder bedeckt. Das Feuer hat auch den hölzernen Griff vernichtet.

Möglicherweise steht der Buchstabe »Л« (»L«) auf der Angel für den bekannten Zlatouster Klingenschmied Dorofej Lipin.

68

Modell der Klinge eines Faschinenmessers

1827 (?)

Gesamtlänge 26,6 cm
Inv.-Nr. Z. O. 4956
Herkunft noch nicht endgültig geklärt
Wahrscheinliche Provenienz: ehem. Arsenal von Zarskoje Selo
Erstmalige Ausstellung und Veröffentlichung

Die Klinge ist breit, nur schwach gekrümmt und hat einen Sägerücken. Die Angel ist flach und trägt auf der rechten Seite eine kaum lesbare rechteckige Marke mit den Buchstaben »ПУ« (»PU«) (?).

Wie auch das vorhergehende Objekt (Katalog-Nr. 67) stellt dieses Modell die Klinge eines Faschinenmessers dar, das im ersten Viertel des 19. Jahrhunderts in der Pioniertruppe der russischen Armee zum Einsatz kam. Es zeigt womöglich eine Stufe der Waffenfertigung, da die Angel weder Nieten noch Faustriemenhülse aufweist. Die gesamte Oberfläche des Modells war brüniert; die Brünierung hat durch das Feuer stark gelitten.

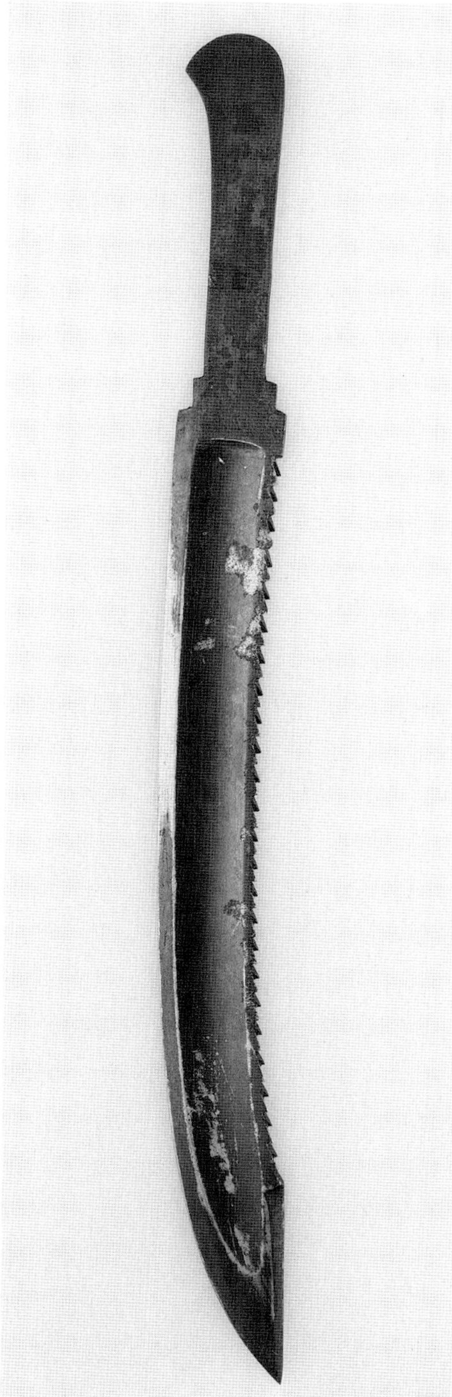

69

Modell der Klinge eines Stutzsäbels 1827 (?)

Gesamtlänge 26,1 cm
Inv.-Nr. Z. O. 4955
Herkunft noch nicht endgültig geklärt
Wahrscheinliche Provenienz: ehem. Arsenal von Zarskoje Selo
Erstmalige Ausstellung und Veröffentlichung

Die Klinge ist breit, nur schwach gekrümmt und geht in eine flache Angel über, auf der das Gefäß befestigt wurde. In die Angel sind links eine Marke mit den Initialen »DW« (Daniel Wolferz (?)) und die Zahl »9« eingeschlagen.

Bei diesem Modell handelt es sich um ein Werkstück, das eine Fertigungsstufe von Blankwaffen darstellt, in diesem Fall eines Stutzsäbels. Solche Waffen gehörten im ersten Viertel des 19. Jahrhunderts zur Ausrüstung der Pioniertruppe (der Sappeure) der russischen Armee.

Der Zunder, der die gesamte Oberfläche der Klinge bedeckt, weist darauf hin, daß auch dieses Stück zum »Technischen Kabinett« gehörte.

Dieser Rohling besteht aus Stahl und hat die Form eines flachen Stabes. Seine Konfiguration entspricht der Klinge eines Pallaschs (oder eines Degens) und zeigt eine der Fertigungsstufen von Blankwaffen. In die Angel sind die Initialen »DW« eingeschlagen, die höchstwahrscheinlich für Daniel Wolferz (Vater oder Sohn) stehen.

Die Zunderspuren weisen darauf hin, daß dieses Objekt zum »Technischen Kabinett« gehörte.

70

Modell eines
Pallaschklingenrohlings (?)
1827 (?)

Gesamtlänge 42,4 cm
Inv.-Nr. Z. O. 8625
Herkunft noch nicht endgültig geklärt
Wahrscheinliche Provenienz: ehem. Arsenal von Zarskoje Selo
Erstmalige Ausstellung und Veröffentlichung

71
Modell eines Klingenrohlings
1827 (?)

Gesamtlänge 28,4 cm
Inv.-Nr. Z. O. 8626
Herkunft noch nicht endgültig geklärt
Wahrscheinliche Provenienz: ehem. Arsenal von Zarskoje Selo
Erstmalige Ausstellung und Veröffentlichung

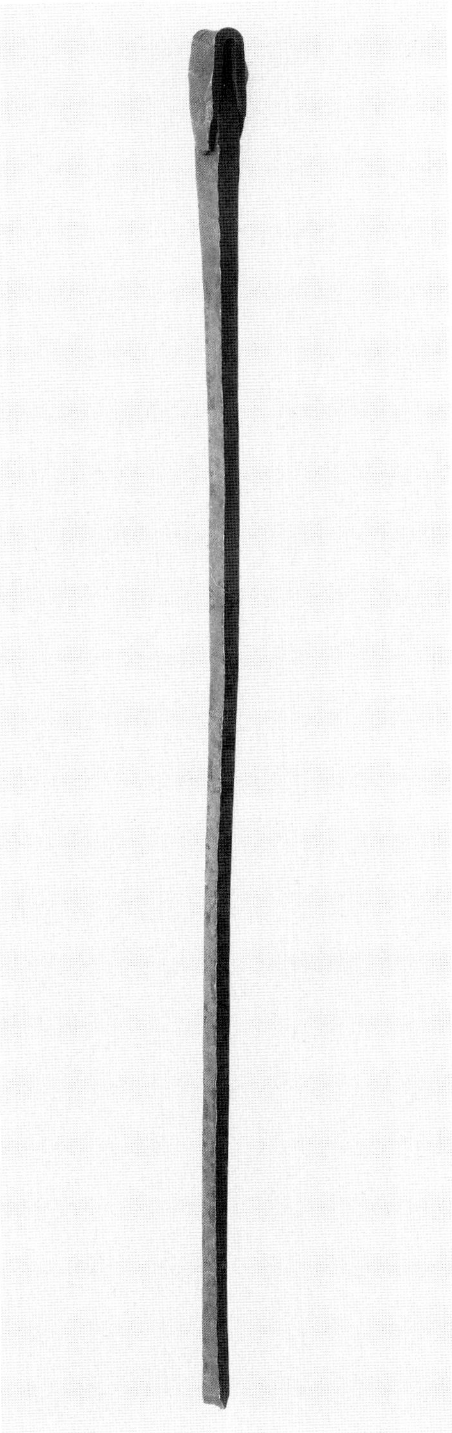

Dieses Modell besteht aus Stahl und hat die Form eines flachen Stabes mit Ringbändern am oberen Ende. Es zeigt einen der ersten Arbeitsschritte für das Schmieden einer Degenklinge. Das Ringband wurde wahrscheinlich verwendet, um zu verhindern, daß das obere Ende sich beim Schmieden deformiert. Seiner Bestimmung nach muß dieses Modell zu den ersten im Satz der Werkstücke des »Technischen Kabinetts« gehört haben.

72

Modell eines Klingenrohlings

1827 (?)

Gesamtlänge 30,3 cm
Inv.-Nr. Z. O. 8627
Herkunft noch nicht endgültig geklärt
Wahrscheinliche Provenienz: ehem. Arsenal von Zarskoje Selo
Erstmalige Ausstellung und Veröffentlichung

Dieses Modell besteht aus Stahl und hat die Form eines vierkantigen Stabes mit einem breiter werdenden oberen und einem sich verjüngenden unteren Ende. Auf der Oberfläche befinden sich Spuren von Querschmiedearbeiten.

Wie auch das vorhergehende Objekt (Katalog-Nr. 71) zeigt dieses Modell einen der ersten Arbeitsschritte für die Herstellung einer Klinge, in diesem Falle einer Degenklinge.

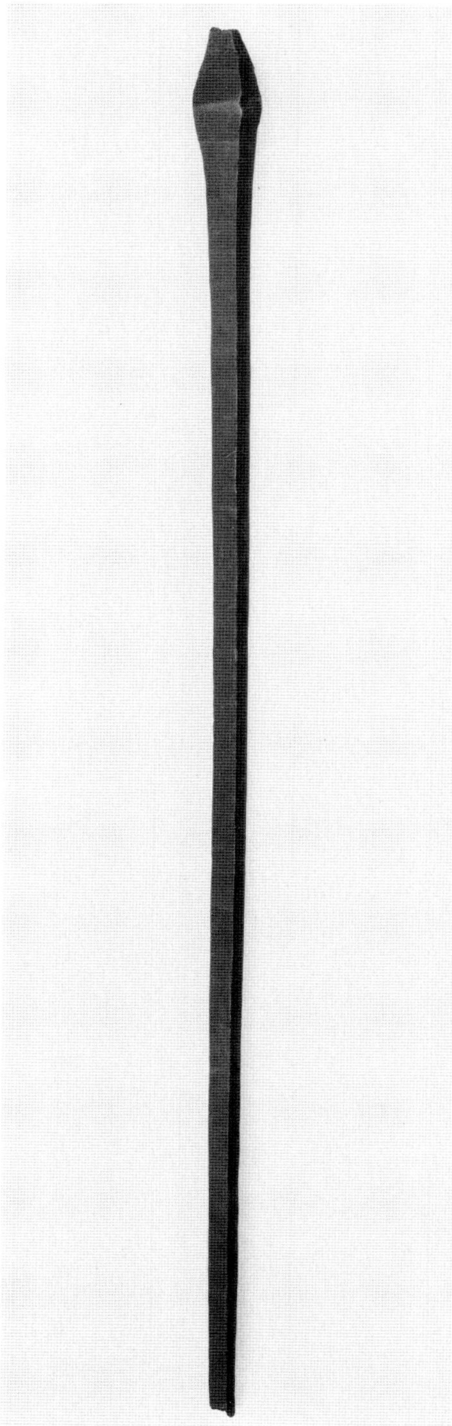

73
Modell einer Form zur Herstellung von Scheiden 1827 (?)

Gesamtlänge 43,6 cm
Inv.-Nr. Z. O. 8620
Herkunft noch nicht endgültig geklärt
Wahrscheinliche Provenienz: ehem. Arsenal von Zarskoje Selo
Erstmalige Ausstellung und Veröffentlichung

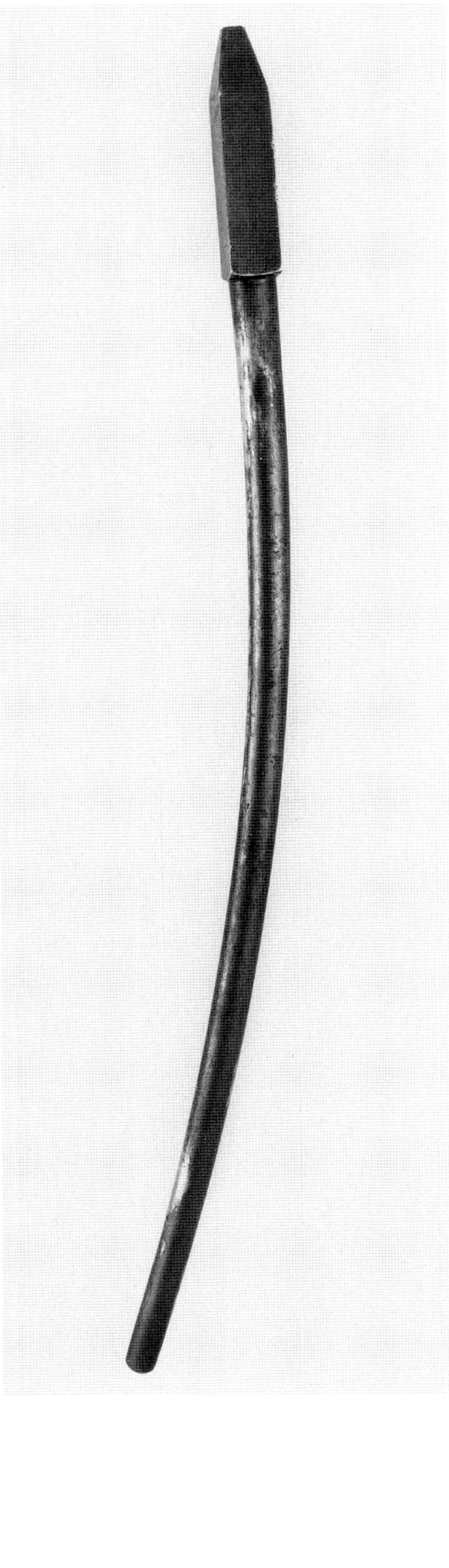

Dieses Modell besteht aus brüniertem Stahl und hat die Form eines Stabes von ovalem Querschnitt, dessen Fuß quadratisch geschnitten ist. In eine Seite des Fußes sind die Initialen »AG« eingeschlagen.

Dieses Modell bezeugt die Vielfalt und Vollständigkeit des »Technischen Kabinetts«, das nicht nur Waffenrohlinge und verkleinerte Modelle der eigentlichen Waffen, sondern auch die für deren Herstellung erforderlichen Werkzeuge und Vorrichtungen enthielt.

In diesem Fall handelt es sich um eine besondere Vorrichtung für die Bearbeitung von Scheiden, die zum Zwecke ihrer Endfertigung auf diesen massiven Stab aufgezogen wurden.

Die Zweckbestimmung dieses Modells zeigen die gleichfalls zur Ausstellung gehörenden grafischen Blätter aus dem Album der Gebrüder Bojarschinow, auf denen exakt ein solches Modell (oder, genauer gesagt, dessen Vorlage) abgebildet ist.

Dieses Modell besteht aus brüniertem Stahl und hat die Form eines massiven, gekrümmten Stabes von ovalem Querschnitt, dessen Fuß quadratisch geschnitten ist. In eine Seite des Fußes sind die Initialen »A. G.« eingeschlagen.

Wie das vorhergehende Stück (Katalog-Nr. 73) gehört auch dieses Modell zum »Technischen Kabinett«. Es zeigt eine der Vorrichtungen, die die Waffenschmiede beim Schmieden oder bei der nachfolgenden Bearbeitung von Scheiden verwendeten.

Ähnliche Werkzeuge sind im Album der Gebrüder Bojarschinow dargestellt.

74

Modell einer Form zur Herstellung von Scheiden

1827 (?)

Gesamtlänge 41,8 cm
Inv.-Nr. Z. O. 8621
Herkunft noch nicht endgültig geklärt
Wahrscheinliche Provenienz: ehem. Arsenal von Zarskoje Selo
Erstmalige Ausstellung und Veröffentlichung

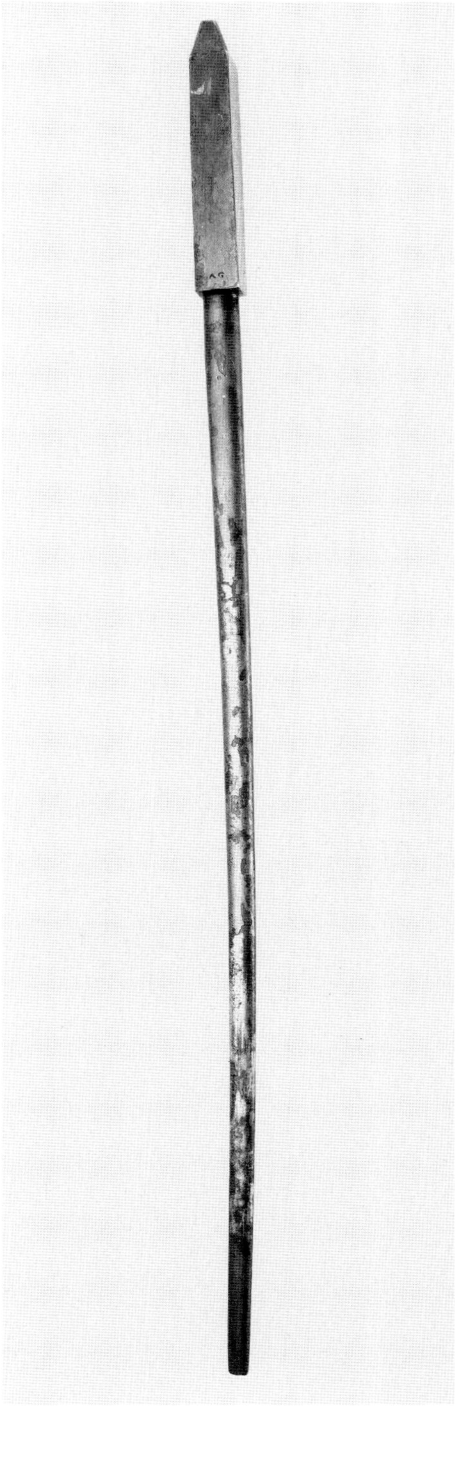

75

Modell einer Form für das Gießen und Schmieden von Gefäßen

1827 (?)

Gesamtlänge 9,6 cm, Länge der Angel 5,4 cm
Inv.-Nr. Z. O. 8622
Herkunft noch nicht endgültig geklärt
Wahrscheinliche Provenienz: ehem. Arsenal von Zarskoje Selo
Erstmalige Ausstellung und Veröffentlichung

Dieses Modell besteht aus Bronze und hat die Form eines massiven Werkstücks mit kompliziertem Profil auf einer kurzen Stahlangel, auf der von außen die winzige Kopie eines Pallaschgefäßes angebracht ist. Dieses Objekt hat gleichfalls zum »Technischen Kabinett« gehört und veranschaulicht einen der Arbeitsschritte, die erforderlich sind, um Gefäße für Blankwaffen herzustellen. Eine analoge Vorrichtung ist auf zwei grafischen Blättern aus dem Album der Gebrüder Bojarschinow abgebildet.

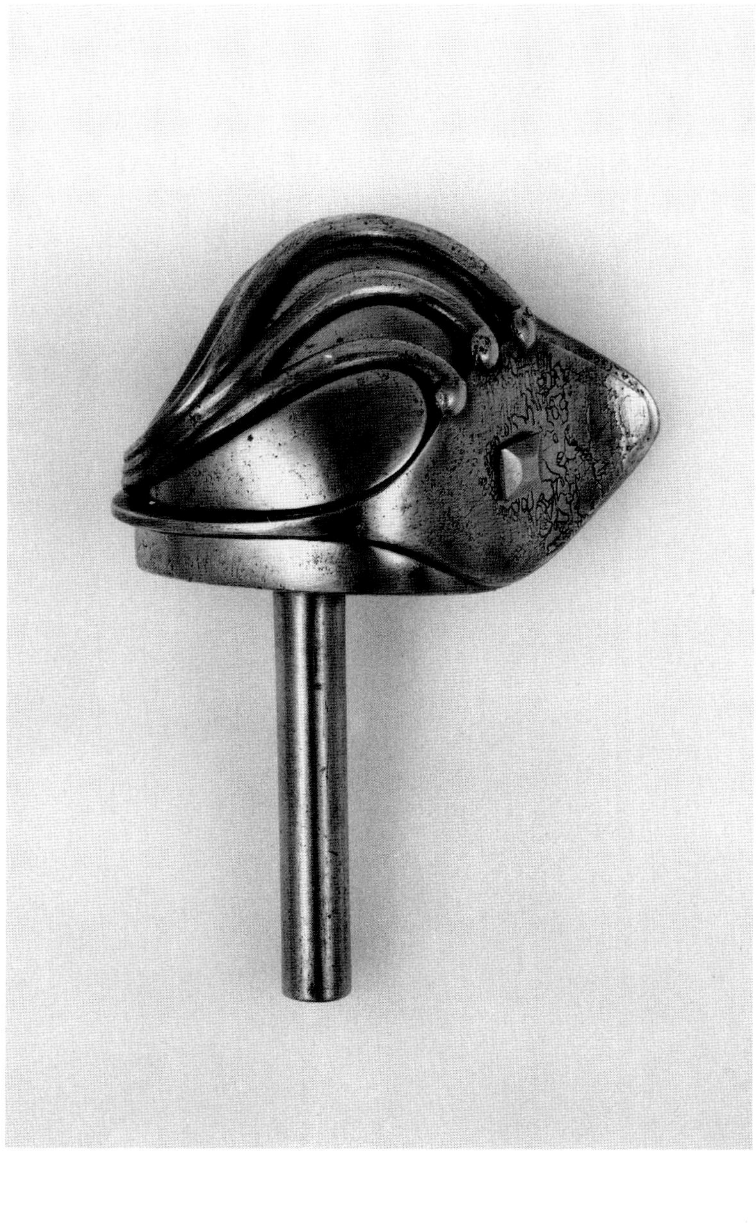

76
Säbel
1827, Iwan Buschujew

Gesamtlänge 77,5 cm, Klingenlänge 67,1 cm
Inv.-Nr. Z. O. 7824
Provenienz: ehem. Arsenal von Zarskoje Selo (1888), eingegangen nach 1840
Ausstellungen: 1888–1915, Eremitage; 1988, Eremitage
Literatur: Lenz, 292, Nr. МП 119; Miller, Waffen, 36, Nr. 17

Die obere Klingenhälfte zieren ornamentale Kartuschen, in denen sich auf einer Seite die Inschrift »За веру и Отечество« (»Für Gott und Vaterland«) und auf der anderen Seite »Златоустъ. 1827 года« (»Zlatoust. Im Jahre 1827«), das umkränzte Monogramm »АН« (»AN«) sowie das russische Staatswappen befinden. Der Klingenrücken trägt die Inschrift »И. Бушуевъ. Златоустъ. 1827 года« (»I. Buschujew. Zlatoust. Im Jahre 1827«).

Das Gefäß besteht aus poliertem Stahl, der Griff aus Ebenholz. Die Scheide ist mit Samt überzogen und hat Beschläge aus poliertem Stahl, die mit einem stilisierten vegetabilen Ornament verziert sind.

Dieser Säbel stellt die verkleinerte Kopie einer Waffe dar, die im ersten Viertel des 19. Jahrhunderts zur Ausrüstung der Kavallerie der russischen Armee gehörte. Das Monogramm »АН« (»AN«) läßt vermuten, daß sie für Großfürst Alexander Nikolajewitsch, den späteren Kaiser Alexander II., angefertigt wurde.

Die Oberfläche der Klinge ist in Nachahmung der Musterung des berühmten Damaszenerstahls geätzt.

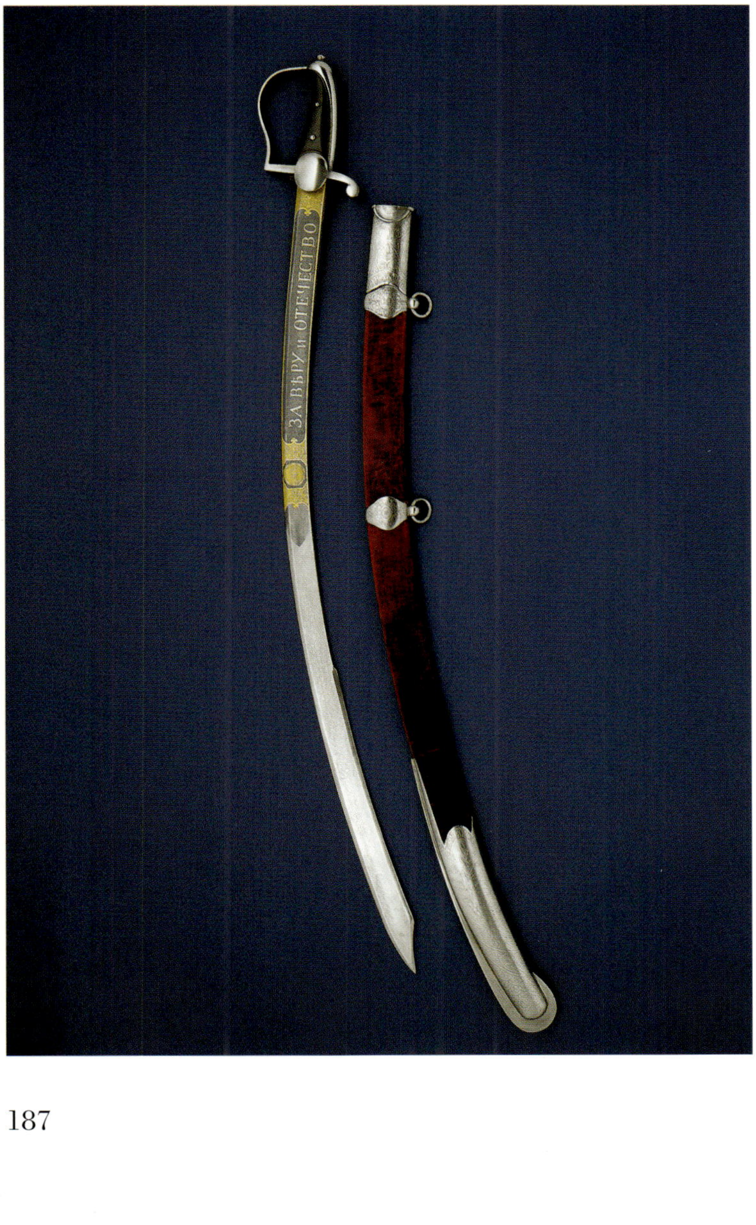

77

Degenklinge

1830, Iwan Buschujew

Gesamtlänge mit Angel 92 cm
Inv.-Nr. Z. O. 7013
Herkunft noch nicht endgültig geklärt
In den Unterlagen des Museums seit 1940 verzeichnet
Ausstellungen: 1988, Eremitage
Literatur: Miller, Waffen, 36–37, Nr. 19

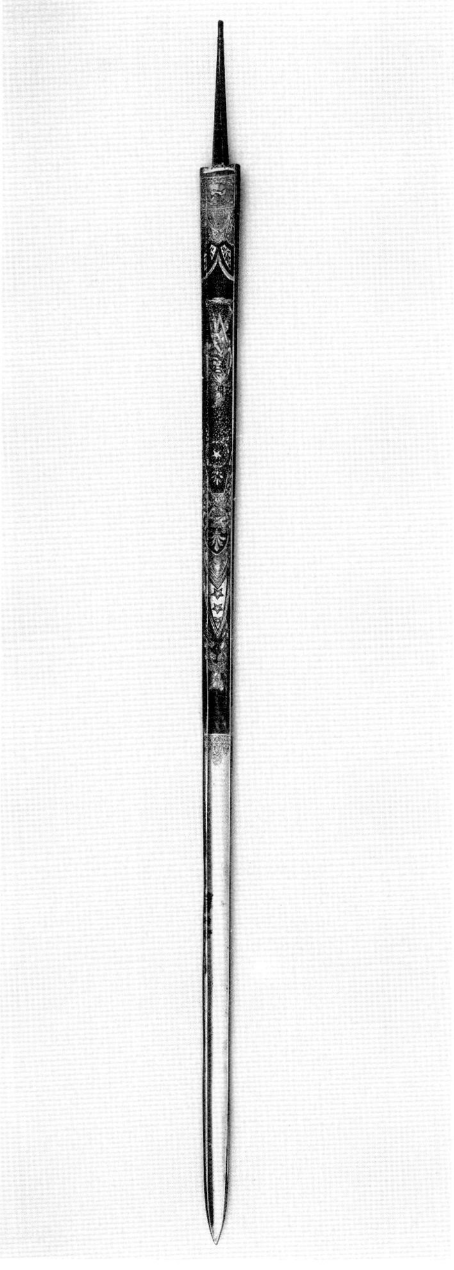

Die Klinge zieren ornamentale Kartuschen, in denen sich Darstellungen von Mars und Athene, Pegasus, Girlanden, Kränze und Sterne befinden. Der Klingenrücken trägt die Inschrift »И. Бушуевъ. Златоустъ. 1830 года« (»I. Buschujew. Zlatoust. Im Jahre 1830«). In den Ansatz ist »Д. Ронжинъ« (»D. Ronshin«) eingeschlagen; David Ronshin war einer der besten Schwertfeger der Waffenfabrik Zlatoust.

Der Dekor dieser für einen Offiziersdegen bestimmten Klinge ist vom militärischen Thema geprägt, das sich deutlich in den Figuren der antiken Krieger und in den antiken Attributen widerspiegelt. Der Klingendekor ist genauso reichhaltig und kompakt, wie man es von früheren Mustern »verzierter Waffen« aus Zlatoust kennt.

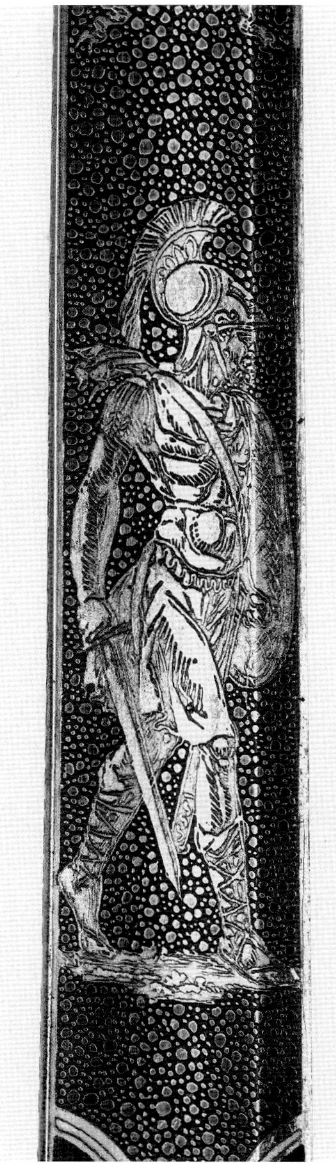

78
Säbel
1830, Iwan Buschujew

Gesamtlänge 91 cm, Klingenlänge 77,5 cm
Inv.-Nr. Z. O. 6925
Provenienz: ehem. Arsenal von Zarskoje Selo (1888), eingegangen vor 1835
Ausstellungen: 1888–1915, Eremitage; 1988, Eremitage
Literatur: Lenz, 292, A-136; Miller, Waffen, 37, Nr. 20

Die Klinge aus Damaszenerstahl zieren ein Säbel, eine Posaune, ein Bogen und ein Köcher. Der Klingenrücken trägt die Inschrift »Златоустъ, 1830 года, И. Бушуевъ« (»Zlatoust, im Jahre 1830, I. Buschujew.«).

Das Gefäß hat ein Mitteleisen in Form kleiner Dolche, der Griff ist aus geschnitztem Ebenholz. Die Scheide ist mit Samt überzogen und hat Beschläge aus poliertem Stahl, die mit einem Ornament verziert sind.

Dieser Extrasäbel zeichnet sich durch die originelle Gestaltung der Beschläge und die ungewöhnliche Form des Gefäßes aus. Es ist interessant, daß ein weiterer Säbel, und zwar aus der Sammlung des Petersburger Artilleriemuseums, ein fast identisches Gefäß hat. Dieses Objekt ist jedoch von Iwan Bojarschinow signiert und auf 1831 datiert (Abolskaja, Nr. 88).

Die Klinge aus der Sammlung der Eremitage ist mit einem Ornament verziert, dessen Elemente etwas außergewöhnlich sind, obwohl es Anklänge an den Stil der zweiten Hälfte der zwanziger Jahre des 19. Jahrhunderts aufweist.

Gleichfalls interessant ist das Material der Klinge, das eine eigenartige, an Damaszenerstahl erinnernde Oberflächenmusterung besitzt. Es handelt sich hierbei um eine Legierung aus Eisen und Platin, die Pawel Anossow im Zuge seiner Versuche, die Herstellung von Damaszenerstahl wiederzuentdecken, erhalten hat.

79

Klinge eines Hirschfängers
1833, Iwan Buschujew

Gesamtlänge mit Angel 62 cm
Inv.-Nr. Z. O. 7956
Herkunft noch nicht endgültig geklärt
Erstmalige Ausstellung und Veröffentlichung

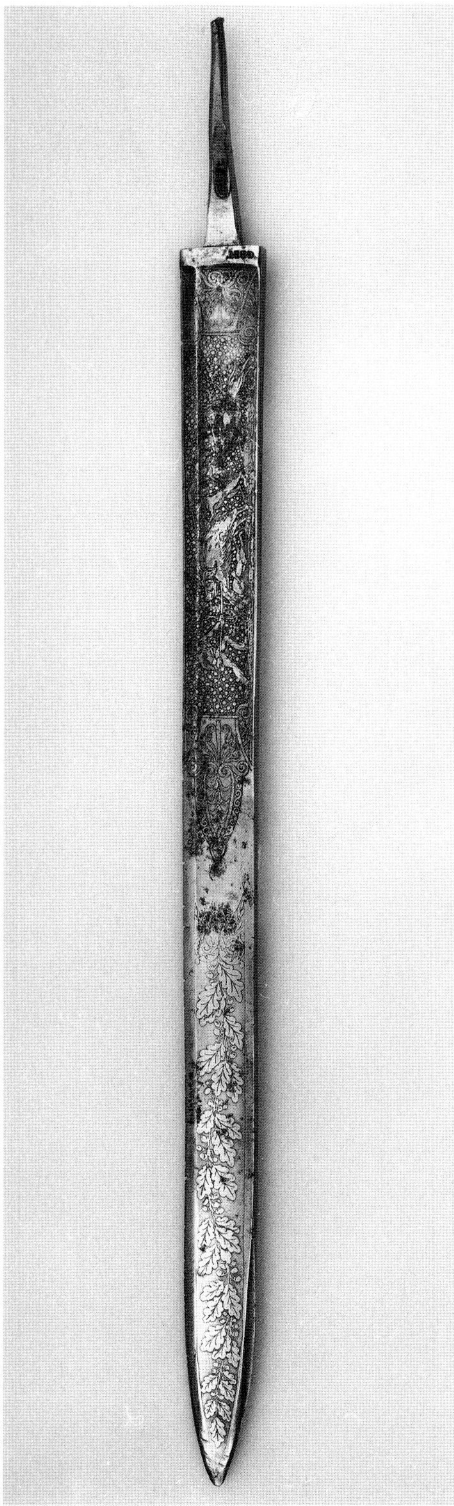

Die Klinge zieren Girlanden aus Eichen- und Lorbeerzweigen sowie ornamentale Kartuschen, in denen sich Jagdszenen befinden. Der Klingenrücken trägt die russische Inschrift »И. Бушуевъ. Златоустъ, 1833 года« (»I. Buschujew. Zlatoust, im Jahre 1833«). In den Ansatz sind die Buchstaben »GBST« eingeschlagen, bei denen es sich möglicherweise um die Initialen des Klingenschmieds handelt.

Den beidseitig angebrachten Darstellungen zufolge war die Klinge für eine Jagdwaffe bestimmt. Mit der ihm eigenen Meisterschaft hat Iwan Buschujew dramatische Höhepunkte des Kampfes der Jäger wiedergegeben, die in dem einen Fall einen Keiler bezwingen und in dem anderen einen Bären überwältigen. Die Gestaltung der Motive, die sich in traditionellen ornamentalen Kartuschen befinden, die darunter angebrachten Girlanden und schließlich die gewohnte Kombination gerne verwendeter Verzierungstechniken sprechen dafür, daß der Meister auch in späten Jahren seiner Art treu geblieben ist. Die Spuren, die die Zeit auf der Oberfläche der Klinge hinterlassen hat, zeugen von ihrem wechselhaften Schicksal. Es handelt sich hierbei um eine der letzten Arbeiten Buschujews, die rund ein Jahr vor seinem Tode entstanden ist.

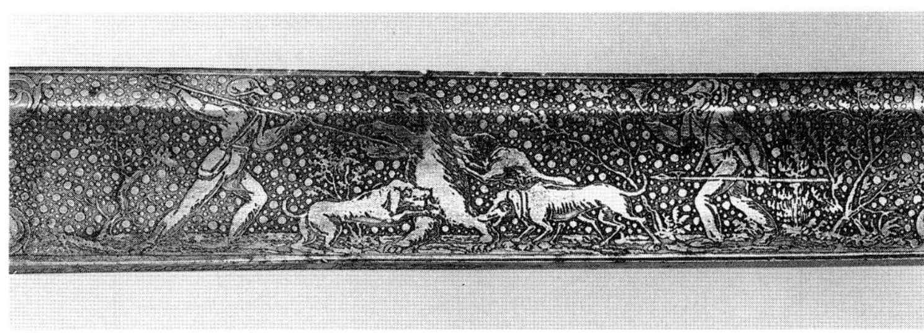

Die Klinge zieren geflügelte allegorische Figuren, ein Streitwagen sowie die Inschrift »За веру и Отечество« (»Für Gott und Vaterland«). Der Klingenrücken trägt am Gefäß die kursiv ausgeführte Inschrift »И. Бояршиновъ. Златоустъ, 1827 года« (»I. Bojarschinow. Zlatoust, im Jahre 1827«). Am Ansatz befindet sich die eingeschlagene Inschrift »G. Grah« (Gottfried Grah).

Das Gefäß ist aus vergoldeter Bronze. Die Scheide aus schwarzem Lackleder hat Beschläge aus vergoldetem Messing. Bei diesem Stück handelt es sich um eine frühe Arbeit von Iwan Bojarschinow. Dieser Säbel ist die verkleinerte Kopie der Infanteriewaffe Modell 1826, die zur Bewaffnung der russischen Armee gehörte. Der Stil des Dekors ist typisch für Bojarschinow, der eine Miniaturkomposition auf sehr begrenztem Raum unterzubringen wußte. Diese Komposition besteht aus Elementen, die für den Zlatouster Stil dieser Zeit üblich und vom Empirestil inspiriert waren. Hervorzuheben ist die kunsthandwerkliche Ausführung des Dekors, für den eine Brünierung von ungewöhnlich dunkelviolettem, nahezu schwarzem Farbton verwendet wurde.

80
Säbel
1827, Iwan Bojarschinow

Gesamtlänge 76,7 cm, Klingenlänge 65,7 cm
Inv.-Nr. Z. O. 6941
Herkunft noch nicht endgültig geklärt
Provenienz: ehem. Arsenal von Zarskoje Selo (?)
Ausstellungen: 1981, Eremitage; 1984/85, Dresden, DDR; 1988, Eremitage
Literatur: Miller, Metall, 43, Nr. 157; Miller, Prunkwaffen, Nr. 54; Miller, Waffen, 38, Nr. 22

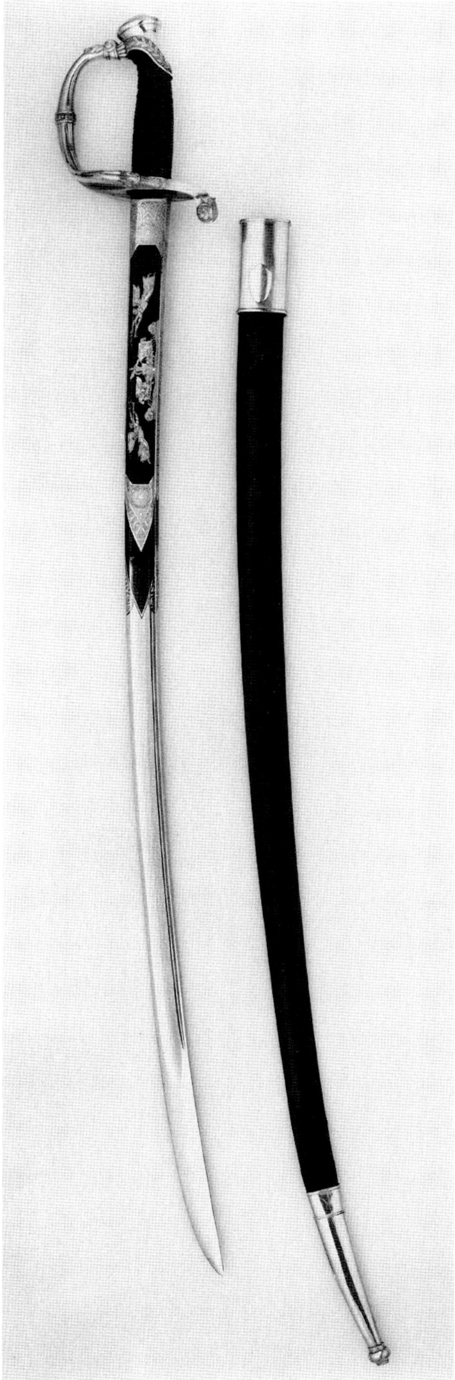

81
Rapier
1827, Iwan Bojarschinow (?)

Gesamtlänge 80 cm, Klingenlänge 69,2 cm
Inv.-Nr. Z. O. 2400
Herkunft noch nicht endgültig geklärt
Wahrscheinliche Provenienz: ehem. Arsenal von Zarskoje Selo
Ausstellungen: 1985, Eremitage; 1988, Eremitage
Literatur: Miller, Kinderwaffen, 5–6; Miller, Waffen, 42, Nr. 29

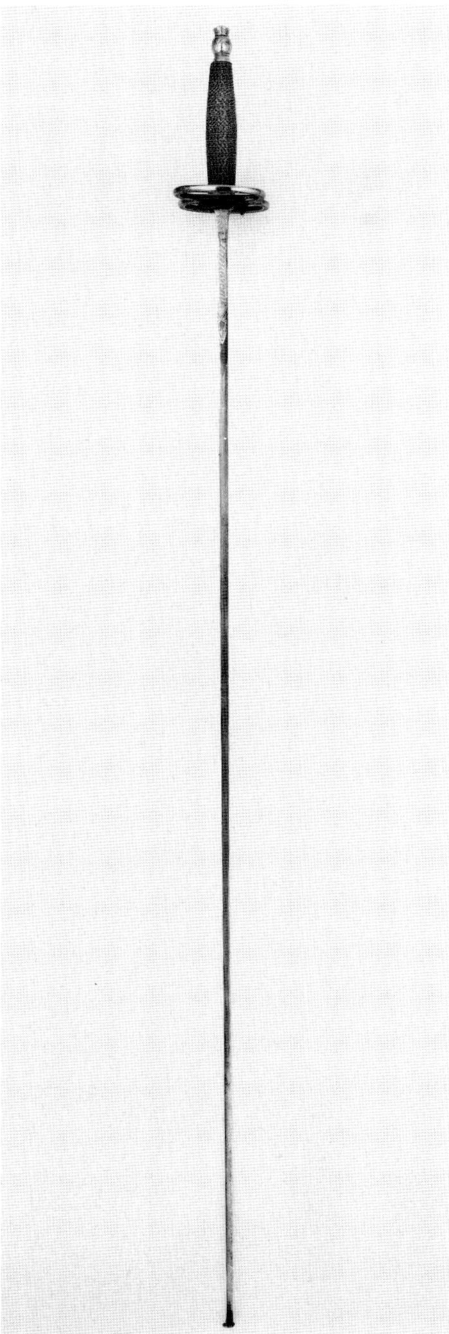

Die Klinge ist mit einem Ornament verziert und trägt am Ansatz die kursiv ausgeführte Inschrift »Златоустъ. 1827 года« (»Zlatoust. Im Jahre 1827«).

Das Gefäß besteht aus Stahl, der Griff ist mit Messingdraht umwickelt.

Dieses Rapier war für den Fechtunterricht von Kindern bestimmt und zeugt von der typologischen Vielfalt der in Zlatoust hergestellten Waffen. Der verhältnismäßig schlichte Dekor ist in der traditionellen Manier der zwanziger Jahre des 19. Jahrhunderts ausgeführt und enthält Elemente im Empirestil. Als Techniken wurden Brünierung, Ätzung und Vergoldung eingesetzt.

Aufgrund der Datierung kann vermutet werden, daß dieses Rapier für Großfürst Alexander Nikolajewitsch, den zukünftigen Kaiser Alexander II., angefertigt wurde.

Da dieses Objekt einem von Bojarschinow signierten Rapier aus der Sammlung des Petersburger Artilleriemuseums (Abolskaja, 85) ausgesprochen ähnlich ist, kann auch in diesem Falle von dessen Urheberschaft ausgegangen werden.

Die Klinge zieren die berittene Formation eines Husarenregiments, ein stilisiertes vegetabiles Ornament und die Inschrift »Его Императорскому Высочеству Шефу Лейб-Гвардии Гусарского полка« (»Seiner Kaiserlichen Hoheit, dem Chef des Leibgarde-Husarenregiments«). Der Klingenrücken trägt die kursiv ausgeführte Inschrift »И. Бояршиновъ. Златоустъ, 1828 года« (»I. Bojarschinow. Zlatoust, im Jahre 1828«).

Das Gefäß besteht aus vergoldeter Bronze, der Griff ist mit Leder überzogen und mit Draht umwickelt. Die Scheide ist aus poliertem Stahl.

Diese Arbeit von Iwan Bojarschinow, eine exakte Nachbildung des Kavalleriesäbels Modell 1809, war der Inschrift zufolge als Geschenk für einen der Großfürsten bestimmt. Sie besticht durch die meisterhaft gravierte Szene aus dem militärischen Alltag. Man gewinnt den Eindruck, daß Iwan Bojarschinow tatsächlich einer der besten Miniaturgraveure seiner Zeit war.

Es war Tradition, den Chefs der privilegierten Garderegimenter der russischen Armee, die in der Regel zur kaiserlichen Familie gehörten, Geschenke darzubringen. Das Husarenregiment war ein solcher Truppenteil. Das Datum auf der Klinge läßt vermuten, daß dieser Säbel ein Geschenk der Offiziere dieses Garderegiments an Großfürst Alexander Nikolajewitsch, den späteren Kaiser Alexander II., war.

Dieses Objekt ist auch deshalb bemerkenswert, weil es Bojarschinows überdurchschnittliche technische Fähigkeiten zeigt. Bei seiner Fertigung hat er die komplizierte Montage der zweiten Klinge vorgenommen, die als Futteral für die erste, die Hauptklinge, dient. Vor ihm hatten sich Wilhelm Nikolaus Schaaf im Jahre 1823 (vgl. den Säbel im Moskauer Historischen Museum) und Iwan Buschujew im Jahre 1824 (vgl. den Säbel Z. O. 6895, Katalog-Nr. 45) mit Erfolg an einem solchen Stück versucht.

82
Säbel
1828, Iwan Bojarschinow

Gesamtlänge 80 cm, Klingenlänge 68 cm
Inv.-Nr. Z. O. 7037
Provenienz: ehem. Arsenal von Zarskoje Selo, 1888
Ausstellungen: 1981, Eremitage; 1988, Eremitage
Literatur: Miller, Metall, 43, Nr. 158; Miller, Waffen, 39, Nr. 23

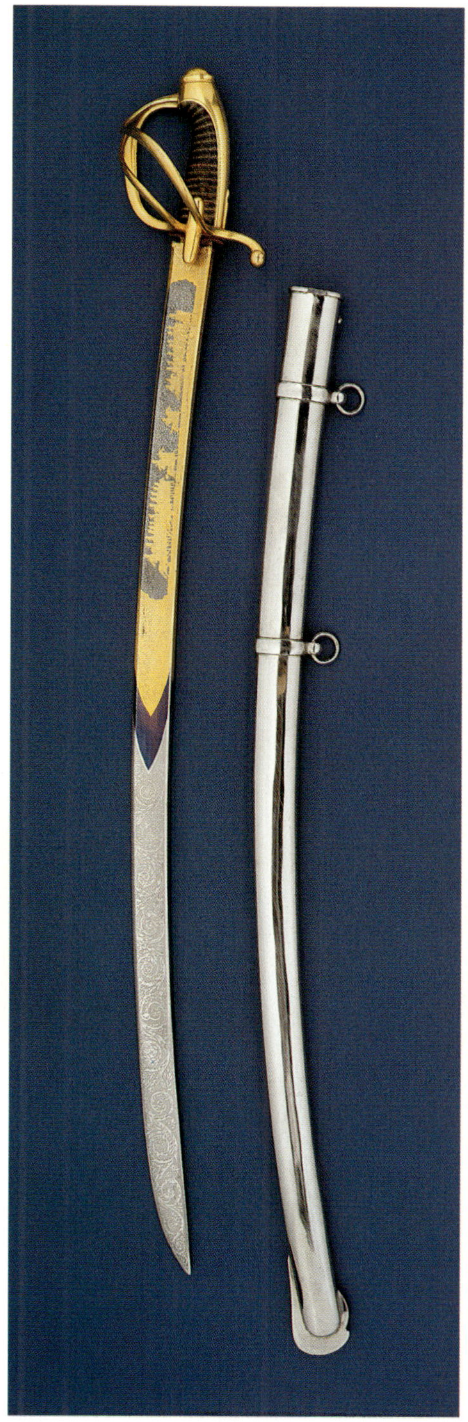

83
Säbel
1828, Iwan Bojarschinow

Gesamtlänge 81 cm, Klingenlänge 69 cm
Inv.-Nr. Z. O. 6907
Herkunft noch nicht endgültig geklärt
Wahrscheinliche Provenienz: ehem. Arsenal von Zarskoje Selo
Erstmalige Ausstellung und Veröffentlichung

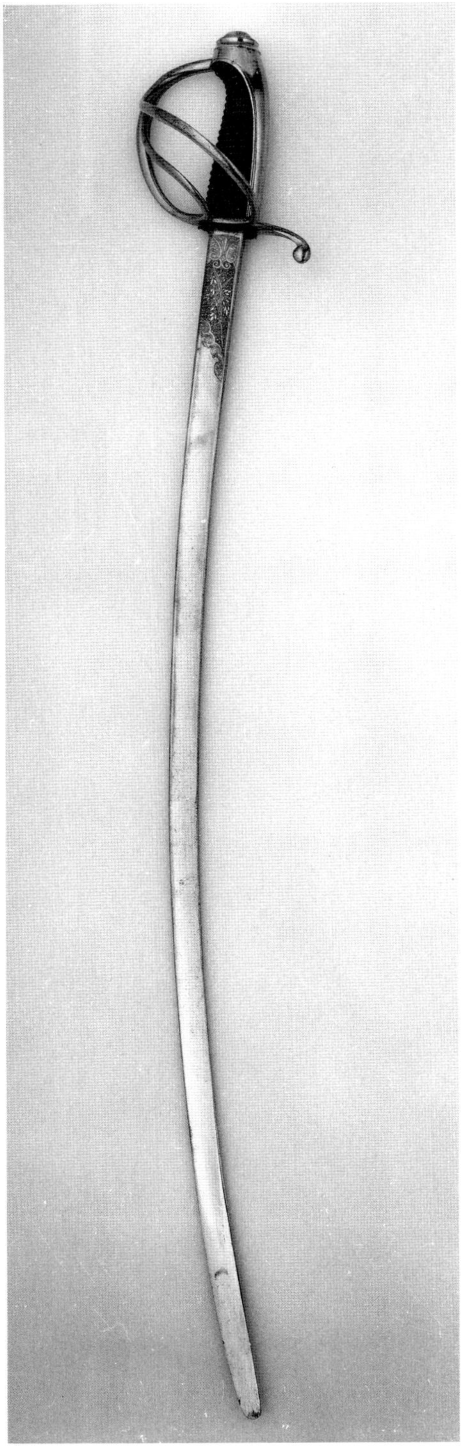

Die Klinge ist am Ansatz beidseitig mit militärischen Trophäen verziert. Rechts befindet sich die Inschrift »И. Бояршиновъ« (»I. Bojarschinow«). Der Klingenrücken trägt am Gefäß eine weitere Inschrift – »Златоустъ 1828« (»Zlatoust 1828«). Das Gefäß besteht aus poliertem Stahl. Der Griff ist mit Leder überzogen und mit Draht umwickelt. Die Scheide fehlt.

Bei diesem Säbel handelt es sich um eine Offizierswaffe der russischen Armee aus dem ersten Drittel des 19. Jahrhunderts.

Für den verhältnismäßig schlichten Klingendekor dieses Objekts hat Bojarschinow auf das Motiv zurückgegriffen, das die Zlatouster Waffenschmiede und Kunsthandwerker am häufigsten verwendet haben – auf militärische Trophäen. Obwohl zur Entstehungszeit dieser Klinge das siegreiche Ende des Krieges gegen Napoleon bereits über zehn Jahre zurücklag, haben der Nachklang des Sieges und das Gedenken an ihn die Zlatouster Meister und auch Iwan Bojarschinow nach wie vor inspiriert.

Die Klinge ist beidseitig mit Darstellungen von Waffen verziert. Der Klingenrücken trägt am Gefäß die Inschrift »И. Бушуевъ. Златоустъ, 1830« (»I. Buschujew. Zlatoust, 1830«). Das Gefäß besteht aus poliertem und durchbrochenem Stahl. Der Griff ist mit Plättchen aus Ebenholz und Bein eingelegt. Die Scheide ist mit Samt überzogen und hat Beschläge aus durchbrochenem Stahl.

Der Dekor der Klinge, des Gefäßes und des Griffs verdeutlicht, daß es sich um eine Extrawaffe handelt, die möglicherweise als Geschenk gedacht war. Die künstlerische Gestaltung des Objekts zeugt von Buschujews zweifelsfreiem Interesse für orientalische Waffen und dem Bestreben, solche als Vorbild zu verwenden, jedoch in einer Form, die an seinen eigenen Geschmack angepaßt ist. Die Konfiguration der Klinge ahmt bekannte türkische Originale nach. Um die Ähnlichkeit zu verstärken, wurde sie in Nachahmung von Damaszenerstahl geätzt. Der orientalische Einfluß zeigt sich im offenen Gefäß, obwohl der Meister das Mitteleisen ungewöhnlich gestaltet hat, und zwar in der Form von gekreuzten Waffen. Die Verwendung von durchbrochenem Stahl für die Beschläge von Gefäß und Scheide ist für Zlatouster Waffen gleichfalls untypisch.

84
Säbel
1830, Iwan Buschujew

Gesamtlänge 90,1 cm, Klingenlänge 76,5 cm
Inv.-Nr. Z. O. 6898
Herkunft noch nicht endgültig geklärt
Wahrscheinliche Provenienz: ehem. Arsenal von Zarskoje Selo
Erstmalige Ausstellung und Veröffentlichung

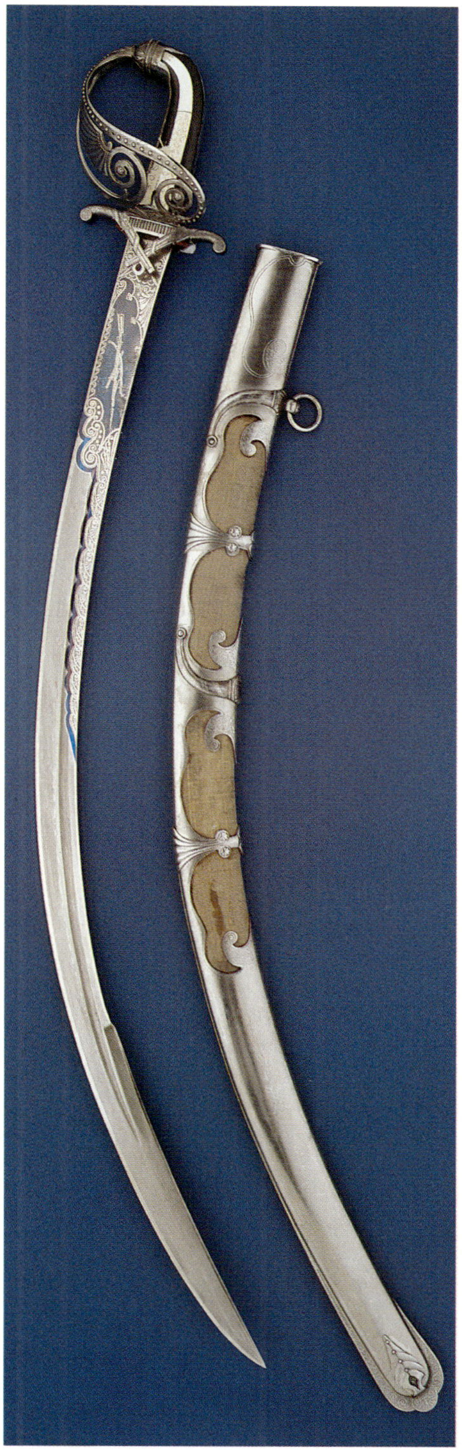

85
Säbelklinge
1833, Iwan Bojarschinow

Gesamtlänge 80 cm
Inv.-Nr. Z. O. 7016
Herkunft noch nicht endgültig geklärt
Erstmalige Ausstellung und Veröffentlichung

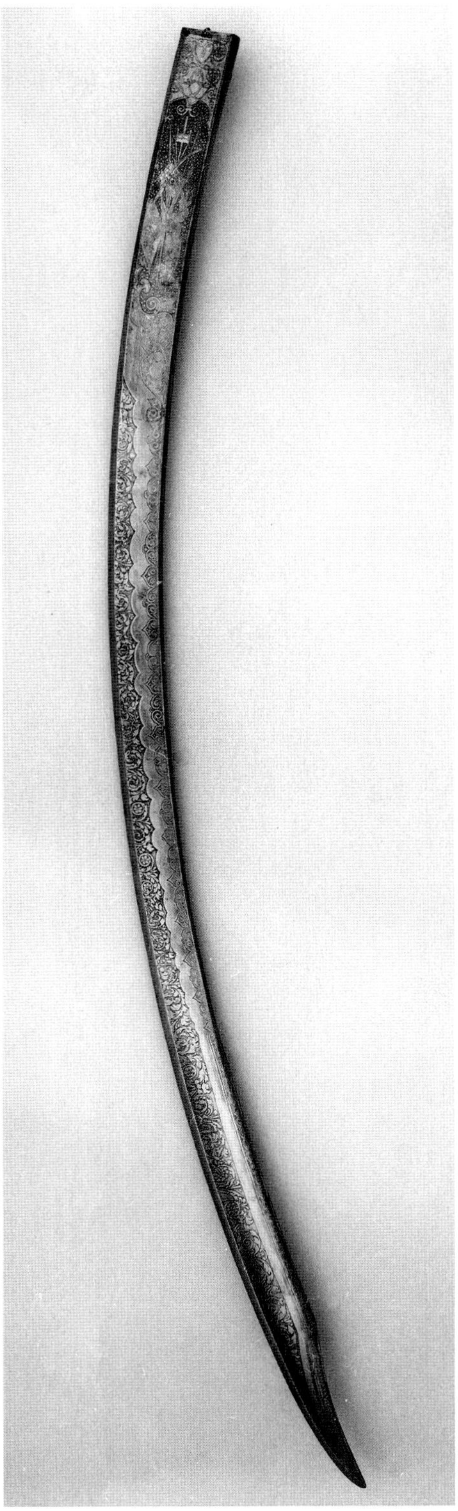

Die Klinge hat einen Hohlraum und ist über die gesamte Länge beidseitig mit einem stilisierten vegetabilen Ornament verziert. Am Ansatz befinden sich Darstellungen von Trophäen. Der Klingenrücken trägt die Inschrift »И. Бояршиновъ. Златоустъ, 1833« (»I. Bojarschinow. Zlatoust, 1833«).

Vom Dekor her steht diese Klinge zahlreichen anderen Werken der Waffenfabrik Zlatoust und insbesondere anderen Arbeiten von Iwan Bojarschinow nahe. Gleichzeitig ist sie ein Beweis für Bojarschinows technische Meisterschaft und seinen Erfindungsreichtum. Die Klinge dient als Futteral für eine andere Klinge, die leider nicht erhalten ist. Dafür, daß sie tatsächlich als Futteral konzipiert war, sprechen ein Werk von Iwan Buschujew (Z. O. 6895, Katalog-Nr. 45) und ein Säbel von Wilhelm Nikolaus Schaaf aus der Sammlung des Moskauer Historischen Museums (Denissowa, 224–225, Abb. 13).

86
Säbel
1834, Iwan Bojarschinow

Gesamtlänge 92,3 cm, Klingenlänge 78 cm
Inv.-Nr. Z. O. 7020
Herkunft noch nicht endgültig geklärt
Wahrscheinliche Provenienz: ehem. Arsenal von Zarskoje Selo
Erstmalige Ausstellung und Veröffentlichung

Diese Klinge türkischen Typs zieren nahezu über die gesamte Länge Schlachtenszenen, Trophäen und das umkränzte Monogramm »HI« (»NI«). Der Klingenrücken trägt am Gefäß die Inschrift »И. Бояршиновъ. Златоустъ, 1834« (»I. Bojarschinow. Zlatoust, 1834«).

Das Gefäß und die Beschläge der mit Samt überzogenen Scheide sind aus poliertem und durchbrochenem Stahl. Der Griff ist mit beinernen Plättchen eingelegt.

Auch dieser Säbel trägt deutliche Spuren des orientalischen Einflusses, der für das Schaffen Bojarschinows zweifellos prägend war. Aber bei der Verzierung der Klinge ist Iwan Bojarschinow den künstlerischen Grundsätzen treu geblieben, die in Zlatoust bereits im ersten Viertel des 19. Jahrhunderts entstanden waren und auch später noch nachwirkten. Für die Beschläge des Säbels hat er wirkungsvoll geschnittenen und durchbrochenen Stahl verwendet, was dem ganzen Objekt ein besonders festliches Aussehen verleiht. Das Monogramm Kaiser Nikolaus' I. spricht dafür, daß dieser Säbel als Geschenk angefertigt wurde.

87

Säbel

1836, Iwan Bojarschinow

Gesamtlänge 97 cm, Klingenlänge 82 cm
Inv.-Nr. Z. O. 6999
Provenienz: ehem. Arsenal von Zarskoje Selo, eingegangen nach 1840
Ausstellungen: 1839, Gesamtrussische Ausstellung; 1888–1915, Eremitage; 1988, Eremitage
Literatur: Lenz, 292, A-328; Miller, Waffen, 40, Nr. 25

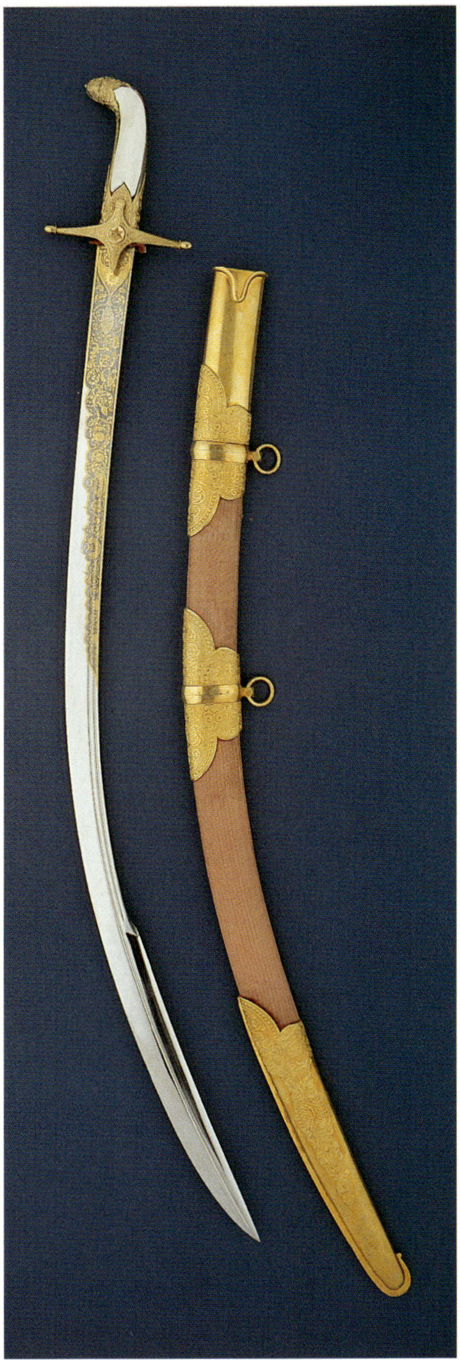

Die Klinge ist mit einem stilisierten vegetabilen Ornament verziert; der Klingenrücken trägt am Gefäß die russische Inschrift »Златоустъ, 1836 года. И. Бояршиновъ.« (»Zlatoust, im Jahre 1836. I. Bojarschinow«). In den Ansatz sind die Buchstaben »E. W.« eingeschlagen.

Das Gefäß besteht aus vergoldeter Bronze und ist mit einem erhabenen Ornament verziert; der Griff ist aus Elfenbein. Die Scheide ist mit Samt überzogen und hat vergoldete Messingbeschläge.

Dieser Säbel ist unter mehreren Gesichtspunkten interessant. Typologisch steht er einer verbreiteten Art persischer Säbel nahe, die Bojarschinow allem Anschein nach häufig zum Vorbild genommen hat. Der Klingendekor hingegen unterscheidet sich von den meisten früheren Arbeiten, da die künstlerische Wirkung in diesem Falle durch den Gegensatz zwischen dem vergoldeten und erhabenen Ornament und der perfekt polierten Oberfläche der Klinge erzielt wird.

Für die Gestaltung der Beschläge wurde getriebene und vergoldete Bronze verwendet, die mit dem Gewebe der Scheide kontrastiert. Dieses Objekt zeigt, daß Iwan Bojarschinow ein suchender und vielseitiger Künstler war.

Die in die Klinge eingeschlagenen Initialen »E. W.« gehören möglicherweise einem Angehörigen der auf das Schmieden von Klingen spezialisierten Familie Wolferz.

88

Jagdmesser

1836, Iwan Bojarschinow (?)

Gesamtlänge 46,1 cm, Klingenlänge 31,3 cm
Inv.-Nr. Z. O. 1614
Herkunft noch nicht endgültig geklärt
Ausstellungen: 1988, Eremitage
Literatur: Miller, Waffen, 42, Nr. 30

Die Klinge ist mit Jagdszenen verziert; der Klingenrücken trägt am Gefäß die Inschrift »Златоустъ, 1836« (»Zlatoust, 1836«).

Der Griff besteht aus naturbelassenem Horn. Die Scheide ist mit Leder überzogen; die versilberten Messingbeschläge zieren Jagdszenen und Jagdattribute.

Vom Äußeren, der Konfiguration und der in Nachahmung von Damaszenerstahl geätzten Oberfläche her handelt es sich bei diesem Messer um eine Nachahmung der bekannten türkischen Jatagane. Der Klingendekor und der Griff aus naturbelassenem Horn unterstreichen die Bestimmung dieses Objekts als Jagdmesser. Naturbelassenes Horn wurde häufig für die Herstellung von Jagdwaffen verwendet.

Das Messer ist nicht signiert, aber sein Stil und die verwendeten Motive rücken es in die Nähe einer Klinge von Iwan Bojarschinow aus dem Jahre 1833, die einen für Jagdmesser typischen Dekor aufweist. Diese Klinge aus der Sammlung des Moskauer Historischen Museums (Denissowa, 228, Abb. 16 und 17) spricht dafür, daß auch das Jagdmesser aus der Sammlung der Eremitage von Iwan Bojarschinow angefertigt wurde.

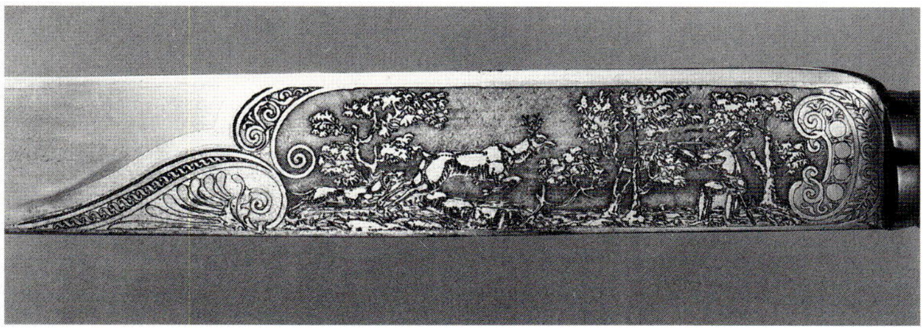

89
Säbel
1843, Iwan Bojarschinow

Gesamtlänge 97 cm, Klingenlänge 84,1 cm
Inv.-Nr. Z. O. 7019
Herkunft noch nicht endgültig geklärt
Wahrscheinliche Provenienz: ehem. Arsenal von Zarskoje Selo
Ausstellungen: 1983, Helsinki, Finnland; 1988, Eremitage; 1990, Malbork, Polen
Literatur: Miller, Asemestareiden, 20, Nr. 43; Tarassuk, JAAS, 216; Tarassjuk, Mitteilungen der Staatlichen Eremitage XXXVII; Miller, Waffen, 40–41, Nr. 26; Miller, Orež, 55, Nr. 113

Die Klinge zieren militärische Trophäen, Standarten, das Allsehende Auge, die Inschrift »Эриванъ. 1 октября 1827 года« (»Jerewan. 1. Oktober 1827«) und die anspruchsvolle Darstellung einer feierlichen Truppenparade. Der Klingenrücken trägt am Griff die Inschrift »И. Бояршиновъ. Златоустъ, 1843 года.« (»I. Bojarschinow. Zlatoust, im Jahre 1843«).

Das Gefäß aus poliertem Stahl ist mit einem erhabenen Ornament verziert; der Griff ist aus geschnitztem Bein. Die Scheide ist mit Samt überzogen, die Gestaltung der Beschläge ist mit der Gestaltung des Gefäßes identisch.

Das Äußere des Säbels, der die getreue Nachahmung eines persischen Musters ist, entspricht seiner Zweckbestimmung als Prunk- und Gedenkwaffe. Mit der reichen Verzierung des Gefäßes und der Scheide, wo der mit einem vergoldeten Ornament verzierte polierte Stahl durch den tiefen Farbton des Gewebes hervorgehoben wird, korrespondiert der prächtige Dekor der Klinge, auf der sich eine anspruchsvolle szenische Darstellung entfaltet. Der Meister hat auf der begrenzten Fläche der Klinge sowohl komplexe Szenen als auch einzelne Episoden dargestellt und erneut bewiesen, daß er ein begabter Künstler war, der die Kunst der Miniaturgravur glänzend beherrschte.

Die Inschriften auf dem Säbel und der Inhalt der szenischen Darstellungen, auf denen russische und persische Truppen zu sehen sind, lassen erkennen, daß Iwan Bojarschinow den russisch-persischen Krieg thematisiert, der mit einem im armenischen Jerewan geschlossenen Friedensvertrag endete. Die Unterzeichnung dieses Vertrags ist gleichfalls auf der Klinge festgehalten. Der Säbel als solcher wurde wohl anläßlich des 15. Jahrestages dieses bedeutsamen Ereignisses angefertigt.

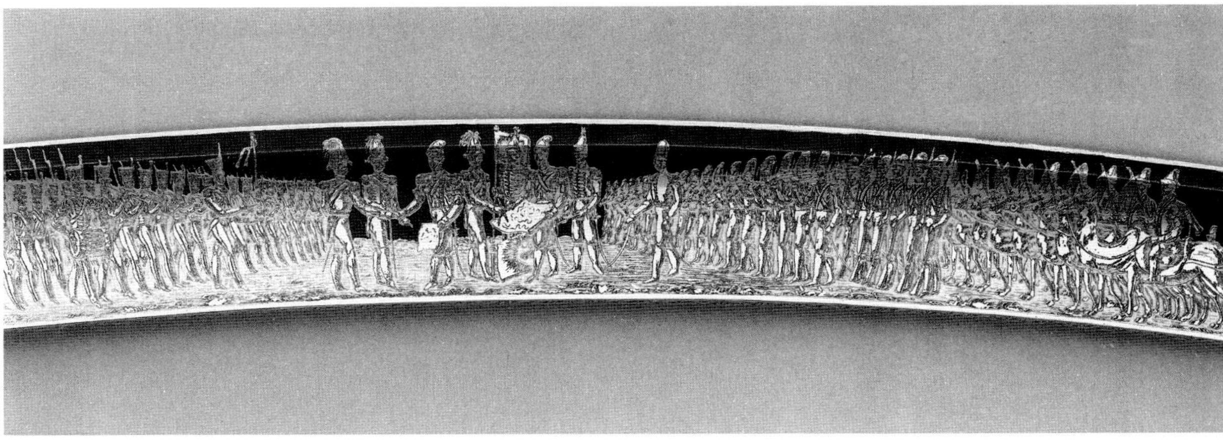

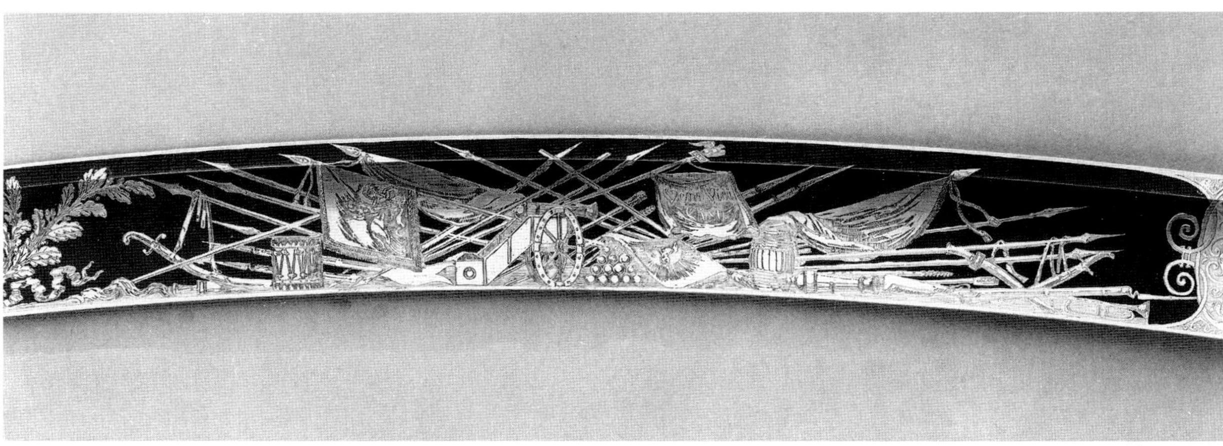

Die Klinge zieren ein stilisiertes vegetabiles Ornament und Profildarstellungen der Häupter eines Kriegers und der Göttin Diana (?).

Der Griff ist aus dunklem geschnitztem Holz; die Beschläge des Griffs und der mit Samt überzogenen Scheide sind aus poliertem, mit einem vergoldeten Ornament verzierten Stahl.

Mit Ausnahme des Mitteleisens geben die Konfiguration der Klinge und die Form des Griffs einen in Rußland bekannten kaukasischen Prototyp wieder. Höchstwahrscheinlich war dieser Dolch für Jagdzwecke bestimmt.

Aufmerksamkeit verdient die hervorragende Ausführung des Objekts. Das leicht erhabene und vergoldete Ornament tritt auf dem polierten und brünierten Grund deutlich hervor. Ein derart vollkommenes Werk konnte nur ein vortrefflicher Waffenschmied und Kunsthandwerker schaffen. Und obwohl der Dolch nicht signiert ist, sprechen der Stil des Dekors, die kunsthandwerkliche Ausführung und insbesondere die sichtbare Nähe zahlreicher Elemente des Dekors zu einem von Iwan Bojarschinow 1843 angefertigten Säbel (Katalog-Nr. 89) dafür, daß es sich auch in diesem Falle um sein Werk, und zwar eines seiner besten, handelt.

90

Dolch

Um 1843, Iwan Bojarschinow (?)

Gesamtlänge 43,1 cm, Klingenlänge 27,3 cm
Inv.-Nr. Z. O. 7684
Provenienz: ehem. Büro für den Schutz von Altertümern und Kunstdenkmälern der Tscheka (Außerordentliche Kommission zum Kampf gegen Konterrevolution und Sabotage), 1919
Ausstellungen: 1983, Helsinki, Finnland; 1984/85, Dresden, DDR; 1988, Eremitage
Literatur: Miller, Asemestareiden, 20, Nr. 44; Miller, Prunkwaffen, Nr. 86; Miller, Waffen, 41, Nr. 27

91

Messer

1843, Iwan Bojarschinow (?)

Gesamtlänge 43 cm, Klingenlänge 31,1 cm
Inv.-Nr. Z. O. 2807
Herkunft noch nicht endgültig geklärt
Ausstellungen: 1988, Eremitage
Literatur: Miller, Waffen, 46, Nr. 37

Die Klinge ziert ein Ornament in Form von Girlanden; auf dem Klingenrücken befindet sich die Inschrift »Златоустъ, 1843 г. Среди покоя защиту дарит для героя« (»Zlatoust, 1843. Im Frieden schenkt es Schutz dem Helden«).

Der Griff und die Beschläge der mit Samt überzogenen Scheide sind aus poliertem, mit einem stilisierten vegetabilen Ornament verzierten Stahl.

Die Verzierung der Klinge mit Girlanden auf brüniertem Grund ist eine Verfahrensweise, die in den dreißiger und frühen vierziger Jahren des 19. Jahrhunderts von den Zlatouster Waffenschmieden häufig angewendet wurde. Eine Abweichung von der Tradition stellt die (im Russischen) gereimte Inschrift dar, deren Inhalt nicht ganz mit diesem für die Jagd bestimmten Messer harmoniert und sich vielleicht durch einen persönlichen Wunsch des Auftraggebers erklären läßt. Für die Form dieses Objekts hat ein bekannter Typ türkischer Jatagane als Vorbild gedient.

Die Klinge aus Damaszenerstahl ziert ein stilisiertes vegetabiles Ornament. Der Griff ist aus poliertem Jaspis. Die mit Samt überzogene Scheide hat Beschläge aus poliertem Stahl, dessen Dekor mit dem der Klinge identisch ist.

Neben der Qualität der Klinge, die aus ausgezeichnetem Zlatouster Damaszenerstahl gefertigt ist, zeichnet sich dieser Dolch durch Eleganz und einen vollendet gestalteten Dekor aus. Das geschnittene und vergoldete Ornament am Klingenansatz und die stilistisch und technisch mit ihm übereinstimmende Verzierung der Scheidenbeschläge bilden eine Einheit, was für den Dekor kaukasischer Dolche (Kindschale) typisch ist.

Die Anlage des Dekors mag wohl bedingt haben, daß die traditionelle Inschrift mit Entstehungszeit und -ort und insbesondere dem Meisternamen nicht auf dem Dolch angebracht werden konnte. Stil und Ausführung dieses Objekts entsprechen aber in weiten Zügen einigen anderen Arbeiten von Iwan Bojarschinow, so daß auch dieser Dolch ihm zugeschrieben werden kann.

92

Dolch (Kindschal)

Um 1840, Iwan Bojarschinow (?)

Gesamtlänge 42,6 cm, Klingenlänge 30,5 cm
Inv.-Nr. Z. O. 2806
Provenienz: ehem. Arsenal von Zarskoje Selo, eingegangen nach 1840
Ausstellungen: 1988, Eremitage; 1990, Riihimäki, Finnland; 1996, Hørsholm, Dänemark
Literatur: Miller, Waffen, 41–42, Nr. 28; Miller, Tsaarien, 18, Nr. 15; Miller, Masterpieces, 77, Nr. 36

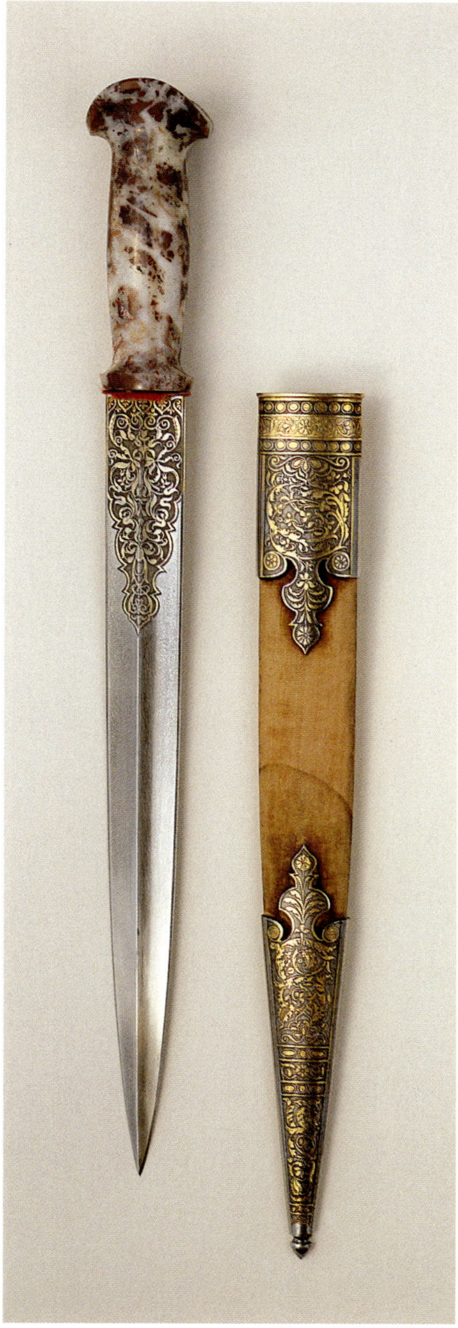

93
Säbel
1829

Gesamtlänge 94 cm, Klingenlänge 81 cm
Inv.-Nr. Z. O. 6914
Herkunft noch nicht endgültig geklärt
Erstmalige Ausstellung und Veröffentlichung

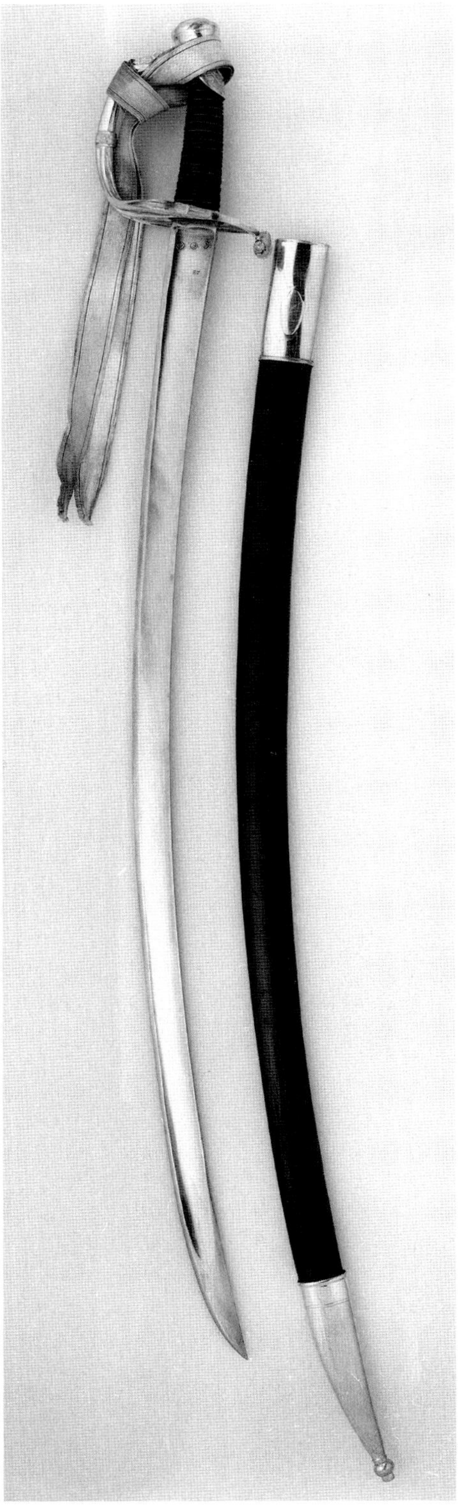

In die Klinge aus poliertem Stahl sind am Ansatz runde Marken mit den Buchstaben »Ц1, Э, О« (»Z1, E, O«) und die Buchstaben »ДВ« (»DW«) eingeschlagen, wobei es sich bei den letzteren um die Initialen des Klingenschmieds handeln kann. Der Klingenrücken trägt am Gefäß die eingravierte Inschrift »Златоустъ 1829 года« (»Zlatoust im Jahre 1829«).

Das Gefäß aus getriebener und vergoldeter Bronze ziert ein erhabenes Ornament; der Griff ist mit Leder überzogen und mit Draht umwickelt. Die Scheide ist mit schwarzem Leder überzogen und hat vergoldete Messingbeschläge.

Vom Typ her handelt es sich bei diesem Stück um einen Offizierssäbel der russischen Armee aus dem ersten Drittel des 19. Jahrhunderts. In dieser Zeit wurden in der Waffenfabrik Zlatoust große Mengen gewöhnlicher reglementierter Waffen für das Militär hergestellt.

94
Säbel
1830

Gesamtlänge 103,1 cm, Klingenlänge 80 cm
Inv.-Nr. Z. O. 7161 (Säbel),
Inv.-Nr. Z. O. 7188 (Scheide)
Herkunft noch nicht endgültig geklärt
Erstmalige Ausstellung und Veröffentlichung

In die aus gewöhnlichem Stahl bestehende Klinge sind am Ansatz die runden Marken »G« und »I« sowie die Initialen »ВЛ« (»WL«) und »МЭ« (»ME«) eingeschlagen.

Das Gefäß ist aus gelbem Messing; in den Bügel sind die runden Marken »6«, »H« und »GD« eingeschlagen. Der Klingenrücken trägt am Gefäß die eingravierte Inschrift »Златоустъ, 1830 года« (»Zlatoust, im Jahre 1830«). Die Scheide ist aus Stahl.

Dieser Säbel ist eine verbreitete Blankwaffe, die im ersten Drittel des 19. Jahrhunderts zur Ausrüstung der russischen Armee gehörte. Eine Aufgabe der Waffenfabrik Zlatoust bestand darin, das Militär mit Tausenden solcher Waffen zu versorgen.

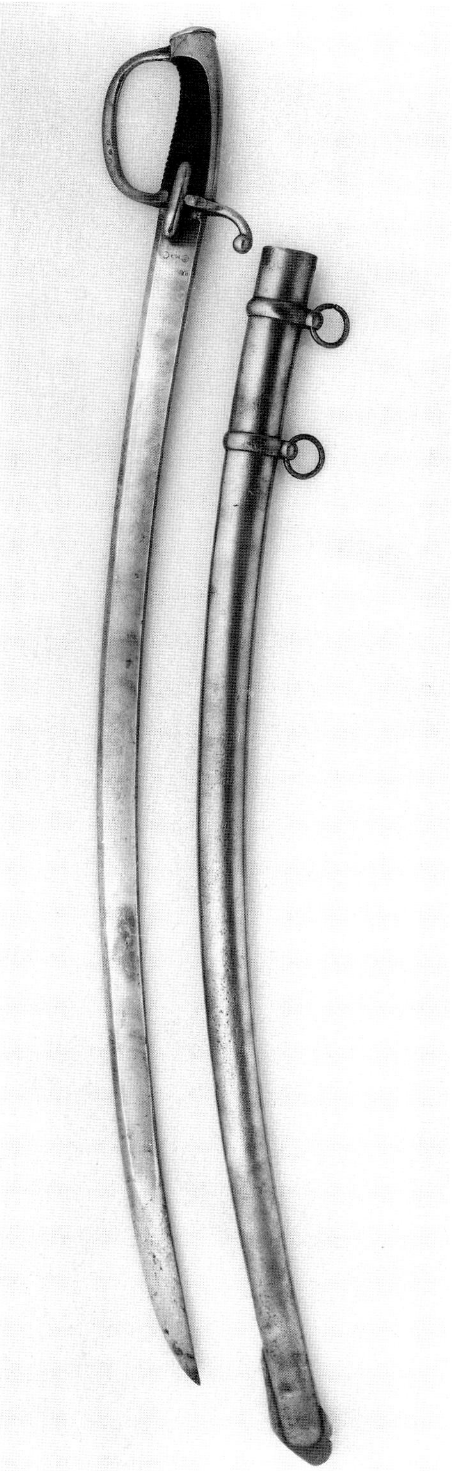

95
Pallasch
1836

Gesamtlänge 114 cm, Klingenlänge 97,5 cm
Inv.-Nr. Z. O. 8022
Scheide Inv.-Nr. 148 W. F. A.
Provenienz: Staatliches Museum für Religionsgeschichte, 1956
Erstmalige Ausstellung und Veröffentlichung

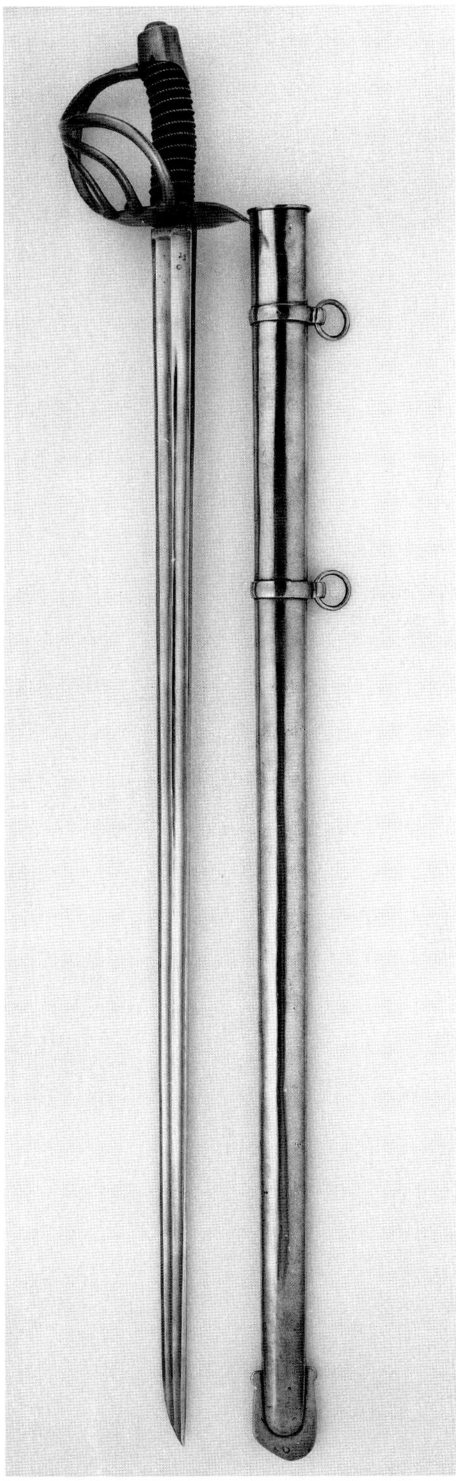

In den Ansatz der Klinge aus poliertem Stahl sind die runde Marke »O« sowie die Marken »T« und »В.Л.« (»W. L.«) eingeschlagen. Der Klingenrücken trägt am Gefäß die Inschrift »Златоустъ февраля 1836 года« (»Zlatoust im Februar des Jahres 1836«).

Das Gefäß ist aus gelbem Messing, der Griff ist mit Leder überzogen und mit Draht umwickelt. Die Scheide ist aus poliertem Stahl.

Dieser Pallasch ist eine russische Militärblankwaffe, die im ersten Drittel des 19. Jahrhunderts zur Ausrüstung der Kürassierregimenter gehörte.

Der Monatsname in der Klingeninschrift weist möglicherweise auf ein bestimmtes Ereignis hin.

96
Pallasch
1837

Gesamtlänge 106 cm, Klingenlänge 92 cm
Inv.-Nr. Z. O. 2149
Herkunft noch nicht endgültig geklärt
Erstmalige Ausstellung und Veröffentlichung

Der Rücken der Klinge aus poliertem Stahl trägt am Gefäß die Inschrift »Златоустъ 1837 года« (»Zlatoust im Jahre 1837«).

Das Gefäß ist aus vergoldetem Messing; der Griff ist mit Leder überzogen und mit Draht umwickelt. Die Scheide ist aus poliertem Stahl.

Bei diesem Pallasch handelt es sich um eine reglementierte Blankwaffe der russischen Armee, die im ersten Drittel des 19. Jahrhunderts zur Ausrüstung der Kürassierregimenter gehörte. Eine der wichtigsten Aufgaben der Waffenfabrik Zlatoust bestand in der Herstellung solcher Pallasche.

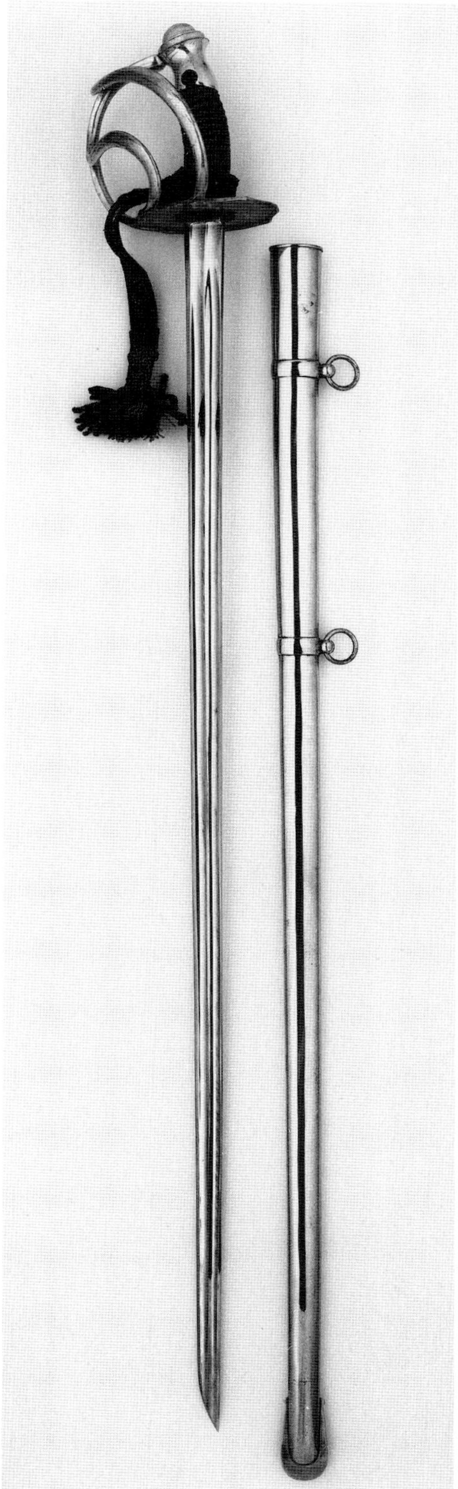

97
Säbel
1837

Gesamtlänge 94 cm, Klingenlänge 79 cm
Inv.-Nr. Z. O. 7000
Herkunft noch nicht endgültig geklärt
Erstmalige Ausstellung und Veröffentlichung

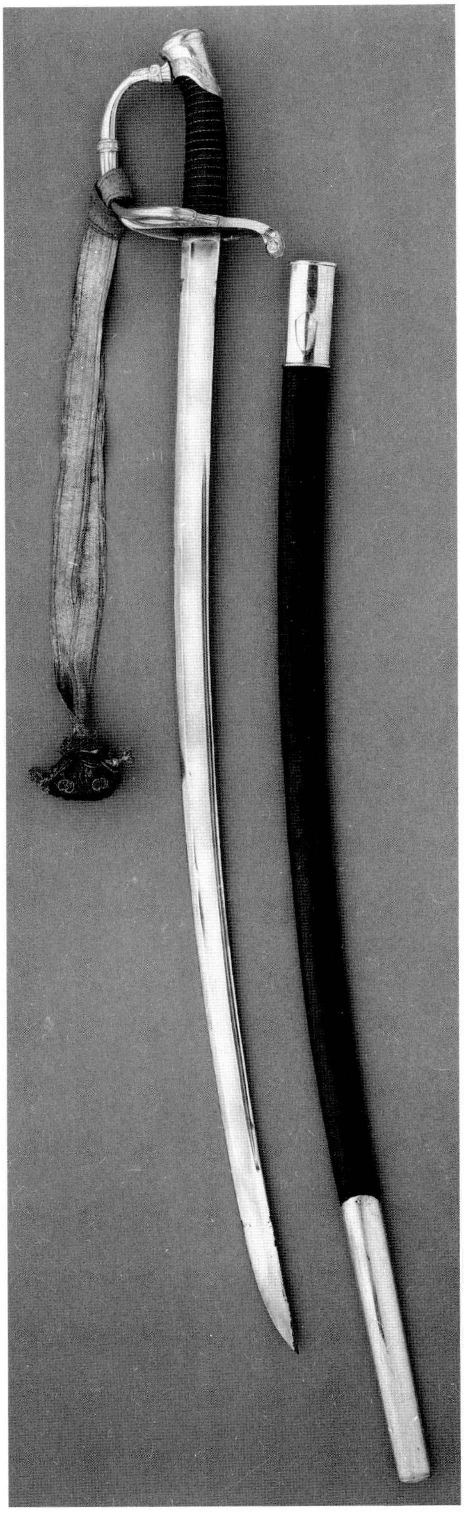

Der Rücken der Klinge aus gewöhnlichem Stahl trägt am Gefäß die Inschrift »Златоустъ, июня 8 дня 1837 года« (»Zlatoust, am 8. Juni des Jahres 1837«).

Das Gefäß ist aus vergoldetem Messing und mit einem getriebenen Ornament verziert; der Griff ist mit Leder überzogen und mit Draht umwickelt. Die Scheide ist aus schwarzem Leder und hat vergoldete Messingbeschläge.

Bei diesem Säbel handelt es sich um eine Offizierswaffe der russischen Armee aus dem ersten Drittel des 19. Jahrhunderts. Die Inschrift auf dem Klingenrücken läßt vermuten, daß er zu den Mustern Zlatouster Waffen gehörte, die Großfürst Alexander Nikolajewitsch, dem Thronerben und späteren Kaiser Alexander II., überreicht wurden, als er Zlatoust während seiner Reise durch Rußland besuchte.

Die Spitze zieren ein stilisiertes vegetabiles Ornament sowie Blitze und Flügel. Der Schaft ist aus poliertem Ebenholz und besteht aus zwei zusammensetzbaren Teilen.

Das Äußere dieses Wurfspießes spricht eigentlich dafür, daß es sich um eine Jagdwaffe handelt. Seine massive Bauart stützt diese Annahme. Richtiger scheint es jedoch, ihn als eine Zierwaffe zu betrachten.

Auf diesem Objekt fehlen die üblichen Inschriften mit Entstehungszeit und -ort, was wohl durch die Form der Spitze und die kleine Schneide bedingt ist.

Der Stil des Dekors und seine kunsthandwerkliche Ausführung entsprechen den Grundsätzen, die 1825 bis 1830 in Zlatoust üblich waren. Dieses Objekt ist ein Unikat; vergleichbare Stücke in anderen Sammlungen sind nicht bekannt.

98

Wurfspieß

1825–1830

Gesamtlänge 101 cm, Länge der Spitze 18,2 cm
Inv.-Nr. Z. O. 7732
Provenienz: ehem. Arsenal von Zarskoje Selo, eingegangen vor 1835
Ausstellungen: 1988, Eremitage
Literatur: Miller, Waffen, 43, Nr. 31

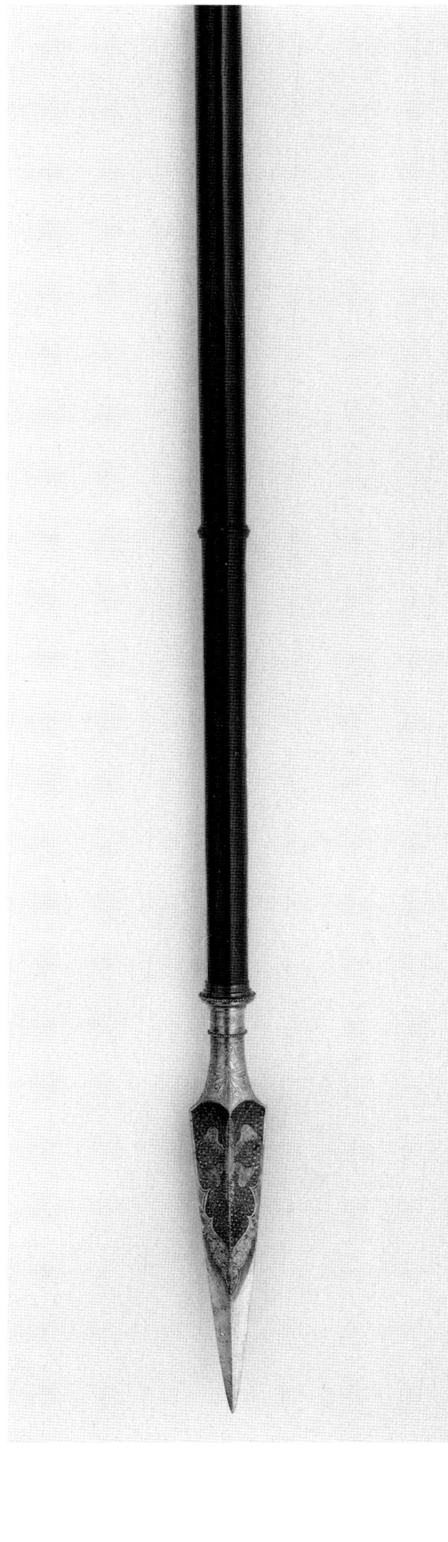

99
Dolch (Kindschal)
1830–1840, Klinge um 1835

Gesamtlänge 54,2 cm, Klingenlänge 34 cm
Inv.-Nr. V. O. 2075
Herkunft noch nicht endgültig geklärt
Erstmalige Ausstellung und Veröffentlichung

Die gerade Klinge aus poliertem Stahl ziert im oberen Drittel der Vorderseite eine achteckige Kartusche, in der sich ein liegender Löwe befindet; auf der Rückseite ist auf einem stilisierten vegetabilen Ornament ein Jäger mit Flinte und Hund dargestellt.

Der Griff ist aus schwarzem Horn; die mit schwarzem Chagrinleder überzogene Scheide hat Beschläge aus getriebenem und geschwärztem Silber.

Konfiguration, Material und Dekor der Beschläge weisen diesen Dolch als bekannte kaukasische Blankwaffe des 19. Jahrhunderts aus. Der Dekor seiner Klinge zeigt jedoch eindeutig, daß sie aus Zlatoust stammt. Ausführung und einzelne Elemente des Klingendekors lassen unschwer traditionelle Zlatouster Motive und Techniken erkennen. Die Figur des Jägers auf einer Seite dieser Waffe erinnert recht deutlich an Arbeiten von Iwan Buschujew oder Iwan Bojarschinow, die die Jagd thematisieren.

Es können nur Vermutungen darüber angestellt werden, wieso dieses Objekt sowohl Zlatouster als auch kaukasische Waffenschmiedekunst in sich vereint – sei es, daß die ursprünglich kaukasische Klinge verlorenging und durch eine Zlatouster ersetzt werden mußte, sei es, daß diese Ausstattung der Zlatouster Klinge im Kaukasus bestellt wurde.

100
Säbel (Klinge von 1837)

Gesamtlänge 94 cm, Klingenlänge 79 cm
Inv.-Nr. Z. O. 6885
Herkunft noch nicht endgültig geklärt
Erstmalige Ausstellung und Veröffentlichung

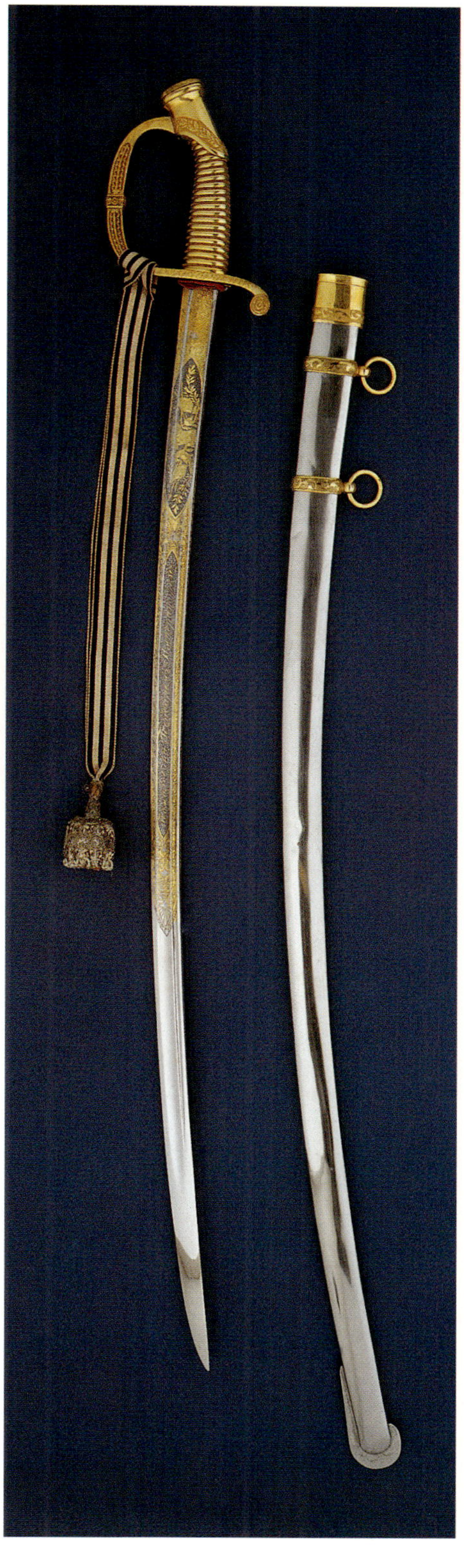

Zwei Drittel der Klinge aus poliertem Stahl zieren längliche Kartuschen, in denen sich Waffen und Rüstungen auf einem Ornament im Empirestil befinden. In identischen Kartuschen befinden sich auch zwei kursiv ausgeführte Inschriften – auf einer Seite »Пожалована Государем Императором« (»Überreicht von Seiner Majestät dem Kaiser«) und auf der anderen »2 Мaия 1837 года« (»2. Mai 1837«).

Das Gefäß aus vergoldetem und geschnittenem Messing trägt die Inschrift »За храбрость« (»Für Tapferkeit«). Die Scheide ist aus poliertem Stahl und hat Verzierungen aus vergoldetem Messing.

Vom Typ her handelt es sich bei diesem Säbel um das sogenannte Modell 1865, eine verbreitete Blankwaffe, die im 19. Jahrhundert zur Ausrüstung der Offiziere der russischen Infanterie gehörte. Allerdings zeigt die Inschrift, daß die Klinge erst zu einem späteren Zeitpunkt für diesen Säbel verwendet wurde. Außerdem handelt es sich bei diesem Objekt um eine Auszeichnungswaffe, wovon eine der Inschriften zeugt.

Die traditionelle Inschrift »Златоустъ« (»Zlatoust«) fehlt, aber der Stil des Dekors erlaubt es, dieses Stück den Meistern der Waffenfabrik Zlatoust zuzuschreiben.

101
Schaschka
1837

Gesamtlänge 92,7 cm, Klingenlänge 72,5 cm
Inv.-Nr. Z. O. 7847
Provenienz: ehem. Arsenal von Zarskoje Selo, eingegangen nach 1837
Ausstellungen: 1888–1915, Eremitage; 1978, Wroclaw, Polen; 1984/85, Dresden, DDR; 1988, Eremitage
Literatur: Lenz, 292, A-206;
Miller, Prunkwaffen, Nr. 85;
Miller, Waffen, 44, Nr. 33

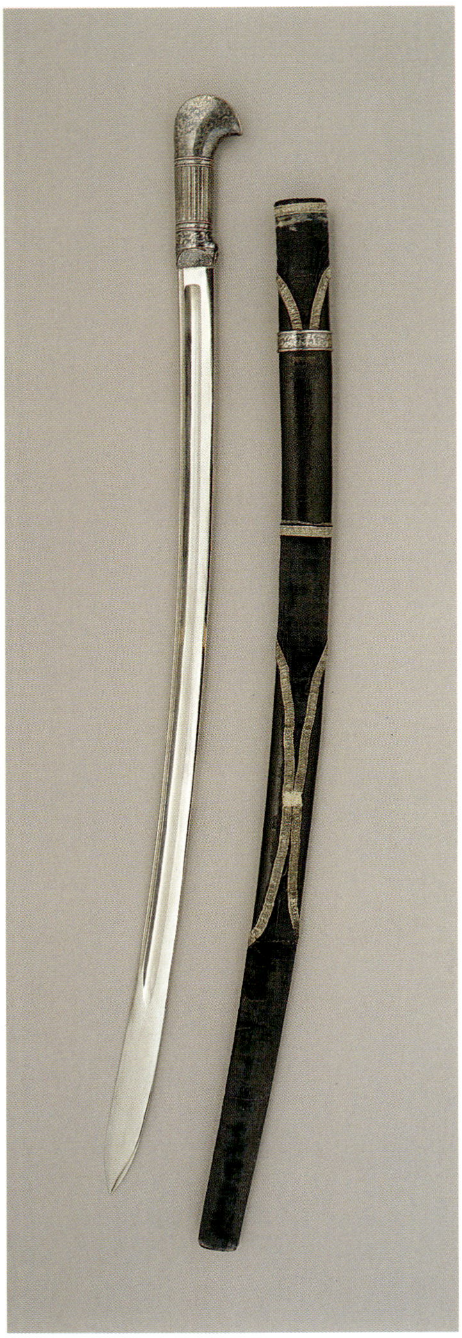

Der Rücken der Klinge aus »Damaszenerstahl« trägt die Inschrift »Златоустъ. Июня 8 дня 1837 года« (»Zlatoust. Am 8. Juni des Jahres 1837«). Der Griff aus poliertem Silber ist mit einem geschwärzten Ornament verziert. Die Scheide ist mit Leder und Samt überzogen.

Diese Schaschka ist die sehr getreue Nachahmung eines bekannten kaukasischen Prototyps. Von anderen Zlatouster Erzeugnissen unterscheidet sie sich dadurch, daß ihre Klinge nicht verziert ist. Eine mögliche Erklärung hierfür liegt in der Absicht, die exzellente Politur des Metalls und die charakteristische Musterung zu verdeutlichen, die die Oberfläche von Damaszenerstahl nachahmt. Die Inschrift auf dem Klingenrücken läßt erkennen, daß diese Schaschka zu den Geschenken gehörte, die Großfürst Alexander Nikolajewitsch anläßlich seines Besuchs in Zlatoust erhalten hat.

102
Säbel
1837

Gesamtlänge 95 cm, Klingenlänge 81 cm
Inv.-Nr. Z. O. 7797
Wahrscheinliche Provenienz: ehem. Arsenal von Zarskoje Selo
Ausstellungen: 1988, Eremitage
Literatur: Miller, Waffen, 43, Nr. 32

Die Klinge besteht aus »Anossowschen« Damaszenerstahl. Der Klingenrücken trägt am Ansatz die Inschrift »Златоустъ 1837 го[да] Іюня 8 дня« (»Zlatoust 1837 8. Juni«). Das Gefäß ist mit einem stilisierten vegetabilen Ornament verziert; der Griff ist aus geschnitztem Elfenbein.

Der Säbel ist einer bekannten persischen Blankwaffe, dem sogenannten Schamschir, nachempfunden und hat eine interessante Klinge, die aus hochwertigem, von Pawel Anossow in Zlatoust hergestelltem Damaszenerstahl geschmiedet ist.

Das exakte Datum auf der Klinge kann mit dem Besuch des Großfürsten Alexander Nikolajewitsch in Verbindung stehen, den er 1837 während seiner Reise durch Rußland der Waffenfabrik Zlatoust abgestattet hat.

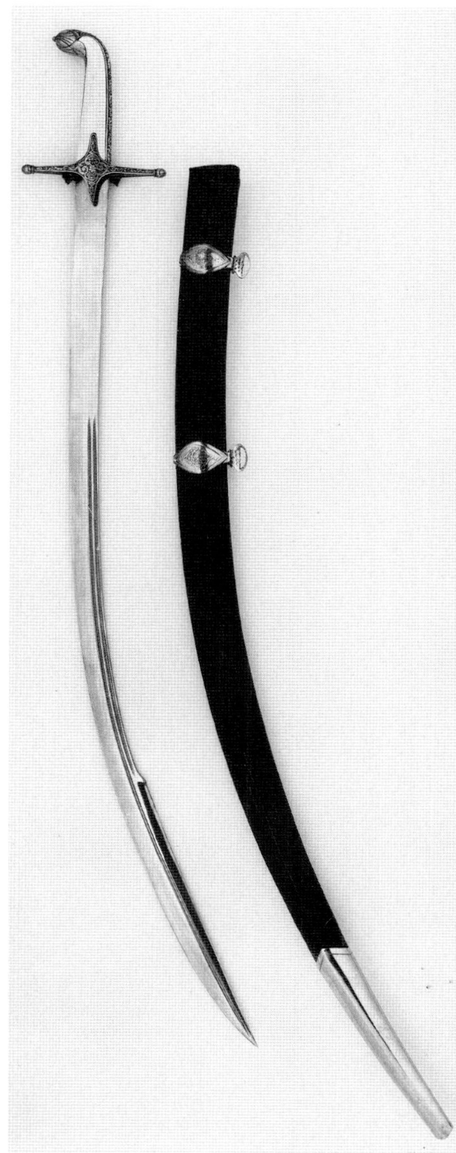

103
Säbel
1835–1840

Gesamtlänge 104,5 cm, Klingenlänge 87 cm
Inv.-Nr. V. O. 72
Wahrscheinliche Provenienz: ehem. Arsenal von Zarskoje Selo
Herkunft noch nicht endgültig geklärt
Erstmalige Ausstellung und Veröffentlichung

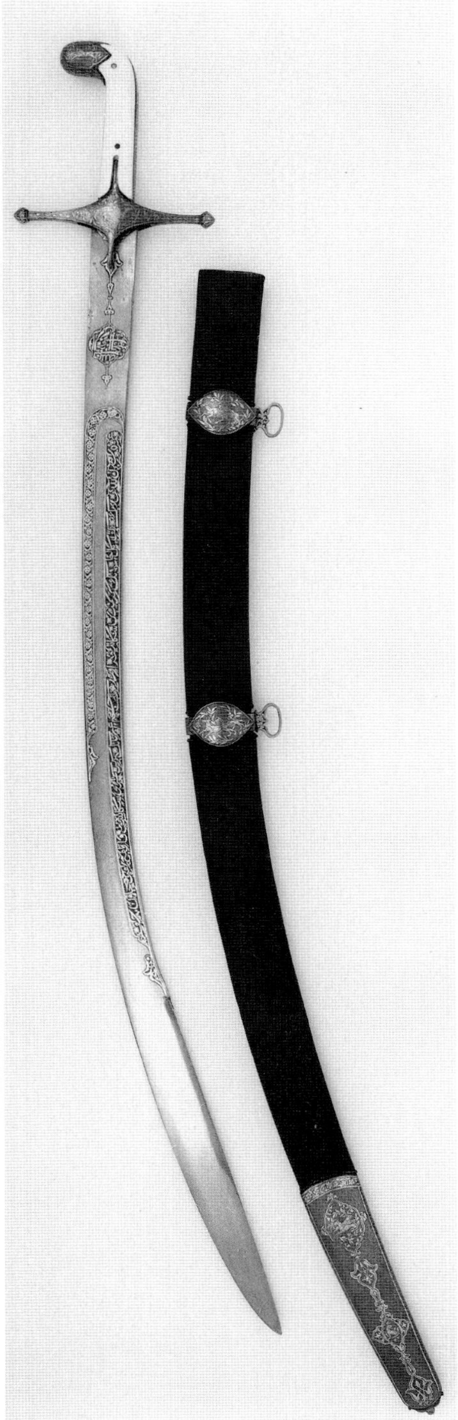

Die Klinge besteht aus Damaszenerstahl orientalischer (kaukasischer oder türkischer) Herkunft. Das Gefäß ist offen; der Griff ist mit poliertem Bein eingelegt. Mitteleisen, Knauf und Teile der Beschläge der mit schwarzem Chagrinleder überzogenen Scheide sind aus poliertem Stahl und mit Goldtausia verziert (Darstellungen von Tieren, die von Lorbeerzweigen und einem stilisierten vegetabilen Ornament umgeben sind).

Dieser Säbel ist unter mehreren Gesichtspunkten interessant. Die meisterhaft aus ausgezeichnetem Damaszenerstahl geschmiedete Klinge des Säbels wurde von einem türkischen, eher noch kaukasischen Waffenschmied gefertigt, obwohl er typologisch dem bekannten persischen »Schamschir« entspricht.

Die größte Anziehungskraft geht jedoch vom Dekor und insbesondere von den die Beschläge zierenden Tieren aus, die lebendig und ausdrucksstark wirken. Dem Stil nach sind sie Darstellungen verwandt, die sich auf einigen Jagdwaffen aus Zlatoust befinden. Es kann vermutet werden, daß die Säbelklinge zwecks weiterer Komplettierung nach Zlatoust gegeben wurde oder, was jedoch weniger wahrscheinlich ist, daß ein orientalischer Waffenschmied ein typisches Sujet wiedergegeben hat, das er von Zlatouster Waffen kannte.

Der Rücken der Klinge aus Damaszenerstahl trägt am Griff die Inschrift »Златоустъ 1839 года« (»Zlatoust im Jahre 1839«).

Der Griff ist aus geschnitztem Bein. Die Beschläge des Griffs und der mit Samt überzogenen Scheide sind aus vergoldetem Silber und haben Einlagen aus Amethysten.

Das Äußere dieses Objekts weist die Merkmale des bekannten türkischen Jatagans auf, insbesondere die S-förmig gekrümmte Klinge und die Form des Griffs. Seine Klinge ist aus Damaszenerstahl geschmiedet, den Pawel Anossow hergestellt hat. Die charakteristische Musterung auf der Oberfläche des Metalls, die aus dünnen, ineinander verflochtenen Linien besteht, ist ein äußeres Kennzeichen für hochwertigen Damaszenerstahl.

Der Dekor des Jatagans, für den vergoldetes Silber und Edelsteine verwendet wurden, entspricht durchaus der üppigen Gestaltung der türkischen Originale.

Der Vergleich dieses Jatagans mit einem anderen, der ähnlich verziert und auch auf 1839 datiert ist und im selben Jahr in Sankt Petersburg auf der »Ausstellung der Leistungen des russischen Gewerbes« ausgestellt wurde, legt die Vermutung nahe, daß auch das Objekt aus der Sammlung der Staatlichen Eremitage für diese Ausstellung angefertigt wurde.

104
Jatagan
1839

Gesamtlänge 82 cm, Klingenlänge 65 cm
Inv.-Nr. Z. O. 7786
Provenienz: ehem. Arsenal von Zarskoje Selo, eingegangen nach 1840
Ausstellungen: 1888–1915, Eremitage; 1988, Eremitage
Literatur: Lenz, 292, C-402; Miller, Waffen, 44, Nr. 34

105
Jatagan
1835–1840

Gesamtlänge 75,5 cm, Klingenlänge 61,5 cm
Inv.-Nr. Z. O. 7813
Provenienz: ehem. sog. Museumsfonds, 1922; früher in der Sammlung der Fürsten Wolkonski
Erstmalige Ausstellung und Veröffentlichung

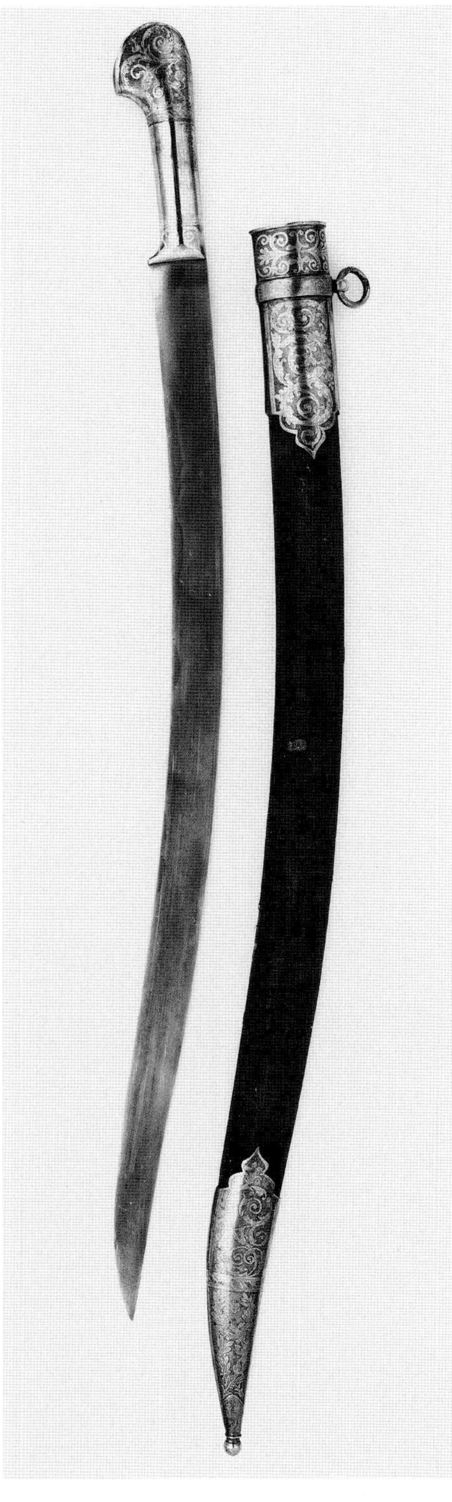

Die Klinge besteht aus poliertem Damaszenerstahl, ist glatt und S-förmig gekrümmt. Der Griff und die Beschläge der mit Samt überzogenen Scheide sind gleichfalls aus poliertem Stahl und mit einem vergoldeten Ornament im Empirestil auf brüniertem Grund verziert.

Dieser Jatagan ist ein typisches Beispiel dafür, auf welche Art und Weise die Zlatouster Meister orientalische Waffen, hier eine bekannte türkische Blankwaffe, nachgeahmt haben.

Die Klinge des Jatagans ist aus hochwertigem Damaszenerstahl geschmiedet, der möglicherweise im Zuge der Forschungen und Versuche von Pawel Anossow entstanden ist. Die Stahlsorte läßt sich in diesem Falle anhand der charakteristischen Musterung aus leicht gewellten Linien bestimmen, die sich auf der Metalloberfläche befinden.

Der Jatagan ist nicht signiert und auch nicht mit der traditionellen, den Herstellungsort nennenden Inschrift versehen, die gewöhnlicherweise auf dem Klingenrücken am Gefäß angebracht wurde. Nichtsdestoweniger weisen Dekor und Technik zweifellos die Herkunft dieses Objekts aus. Der stark abgeriebene Samt und die nicht minder stark abgeriebene Brünierung und Vergoldung lassen uns wissen, daß der Jatagan bestimmungsgemäß, und zwar höchstwahrscheinlich als Jagdwaffe, benutzt wurde.

106
Schaschka
1845

Gesamtlänge 97,5 cm, Klingenlänge 84 cm
Inv.-Nr. Z. O. 7815
Provenienz: ehem. sog. Museumsfonds, 1919 (?); früher in der Sammlung der Herzöge von Leuchtenberg
Erstmalige Ausstellung und Veröffentlichung

Die Klinge aus poliertem Stahl ist am Ansatz mit Halbkartuschen verziert, in denen sich auf einer Seite das russische Staatswappen und auf der anderen Seite Gerätschaften und Werkzeuge sowie die Inschrift »ОКТЯБРЬ« (»OKTOBER«) befinden. Der Klingenrücken trägt am Ansatz die Inschrift »Златоустъ 1845 года« (»Zlatoust im Jahre 1845«).

Der Griff und die Beschläge der mit schwarzem Lackleder beklebten Scheide sind aus glattem und geschwärztem Silber, das mit einem stilisierten vegetabilen Ornament verziert ist.

Obwohl diese Schaschka typologische Ähnlichkeiten mit den kaukasischen Originalen aufweist, ist sie von eindeutig russischer Herkunft. Der Klingendekor und die Inschrift sagen aus, daß sie in Zlatoust entstanden ist. Interessant ist hierbei die Technik, in der die ornamentale Komposition ausgeführt ist. Die Waffenschmiede haben sich für die Tauschierung in Gold entschieden. Früher, im ersten Drittel des 19. Jahrhunderts war das eher untypisch; diese Technik hat sich erst in den vierziger Jahren durchgesetzt.

Die stilistischen Besonderheiten des Ornaments, das den Griff und die Beschläge der Scheide bedeckt, weisen auf einen russischen Kunsthandwerker hin.

Die aus Gerätschaften und Werkzeugen bestehende Komposition weist möglicherweise auf die Beschäftigung des Besitzers dieses Objekts hin. Möglicherweise handelt es sich dabei um einen der Herzöge von Leuchtenberg.

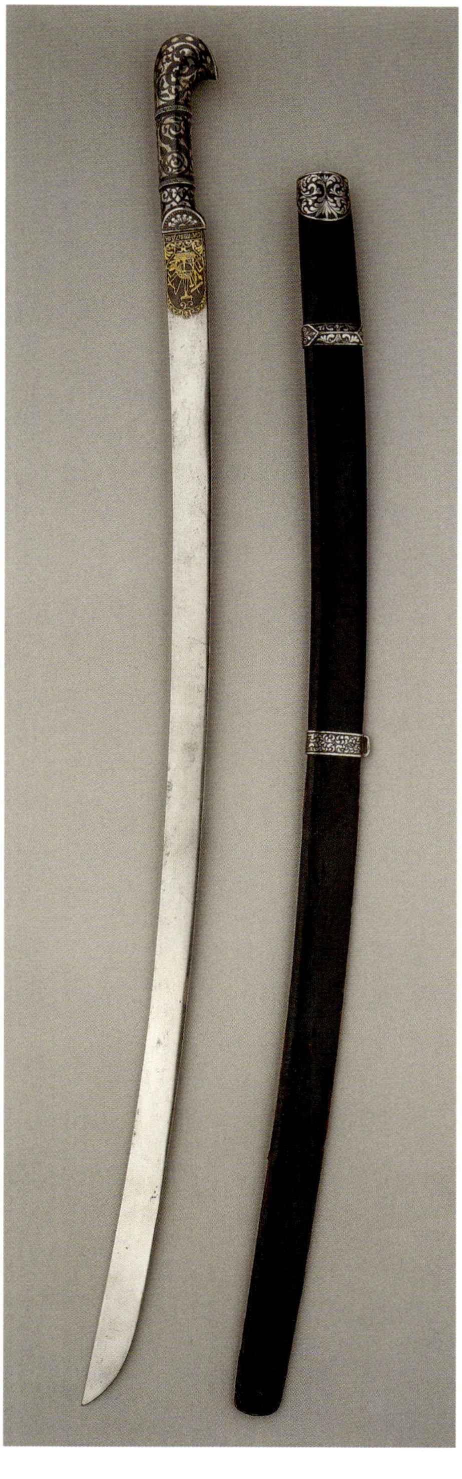

107
Schaschka
1846

Gesamtlänge 96 cm, Klingenlänge 82 cm
Inv.-Nr. Z. O. 7777
Provenienz: ehem. Arsenal von Zarskoje Selo, 1846 aus dem Winterpalais eingegangen
Ausstellungen: 1988, Eremitage
Literatur: Miller, Waffen, 45, Nr. 35

Der Rücken der Klinge aus poliertem Stahl trägt am Griff die Inschrift »Златоустъ 1846 года« (»Zlatoust im Jahre 1846«). Der Griff ist aus Silber und mit einem geschwärzten Ornament verziert. Die Scheide ist mit Lackleder und Samt überzogen.

Diese Schaschka ist ein Zeugnis dafür, wie meisterhaft die Zlatouster Waffenschmiede verschiedene Waffentypen nachzuahmen wußten.

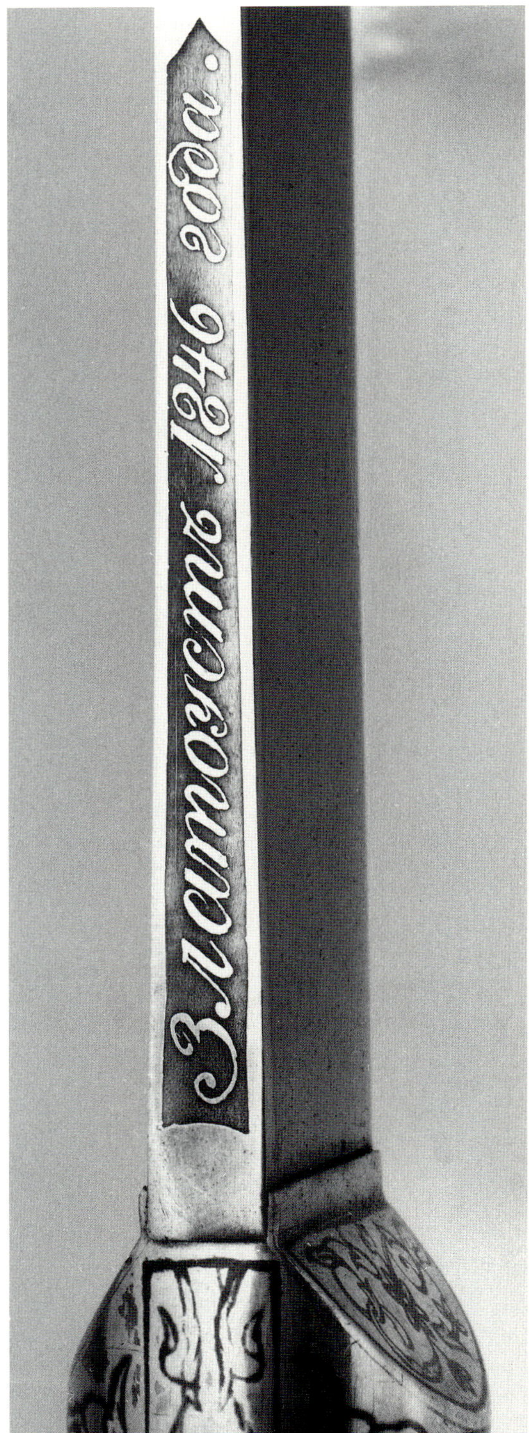

Die Klinge aus poliertem Stahl zieren ein mit Schwärze ausgeführtes vegetabiles Ornament und das Monogramm »K. C. B.« (»K. S. W.«), das in altslawischer Schrift (der sogenannten Kyrilliza) ausgeführt ist. Der Klingenrücken trägt am Griff die in derselben Schrift ausgeführte Inschrift »Aωми гωда Златоустъ«. Der Dekor des Griffs aus poliertem Stahl und der Klingendekor sind identisch.

Der Dekor der Schaschka verdeutlicht den Übergang zu neuen dekorativen Techniken, in diesem Fall die Silberinkrustation, den die Zlatouster Meister in der Mitte des 19. Jahrhunderts vollzogen haben. Von Interesse ist gleichfalls die Jahreszahl (1848), die in altslawischer Zeitrechnung wiedergegeben ist.

108
Schaschka
1848

Gesamtlänge 97 cm, Klingenlänge 82,5 cm
Inv.-Nr. Z. O. 7775
Herkunft noch nicht endgültig geklärt
Ausstellungen: 1988, Eremitage
Literatur: Miller, Waffen, 45, Nr. 36

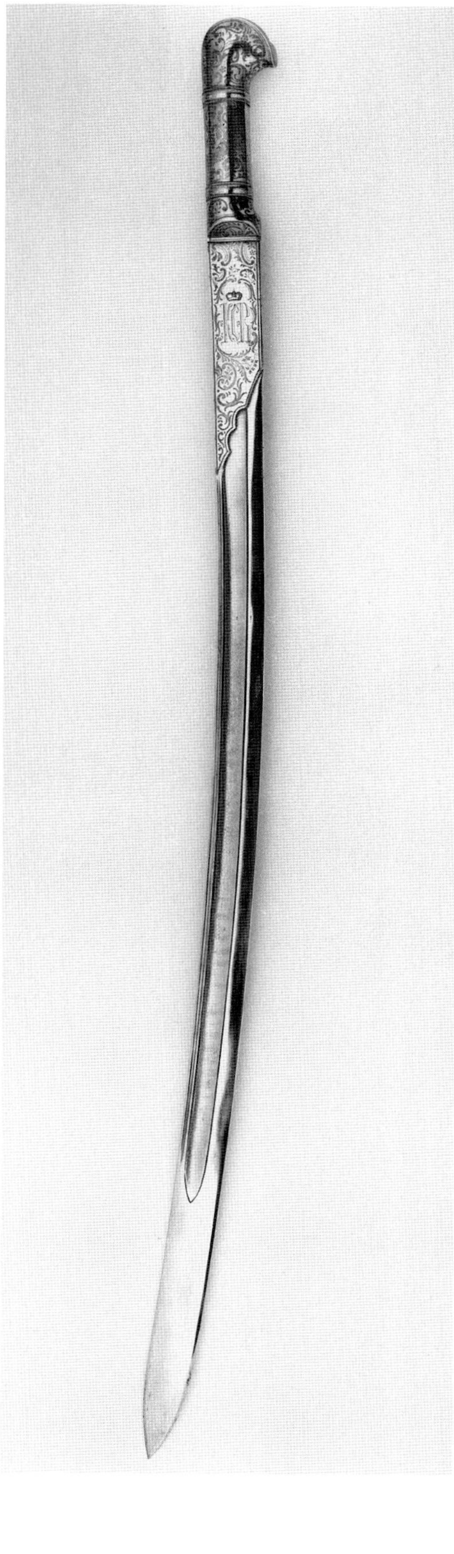

109
Säbel
1850

Gesamtlänge 45 cm, Klingenlänge 35 cm
Inv.-Nr. Z. O. 4660
Herkunft noch nicht endgültig geklärt
Erstmalige Ausstellung und Veröffentlichung

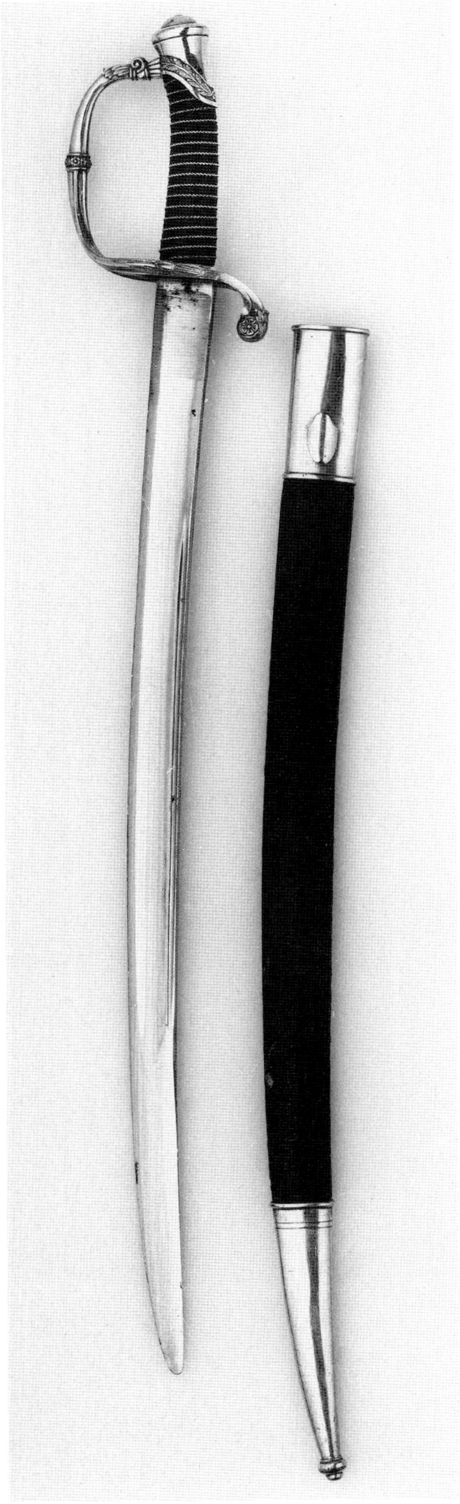

In den Rücken der Klinge aus glattem, poliertem Stahl ist am Ansatz die kursiv ausgeführte Inschrift »Златоустъ, 1850 года« (»Zlatoust, im Jahre 1850«) eingeätzt.

Das Gefäß aus vergoldeter Bronze ist mit einem getriebenen und geschnittenen Ornament verziert; der Griff ist mit Leder überzogen und mit Draht umwickelt. Die Scheide ist mit Lackleder überzogen und hat vergoldete Messingbeschläge.

Dieser Säbel ist die verkleinerte Kopie der bekannten russischen Blankwaffe Modell 1826, mit der Offiziere der Infanterie ausgerüstet waren. Bei diesem Stück handelt es sich eindeutig um eine Kinderwaffe, wofür nicht nur die Abmessungen, sondern auch die Kerben in der Schneide sprechen.

Die einzige Verzierung der Klinge besteht in der prächtigen Politur, von der sich die eingeätzte Inschrift deutlich abhebt. Diese Kombination von Ätzung und Politur setzte sich in den fünfziger bis siebziger Jahren des 19. Jahrhunderts in Zlatoust durch.

110
Säbel
1851

Gesamtlänge 70 cm, Klingenlänge 60 cm
Inv.-Nr. Z. O. 2018
Herkunft noch nicht endgültig geklärt
Erstmalige Ausstellung und Veröffentlichung

In den Rücken der Klinge aus glattem, poliertem Stahl ist am Ansatz die kursiv ausgeführte Inschrift »Златоустъ 1851 года« (»Zlatoust im Jahre 1851«) eingraviert.

Das Gefäß aus vergoldeter Bronze ist mit einem getriebenen vegetabilen Ornament verziert. Der Griff ist mit Leder überzogen und mit Draht umwickelt; die Scheide ist mit Lackleder überzogen und hat vergoldete Messingbeschläge.

Wie beim vorhergehenden Objekt (Z. O. 4660, Katalog-Nr. 109) handelt es sich hierbei um einen Kindersäbel, der eine exakte Nachahmung des Offizierssäbels Modell 1826 darstellt.

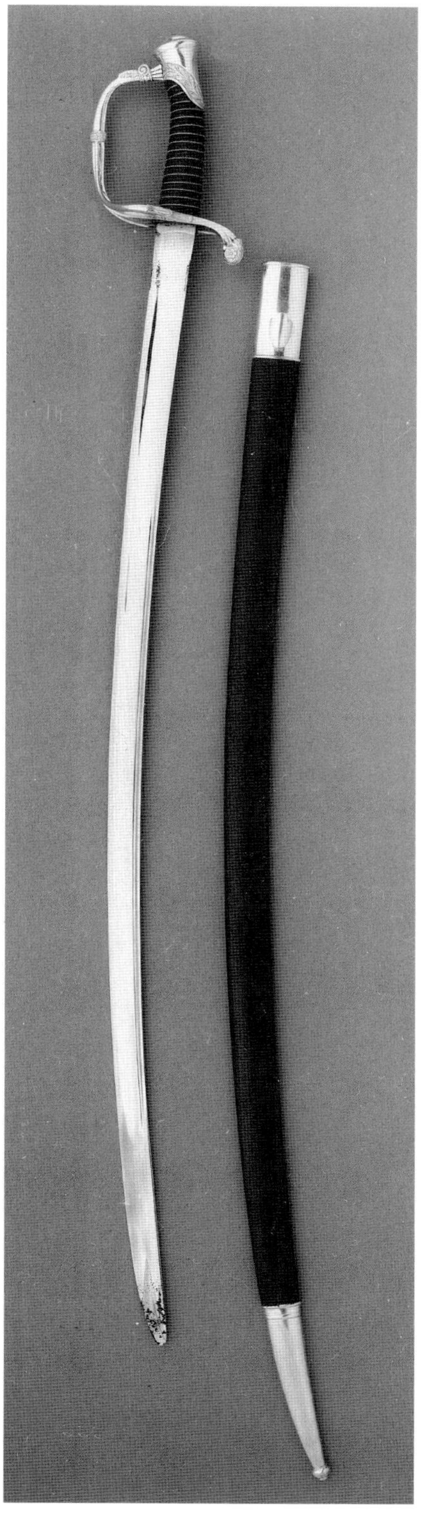

111
Säbel
1851

Gesamtlänge 97,2 cm, Klingenlänge 83,5 cm
Inv.-Nr. Z. O. 8135
Provenienz: Museum für Geschichte, Dnepropetrowsk, UdSSR, 1957
Erstmalige Ausstellung und Veröffentlichung

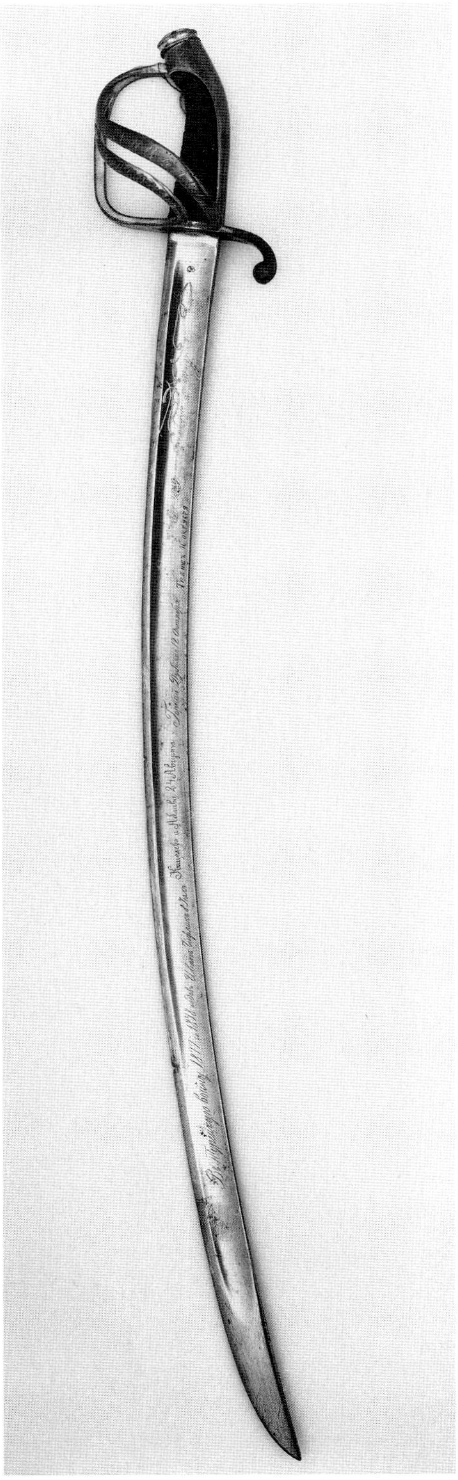

Die Klinge ist aus glattem, poliertem Stahl; sie trägt beidseitig russische Inschriften, die sich auf den russisch-türkischen Krieg 1877/78 beziehen, und nachträglich eingraviert wurden. In den Klingenrücken ist am Ansatz die kursiv ausgeführte Inschrift »Златоустъ. сентября 1851 года« (»Zlatoust. Im September des Jahres 1851«) eingraviert. In die rechte Seite sind die runden Marken »3°«, »G« und »H« eingeschlagen.

Das Gefäß ist aus vergoldeter Bronze; in die Bügel des Gefäßes ist die Inschrift »За храбрость« (»Für Tapferkeit«) eingraviert. Am Ende des Mitteleisens befindet sich die eingeschlagene Inschrift »П. А. Фокинъ С. Петербургъ« (»P. A. Fokin St. Petersburg«). Der Griff ist mit Schlangenhaut überzogen und mit Draht umwickelt. Die Scheide fehlt.

Bei diesem Säbel handelt es sich um eine Blankwaffe, die in der ersten Hälfte des 19. Jahrhunderts zur Ausrüstung der russischen Armee gehörte. Die sie zierenden Inschriften lassen sie gleichermaßen zu den Auszeichnungs- und zu den Gedenkwaffen zählen. Das Äußere des Säbels weist darauf hin, daß er häufig gemäß seiner direkten Zweckbestimmung eingesetzt wurde.

Darüber hinaus ist dieses Objekt auch als eines der seltenen Exemplare Zlatouster Waffen aus den fünfziger Jahren des 19. Jahrhunderts interessant.

Die Klinge aus poliertem Stahl ist mit Kriegerrüstungen auf einem stilisierten vegetabilen Ornament verziert. Der Klingenrücken trägt am Gefäß die Inschrift »Л. П. О. Златоустъ 1856 года« (»L. P. O. Zlatoust im Jahre 1856«).

Das Gefäß ist aus vergoldetem Messing; der Griff ist mit Leder überzogen und mit Draht umwickelt. Die Scheide ist aus schwarzem Lackleder und hat vergoldete Messingbeschläge.

Von ihrer Konstruktion her stellt diese Schaschka die Kosakenwaffe Modell 1838 dar. Die Inschrift weist darauf hin, daß ihre Klinge aus einer besonderen Stahlsorte angefertigt wurde, die Pawel Obuchow hergestellt hat.

112
Schaschka
1856

Gesamtlänge 97 cm, Klingenlänge 82,2 cm
Inv.-Nr. Z. O. 6969
Herkunft noch nicht endgültig geklärt
In den alten Inventarverzeichnissen als zum Ankleidezimmer Kaiser Alexanders II. gehörend verzeichnet
Ausstellungen: 1988, Eremitage
Literatur: Miller, Waffen, 46–47, Nr. 39

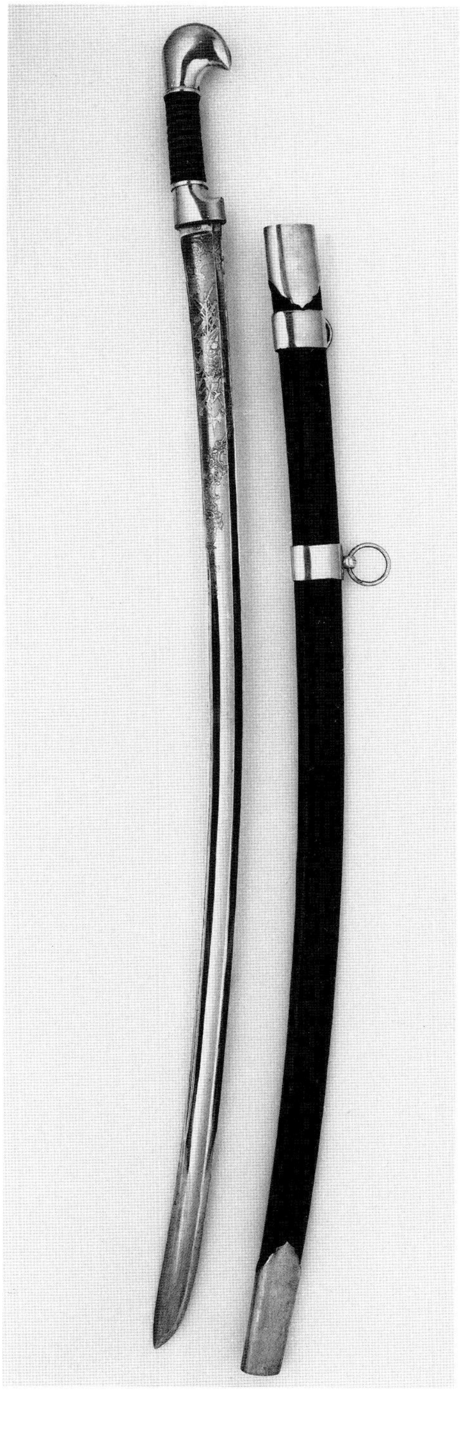

113
Pallasch
1857

Gesamtlänge 87 cm, Klingenlänge 73 cm
Inv.-Nr. Z. O. 1435
Herkunft noch nicht endgültig geklärt
Erstmalige Ausstellung und Veröffentlichung

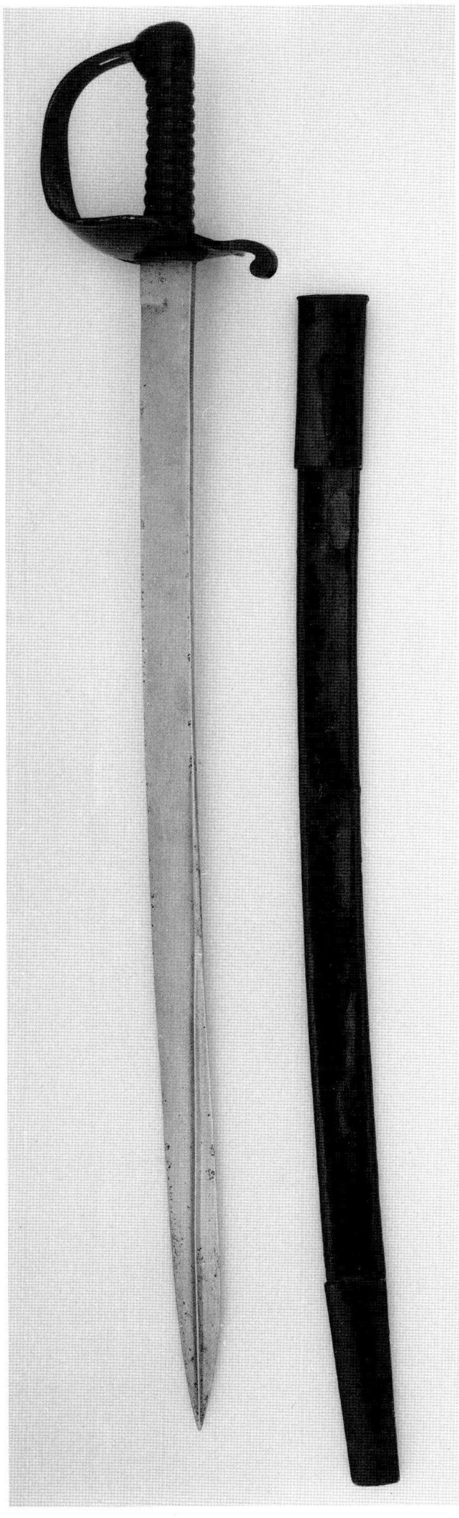

Die Klinge ist fast gerade, glatt und hat eine verstärkte Spitze. In den Ansatz ist rechts der Buchstabe »S« in einem Kreis und links der Buchstabe »J«, gleichfalls in einem Kreis, eingeschlagen. Der Klingenrücken trägt am Gefäß die eingravierte Inschrift »Златоустъ 1857 года« (»Zlatoust im Jahre 1857«).

Das Gefäß ist geschlossen, aus Metall und mit schwarzer Farbe bedeckt. In das Stichblatt sind die punktierten Zahlen »15« und »4« eingeschlagen. Die Scheide ist mit Lackleder überzogen und hat metallene Beschläge, die gleichfalls mit schwarzer Farbe bedeckt sind.

Bei diesem Objekt handelt es sich um den Enterpallasch Modell 1856, eine Blankwaffe, die in der Mitte des 19. Jahrhunderts zur Ausrüstung der russischen Kriegsmarine gehörte. Aufgrund ihrer Zweckbestimmung trägt diese Waffe keinerlei Verzierungen.

Dieses Objekt ist von Interesse, weil es die typologische Vielfalt der Waffen widerspiegelt, die in der Waffenfabrik Zlatoust hergestellt wurden, und ein Beispiel für die relativ seltenen Muster aus den fünfziger Jahren des 19. Jahrhunderts ist.

Die Klinge besteht aus sogenanntem Damaszenerschweißstahl. Ihre Oberfläche ist so geätzt, daß sie die Musterung von echtem Damaszenerstahl nachahmt. Der Klingenrücken trägt am Ansatz die kursiv eingeätzte Inschrift »Златоустъ 1860 года« (»Zlatoust im Jahre 1860«).

Das Gefäß aus vergoldeter Bronze ist mit einem getriebenen Ornament verziert; der Griff ist mit Draht umwickelt. Die Scheide ist mit Lackleder überzogen und hat Beschläge aus Metall, die mit schwarzer Farbe bedeckt sind.

Degen dieser Art gehörten in der Mitte des 19. Jahrhunderts zur Bewaffnung der Offiziere der russischen Infanterie. Bemerkenswert ist die Tatsache, daß die Klinge aus Stahl geschmiedet ist, der den berühmten orientalischen Damaszenerstahl nachahmt. Zu diesem Zwecke wurde ihre Oberfläche auch so geätzt, daß sie die charakteristische Musterung aus dünnen, ineinander verschlungenen Linien trägt.

114
Degen
1860

Gesamtlänge 91 cm, Klingenlänge 79 cm
Inv.-Nr. Z. O. 6955
Herkunft noch nicht endgültig geklärt
Erstmalige Ausstellung und Veröffentlichung

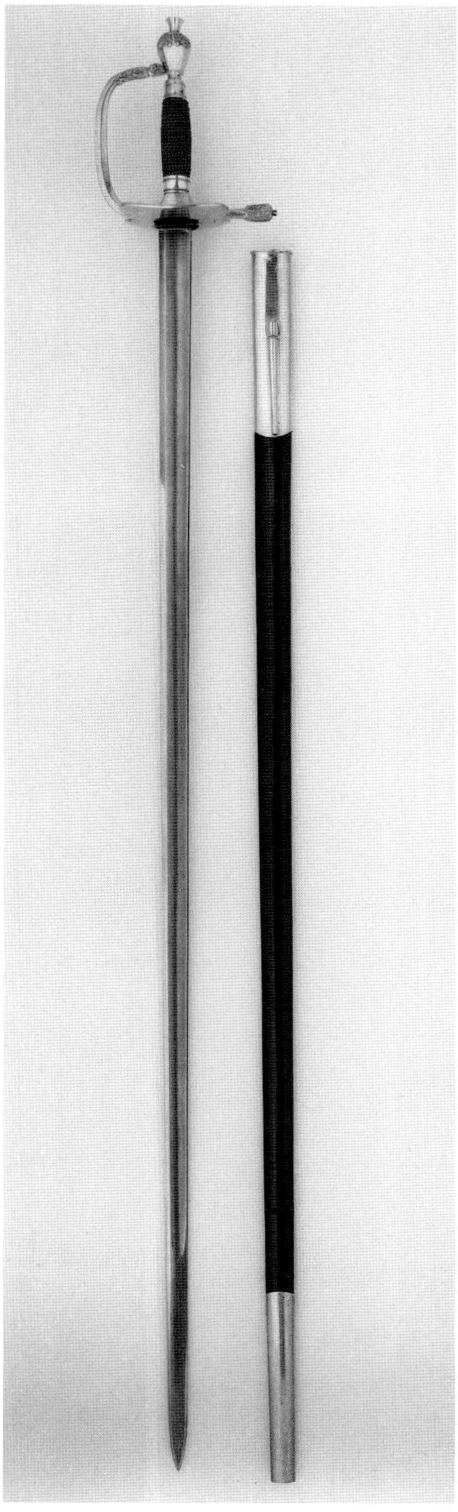

115
Pallasch
1860

Gesamtlänge 109 cm, Klingenlänge 94,1 cm
Inv.-Nr. Z. O. 1979
Herkunft noch nicht endgültig geklärt
Ausstellungen: 1988, Eremitage
Literatur: Miller, Waffen, 48–49, Nr. 43

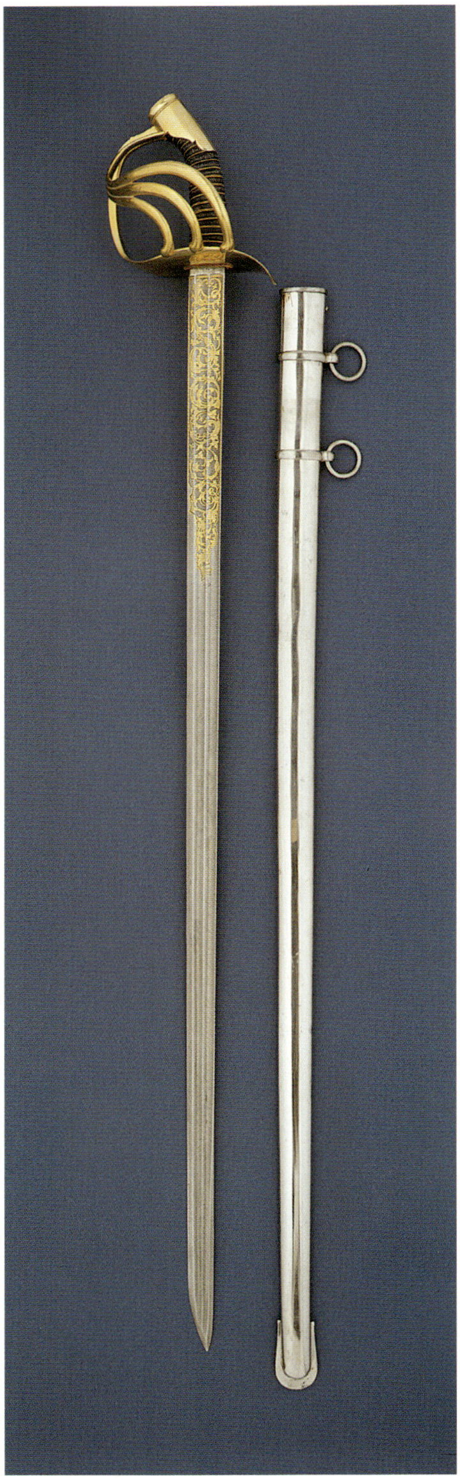

Die Klinge ist mit einem stilisierten vegetabilen Ornament verziert. Der Klingenrücken trägt am Ansatz die russische Inschrift »Златоустъ, 1860 г.« (»Zlatoust, 1860«).

Das Gefäß ist aus vergoldeter Bronze, die Scheide aus poliertem Stahl.

Solche Pallasche gehörten in der zweiten Hälfte des 19. Jahrhunderts zur Bewaffnung der Offiziere der russischen Kavallerie. Der Klingendekor eines vergoldeten Ornaments, das sich wirkungsvoll von dem geätzten, die Musterung von Damaszenerstahl nachahmenden Grund abhebt, spiegelt das Innovative in Technik und Stil der Zlatouster Waffenschmiedekunst in den sechziger Jahren des 19. Jahrhunderts wider.

Die Klinge ist mit figürlichen Kartuschen verziert. In einer Kartusche befinden sich die Inschrift »Златоустъ. 1860 г. Литой стали« (»Zlatoust. 1860. Gußstahl«) sowie die gekrönten Initialen »П. О.« (»P. O.«).

Das Gefäß ist aus glattem Silber mit durchbrochenen vergoldeten Auflagen. Die Scheide ist mit Samt überzogen, der Dekor ihrer Beschläge ist mit dem des Griffs identisch.

Der Dekor dieser Schaschka weist einige neue Elemente auf, die in den sechziger Jahren im Schaffen der Zlatouster Meister entstanden sind. So baut zum Beispiel die Gestaltung der Klinge auf der Kombination des prachtvoll polierten Metalls und der sich davon deutlich abhebenden vergoldeten Kartuschen auf.

Für die Verzierung der Beschläge wurde eine ungewöhnliche Technik verwendet. Es handelt sich hierbei um die Kombination eines aufgelegten Ornaments mit glattem Grund aus Silber und Samtgewebe. Die Initialen auf der Klinge stehen für Pawel Obuchow.

Es existiert nur eine einzige Schaschka, die diesem Objekt ähnlich ist, und zwar in der Sammlung des Petersburger Artilleriemuseums.

116
Schaschka
1860

Gesamtlänge 93,9 cm, Klingenlänge 80,2 cm
Inv.-Nr. Z. O. 7239
Herkunft noch nicht endgültig geklärt
Ausstellungen: 1981, Eremitage; 1983, Helsinki, Finnland; 1984/85, Dresden, DDR; 1988, Eremitage
Literatur: Miller, Metall, 46, Nr. 165; Miller, Asemestareiden, 20, Nr. 45; Miller, Prunkwaffen, Nr. 91; Miller, Waffen, 47, Nr. 40

117
Dolch (Kindschal)
1860

Gesamtlänge 33,3 cm, Klingenlänge 21,5 cm
Inv.-Nr. Z. O. 1616
Provenienz: Marmorpalais, 1926
Ausstellungen: 1981, Eremitage; 1983, Helsinki, Finnland; 1984/85, Dresden, DDR; 1988, Eremitage
Literatur: Miller, Metall, 46, Nr. 169; Miller, Asemestareiden, 22, Nr. 47; Miller, Prunkwaffen, Nr. 89; Miller, Waffen, 48, Nr. 42

Die Klinge ist mit figürlichen Kartuschen verziert, in denen sich die Inschrift »Златоустъ, 1860 г. Литой стали« (»Zlatoust, 1860. Gußstahl«), die gekrönten Initialen »П. О.« (»P. O.«) sowie die gleichfalls gekrönten Buchstaben »В. К. К. Н.« (»W. K. K. N.«) befinden.

Die Ausführung von Griff und Scheide ist mit den Katalog-Nrn. 116 und 118 identisch.

Das Äußere dieses Dolchs erinnert an kaukasische Muster, es handelt sich aber wohl um eine Extrawaffe. Die Initialen »П. О.« (»P. O.«) lassen sich als Pawel Obuchow lesen, während die Buchstaben »В. К. К. Н.« (»W. K. K. N.«) für Titel sowie Vor- und Vatersnamen des Großfürsten Konstantin Nikolajewitsch stehen. Die absolut identische Ausstattung aller drei Objekte, die damit eine Garnitur bilden, spricht dafür, daß Schaschka, Pallasch und Dolch aus dem kaiserlichen Marmorpalast stammen, in dem sich Urkunden zufolge bis 1926 eine Waffensammlung befunden hat.

118
Pallasch
1860

Gesamtlänge 85 cm, Klingenlänge 72,1 cm
Inv.-Nr. Z. O. 6973
Herkunft noch nicht endgültig geklärt
Ausstellungen: 1981, Eremitage; 1983, Helsinki, Finnland; 1984/85, Dresden, DDR; 1988, Eremitage
Literatur: Miller, Metall, 46, Nr. 165; Miller, Asemestareiden, 20, Nr. 46; Miller, Prunkwaffen, Nr. 90; Miller, Waffen, 47–48, Nr. 41

Die Klinge zieren Darstellungen von Seeschlachten, Trophäen, die gekrönten Initialen »В. К. К. Н.« (»W. K. K. N.«) und der russische Doppeladler. Der Klingenrücken trägt am Gefäß die Inschrift »Лит. Ст. Обуховъ. Златоустъ 1860 г.« (»G[uß] St[ahl]. Obuchow. Zlatoust 1860«). Der Dekor von Gefäß und Scheide ist mit dem Dekor der Katalog-Nrn. 117 und 116 identisch.

Wie die Schaschka, so zeugt auch dieser Pallasch von der Suche der Zlatouster Meister nach neuen dekorativen Techniken in den sechziger Jahren des 19. Jahrhunderts.

In diesem Fall baut die künstlerische Wirkung des Klingendekors auf feinster Gravur auf, die mit der polierten und matten Oberfläche des Metalls kombiniert wird.

Die maritimen Darstellungen, die Staatssymbole (Adler und Krone) sowie insbesondere die Initialen weisen darauf hin, daß dieser Pallasch und möglicherweise auch Schaschka und Dolch (Katalog-Nrn. 116 und 117) als Geschenk für den Großfürsten Konstantin Nikolajewitsch angefertigt wurden, der die russische Kriegsmarine befehligte.

Die Abkürzung am Anfang der Inschrift, die sich auf dem Klingenrücken am Gefäß befindet, ist als »Gußstahl« zu lesen und steht für eine Metallsorte, die Pawel Obuchow entwickelt hat.

119
Jatagan
1861

Gesamtlänge 64,1 cm, Klingenlänge 49 cm
Inv.-Nr. Z. O. 7801
Herkunft noch nicht endgültig geklärt
Ausstellungen: 1981, Eremitage; 1984/85, Dresden, DDR; 1988, Eremitage
Literatur: Miller, Metall, 46, Nr. 166; Miller, Prunkwaffen, Nr. 92; Miller, Waffen, 49, Nr. 44

Die Klinge ist mit figürlichen Kartuschen verziert; in einer befinden sich die eingravierte Inschrift »Златоустъ, 1861 г. Литой стали« (»Zlatoust, 1861. Gußstahl«) und die gekrönten Initialen »П. О.« (»P. O.«).

Der Griff und die Beschläge der mit Samt überzogenen Scheide sind aus vergoldeter Bronze und mit einem getriebenen vegetabilen Ornament verziert.

Dieser Jatagan, dessen allgemeine Konfiguration und Details türkische Prototypen nachahmen, trägt Merkmale der eigenständigen kreativen Art der Zlatouster Meister, die sich insbesondere im Dekor der Klinge äußert, auf der sich die vergoldeten Kartuschen wirkungsvoll von der perfekt polierten Oberfläche des Stahls abheben. Dem Klingendekor entspricht auch die Gestaltung der Beschläge. Hier ist besonders die farblich prachtvolle und harmonische Kombination des erhabenen vergoldeten Ornaments mit dem blauen Ton des Samtgewebes hervorzuheben.

Die Initialen »П. О.« (»P. O.«) verweisen auf Pawel Obuchow. Da der Jatagan in der Mitte des 19. Jahrhunderts nicht mehr zu militärischen Zwecken verwendet wurde, kann angenommen werden, daß er höchstwahrscheinlich für die Jagd bestimmt war.

Der Rücken der Klinge aus poliertem Stahl trägt am Gefäß die eingravierte Inschrift »Златоустъ 1866 года« (»Zlatoust im Jahre 1866«).

Das Gefäß und die Beschläge der mit Samt überzogenen Scheide sind aus vergoldeter Bronze und mit einem getriebenen vegetabilen Ornament verziert. Der Griff ist aus Elfenbein.

Die Konfiguration der Klinge und die Form des Gefäßes dieses Säbels entsprechen einem bekannten persischen Säbel, und zwar dem sogenannten Schamschir, obwohl der Stil des Dekors (die polierte Klinge und die Ornamentierung der Beschläge) für Zlatouster Waffen der sechziger und frühen siebziger Jahre des 19. Jahrhunderts typisch ist.

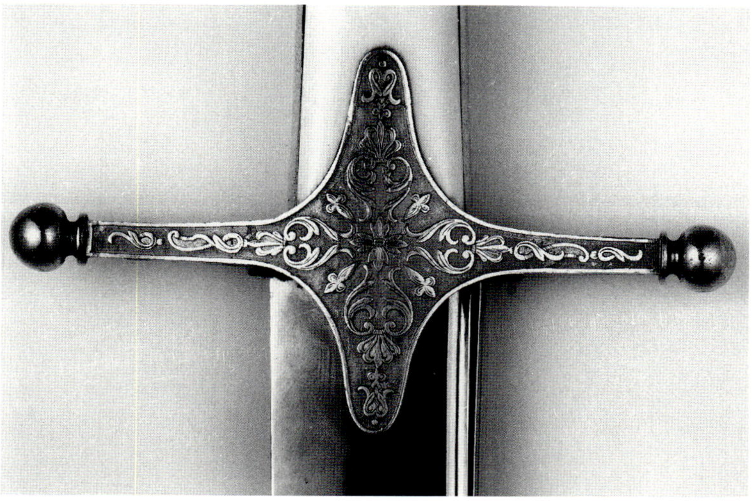

120

Säbel

1866

Gesamtlänge 98 cm, Klingenlänge 85,1 cm
Inv.-Nr. Z. O. 6979
Provenienz: Schenkung aus Privatbesitz, 1939
Ausstellungen: 1988, Eremitage
Literatur: Miller, Waffen, 49, Nr. 45

121
Säbel
1870

Gesamtlänge 65 cm, Klingenlänge 52 cm
Inv.-Nr. Z. O. 6913
Herkunft noch nicht endgültig geklärt
Ausstellungen: 1988, Eremitage
Literatur: Miller, Waffen, 50, Nr. 46

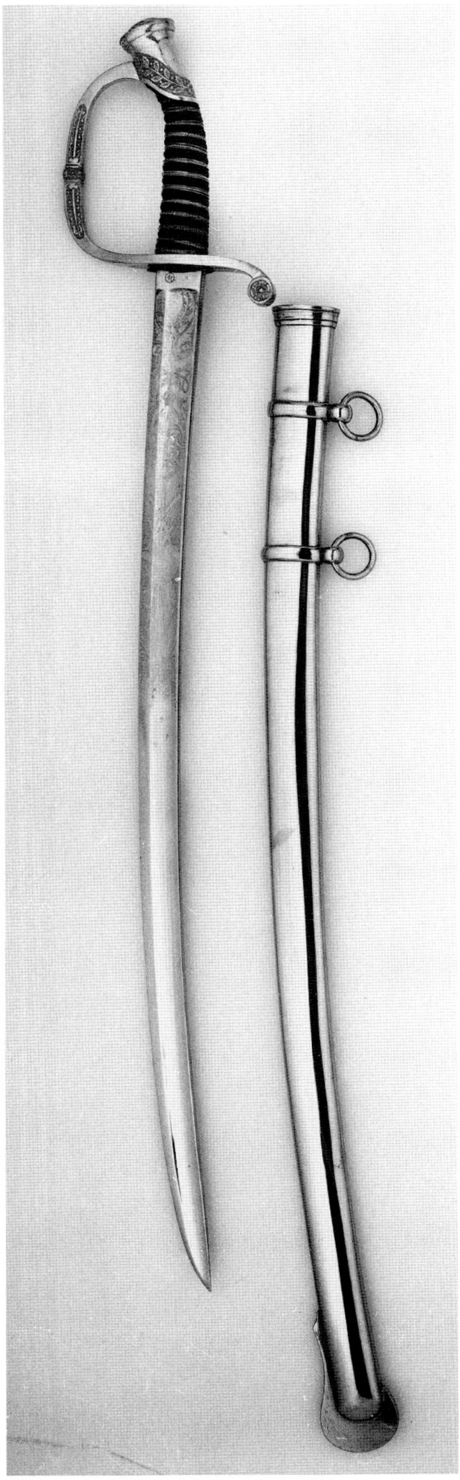

Die Klinge aus poliertem Stahl zieren in der oberen Hälfte beidseitig Darstellungen von Waffen und ein stilisiertes vegetabiles Ornament. Der Klingenrücken trägt am Ansatz die kursiv ausgeführte Inschrift »Златоустъ 1870 г« (»Zlatoust 1870«). In den Ansatz ist auf einer Seite der Buchstabe »W« in einem Kreis und auf der anderen Seite der Buchstabe »L« in einem Kreis eingeschlagen.

Das Gefäß aus vergoldeter Bronze ist mit einem getriebenen Ornament verziert. In den Bügel ist der Name des Meisters, »M. Скосырев« (»M. Skossyrew«), eines Fachmanns für die Montage von Blankwaffen, eingeschlagen.

Es handelt sich hierbei um einen typischen Offizierssäbel der russischen Armee, aber seine Maße lassen vermuten, daß es eine Kinderwaffe ist. Die Ausführung des Klingendekors weist neue Elemente auf. Das betrifft insbesondere die Anbringung des vergoldeten Ornaments auf dem hellen und polierten Grund.

122
Dolch (Kindschal)
1872

Gesamtlänge 42 cm, Klingenlänge 30,1 cm
Inv.-Nr. Z. O. 1595
Herkunft noch nicht endgültig geklärt
Ausstellungen: 1988, Eremitage
Literatur: Miller, Waffen, 50, Nr. 47

Die Klinge ist gerade und besteht aus poliertem Stahl; sie ist in der oberen Hälfte mit eingeätzten Darstellungen von Waffen sowie auf einer Seite mit der Inschrift »В. Ф. Довлетшину« (»Für W. F. Dowletschin«) und auf der anderen Seite mit der Inschrift »Златоустъ 1872 год« (»Zlatoust 1872«) verziert.

Der Griff aus geschnitztem dunklem Horn hat Beschläge aus Stahl, die mit Silbertausia verziert sind. Die Scheide ist nicht erhalten.

Der Dolch ahmt in seiner Konfiguration eine bekannte kaukasische Variante nach, die den Zlatouster Waffenschmieden häufig als Vorbild für die Herstellung von Jagdwaffen diente.

Sein Dekor weist einige neue Elemente auf, die für das Zlatoust der siebziger Jahre des 19. Jahrhunderts typisch sind, so zum Beispiel die Tauschierung in Silber. Veränderungen sind gleichfalls an den traditionellen Armaturen zu sehen, die nicht nur Darstellungen russischer und europäischer Waffen, sondern auch kenntnisreich wiedergegebener orientalischer Waffen, beispielsweise kaukasischer Schaschkas, japanischer Säbel und chinesischer Schwerter, beinhalten.

Die Klingeninschrift läßt vermuten, daß dieser Dolch als Geschenk für einen gewissen W. F. Dowletschin angefertigt wurde.

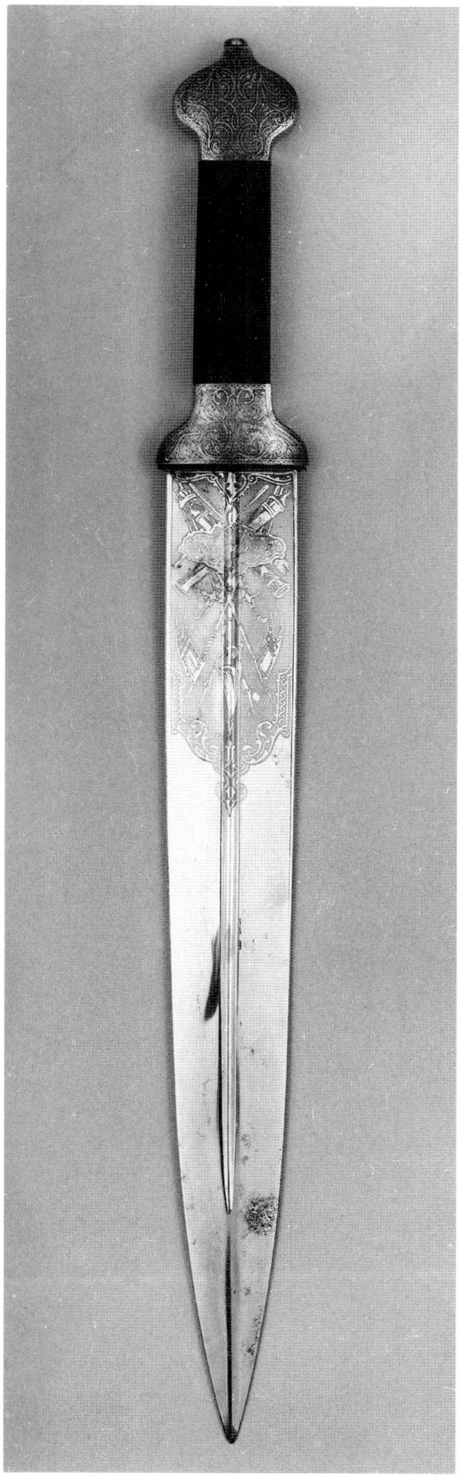

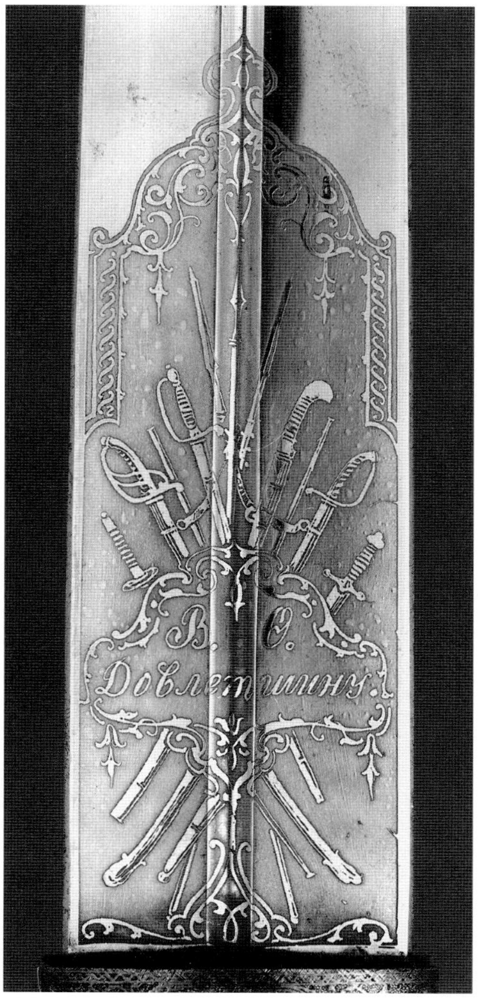

123
Dolch (Kindschal)
1872–1875

Gesamtlänge 35 cm, Klingenlänge 23,7 cm
Inv.-Nr. Z. O. 7681
Provenienz: ehem. Volkskommissariat für Auswärtige Angelegenheiten, 1925
Ausstellungen: 1988, Eremitage
Literatur: Miller, Waffen, 52, Nr. 51

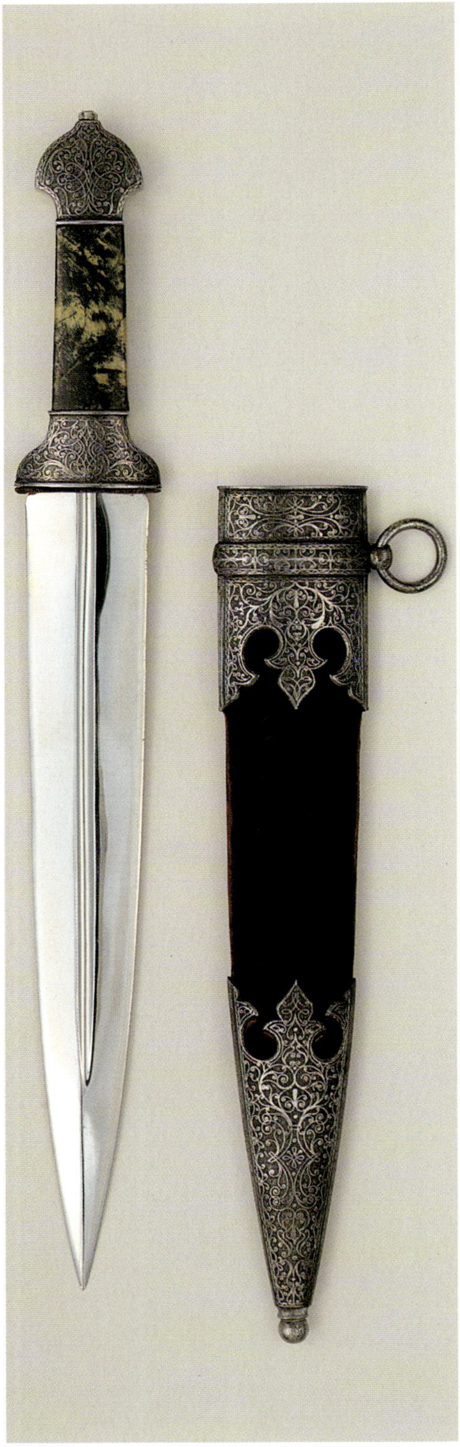

Die Klinge besteht aus poliertem Stahl und ist gerade und glatt. Der aus farbigem Stein geschnittene Griff hat Beschläge aus Stahl, die mit einem in Silber tauschierten vegetabilen Ornament verziert sind.

Die Scheide ist mit Samt überzogen. Die Verzierung ihrer Beschläge entspricht der Verzierung des Griffs.

Ebenso wie das vorhergehende Ausstellungsstück (Katalog-Nr. 122) stellt dieser Dolch typologisch eine Nachahmung kaukasischer Muster dar. Obwohl die Klinge keinerlei Inschriften trägt, bestimmen die vollständige Identität des Dekors und die Ähnlichkeit der Konfiguration mit der Katalog-Nr. 122 sowie mit anderen ähnlichen Stücken, so zum Beispiel aus dem Petersburger Artilleriemuseum (Abolskaja, Nrn. 127, 128, 148, 151), zweifelsfrei die Zlatouster Provenienz des Dolchs und erlauben es, ihn in die erste Hälfte der siebziger Jahre des 19. Jahrhunderts einzuordnen.

124
Jatagan
Um 1875

Gesamtlänge 76 cm, Klingenlänge 61,5 cm
Inv.-Nr. Z. O. 7812
Provenienz: ehem. sog. Museumsfonds, 1922;
früher in der Sammlung der Fürsten Wolkonski
Erstmalige Ausstellung und Veröffentlichung

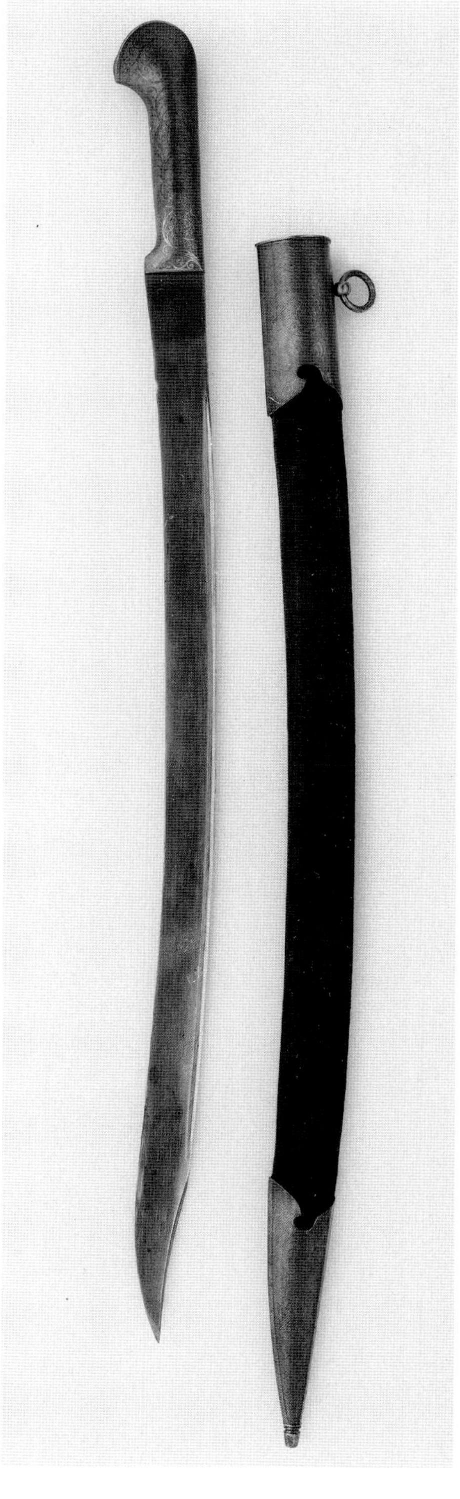

Die Klinge besteht aus poliertem Stahl und ist S-förmig gekrümmt. Der Griff und die Beschläge der mit Samt überzogenen Scheide, die gleichfalls aus Stahl bestehen, sind mit einem in Silber tauschierten vegetabilen Ornament verziert.

Dieses Objekt ist eine durchaus exakte Nachbildung des traditionellen türkischen Jatagans. Obwohl weder Klinge noch Beschläge Inschriften aufweisen, kann dieser Jatagan aufgrund der dekorativen Technik und des ornamentalen Stils, die mit den Katalog-Nrn. 122 und 123 identisch sind, als Zlatouster Erzeugnis bestimmt und auf die Mitte der siebziger Jahre des 19. Jahrhunderts datiert werden.

Dieser Jatagan wurde höchstwahrscheinlich für die Jagd verwendet.

125
Säbel
1877

Gesamtlänge 101 cm, Klingenlänge 87 cm
Inv.-Nr. Z. O. 6960
Herkunft noch nicht endgültig geklärt
Erstmalige Ausstellung und Veröffentlichung

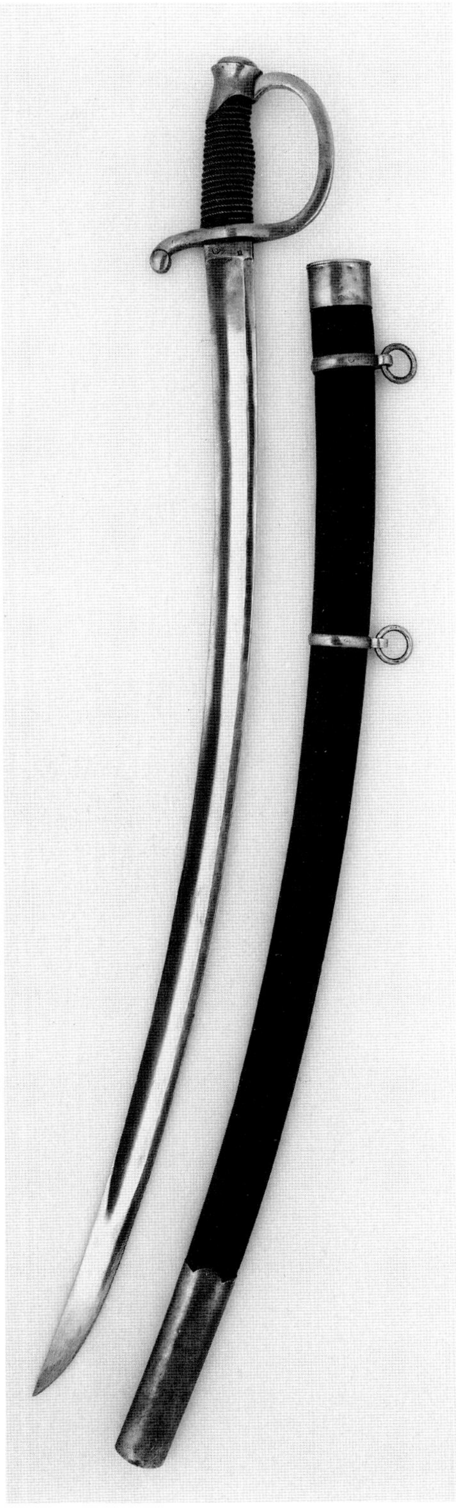

Die Klinge ist aus poliertem Stahl und glatt; in den Ansatz sind auf einer Seite die Inschrift »Златоустъ 1877« (»Zlatoust 1877«) und die runden Marken »Ф« (»F«) und »L« sowie auf der anderen Seite die runde Marke »П« (»P«) und »C« (»S«) eingeschlagen.

Das Gefäß ist aus gelbem Messing; der Griff ist mit Leder überzogen und mit Draht umwickelt. Die Scheide aus schwarzem Leder hat gelbe Messingbeschläge.

Diese Säbel ist eine typische Blankwaffe der russischen Armee aus der zweiten Hälfte des 19. Jahrhunderts, mit der die Mannschaftsdienstgrade der Dragonerregimenter ausgerüstet waren.

In diesem Falle befindet sich die Inschrift »Златоустъ« (»Zlatoust«) nicht wie üblich auf dem Klingenrücken, sondern ist in den Ansatz eingeschlagen.

126
Schaschka
1880

Gesamtlänge 95 cm, Klingenlänge 81 cm
Inv.-Nr. Z. O. 7021
Herkunft noch nicht endgültig geklärt
Erstmalige Ausstellung und Veröffentlichung

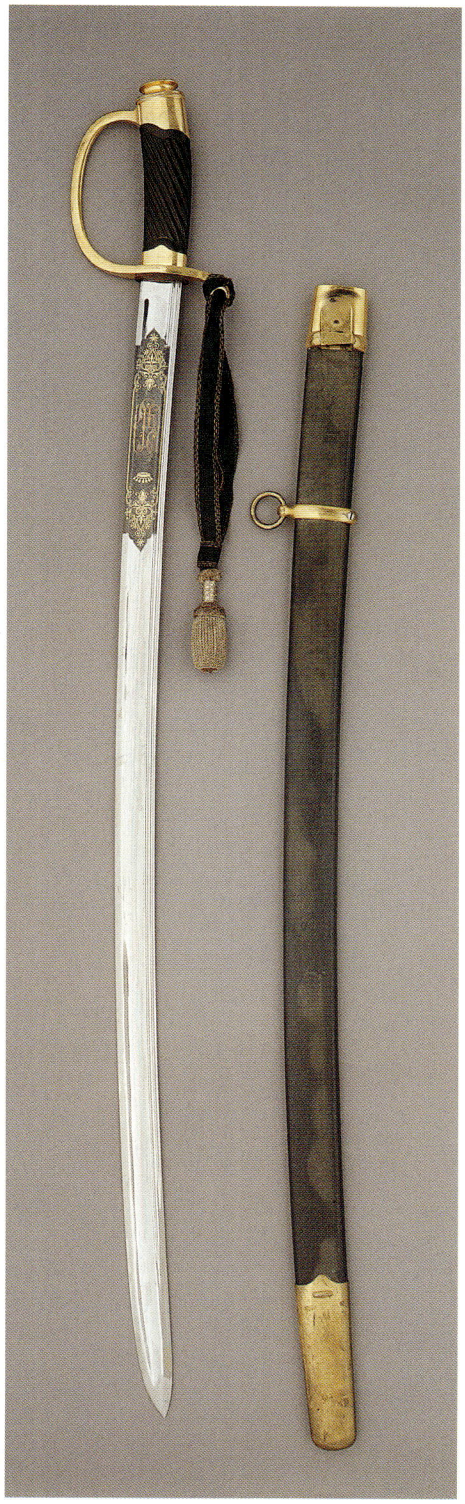

Die Klinge besteht aus poliertem Stahl und ist am Gefäß auf einer Seite mit der Darstellung des Doppeladlers und der Inschrift »Златоустъ. Оружейная фабрика« (»Zlatoust. Waffenfabrik«) in einer ornamentalen Kartusche auf stilisiertem vegetabilem Grund sowie auf der anderen Seite mit einem gekrönten, aus drei Buchstaben bestehenden Monogramm verziert, das sich gleichfalls in einer ornamentalen Kartusche befindet.

Das Gefäß ist aus vergoldetem Messing, der Griff aus Ebenholz; die Scheide ist mit Samt überzogen und hat vergoldete Messingbeschläge. In die Innenseite der Scheide sind eine dreieckige Marke mit den Buchstaben »T. R. A. R. M.« und »ИМ« (»IM«) sowie die Jahreszahl »1880« eingeprägt.

Der Faustriemen besteht aus dunklem Moiréband und hat eine Quaste.

Es handelt sich hierbei um eine Schaschka, mit der am Ende des 19. Jahrhunderts die Offiziere der Dragonerregimenter der russischen Armee ausgerüstet waren. Der Dekor ihrer Klinge weist künstlerische und kunsthandwerkliche Besonderheiten auf, die für die Zlatouster Waffenschmiedekunst dieser Zeit typisch sind. So ist die Klinge auf einer Seite vergoldet und mit einem sich leicht über dem geätzten Grund erhebenden Ornament verziert, auf der anderen Seite befindet sich eine ornamentale Komposition, die in Gold und Silber auf mattschwarzem Grund tauschiert ist.

Das Monogramm auf der Klinge, hinter dem sich wahrscheinlich der Name des Besitzers der Schaschka verbirgt, konnte bislang nicht entschlüsselt werden.

127
Schaschka
1882

Gesamtlänge 96,3 cm, Klingenlänge 80,4 cm
Inv.-Nr. Z. O. 7008
Herkunft noch nicht endgültig geklärt
Ausstellungen: 1978, Malbork, Wroclaw, Polen; 1984/85, Dresden, DDR; 1988, Eremitage
Literatur: Miller, Prunkwaffen, Nr. 94;
Miller, Waffen, 50–51, Nr. 48

Die Klinge, deren Ätzung die Musterung von Damaszenerstahl nachahmt, zieren beidseitig das russische Staatswappen, der Doppeladler, die Wappen der russischen Gouvernements, das Monogramm »AIII«, der Orden des Hl. Georg, Armaturen und die in altslawischen Buchstaben ausgeführte Inschrift »Златоустъ ор[ужейная] фаб[рика] 1882 год« (»Zlatoust Waf[fen]fab[rik] 1882«).

Das Gefäß aus vergoldetem Messing trägt das Kleinod des Ordens des Hl. Georg. In den oberen Teil des Gefäßes ist die Inschrift »За отличное командование Рущуцким отрядом« (»Für ausgezeichnete Leistungen beim Führen der Abteilung Rustschuzski«) eingraviert.

Die Scheide ist mit Leder überzogen und hat vergoldete Messingbeschläge.

Diese Schaschka ist eine Blankwaffe, die im letzten Viertel des 19. Jahrhunderts zur Ausrüstung der Kavallerieoffiziere der russischen Armee gehörte. Vom Gesichtspunkt der künstlerischen Gestaltung ist die Tauschierung interessant, die die Zlatouster Meister aus dem Dekor orientalischer Waffen übernommen und schöpferisch verarbeitet haben. Sie taten dies auf kunsthandwerklich sehr anspruchsvollem Niveau, indem sie einen sorgfältig mit Schwärze bearbeiteten Grund verwendeten, von dem sich das Gold und Silber der dünnen Linien des Ornaments besonders klar und wirkungsvoll abhebt.

In den achtziger Jahren waren Inschriften, für die das altslawische Alphabet verwendet wurde, und Motive der altrussischen Ornamentik häufig im Dekor von Zlatouster Waffen anzutreffen. Das ist auch bei dieser Schaschka der Fall. Solche Elemente nehmen in ihrem Dekor einen wichtigen Platz ein.

Die Zeichen des Ordens des Hl. Georg auf Klinge und Gefäß sowie die Inschrift auf dem Griff lassen erkennen, daß diese Schaschka zugleich eine hohe militärische Auszeichnung war. Die Inschrift bezieht sich auf Ereignisse aus dem russisch-türkischen Krieg 1877/78.

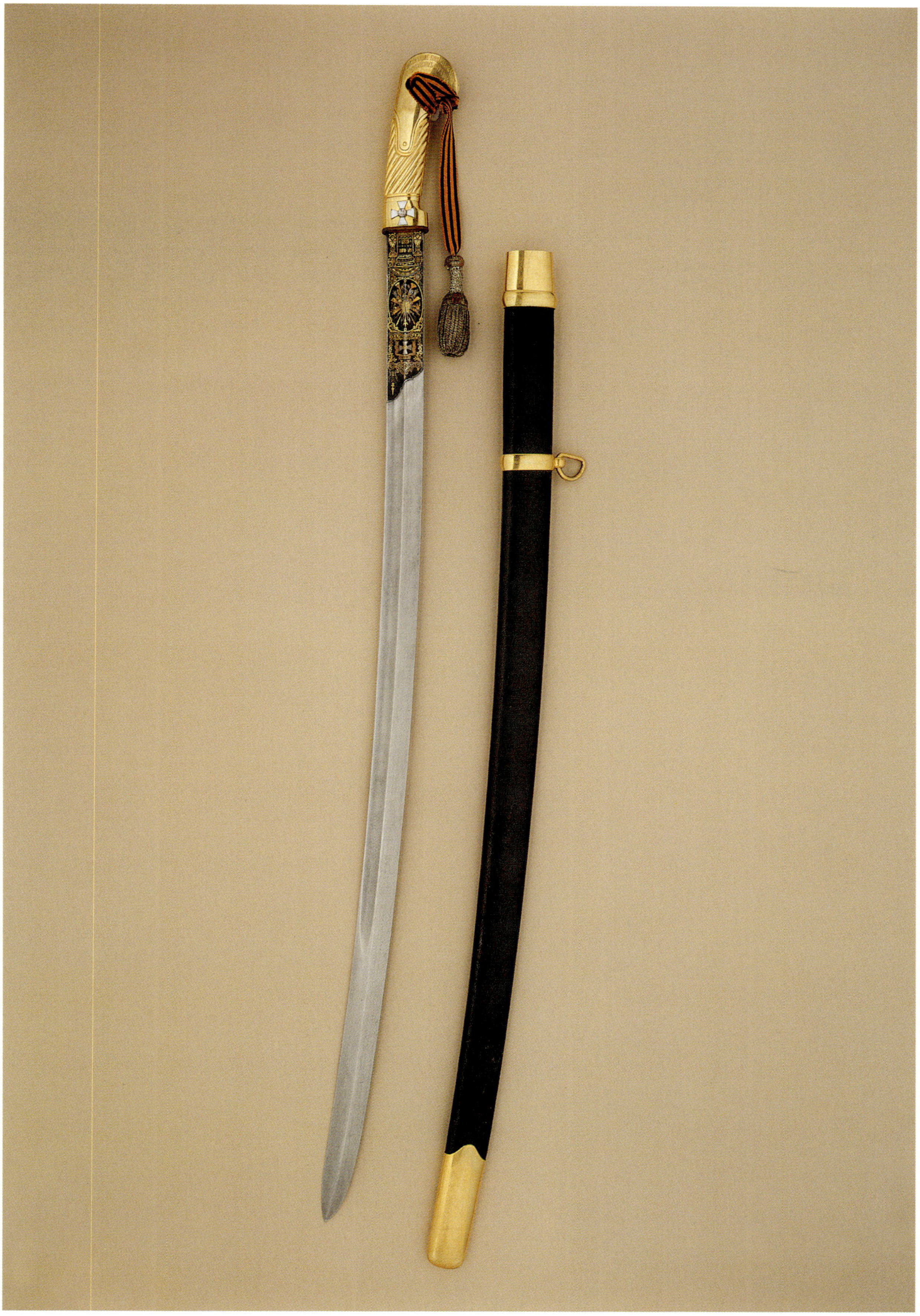

128
Schaschka
1883

Gesamtlänge 94 cm, Klingenlänge 80,1 cm
Inv.-Nr. Z. O. 2363
Herkunft noch nicht endgültig geklärt
Ausstellungen: 1981, Eremitage;
1988, Eremitage
Literatur: Miller, Metall, 46, Nr. 170;
Miller, Waffen, 52, Nr. 50

Die Klinge ist in Nachahmung von Damaszenerstahl geätzt und mit Darstellungen des Doppeladlers, des russischen Staatswappens, einem aus den altslawischen Buchstaben »В« (»W«) und »С« (»S«) bestehenden und gekrönten Monogramm sowie den Inschriften »Врагу страшна« (»Dem Feinde schrecklich«) und »Царю покорна« (»Dem Zaren treu«) verziert. Der Klingenrücken trägt am Ansatz die in altslawischen Buchstaben ausgeführte Inschrift »Златоустъ ор[ужейная] фаб[рика] 1883 год« (»Zlatoust Waf[fen]fab[rik] 1883«).

Die Parierstange des Gefäßes aus vergoldetem Messing trägt die Inschrift »За храбрость« (»Für Tapferkeit«). Der Griff ist aus geschnitztem Holz. Der Faustriemen besteht aus schwarzem und orangefarbenem Moiréstoff. Er führt einen silbernen Faden (das Zeichen des Ordens des Hl. Georg).

Die Scheide ist mit Leder überzogen und hat vergoldete Messingbeschläge.

Bei dieser Schaschka handelt es sich um die Offizierswaffe Modell 1881, die in der zweiten Hälfte des 19. Jahrhunderts zur Ausrüstung der russischen Armee gehörte. Gefäß und Faustriemen lassen erkennen, daß es sich um eine Auszeichnungswaffe handelt.

Die Ornamentierung der Klinge und die hierfür verwendete Technik sind typisch für die Zlatouster Waffenschmiedekunst der achtziger Jahre des 19. Jahrhunderts.

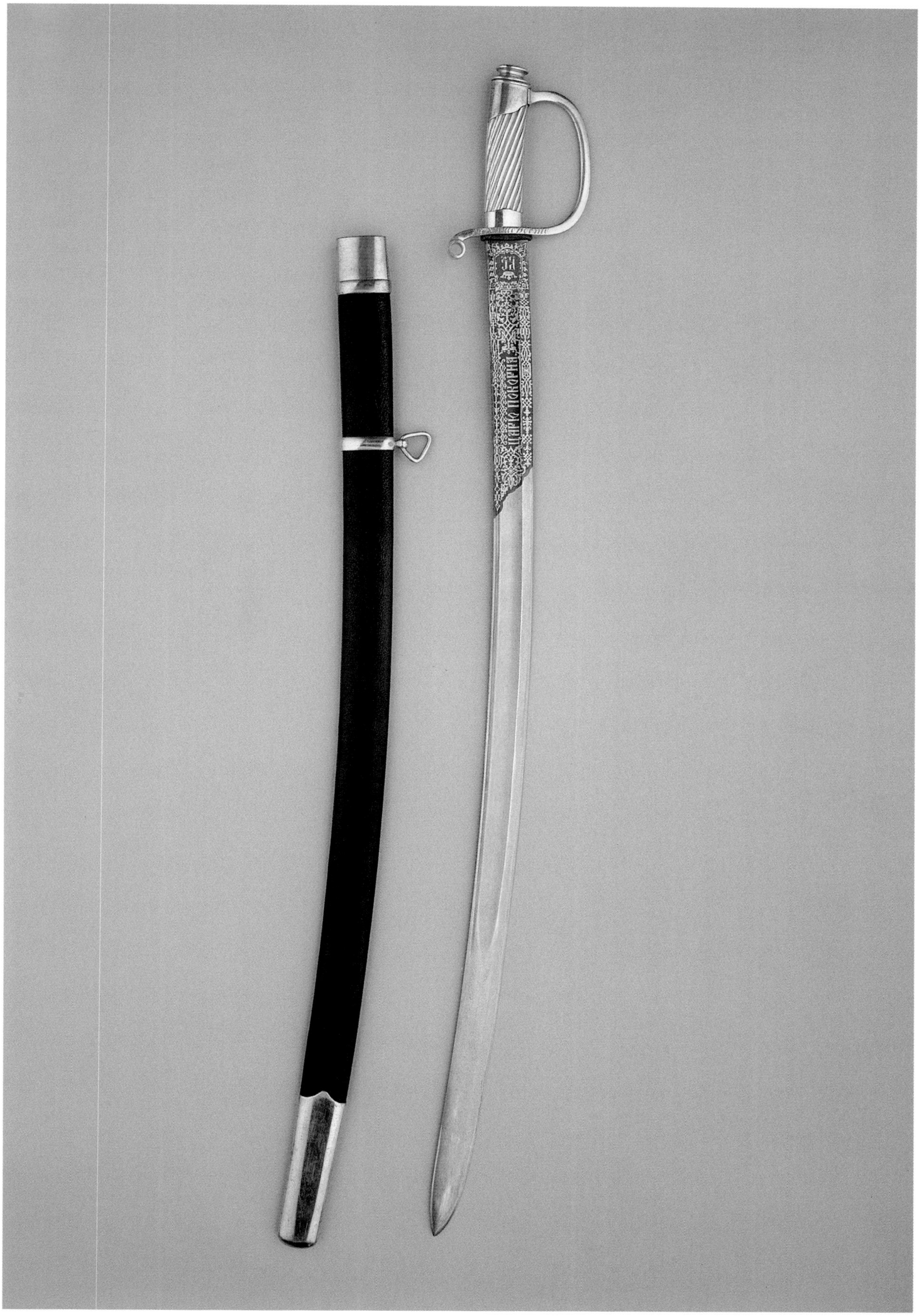

129
Schaschka
1888

Gesamtlänge 92,4 cm, Klingenlänge 80,8 cm
Inv.-Nr. Z. O. 7238
Herkunft noch nicht endgültig geklärt
Erstmalige Ausstellung und Veröffentlichung

Die Klinge aus poliertem Stahl ist am Griff mit Kartuschen verziert, in denen sich auf einer Seite der russische Doppeladler und die Inschrift »Златоустъ. Ор. Фабр. 1888« (»Zlatoust Waf[fen]fabr[ik] 1888«) und auf der anderen Seite das aus den Buchstaben »KB« (»KW«) bestehende und gekrönte Monogramm befinden.

Der Griff und die Beschläge der mit Samt überzogenen Scheide bestehen aus poliertem Stahl und sind mit einem feinen stilisierten vegetabilen Ornament verziert.

Diese Schaschka ist eine getreue Nachahmung eines bekannten Prototyps aus dem Repertoire kaukasischer Blankwaffen des 19. Jahrhunderts, der sich im russischen Waffenwesen jener Zeit etabliert hatte.

Das Objekt ist ein typisches Beispiel für den dekorativen Stil, der seit den siebziger Jahren des 19. Jahrhunderts in Zlatoust entstanden war. Ihm war insbesondere die Verzierung von Waffen mit einem feinen und eleganten Ornament eigen, das in Gold oder Silber tauschiert wurde. Dieser Stil bestimmte auch, daß die gewohnte Ornamentik durch Elemente der altrussischen angewandten Kunst ergänzt wurde.

Die Komposition der Klinge dieses Objekts weist zahlreiche Gemeinsamkeiten mit dem Dekor der Schaschkaklinge Katalog-Nr. 126 auf.

Das Monogramm auf der Klinge, das für den Namen des Besitzers der Waffe steht, konnte bislang nicht entschlüsselt werden.

Die Klinge aus poliertem Stahl hat auf beiden Seiten längliche Hohlschliffe. In den Ansatz sind die runden Marken »W« und »L« sowie die Inschrift »Златоустъ« (»Zlatoust«) eingeschlagen.

Das Gefäß und die Beschläge der mit Lackleder überzogenen Scheide sind aus vergoldetem Messing. Auf der Vorderseite des Gefäßes befindet sich eine eingeschlagene Marke mit dem russischen Doppeladler und der Inschrift »Шаафъ Сыновья С. Петербург« (»Schaaf Söhne St. Petersburg«). In die Bügel des Gefäßes ist zweimal die Inschrift »За храбрость« (»Für Tapferkeit«) eingraviert. Der Knauf trägt das Kleinod des Ordens des Hl. Georg.

Dieser Pallasch ist eine Blankwaffe, die in der zweiten Hälfte des 19. Jahrhunderts zur Ausrüstung der Offiziere der russischen Kriegsmarine gehörte. Urkunden zufolge hat sich der Pallasch einige Zeit in einem der kaiserlichen Paläste in Sankt Petersburg und später dann im persönlichen Ankleidezimmer Kaiser Alexanders III. befunden.

Die in die Klinge und in die Beschläge eingeschlagenen Marken können so gedeutet werden, daß dieses Objekt von Zlatouster und Petersburger Waffenschmieden gemeinsam angefertigt wurde.

130
Pallasch
1885–1890

Gesamtlänge 101 cm, Klingenlänge 87 cm
Inv.-Nr. Z. O. 1734
Herkunft noch nicht endgültig geklärt
Erstmalige Ausstellung und Veröffentlichung

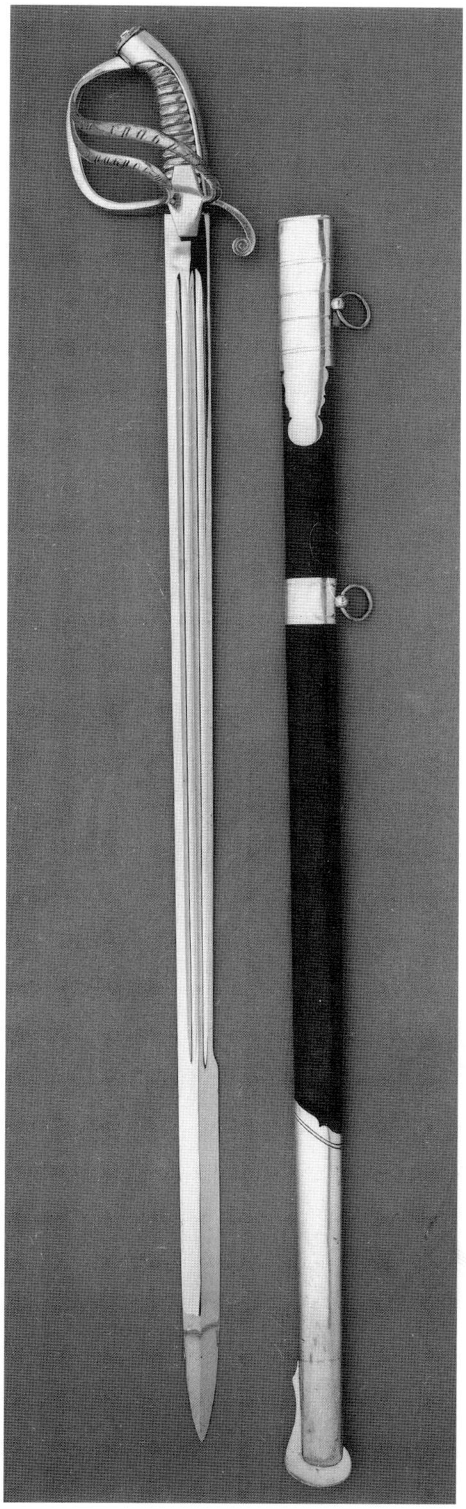

131
Schaschka
1891

Gesamtlänge 91 cm, Klingenlänge 74,5 cm
Inv.-Nr. Z. O. 7240
Herkunft noch nicht endgültig geklärt
Ausstellungen: 1978, Polen; 1981, Eremitage; 1983, Finnland; 1984/85, Dresden, DDR; 1988, Eremitage
Literatur: Miller, Metall, 46, Nr. 171; Miller, Asemestareiden, 22, Nr. 48; Miller, Prunkwaffen, Nr. 96; Miller, Waffen, 53, Nr. 52

Die Klinge aus poliertem Stahl ist mit in Gold tauschierten Kartuschen verziert, in denen sich das russische Staatswappen, der Doppeladler, und die in altslawischer Schrift ausgeführte Inschrift »Златоустовская оружейная фабрика 1891 год« (»Waffenfabrik Zlatoust 1891«) befinden.

Der Griff aus poliertem Ebenholz ist mit einem stilisierten vegetabilen Ornament verziert. Die Scheide ist mit Samt überzogen und hat Beschläge aus poliertem und brüniertem Stahl, die wie der Griff verziert sind.

Zu diesem Objekt gehört ein Futteral aus Ebenholz, dessen Deckel eine Stahlplatte trägt, die das russische Staatswappen, das Emblem der Waffenfabrik Zlatoust, ein aus den Buchstaben »H« (»N«) und »A« bestehendes Monogramm mit Armaturen im Hintergrund und Uraler Landschaften zieren.

Diese Schaschka stellt eines der besten oder gar das beste Stück der späten Zlatouster Waffenschmiedekunst dar. Sie ahmt die eleganten, weichen Linien und vollendeten Formen ihres kaukasischen Vorbilds exakt nach. Gleichzeitig zeichnet sie sich durch einen besonders anspruchsvollen Dekor aus. Dem betonten Understatement des Klingendekors, der die polierte Oberfläche des Stahls harmonisch mit der elegant konfigurierten Kartusche vereint, steht die Pracht des glänzenden Ornaments aus Arabesken gegenüber, das sich deutlich auf dem Ebenholz des Griffs abzeichnet. Das anspruchsvolle goldene Ornament der Scheidenbeschläge wiederum kontrastiert mit dem mattschwarzen Grund des Metalls und dem dunklen Farbton des Gewebes.

Besonders auffällig sind die kunstvoll gravierten Uraler Landschaften, die zu der komplizierten und aus vielfältigen Elementen bestehenden Komposition auf dem Deckel des Futterals gehören.

Das Monogramm deutet darauf hin, daß diese Schaschka für Großfürst Nikolaj Alexandrowitsch, den späteren Kaiser Nikolaus II. (1894–1917), angefertigt wurde.

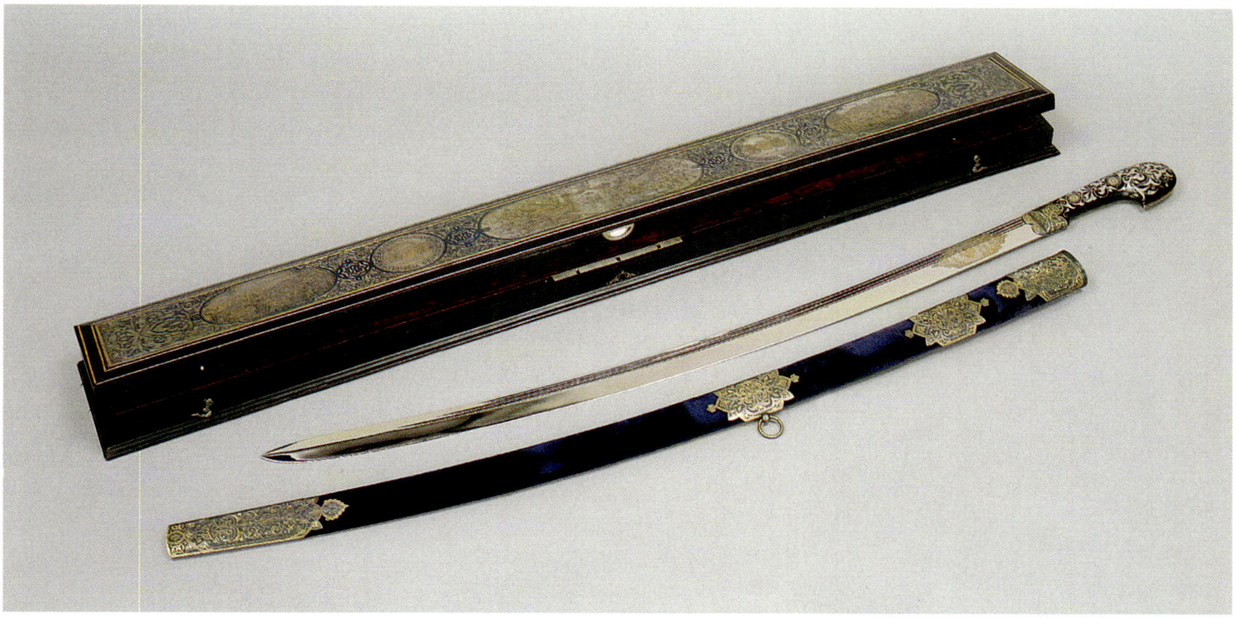

132
Dolch
1890–1895

Gesamtlänge 32,9 cm, Klingenlänge 20,8 cm
Inv.-Nr. Z. O. 8391
Provenienz: Erwerb durch die Beschaffungskommission der Eremitage, 1969
Ausstellungen: 1983, Tschechoslowakei; 1988, Eremitage
Literatur: Miller, Waffen, 54, Nr. 54

Die Klinge zieren ein eingraviertes vegetabiles Ornament sowie die Inschriften »Златоустъ« (»Zlatoust«) und »Умри злодей от руки моей« (»Laß meine Hand dich töten, Schurke«).

Der Griff aus geschnitztem Holz hat stählerne Beschläge, die auch mit einem vegetabilen Ornament verziert sind. Die Scheide ist mit farbigem Samt überzogen und hat gleichfalls Beschläge aus poliertem Stahl, deren Verzierung dem Dekor des Griffs entspricht.

Die Zweckbestimmung dieses Objekts ergibt sich aus dem Dekor der Scheide, deren Ornamentierung Jagdszenen enthält. Die zweite Klingeninschrift klingt ein wenig dissonant, sie kann aber möglicherweise durch den Einfluß kaukasischer Waffen, insbesondere von Dolchen, aus der ersten Hälfte des 19. Jahrhunderts erklärt werden. Diese trugen nicht selten solche Inschriften, obwohl sie natürlich nicht irgendeinem Waldtier, sondern durchaus einem menschliche Gegner gegolten haben.

133

Jagddolch (Hirschfänger)
1898, Werkstatt von A. Murdassowa

Gesamtlänge 91 cm, Klingenlänge 72 cm
Inv.-Nr. Z. O. 7595
Herkunft noch nicht endgültig geklärt
Ausstellungen: 1981, Plowdiw, Bulgarien; 1981, Eremitage; 1981, Helsinki, Finnland; 1984/85, Dresden, DDR; 1988, Eremitage; 1990, Malbork, Polen; 1996, Hørsholm, Dänemark
Literatur: Miller, Metall, 47, Nr. 172; Miller, Asemestareiden, 22, Nr. 49; Miller, Prunkwaffen, Nr. 97; Miller, Orež, 56, Nr. 123; Miller, Masterpieces, 119, Nr. 55 A, 55 B

Die Klinge aus poliertem Stahl zieren im oberen Drittel beidseitig ein eingraviertes vegetabiles Ornament, paarweise Darstellungen von Greifen und Armaturen sowie die in Fraktur ausgeführte Inschrift »Изделие А. Мурдасовой, Златоустъ, Уф. Губ. [Уфимской губернии – der Verfasser], 1898 год« (»Erzeugnis von A. Murdassowa, Zlatoust, Gouvernement Ufa, 1898«).

Der Griff aus einem Stück naturbelassenen Horns hat ein kurzes stählernes Mitteleisen.

Die Scheide ist mit Leder überzogen und hat stählerne Beschläge, die mit einem eingravierten vegetabilen Ornament und Jagdszenen verziert sind. Im oberen Teil der Scheide befindet sich eine Kartusche mit der in Fraktur ausgeführten Inschrift »Изделие А. А. Мурдасовой. Златоустъ« (»Erzeugnis von A. A. Murdassowa. Zlatoust«).

Dieser Hirschfänger ist ein typisches Beispiel für späte Zlatouster Jagdwaffen. Seine Konfiguration erinnert an kaukasische Stücke, die von den Waffenschmieden in Zlatoust häufig als Vorbilder verwendet wurden. Der Dekor von Klinge und Scheide ist etwas eklektisch, was jedoch für zahlreiche Stücke vom Ende des 19. Jahrhunderts typisch war. So finden sich hier neben beeindruckenden Jagdszenen Greifen und Armaturen, die den Prunkwaffen des ersten Viertels desselben Jahrhunderts entlehnt worden waren.

Die Inschrift läßt erkennen, daß der Hirschfänger nicht (wie sonst üblich) in der Waffenfabrik Zlatoust, sondern in einer privaten Werkstatt hergestellt wurde. Bei der Besitzerin dieser Werkstatt kann es sich um eine Verwandte des bekannten Zlatouster Bein- und Holzschnitzers I. F. Murdassow, der gegen Ende des 19. Jahrhunderts lebte, handeln.

Es läßt sich nicht sagen, ob dieser besonders große und schwere Hirschfänger tatsächlich als Jagdwaffe genutzt werden konnte. Es ist nicht auszuschließen, daß man ihn als besonderes Prunkstück für eine Kunst- und Gewerbeausstellung angefertigt hat.

Anhang

Ausgewählte Literatur

Abolskaja, T. I. [Т. И. Абольская]: Златоустовское художественное оружие XIX века из собрания Военно-Исторического музея артиллерии, войск связи и инженерых войск [Zlatouster Prunkwaffen des 19. Jahrhunderts in der Sammlung des Militärhistorischen Museums der Artillerie, Fernmelde- und Pioniertruppe], Leningrad 1986

Angelucci, A.: Catalogo della Armeria Reale, Torino 1890

Bokow, W. [В. Боков]: Немецкие оружейники на Златоустовском заводе [Deutsche Waffenschmiede in der Waffenfabrik Zlatoust]. In: Журнал Императорского Русского Военно-Исторического Общества [Zeitschrift der Kaiserlichen Russischen Gesellschaft für Militärgeschichte], 1913, Nr. 7, 8, 11, 12

Burmakin, A. S. [А. С. Бурмакин]: Исторические данные по введению изготовления холодного оружия в Златоустовской оружейной фабрике немецкими мастерами [Geschichtliche Daten zur Einführung der Herstellung von Hieb- und Stichwaffen durch deutsche Meister in der Waffenfabrik Zlatoust]. In: Горный журнал [Zeitschrift für Bergbau], Bd. IV, Bücher 10–11

Cepicka, L. / Dolinek, V.: Armes d'Apparat. Prunkvolle Waffen, Prag 1993

Denissowa, M. M. [М. М. Денисова]: Художественное оружие XIX века Златоустовской оружейной фабрики [Zlatouster Prunkwaffen des 19. Jahrhunderts]. In: Труды Государственного Исторического музея. Сборник статей по материальной культуре XVII – XIX веков [Schriften des Staatlichen Museums für Geschichte, Aufsätze zur materiellen Kultur des 17. bis 19. Jahrhunderts], Ausgabe XVIII, 1947

Gilles, F.: Царскосельский Музей с собранием оружия, принадлежавшего Государю Императору [Das Museum von Zarskoje Selo nebst der Waffensammlung aus dem Besitze Seiner Kaiserlichen Majestät], Sankt Petersburg 1860

Glinkin, M. [М. Глинкин]: Златоустовская гравюра на стали [Stahlstiche aus Zlatoust], Tscheljabinsk 1967

Haedeke, H.-U.: Deutsches Klingenmuseum Solingen. Blankwaffen. Führer durch die Ausstellung, Köln 1982

Hoff, A. / Schepelern, H. D. / Boesen, G.: Royal Arms at Rosenborg, Copenhagen 1956

Опись Московской Оружейной палаты [Inventarverzeichnis der Moskauer Rüstkammer]. Vierter Teil, Drittes Buch. Холодное оружие [Hieb- und Stichwaffen], Moskau 1885

Lenz, E. [Э. Ленц]: Императорский Эрмитаж. Указатель отделения средних веков и эпохи Возрождения [Die Kaiserliche Eremitage, Führer durch die Abteilung Mittelalter und Renaissance], Erster Teil, Собрание оружия [Die Waffensammlung], Sankt Petersburg 1908

Miller, Yurij A.: Pragvåben fra Zarernes Skatkammer, Russiske jagtvåben fra 17–19 århundrede, Fra sammlingen på Ermitagen, Skt. Petersborg, Våbenhistorisk Selskab. (Masterpieces of Russian Hunting Arms from the State Hermitage Museum St. Petersburg), København 1996

Miller, J. [Ю. Миллер]: Художественное оружие Златоуста XIX – начала XX веков. Каталог-путеводитель по выставке [Prunkwaffen aus Zlatoust, 19. – Anfang 20. Jahrhundert. Katalog und Führer durch die Ausstellung], Leningrad 1988

Miller, Yu.: Rosyjski orež zdobiony od XVI do XIX wieku. (Russian Artistic Arms and Armours from the 16th to the 19th centuries). Katalog wybranych zabytkow. (Catalogue of the Exhibition of Selected Specimens from the collections of the State Hermitage Armoury, displayed in the Castle Museum of Malbork), Malbork 1990

Miller, Yu.: Russische Prunkwaffen aus dem 16. – 17. Jahrhundert. Ausstellungskatalog, Dresden 1984

Miller, Yu. A.: Tsaarien Metsästisloistoa Metsästisvälineitä Ermitaašin museon kokoelmista. 1700–1800 luvuilta, Riihimäki, 1991

Miller, Yu.: Venäläisten Asemestareiden Töitä 1600–1800 luvuilta Ermitaašin Kokoelmista. (Masterpieces of Russian armourers from the 17th to the 18th centuries in the Hermitage collection), Helsinki 1983

Mollo, Eugen: Russian Military Swords 1801–1917, London 1969

Mollo, Eugen [Евгений Молло]: Русское художественное оружие 19-го века [Russische Prunkwaffen des 19. Jahrhunderts]. In: Военно-Историческая Библиотека »Военной были« [Militärgeschichtliche Bibliothek der »Militärischen Denkwürdigkeiten«], Nr. 2, Paris 1962

Müller, H. / Kölling, H.: Europäische Hieb- und Stichwaffen aus der Sammlung des Museums für Deutsche Geschichte, Berlin 1984

Nasarewski, W. W [В. В. Назаревский]: Царствование императора Александра II. [Die Regentschaft Kaiser Alexanders II.], Moskau 1910

Nordström, L.: White Arms of the Royal Armoury, Stockholm 1991

Percival, V: Wellington Swords and Batons. Art, Arms and Armour. An International Anthology. Vol. 1, 1979–1980, Chiasso 1979

Художественный металл в России XVII – начала XX веков [Russisches künstlerisch gestaltetes Metall von 1600 bis Anfang des 20. Jahrhunderts. Ausstellungskatalog], Leningrad 1981

Русское оружие. Альбом [Russische Waffen. Bildband], Autorenkollektiv, Moskau 1979

Seiger, K.: Каталог редкого, старинного и восточного оружия в Собственном Его Императорского Величества Арсенале в Царском Селе [Katalog seltener, historischer und orientalischer Waffen im Seiner Kaiserlichen Majestät Arsenal in Zarskoje Selo], Erster und Zweiter Teil, Sankt Petersburg 1835/1840

Stolpjanskij, P. N. [П. Н. Столпянский]: Жизнь и быт петербургской фабрики 1704–1914 гг. [Petersburger Fabrikleben 1704–1914], Leningrad 1925

Šercer, Marija: Sablje. Katalog. Poviesni Muzej Hrvatske, o. J.

Tarassjuk, L. [Л. Тарасюк]: Сабля Г. С. Волконского [Der Säbel von G. S. Wolkonski]. In: Сообщения Государственного Эрмитажа [Mitteilungen der Staatlichen Eremitage], Nr. XXXIII, Leningrad 1971

Tarassjuk, L. [Л. Тарасюк]: Сабля Н. Г. Голицина [Der Säbel von N. G. Golizyn]. In: Сообщения Государственного Эрмитажа [Mitteilungen der Staatlichen Eremitage], Nr. XXVIII, Leningrad 1968

Tarassuk, L.: The Collection of Arms and Armour in the State Hermitage, Leningrad. The Collection of Russian Arms and Armour. In: The Journal of the Arms and Armour Society, vol. V, March 1966

Царское Село. Опись предметам, имеющим преимущественно художественное значение [Zarskoje Selo. Verzeichnis der Gegenstände von vornehmlich künstlerischer Bedeutung], Sankt Petersburg 1888

Kurzzitierweisen

Abolskaja – Abolskaja, T. I. [Т. И. Абольская]: Златоустовское художественное оружие XIX века из собрания Военно-Исторического музея артиллерии, войск связи и инженерых войск [Zlatouster Prunkwaffen des 19. Jahrhunderts in der Sammlung des Militärhistorischen Museums der Artillerie, Fernmelde- und Pioniertruppe], Leningrad 1986

Denissowa – Denissowa, M. M. [М. М. Денисова]: Художественное орузхие XIX века Златоустовской оружейной фабрики [Zlatouster Prunkwaffen des 19. Jahrhunderts]. In: Труды Государственного Исторического музея. Сборник статей по материальной культуре XVII – XIX веков [Schriften des Staatlichen Museums für Geschichte, Aufsätze zur materiellen Kultur des 17. bis 19. Jahrhunderts], Ausgabe XVIII, 1947

Glinkin – Glinkin, M. [М. Глинкин]: Златоустовская гравюра на стали [Stahlstiche aus Zlatoust], Tscheljabinsk 1967

Lenz – Lenz, E. [Э. Ленц]: Императорский Эрмитаж. Указатель отделения средних веков и эпохи Возрождения [Die Kaiserliche Eremitage, Führer durch die Abteilung Mittelalter und Renaissance], Erster Teil, Собрание оружия [Die Waffensammlung], Sankt Petersburg 1908

Miller, Asemestareiden – Miller, Yu.: Venäläisten Asemestareiden Töitä 1600–1800 luvuilta Ermitaašin Kokoelmista. (Masterpieces of Russian armourers from the 17th to the 18th centuries in the Hermitage collection), Helsinki 1983

Miller, Kinderwaffen – Miller, J. [Ю. Миллер]: детское и миниатюрное оружие XVI–XIX в.в. Проспект выставки [Kinder- und Miniaturwaffen des 16.–19. Jahrhunderts. Ausstellungsprospekt], Leningrad, Staatliche Eremitage, 1985

Miller, Masterpieces – Miller, Yurij A.: Pragvåben fra Zarernes Skatkammer, Russiske jagtvåben fra 17–19 århundrede, Fra sammlingen på Ermitagen, Skt. Petersborg, Våbenhistorisk Selskab. (Masterpieces of Russian Hunting Arms from the State Hermitage Museum St. Petersburg), København 1996

Miller, Metall – Художественный металл в России XVII – начала XX веков [Russisches künstlerisch gestaltetes Metall von 1600 bis Anfang des 20. Jahrhunderts. Ausstellungskatalog], Leningrad 1981

Miller, Orež – Miller, Yu.: Rosyjski orež zdobiony od XVI do XIX wieku. (Russian Artistic Arms and Armours from the 16th to the 19th centuries). Katalog wybranych zabytkow. (Catalogue of the Exhibition of Selected Specimens from the collections of the State Hermitage Armoury, displayed in the Castle Museum of Malbork), Malbork 1990

Miller, Prunkwaffen – Miller, Yu.: Russische Prunkwaffen aus dem 16. – 17. Jahrhundert. Ausstellungskatalog, Dresden 1984

Miller, Tsaarien – Miller, Yu. A.: Tsaarien Metsästisloistoa Metsästisvälineitä Ermitaašin museon kokoelmista. 1700–1800 luvuilta, Riihimäki 1991

Miller, Waffen – Miller, J. [Ю. Миллер]: Художественное оружие Златоуста XIX – начала XX веков. Каталог-путеводитель по выставке [Prunkwaffen aus Zlatoust, 19. – Anfang 20. Jahrhundert. Katalog und Führer durch die Ausstellung], Leningrad 1988

Tarassuk, JAAS – Tarassuk, L.: The Collection of Arms and Armour in the State Hermitage, Leningrad. The Collection of Russian Arms and Armour. In: The Journal of the Arms and Armour Society, vol. V, March 1966

Tarassjuk, Mitteilungen der Staatlichen Eremitage XXXIII – Tarassjuk, L. [Л. Тарасюк]: Сабля Г. С. Волконского [Der Säbel von G. S. Wolkonski]. In: Сообщения Государственного Эрмитажа [Mitteilungen der Staatlichen Eremitage], Nr. XXXIII, Leningrad 1971

Tarassjuk, Mitteilungen der Staatlichen Eremitage XXVIII – Tarassjuk, L. [Л. Тарасюк]: Сабля Н. Г. Голицина [Der Säbel von N. G. Golizyn]. In: Сообщения Государственного Эрмитажа [Mitteilungen der Staatlichen Eremitage], Nr. XXVIII, Leningrad 1968

Verzeichnis der datierten Objekte

Datum	Bezeichnung	Katalog-Nr.
1818	Säbelklinge	22
1818	Degen	24
1822	Degen	34
1822	Säbel	35
1824	Degen	43
1824	Säbel	44
1824	Säbel	45
1824	Säbel	46
1824	Säbel	47
1824	Säbel	48
1824	Säbel	49
1825	Dolch	50
1825	Säbel	36
1826	Degen	38
1827	Modell eines Säbels	52
1827	Modell einer Degenklinge	53
1827	Modell eines Degens	54
1827	Modell eines Degens	55
1827	Modell eines Pallaschs	56
1827	Modell eines Pallaschs	57
1827	Modell eines Säbels	58
1827	Modell einer Degenklinge	59
1827	Modell einer Degenklinge	60
1827	Modell einer Säbelklinge	61
1827	Modell einer Säbelklinge	62
1827	Modell einer Säbelklinge	63
1827	Säbel	76
1827	Säbel	80
1827	Rapier	81
1828	Säbel	82
1828	Säbel	83
1829	Säbel	93
1830	Degenklinge	77
1830	Säbel	78
1830	Säbel	84
1830	Säbel	94
1833	Klinge eines Hirschfängers	79
1833	Säbelklinge	85
1834	Säbel	86
1836	Säbel	87
1836	Jagdmesser	88
1836	Pallasch	95
1837	Pallasch	96
1837	Säbel	97
1837	Säbelklinge	100
1837	Schaschka	101
1837	Säbel	102
1839	Jatagan	104
1843	Säbel	89
1843	Messer	91
1845	Schaschka	106
1846	Schaschka	107
1848	Schaschka	108
1850	Säbel	109
1851	Säbel	110
1851	Säbel	111
1856	Schaschka	112

Datum	Bezeichnung	Katalog-Nr.
1857	Pallasch	113
1860	Degen	114
1860	Pallasch	115
1860	Schaschka	116
1860	Dolch (Kindschal)	117
1860	Pallasch	118
1861	Jatagan	119
1866	Säbel	120
1870	Säbel	121
1872	Dolch (Kindschal)	122
1877	Säbel	125
1880	Schaschka	126
1882	Schaschka	127
1883	Schaschka	128
1888	Schaschka	129
1891	Schaschka	131
1898	Jagddolch (Hirschfänger)	133

Personenregister

Die jeweils am Ende der Erläuterungen in eckigen Klammern stehenden Zahlen entsprechen der Nummer der Beschreibung im Katalogteil dieses Buches, in der die betreffende Person erstmalig erwähnt wird.

Alexander I. (1777–1825) – russischer Kaiser. Gründete die Waffenfabrik Zlatoust. Spielte eine wichtige Rolle für die Entwicklung der Waffenherstellung in Zlatoust, insbesondere in bezug auf die Anfertigung von hochwertigen Prunkwaffen. [14]

Alexander II. (1818–1881) – russischer Kaiser. Hat die durch seinen Vater, Kaiser Nikolaus I., begonnene Entwicklung des Arsenals von Zarskoje Selo aktiv fortgeführt und dieses in eine überdurchschnittliche Sammlung historischer Waffen verwandelt. [76]

Alexander III. (1845–1894) – russischer Kaiser. Während seiner Regentschaft wurden fast alle Sammlungen aus dem Arsenal von Zarskoje Selo in die Eremitage verlegt, wodurch die Entwicklung des Arsenals der Eremitage begann. [130]

Anossow, Pawel Petrowitsch (1797–1851) – herausragender russischer Metallurge. Ihm gelang es, die Herstellung von Damaszenerstahl wiederzuentdecken. General und Ingenieur. Wurde 1831 zum Direktor der Zlatouster Fabriken ernannt. [78]

Batschmanow, Ippolit Petrowitsch – Beamter der Verwaltung des Staatsrates. Bekannter Petersburger Sammler von historischen Waffen. Nach seinem Tode im Jahre 1925 wurde seine Sammlung in die Eremitage integriert. [51]

Bojarschinow, Iwan Petrowitsch (1805–1848) – herausragender Waffenschmied und Kunsthandwerker der Waffenfabrik Zlatoust. Meister für die Verzierung von Blankwaffenklingen. [80]

Buschujew, Iwan Nikolajewitsch (1800–1834) – der beste und bekannteste Waffenschmied und Kunsthandwerker aus Zlatoust. Urheber der vortrefflichsten Werke der Zlatouster Waffenschmiedekunst. [42]

Buschujew, Jefim Nikolajewitsch (1807–1827) – begabter Meister für die Verzierung von Blankwaffenklingen. Seine signierten Waffen besitzen höchsten Seltenheitswert. [22]

Dowletschin, W. F. – Besitzer eines Dolches. Lebte in der zweiten Hälfte des 19. Jahrhunderts. [122]

Fürst Golizyn, Dmitri Wladimirowitsch (1771–1844) – bekannter Militär, Teilnehmer des Krieges gegen Napoleon. [33]

Fürst Golizyn, Nikolaj Borissowitsch (1794–1866) – bekannter Militär, Teilnehmer des Krieges gegen Napoleon. Schriftsteller und Mäzen, war auch auf dem Gebiet der Musik tätig. [37]

Grah, Gottfried – der beste Schwertfeger der Waffenfabrik Zlatoust, Fachmann für hochwertige Prunkwaffen. Arbeitete von 1818 bis 1837 in Zlatoust. Ein Angehöriger der Familie Grah, die auf dem Gebiet der Gestaltung von Klingen tätig war. [18]

Grah, Karl – bekannter Schwertfeger. [10]

Großfürst Konstantin Nikolajewitsch (1827–1892) – Bruder Kaiser Alexanders II. Bekannter russischer Staatsmann der zweiten Hälfte des 19. Jahrhunderts. Leitete mehrere Jahre lang, mit den Befugnissen eines Ministers ausgestattet, das Marineamt. [117]

Leuchtenberg – Herzogsgeschlecht, 1817 von Napoleons Adoptivsohn Eugène de Beauharnais begründet. [106]

Graf Lewaschow, Wassili Wassiljewitsch (1783–1848) – russischer Militär und Staatsmann. Teilnehmer des Krieges gegen Napoleon. Seit den zwanziger Jahren des 19. Jahrhunderts im Staatsdienst, bekleidete mehrere hohe Ämter. [40]

Lipin, Dorofej Ossipowitsch – Klingenschmied in der Waffenfabrik Zlatoust. Arbeitete dort von ca. 1816 bis 1835. [10]

Großfürst Michail Pawlowitsch (1798–1848) – Bruder Kaiser Nikolaus' I., Besitzer einer Sammlung historischer Waffen. [18]

Murdassowa, Anna (?), Ende des 19. Jahrhunderts – Besitzerin einer privaten

Waffenwerkstatt in Zlatoust. Möglicherweise mit Iwan Murdassow, einem Holz- und Beinschnitzer, verwandt. [133]

Nikolaus I. (1796–1855) – russischer Kaiser. Begründer des Arsenals von Zarskoje Selo, das bereits zu seinen Lebzeiten in Europa Berühmtheit erlangte. [36]

Nikolaus II. (1868–1918) – russischer Kaiser. Während seiner Regentschaft wurde die Sammlung historischer Waffen der Eremitage durch weitere wertvolle Objekte ergänzt. [131]

Mjatlew, Pjotr Wassiljewitsch (1756–1833) – russischer Staatsmann. War auf dem Gebiet der Kultur tätig. [41]

Obuchow, Pawel Matwejewitsch (1820–1869) – Bergbauingenieur. Seit 1854 Direktor der Waffenfabrik Zlatoust. Führte erfolgreiche Experimente auf dem Gebiet der Metallurgie durch. [117]

Rebinin, Iwan Jemeljanowitsch (geb. 1795) – einer der besten Klingenschmiede der Waffenfabrik Zlatoust für hochwertige Prunkwaffen. Arbeitete von 1817 bis 1837 in Zlatoust. [42]

Ronshin, David Nikititsch (1795 – ca. 1853) – einer der besten Zlatouster Schwertfeger. Arbeitete von 1820 bis 1824 in Zlatoust. [77]

Schaaf, Ludwig – Sohn und Schüler von Wilhelm Nikolaus Schaaf. Einer der besten Meister der Waffenfabrik Zlatoust. [12]

Schaaf, Wilhelm Nikolaus (geb. 1762) – einer der führenden Waffenschmiede und Kunsthandwerker der Waffenfabrik Zlatoust. Nach 1824 Besitzer zunächst einer Waffenwerkstatt und später einer Waffenfabrik in Sankt Petersburg. [12]

Wolferz, Daniel – einer der besten Klingenschmiede der Waffenfabrik Zlatoust. Arbeitete dort von 1818 bis in die Mitte der vierziger Jahre des 19. Jahrhunderts und führte besonders anspruchsvolle Aufträge aus.
Sein Sohn, der gleichfalls Daniel hieß und Klingenschmied war, arbeitete von 1818 bis 1823 in der Waffenfabrik Zlatoust. [8]

Fürst Wolkonski, Grigori Semjonowitsch (1742–1824) – General und Mitglied des Staatsrates. [16]

Verzeichnis der wichtigsten Sammlungen, in denen Waffen aus Zlatoust vertreten sind

Staatliche Eremitage, Sankt Petersburg
Rüstkammer des Kreml, Moskau
Gebietsmuseum für Heimatkunde, Zlatoust
Staatliches Historisches Museum, Moskau
Museum des Instituts für Bergbau, Sankt Petersburg
Zentrales Museum der Kriegsmarine, Sankt Petersburg
Militärhistorisches Museum der Artillerie,
Fernmelde- und Pioniertruppe, Sankt Petersburg
Heimatkundemuseum, Nowgorod
Museum für Geschichte der Donkosaken, Nowotscherkassk
Staatliches Museum Zarskoje Selo

Heimatkundemuseum, Gomel
Museum für Geschichte und Völkerkunde, Vilnius

Deutsches Klingenmuseum Solingen
Museum für Deutsche Geschichte, Berlin
Rüstkammer, Dresden
Militärhistorisches Museum der Bundeswehr, Dresden
Royal Castle Windsor
Wellington Museum, London
E. S. Mollo Collection, London
Tøjhusmuseet, Kopenhagen
Rosenborg Castle, Kopenhagen
Livrustkammaren, Stockholm
Sotamuseo, Helsinki
Povjesni Museum, Zagreb
Militärhistorisches Museum, Prag
Metropolitan Museum of Art, New York